JN295353

HBS CASES FOR THE CASE METHOD

世界のビジネス・スクールで採用されている

ケース・スタディ
日本企業事例集

ハーバード・ビジネス・スクール◉著
Harvard Business School

ハーバード・ビジネス・スクール 日本リサーチ・センター◉編
Harvard Business School Japan Research Center

ダイヤモンド社

●はじめに
ケース・メソッドで生まれる議論が
優れたマネジャーをつくる

　1908年に創立されたハーバード・ビジネス・スクール（HBS）は2年前に100周年を迎えた。米国では19世紀末から20世紀初めに鉄鋼・鉄道など大規模な事業を営む企業が登場し、ハーバード大学でも卒業生の多くがビジネスのキャリアを志向するようになった。そこで、ロー・スクール、メディカル・スクールなどの専門職大学院を範として、企業経営に当たる人材育成のための専門職大学院を設立する案が出されたのである。
　しかし、当初は、そのような人材養成は大学の役割なのか、経営学ははたして「科学」と呼べるのか、経営の専門職養成にはどのようなカリキュラムが適切か、などさまざまな議論があった。HBSの看板であるケース・メソッドも創立時から採用されたのではなく、実践的な教育を行うために1912年にロー・スクールの判例研究にヒントを得て始められたものである。初期は実際の経営者に授業に来て話をしてもらい、それに基づいて議論していたので、"walking cases"と呼ばれていた。ケース教材が作られるようになったのは1920年以降のことで、「ケース・メソッド」という言葉もこのころから使われるようになった。
　その後、ケース・メソッドは実践的な経営者育成のために有効な教育方法として広く認められ、現在では世界中の大学・大学院や企業・公的機関の研修で採用されている。HBSが作成したケース教材も世界中で用いられ、日本でも多くの大学や企業研修で利用されている。ハーバード大学の学長を務めたデレク・ボクは「専門職大学院の最も価値ある貢献は、その専門職における典型的な問題を、効率的に秩序立てて包括的に考えることができるように、システマティックに分析する方法を学生に授けることである」と述べている。つまり、単なる知識ではなく、現場の課題を解決するための実践的な力を身につけることが重要であり、ケース・メソッドはそれに最も適した学習法である。
　ビジネスの現場で経営者が実際に直面する課題には、企業戦略、組織、人事、生産管理、財務上の制約などいろいろな要因が絡み合っている。何が本質的な

問題かがあらかじめわからないことが多く、まず問題の所在を突き止めなければならない。ケースでは経営者を取り巻く状況が具体的に描写され、その中で何が重要な問題かを分析するところから始めるので、本質的な問題を見極める訓練を積むことができる。

ケースを読む際には、自分が経営者になったつもりで状況を分析し、問題を定義して解決策を考えることが重要である。通常、解決策は複数あるが、いずれも「帯に短し襷に長し」で「正解」など存在しない。また、意思決定に必要な情報が欠けている。実際の経営の現場でも、情報が十分に得られないまま決断を迫られる。

本書の第3章に収録した「富士フイルム：第2の創業」では、同社のコア事業である写真フィルムの売上げが急激に落ち込むなかで、古森社長は、どのように事業の多角化を進めて利益を生み出す新規事業を創出できるか、保守的な組織を活気づけて起業家精神にあふれた集団に改革するにはどうしたらよいか、について頭を悩ませている。独自技術を生かして新規参入する事業は、生産、マーケティング、販売などの面で必ずしも既存のノウハウが生かされるとは限らない。買収を通じて新規事業に進出しようとしても、人事・財務上の制約があるかもしれない。10年後の同社が核となる2つか3つの事業を営んでいるのか、あるいは多数の事業に支えられるようになるのかもわからない。こうしたきわめて不確実性の高い状況で、経営者はさまざまな要素のバランスを考えながら意思決定をすることが求められる。

このようにケース・メソッドでは、(1) 何が本質的な問題かを見極め分析する、(2) 問題を解決するための手段・行動を決定する、を繰り返すことにより、経営者に不可欠な判断力・決断力を養うことができる。

これらの利点に加えて、ケース・メソッドでは通常ディスカッションを通じて学習するので、講義形式に比べて、学んだ内容の定着率が高まる、批判的に考える力が身につく、などの効果もある。ケースのディスカッションを通じて、自分の意見をわかりやすく伝えるコミュニケーション能力、他の人の意見に自分の意見を関連づけて議論を発展させる力、異なる意見を持つ相手を説得する能力などを身につけることもできる。いずれも経営者にとって不可欠のスキルである。自分自身の体験を振り返っても、20年以上前にケース・メソッドを

通じて学習したことはその後のキャリアに大きく生かされた。それは頭で理解したばかりでなく、まさに全身で体得し自分の血肉になったと感じる。HBSの2年間におよそ500以上のケースを学んだが、これは修羅場を500回以上体験したようなものである。ある卒業生が「ケース・メソッドの一番の効用は、どのように困難な課題に直面しても、自分の頭で考えて意思決定ができるという勇気を授けてくれたことだ」と言っていたが、同感である。

ケース・メソッドの利点を生かすには、参加者の多様性を高め、ディスカッションに幅広い視点を反映させることが重要である。また、授業の前に少人数でグループスタディを行うこともケース・メソッドの効果を高める。HBSの上級経営者向けプログラム（Advanced Management Program）では、およそ80名のクラスを10名前後のスタディグループに分け、授業に先立って各スタディグループの中でケースについて議論することを奨励する。少人数のグループであれば発言もしやすいし、わからないことを質問し合うこともできる。スタディグループの議論を通じて理解が深まり、授業中のディスカッションの質が向上する。

本書は大学の授業や企業研修で用いられるばかりでなく、ビジネスパーソンが独習用に求めることも多いと思われるが、前述のようなケース・メソッドの利点を生かすために、異なる業種や仕事に携わる仲間と一緒にディスカッションをすることを勧めたい。「三人寄れば文殊の知恵」というが、他の人と意見交換をすると「同じケースを読んでもこんなに意見が違うのか」と学習効果が格段に深まるはずである。

本書に収録されたケースは、HBS日本リサーチ・センターが同校の教員と協同で執筆し、同校のMBAや幹部研修プログラムで使われているものである。同センターは日本企業の研究やケース作成を行うために2002年に設立された。私が同窓生として同センターの立ち上げを依頼され、自宅で活動を始めたのは2001年11月のことである。翌年1月に有楽町に小さなオフィスを開設し、9月に丸の内ビルに移転、その後スタッフも4名に増えた。私が関わった7年4カ月の間に70近くのケースを作成、多数のリサーチプロジェクトに携わり、支援した教員は100人以上に及ぶ。この『ケース・スタディ 日本企業事例集』が構想されてから2年ほど経ち、その間に私は東京大学の理事に転じたが、ケース

の一部がこのように広く紹介されることになったのは望外の喜びである。
　この機会にHBS日本リサーチ・センターの活動にご協力くださった企業・個人の皆様、支援してくださった卒業生の方々に心からお礼を申し上げます。また、同センタースタッフの神野明子さん、成澤容子さん、山崎繭加さん、いつも的確なアドバイスを下さった吉野洋太郎名誉教授に深い感謝を申し上げます。
　最後になりましたが、この『ケース・スタディ　日本企業事例集』の出版にあたってはダイヤモンド社の岩崎卓也、小暮晶子両氏に大変お世話になりました。本当にありがとうございました。

　2010年6月

　　　　　　前ハーバード・ビジネス・スクール　日本リサーチ・センター長
　　　　　　　　　　　　　　　　　　　　　　　　　　　　　江川　雅子

ケース・スタディ　日本企業事例集　　　　　　　　　　　目次

はじめに——ケース・メソッドで生まれる議論が優れたマネジャーをつくる

第1章　　　　　　　　　　　　　　　　　　　　　　　1
松下電器産業：危機と変革

　松下電器の歴史　3
　中村の改革 —— ビジョンを定める　12
　危機を生かして改革を続ける　17
　躍進21計画　27
　リーダーとしての中村邦夫　29

第2章　　　　　　　　　　　　　　　　　　　　　　　33
日産自動車：再生への挑戦

　日産の失われた10年　39
　ルノーとの提携とリバイバルプランの発表　41
　リバイバルプランの実施　51
　カルロス・ゴーンのリーダーシップ　63
　この先に残された課題　65

第3章　富士フイルム：第2の創業　　69

- 富士フイルムの歴史　80
- デジタル技術への進出　84
- 2006年のチャンスと課題　95
- この先の道　109

第4章　資生堂：中国市場への参入　　111

- 日本における資生堂の歴史と現状　113
- 世界への事業展開　122
- 資生堂と中国　133
- この先に待ち受ける課題　145

第5章　　149
コマツ：グローバル化の取り組み

　　黎明期:困難への挑戦　　153
　　課題の多かった1980年代　　156
　　激動の1990年代　　157
　　21世紀のコマツの変貌　　159
　　コマツの価値観　　164
　　日本企業のグローバル化への挑戦　　167
　　海外展開を進めるコマツの課題　　170
　　コマツウェイの明文化　　175
　　野路の社長就任　　181
　　コマツウェイの普及と今後の課題　　183

第6章　　187
NTTドコモ：モバイルFeliCa

　　ドコモの歴史と現状　　190
　　FeliCa　　200
　　FeliCaをベースにした電子マネー　　208
　　金融サービス戦略に関するドコモの選択肢　　212

第7章　　　　　　　　　　　　　　　　　　217
楽天：Eコマース事業の創造

　楽天の創業と事業の特徴　221
　成長のための施策　232
　この先に待ち受ける課題　240

第8章　　　　　　　　　　　　　　　　　　243
旭硝子：EVAの導入

　旭硝子の歴史と概要　249
　財務機能　252
　事業の再編成と価値創造経営　258
　旭硝子でのEVAの使用　266
　変化に対応できる組織になるには　278

第9章 281
プロダクション・アイジー：アニメというビジネス

日本のアニメ:その歴史と概観　284

アニメ作品の制作プロセス　287

アニメ産業の構造　293

製作委員会　295

プロダクション・アイジーの歩み　301

さらなる前進　310

第10章 315
日本の起業家 稲盛和夫

若き日の稲盛和夫　320

1960〜1970年代:京セラの誕生と成長　325

1980〜1990年代:企業買収と新事業　343

電気通信事業規制緩和の波に乗る　346

DDI　347

京セラとKDDIのこれから　357

第 1 章

Transformation of Matsushita Electric Industrial

松下電器産業：危機と変革

[執筆者]

ハーバード・ビジネス・スクール 名誉教授
吉野洋太郎
M.Y. Yoshino

野村マネジメント・スクール 主席研究員
遠藤幸彦
Yukihiko Endo

[執筆協力]

ハーバード・ビジネス・スクール シニア・リサーチ・アソシエイト
山崎繭加
Mayuka Yamazaki

●ハーバード・ビジネス・スクールのケースは、授業での討議に用いられる資料として作成されている。ケースには、1）当該企業を推奨する、2）一次データの出典となる、3）マネジメントの優劣について例証する、という意図はない。
●ケースは過去のある時点の事実をもとに書かれたものである。現在の当該企業の状況を反映したものではないことに注意されたい。

Case No. 9-910-416
© 2008 President and Fellows of Harvard College.

「創業者の経営理念以外にタブーはない」
——松下電器産業代表取締役社長　中村邦夫　2000年

　日本を代表する電子・家電機器の総合メーカー、松下電器産業（以下、松下電器。現社名、パナソニック）で社長を務める中村邦夫は、2006年2月、同年6月に退任する旨を発表した。中村はその6年にわたる在任期間中、根本的な企業変革を実行した。松下電器は戦後日本を代表する優良企業といわれたが、1990年代以降は組織構造的な問題に阻まれて業績が低迷していた。社内からの猛烈な抵抗を受けながらも、中村は「破壊と創造」をスローガンに掲げ、かつて聖域とみなされた部分にまで踏み込んで改革を続けた。中村が設定した目標のほとんどがいまだ達成に至っていないとはいえ、この改革によって松下電器は再び強い企業へと変貌を遂げた。

　中村はどのようにこの改革を進めたのか。そこで達成されたものは何か。また達成されなかったものは何だろうか。

松下電器の歴史

　20世紀の企業としては世界最大規模の成功例となった松下電器の種を蒔いたのは、松下幸之助である。1917年、幸之助は会社を辞めて100円近くの自費を元に独立。翌1918年、23歳で妻、義弟と共に2階建ての借家で、取り外し可能な電球ソケット（アタッチメントプラグ）の生産を開始した。

松下幸之助

　より良い商品を製作しできるだけ安く販売することを追求した幸之助の事業は、二股ソケット、バッテリー仕様の自転車灯、電気アイロン、ラジオへと拡大していった。幸之助は、事業を支えるのは人材であるとして従業員をきわめて大切に扱い、1929年の大恐慌のときでも社員のレイオフを極力避けた。1931年までには「松下電器製作所」の社名で、200種類以上の製品を全国で販売し、10工場で1200人を雇用するに至った。

1932年に幸之助は社員に向かって、「産業人の使命は、貧乏の克服である。そのためには、物資の生産に次ぐ生産をもって、富を増大しなければならない」と語った。さらに「産業人の使命は水道の水のごとく、物資を無尽蔵たらしめ、無代に等しい価格で提供することにある。それによって、人生に幸福をもたらし、この世に楽土を建設することができるのである。松下電器の使命もまたその点にある」と述べた。この幸之助の「水道哲学」は、大量生産・販売戦略の中心をなすものであった。

　1933年に幸之助は5項目の行動指針をまとめ、それに従うよう全社員に訓示した。1937年にはさらに2項目が加えられている。これら7項目から成る「松下電器の遵奉すべき精神」は、綱領・信条と共に松下電器の基本理念となってそのカルチャーを形づくり、その後大きな決定を下す際の判断材料となった（**資料1-1**参照）。幸之助はさまざまな手段を通してこれらの原則を社員に教え込んでいく。全工場で毎日短時間行われる朝会は、社員に会社のカルチャーと精神について教える場として重要な役割を果たした。社員は毎朝社歌を歌い、七精神を唱和し、日々の仕事に対する所感などを順番に発表しあった。幸之助は生涯にわたってこの基本理念の洗練に心を配り、それにより世界にほとんど例のない方法で会社を発展させようとした。

　幸之助はまた、数々の革新的な経営手法を導入した。なかでもよく知られているのが事業部制の経営システムだ。幸之助は身体が弱かったことから、会社を事業部に分け、事業部長たちに日々の決定を任せた。起業家精神を育み、自主責任経営を徹底させるために、それぞれの事業部門に製品分野ごとの責任を負わせた。厳正な独立採算制と引き換えに、事業部長たちは製品開発、製造、販売まで一貫して、事業の権限を委譲されたのだった。各事業は専用の工場と販売組織を持った。この製品分野別の事業部というコンセプトは松下の組織とカルチャーのバックボーンとなった。1935年に会社は法人化されて松下電器産業と社名を変え、製品数600以上、社員3500人という規模に成長した。

　1930年代に幸之助は、「共存共栄」という、松下電器の戦略の核ともなった理念に基づいて、独立の小売店から成る「連盟店制度」を作り上げ、拡大する製品群を流通させた。日本の卸売業や小売業は、町の小規模店が主体で、個々の資本は乏しかった。幸之助は選りすぐった小売店に特典と援助を与え、松下

資料1-1 ● 松下電器の綱領・信条、七精神

綱領
産業人たるの本分に徹し　社会生活の改善と向上を図り
世界文化の進展に寄与せんことを期す

信条
向上発展は各員の和親協力を得るに非ざれば得難し
各員至誠を旨とし一致団結社務に服すること

七精神

一、産業報国の精神
産業報国は当社綱領に示す処にして
我等産業人たるものは本精神を第一義とせざるべからず

一、公明正大の精神
公明正大は人間処世の大本にして
如何に学識才能を有するも此の精神なきものは以て範とするに足らず

一、和親一致の精神
和親一致は既に当社信条に掲ぐる処　個々に如何なる優秀の人材を聚むるも
此の精神に欠くるあらば　所謂烏合の衆にして何等の力なし

一、力闘向上の精神
我等使命の達成には徹底的力闘こそ唯一の要諦にして
真の平和も向上も此の精神なくては贏ち得られざるべし

一、礼節謙譲の精神
人にして礼節を紊り謙譲の心なくんば社会の秩序は整わざるべし
正しき礼儀と謙譲の徳の存する処　社会を情操的に美化せしめ
以て潤いある人生を現出し得るものなり

一、順応同化の精神
進歩発達は自然の摂理に順応同化するにあらざれば得難し
社会の大勢に即せず人為に偏する如きにては決して成功は望み得ざるべし

一、感謝報恩の精神
感謝報恩の念は吾人に無限の悦びと活力を与うるものにして
此の念深き処如何なる艱難をも克服するを得
真の幸福を招来する根源となるものなり

出典：会社資料

電器製品の販売を取り決めた。松下製品のみを扱うようになった小売店も多い。ブランド名である「National」の看板を掲げたこれらの小売店は「ナショナルショップ」として知られるようになった。

松下電器は第2次世界大戦によって大きな打撃を受けたが、戦後の日本は幸之助の「水道哲学」の実践に理想的な環境を提供した。1950年代後半からの日本の劇的な経済成長を背景に、松下電器は次々と新製品を世に送り出す。松下電器のトランジスタラジオ、白黒テレビ、洗濯機、冷蔵庫は飛ぶように売れ、1956年の売上高は220億円に達した。売上げを3倍にするという過激な5カ年計画も、予定より1年早く実現した。1960年代初めには、米国市場向けのPanasonicブランドを立ち上げるなど輸出を拡大し、同時に放送機器など業務用の専門機器の分野に事業を広げていく。のちに「Panasonic」は松下電器の海外向けブランドへと発展した。

社員の生活向上に向けた幸之助の努力も続いた。幸之助は技術学校、病院、レクリエーション施設を作り、経営の基盤作りに多額の資金を注入した。1965年、日本企業としては非常に早い時期に、松下電器は週5日制を導入している。給与は日本の製造企業のうちでは最高クラスだった。会社の家族的・家父長的なカルチャーは、同時に業績を重視し高度な規律を要求する厳しいものでもあった。社員は勤勉と献身的な努力、そして会社の成功を第一とする態度によって忠誠心を示した。

1970年代には2度にわたる石油危機など経済的困難もあったが、松下電器は新製品を次々に導入することにより成長を続けた。特にビデオデッキでソニーを破り、VHS形式をグローバル標準とするに至った成果は大きい。ビデオデッキは一時期、会社の売上げの約20％、利益の60％以上を占めるまでになった。

この時期には、松下電器の経営の核となった事業部制と流通ネットワークも、継続的に改善されている。

● **事業部制**

事業部制の改革により、各事業部長に年間計画の提出が義務づけられた。計画が承認されると、社長は各事業部長に公式に年間目標を提示し、この年間計画は会社と事業部門との間の「神聖な」約束とされた。さらに事業部には厳正

な業績システムが組み込まれた。事業部門の利益は、売上げから製造直接費用と販売費用、および会社間接費として標準額（事業部売上げの3％）を差し引いた額となる。標準的な目標利益は売上げの10％であった。製品の性格により事業部が運用する総資本額が決められ、各部門は資本コストとして総資本の10％に当たる額を会社本部に支払った。事業部門ではこの資本コストを差し引いた純利益の40％を自由に使うことができるが、残り60％は利息のつく会社口座に「預金」しなくてはならなかった。そして必要に応じて会社口座から資金を借りることができ、後日利子をつけて返済した。

　幸之助は電話を利用したり実際に会ったりして頻繁に事業部長らと接触し、事業部長という地位の注目度と重要性を高めていった。管理職候補者として採用された若手はキャリアのほとんどを入社時の部門で過ごし、その方針により社員の忠誠心は事業部レベルで育まれていく。一般には、事業部制による起業家精神と内部競争が松下電器の急成長の大きな原動力であると考えられていた。会社の経理部門が各事業部門の業績をモニターし、幸之助は経理部門に特別な地位を与えて、その独立性を守った。

● **流通ネットワーク**

　この間、松下電器は独立小売店のネットワークを確固たるものにするため、膨大な投資を続けた。ピーク時には2万6000店の小売店がネットワーク化されている。この店舗数は、第2位の競合企業の小売店の2倍以上だった。また日本全国の卸売店と流通店を、地方別にフランチャイズ・ネットワークに統合していった。

　本社の販売部門が地域事務所・支店の全国組織を生かして、各事業部門の販売スタッフの業務を補うかたちで、松下電器の全製品を小売店に販促した。本社の広告・PR部門は全製品部門をサポートしたが、製品の開発・設計・価格を最終的に決めるのは各事業部門であった。これら全組織が力を合わせて松下電器のネットワークを支援した。

　1973年に会長を退いてからも、幸之助は重大な経営方針の決定には関与し続けた。だが晩年になると「経営の神様」と崇められ、ほとんどの時間を著作や

資料1-2●松下電器の業績概要（1981〜1999年）

(単位：百万円、％)

	1981/11	1982/11	1983/11	1984/11	1985/11	1986/11
売上高	3,451,339	3,649,571	3,988,519	4,720,674	5,052,722	4,574,905
営業利益	372,740	377,830	426,526	575,699	561,135	311,767
税引前利益	431,929	428,933	498,074	668,438	689,425	441,057
営業利益率	10.8	10.4	10.7	12.2	11.1	6.8

	1988/3	1989/3	1990/3	1991/3	1992/3	1993/3
売上高	4,819,012	5,504,250	6,002,786	6,599,306	7,449,933	7,055,868
営業利益	287,242	417,189	452,721	472,590	388,957	241,210
税引前利益	431,217	529,447	571,730	597,436	363,421	168,353
営業利益率	6.0	7.6	7.5	7.2	5.2	3.4

	1994/3	1995/3	1996/3	1997/3	1998/3	1999/3
売上高	6,623,586	6,948,159	6,794,852	7,675,912	7,890,662	7,640,119
営業利益	173,606	260,220	264,494	373,901	337,558	193,684
税引前利益	128,223	232,207	76,623	332,125	355,624	202,293
営業利益率	2.6	3.7	3.9	4.9	4.3	2.5

注：会計年度は1986年まで12月1日〜11月30日。
1988年から4月1日〜3月31日。

講演に費やした[注1]。幸之助が94歳で天寿を全うした1989年には、彼が創設した松下電器は、社員19万人以上、年間売上げ5兆5000億円、営業利益4200億円の世界最大の家庭用電化製品のメーカーとなっていた（**資料1-2**参照）。

失われた10年

　1990年代から松下電器の業績に陰りが出始める（資料1-2参照）。日本のマクロ経済状況に加え、次の2つの出来事が影響したためだ。一つは、韓国を中心にアジアに強力なライバルが出現したこと、もう一つはデジタル時代の到来である。技術がすぐに時代遅れになっていく流れのなかで、松下電器は顧客のニーズの変化に迅速に対応しなければならなかった。さらにデジタル技術によって業界の経済は根本的に変化した。以前は、上流ではスタンドアローン式のハ

ードウェアで価値が創造されていたが、それがシステムLSIに変わり、そのため莫大な設備投資が必要になったのである。下流では、価値創造の源が、ソリューションベースのビジネスを含むサービスビジネスへとシフトしていった。

　ほかにも松下電器にとって不利な状況が出てきた。まず大規模な小売チェーンが成長し、これが小規模店に代わる大きな販路となったことだ。1980年代のピーク時には日本全体で7万1000店の小型独立店があり、家庭用電化製品の国内売上げの6割近くを占めた。しかし1995年にはそのシェアが3割程度に落ち、店舗数も1999年には5万7000店に減少している。松下電器は小規模小売店との結びつきが強かったため、こうした状況への対応は困難であった。

　加えて、社内の異なる部署の販売担当者が重複して同一の小売店を定期訪問したことでコストが上昇し、市場での混乱も生じた。2000年ごろには松下電器の販売経費は他の主要ライバル社のそれを8％上回ったといわれる。さらに、国内の競合企業が生産を中国やその他のアジアの国々に移し、低賃金のメリットを生かすのに熱心だった（**資料1-3参照**）のに対し、松下電器は社員への誠意を大切にしてきたため、その流れに乗り遅れることとなった。

　事業部制の限界が目につき始めた。日本市場が成熟するにつれ、各事業部は関連市場で新製品を開発することにより成長を図ったが、その結果、事業部間での重複が多くなったのである。市場全体が拡大していた時代には成長の原動力だった社内での競争が、機能不全を起こしていた。

　大量の製品リコールや、疑わしい不動産取引に関与したとされる社員の逮捕など、会社はさらに深刻なスキャンダルに直面することにもなった。その打撃は大きかった。1993年には当時社長だった谷井昭雄が辞任した。会社の役員の一人はのちに、「会社の歴史で初めて、経営陣が社員からの信頼を失った。（中略）これまでは経営陣が社内を統一する力であり、それが会社の特色であったのに、それが失われてしまった」と語っている。

　一方、松下電器は1990年に、7900億円（61億ドル）を支払ってMCAの最大株主となった。MCAは、膨大な映画ライブラリーを有する名門映画スタジオ、ユニバーサルの関連会社である。これは「コンテンツ」事業を加えることで、ハードウェア事業を多角化しようとする大胆な動きであった。しかし経済評論家らは、ソニーによるコロムビア映画買収を真似ただけだという冷ややかな見

資料1-3 ● 大手日本メーカー主要製品の国内・海外生産比較

(単位：千台、％、円)

		1985年	1990	1995	1999
冷蔵庫	国内生産	5,354	5,048	5,013	4,543
	所持世帯の割合	98.4	98.2	97.8	98.0
	平均価格	81,550	80,664	98,325	100,870
	海外生産	1,230	2,254	4,541	4,628
	海外生産の割合	18.7	30.9	47.5	50.5
	生産ユニット合計	6,584	7,302	9,554	9,171
洗濯機	国内生産	5,092	5,576	4,865	4,287
	所持世帯の割合	98.1	99.5	99.0	99.3
	平均価格	27,208	34,125	39,572	40,141
	海外生産	320	817	2,554	3,853
	海外生産の割合	5.9	12.8	34.4	47.3
	生産ユニット合計	5,412	6,393	7,430	8,140
電子レンジ	国内生産	7,909	4,673	3,174	2,844
	所持世帯の割合	42.8	59.7	87.2	94.0
	平均価格	35,159	33,305	34,769	29,287
	海外生産	2,320	3,869	8,075	10,694
	海外生産の割合	22.7	45.3	71.8	78.0
	生産ユニット合計	10,229	8,542	11,249	13,538
カラーテレビ	国内生産	17,897	13,243	7,854	3,444
	所持世帯の割合	99.1	99.4	98.9	99.0
	平均価格	50,124	66,045	80,293	59,552
	海外生産	11,365	19,937	35,483	37,878
	海外生産の割合	38.8	60.1	81.9	91.7
	生産ユニット合計	29,252	33,180	43,337	41,322
ビデオデッキ	国内生産	28,283	27,921	12,655	7,012
	所持世帯の割合	27.8	66.8	73.7	78.4
	平均価格	63,302	36,197	28,097	21,332
	海外生産	2,063	7,298	20,096	27,048
	海外生産の割合	6.8	20.7	61.4	79.4
	生産ユニット合計	30,345	35,215	32,751	34,060

出典：財団法人家電製品協会『家電産業ハンドブック』

方をした。日本の典型的な製造業がハリウッドのエンタテインメント企業をうまく経営できるのか、と危ぶむ声も多かった。MCAに注入した巨額の資金は、やがて松下電器の懸念材料となっていく。

1990年代半ばにはソニーが巻き返し、かつてビデオデッキの成功で勝利した松下電器を逆転した。松下電器は新製品の発売に苦心していた。競争激化のなかでテクノロジーの変化もあり、導入に成功した新製品でさえ、うまく軌道に乗らないことも多かった。さらに打撃だったのは、松下電器の主力製品であるテレビで、ソニーに世界シェア第1位を奪われたことだ。

1990年代の改善努力

役員たちは1980年代から事業部制の問題を認識し、部門間の協力を推進するための新たな仕組みを導入しようとした。しかしそれは、実際には基本的な組織構造を守るかたちで導入されたため、ほとんど効果はなかった。

1993年に新社長として谷井の後を継いだ森下洋一は、まず会社の再生を図る。森下は社内にAVC（オーディオ／ビジュアル／コンピュータ）、電化・住宅設備、エアコン、電気モーターの4分社を創設、それぞれに社長を置き、分社社長にはかなりの権限を与えた。しかし反対勢力の抵抗は根強く、森下は基本的な事業部制を変革するには至らなかった。また、新規採用人数を大胆にカットして社員数削減を図る一方、「地域ベースの社員報酬システム」という新カテゴリーを導入して、1地域に留まりたい社員に対し10〜20％の給与カットを条件に、それを可能にした。さらにこの時期、いくつかの工場や子会社で、限定的に早期退職プログラムを実施している。

問題が続いたこともあり、森下は1995年6月にMCAを売却し、1642億円の損失を計上した。これによって業績は一時的に改善し、ほとんどの競合企業が損失を計上した1998年3月期においても、松下電器の営業利益率は4％を超えた。だが翌年には営業利益が急減し、90年代末の社内の雰囲気は重苦しいものとなった（**資料1-4**参照）。

資料1-4●松下電器の連結損益計算書と貸借対照表(1995〜1999年〈3月期〉)

(単位:百万円)

	1995	1996	1997	1998	1999
売上高	6,948,159	6,794,852	7,675,912	7,890,662	7,640,119
営業利益(損失)	260,220	264,494	373,901	337,558	193,684
税引前利益(損失)	232,207	76,623	332,125	355,624	202,293
純利益(損失)	90,494	-56,871	137,853	93,604	13,541
設備投資(無形資産を除く)	316,101	381,144	415,249	473,606	352,430
減価償却(無形資産を除く)	296,005	288,220	340,285	355,030	359,465
研究開発支出	378,061	399,712	434,874	480,539	499,986
資産合計	8,202,174	8,011,832	8,695,905	8,563,512	7,938,248
現金および現金同等物、定期預金、短期投資	1,639,835	1,947,360	2,182,749	2,036,430	1,657,912
売上債権純額	1,315,667	1,265,298	1,422,002	1,349,520	1,321,303
在庫	1,106,173	1,013,927	1,079,435	1,101,613	1,018,663
投資と貸付金	1,274,137	1,156,891	1,245,689	1,329,180	1,279,828
土地建物、工場、設備	1,371,239	1,375,222	1,528,357	1,521,867	1,493,551
長期負債	1,291,058	1,019,117	923,474	689,581	709,084
株主資本	3,255,225	3,397,597	3,695,709	3,770,114	3,533,055

注:1. 会計年度は3月終了。
2. 1995年6月にMCAの80%を売却、1995会計年度(1996年3月終了)に1642億円という大規模な損失を出す。
出典:会社資料

中村の改革──ビジョンを定める

　松下電器は2000年4月、AVC社社長だった中村邦夫(当時60歳)が同年6月社長に就任すると発表した。中村は25年にわたって国内販売事業に従事したのち、米国事業の社長・会長として米国に派遣された。1997年に帰国してAVC社の社長となっており、同社の業績向上で、その手腕が評価されていた。

改革のスタート

　中村の社長任命は、松下電器の業績に改善の兆しが見えたのと軌を一にしている。2000年度の第1四半期の営業利益は、前年同期比48％増であった。しかし、中村は社内に漂っていた安堵の空気には染まらなかった。
「私はまったく幻想を抱くことはありませんでした。ITバブルで売上高が膨張したにすぎないと考えたのです。本物の成長ではありません。会社には根本的な変革が必要だと確信していました。米国で仕事をしていたとき、あるコンサルタントが、かつて大きく成功しながらその後衰退した会社に共通する特性を挙げるのを聞いたことがあります。それは①傲慢、②自己満足、③社内議論に終始する、④摩擦を恐れる、というものでした。これはまったくうちの会社のことではないかと思いました。
　私は社内全体に苛立ちが高まっているのを感じていました。全員が過去数年間、非常に困難な状況のなかで改革の努力を続けてきたのに、目に見える成果がほとんどなかったからです。また、会社を弱体化させている本質的な問題には、まだ対処していないとも感じていました。社員たちは疲弊し、意欲をなくしていたのです」
　中村は、主な役員たちも同様の見方をしているのを知っていた。前年夏の経営セミナーで、中村を含む専務たち全員が、会社の直面する問題について話し合っていたのである。数回の会議を経て、彼らは緊急に対処すべき問題が2つあることを確認した。一つは、小売店との関係を含めて非効率的でコストの高い流通システムを再編することである。もう一つは製品ラインの重複を排し、部門間の調整を行い統一性を確保するために、事業部門や子会社にわたって散在する事業を連結・合理化することである。いくつかの重要な子会社を非公開とする可能性も検討されたが、ITバブルによって株価が上がりすぎている会社もあり、そのような動きは非現実的だとみられた。
　中村は社長就任前に、当時販売担当だった専務に対し、販売組織の再編計画に取りかかるよう依頼した。のちに中村はこう語っている。「創業者が創り出し磨き上げてきた我々の販売流通システムは、長い間聖域とされていました。しかし、これが最も深刻な問題でした。どうしても必要だった根本的な変革を

実施するために、一番難しい問題から取りかかろうと考えました」。

中村は2000年6月の社長就任直後に、3カ年計画の作成を開始した。「創生21」と名づけられたその計画の作成のために、7月には約100名の幹部社員による会議を招集している。中村のビジョンは、松下電器を顧客中心主義で業績の良い21世紀型製造業に変容させることだった。彼は新しい松下電器の姿を、3つの特性を備えた「超・製造業」と定義する。3つの特性とは、①最先端の技術に支えられた強いデバイス事業を有する、②スピーディなモノづくり対応力を有する、③お客様本位のサービスを起点としたビジネスを展開している、ということである。また、新しい組織の形として「フラット&ウェブ型組織構造」を提案した。これは階層のない、ほぼ全社員が直接顧客と対面するような組織である。さらに自身の経営スタイルを「5S」(Simplicity、Speed、Strategy、Sincerity、Smile) という言葉でまとめ、それらを具体的に表すような措置を日常的にとった。

計画の詳細が定められている間に、中村は本格的な企業改革の開始を告げるため、機敏な行動に出た。米国在任中に効果的なIT活用が会社を変えることを見ていた中村は、まずITに目を向けた。IT革新本部を設置してその長となりITに高額の投資をし、管理職の能力測定の基準としてIT能力を組み入れた。またEメールによる通信ができるよう、約400名の幹部社員に携帯電話を支給した。「主要なメンバーとコミュニケーションをとるうえで非常に優れた方法でした」と中村は回想する。「素早く、簡潔に返信する必要があったからです」。次に中村は、顧客に対する価値が生み出されない活動をやめさせた。会議は90分を超えないよう命じ、会議中の喫煙を禁止し、秘書が飲み物を配るのをやめて、部屋の隅に水のボトルとコーヒーやお茶のポットを置き、出席者が自分で取るようにさせた。

中村の3カ年計画の中心テーマである「破壊と創造」の内容が、この時期に明らかになりつつあった。中村はこれまで、何かを変革しようとするたびに、「これは創業者が始めたことだから変えられない」という理由で頓挫するのを見てきた。そこで中村は「創業者の経営理念以外にタブーはない」と言い切った。この中村の言葉について、あるマネジャーは次のように語る。「これを聞いたときにはびっくりしました。長い間立ち込めていた霧が急に晴れたような、

吹っ切れた気持ちになりました。しかし正直に言えば、中村社長が本気なのかどうか、どこまでタブーに立ち向かっていくのか、いくぶん疑わしい気持ちでもありました。多くの人はそう思っていたでしょう」。

創生21

中村は2000年11月、「創生21」の概要を明らかにし、以下のイニシアチブを発表した。①販売流通組織を変革し、小売組織網を合理化する。②事業部と子会社すべてで事業を統合・合理化する。③工場については事業部の指揮下から外し、またいくつかの工場は閉鎖するなどの統合・合理化を進める。この発表では、2つの販売グループ（マーケティング本部）を設置し、それにより順次事業部を廃止することも示された。さらに、優先すべき分野に約1万3000人を配し、改革期間を通じて人員数を変更せず、5つの成長事業の売上げ比を20％から40％に伸ばすとした。また中村は「創生21」において、グループ全体で売上高9兆円、営業利益率5％、CCM（キャピタルコストマネジメント：資本収益性）[注2]ゼロ以上という、3つの財務目標達成を目指すと発表した。

「創生21」が発表されたとき、松下電器は良い環境下にあった。その数週間前に同社は、中間期の純利益が前年度同期に比べて58％増加したと発表し、同時に2001年度の業績予想を上方修正したのだ。記者会見の席上、副社長の村山敦は安堵の表情で、1990年代半ばに始められた経営改革の進捗状況を「ようやく7合目まできた」と述べている[注3]。

しかし2001年1月になると、ITバブル崩壊の兆しが現れるなかで利益が急激に低下し始めた。年度末の数週前の2月には、業績予想を下方修正せざるをえなくなる。実際の業績はそれよりさらに落ち込んだ。売上高は前年度をわずかに上回ったものの、純利益は前年の半分以下となった。その年の春ごろには、松下電器の時価総額はライバルであるソニーの約半分にまで減少した。

販売流通の再編

しかし中村は、表明したとおりに国内の販売流通を統合するための計画を推し進めた。2001年4月、松下電器はブランド別の2つのマーケティング組織を正式に発足させた。これまで事業部、営業本部、宣伝事業部によって行われて

きた販売・流通活動は、ナショナルマーケティング本部、パナソニックマーケティング本部のいずれかに組み入れられた。前者はホームアプライアンス（白物家電）を中心とする「National」ブランドの製品、後者は「Panasonic」ブランドを冠するオーディオ・ビジュアル（AV）関連製品を担当した。ある役員はこれを「文化大革命」だと表現した。

マーケティング組織は、製品の性格、出荷、価格などについて事業部に厳しい交渉を行い始めた。以前は事業部長（彼らの多くが技術畑であった）が製品と販売条件を決定し、販売グループはそれをそのまま受け入れなくてはならなかった。それに対して、事業部長が製品に関しマーケティング組織の責任者に報告することになった今回の計画は、過去との決定的な決別を意味した。中村は、こうした変化によって約600億円が節減され、それをマーケティング活動に還元すると約束した。

この再編は大幅なコスト引き下げに役立っただけではなく、マーケティング活動に必要だった整合性をもたらした。ナショナルマーケティング本部は、全取扱い製品ラインで主要機器発売のタイミングを調整し、白物家電についてカラーやデザインなどの統一コンセプトを開発するとともに、関連製品の一体的な広告・宣伝活動を計画した。さらにはNationalブランドに関する小売店の単一の連絡窓口となった。パナソニックマーケティング本部でも同様の仕組みを導入し、AV製品の発売時期を大幅に加速することに成功した。

生産システムの変革

中村の提言する「ファクトリー・センター」の計画も進んだ。工場を事業部の指揮下から外し、小規模で効率の低い工場を閉鎖して、残りの工場を統合するというものだ。計画は2000年の終わりごろから実施された。また「超・製造業」を目指すため、生産に対する基本的なアプローチを変更する必要もあった。長い組立ラインは、同じ特色を持つ大量の製品を生産するには効果的であったが、変化し続ける市場の要請に即応するためには、小さな生産セルから成る柔軟性のあるシステムに置き換える必要があった。

組立ラインはそれまで会社の競争力の要と考えられ、生産に携わる社員らの誇りでもあったため、中村の計画への抵抗も大きかった。AV製品を扱う門真

工場は本社近くにある大型工場で、松下電器の伝統的な生産方式の象徴であり、組合も非常に強いところであったが、中村はこの工場を最初のターゲットとした。2000年秋には門真工場はすでに事業部の管理下から離れ、他の2つの工場と合併してファクトリー・センターとなっていた。2001年春、中村の後を継いでAVC社の社長となり門真工場の責任者だった大坪文雄に対し、モデルとしてセル生産方式を同工場に導入することを中村は指示した。大坪は最初これに強く反対したが、最終的には同意して全力を尽くすと約束した。実施チームは既存の組立ラインを取り外し、セルシステムを設置した。従業員たちはセル生産方式に適応するためにかなり長い間苦労し、それにより生産効率が一時的に低下した。2001年夏の時点で工場首脳陣は、以前のレベルに戻るにはどれほどの期間が必要かわからないと表明している。

危機を生かして改革を続ける

危機はまだ去らなかった。松下電器は2001年7月、2001年度の第1四半期に、四半期ごとの業績を発表し始めた1971年以来初めて損失が出たことを発表した[注4]。すぐに業績が回復する見込みがほとんどないなかで、中村は5つの緊急対策を発表する。その内容は、①販売促進を強力に進める、②在庫日数を49日から39日に短縮して2300億円を節減する、③サプライヤーとの値下げ交渉と事業部を超えた集中購買の促進を通じて、購買コストを当初の目標額の50％増の3000億円節約する、④セル生産を進める、⑤経費を削減する、というものであった。構造改革を停止すべきであるという意見もあったが、中村は会社業績の悪化による危機感を利用して、「創生21」で計画したイニシアチブを断固として実行していった。

早期退職計画の導入

中村も他の役員たちも社員数が多すぎると感じており、松下電器が伝統的に高給を出してきたことが経費のかさむ最大の要因であると考えていた。2001年晩春、中村は早期退職プログラムの導入を決め、副社長の村山と取締役人事

部長の福島伸一に計画の詳細をまとめるよう指示した。中村がこだわったのは①プログラムを全社で実施すること、②インセンティブは充実したものにすること、の2点だった。中村はその理由を次のように説明している。

「日本企業は一般に特定の人員グループに的を絞り、目標レベルに達するまで少しずつ計画を進めます。そのため早期退職プログラムにはネガティブなイメージが伴います。再編に成功した米国企業を見ると、そうした会社は退職計画を広い範囲で実施し、気前の良いインセンティブを提供するのです。そのため、退職者は喜んで会社を辞めていきます。私は、こういうことをやらなくてはならないなら、プログラムを全社規模で実施し、寛大なインセンティブを提供したかった。そして1回に限って実施する。そうすれば次の問題に進めるからです」

2001年夏、松下電器は、包括的な早期退職プログラムを発表した。10年以上の勤務歴があり58歳未満の者なら誰でも応募できた。だが、危機に直面していたにもかかわらず、このプログラムは物議を醸した。かつて創業者は大恐慌の最中でさえ社員を守ったからだ。それでも中村は村山に実施を促した。村山は言う。「中村社長がこの問題で何日も眠れない夜を過ごしたのはわかっていました。しかし、いったん決めたら決して後へは引かない人です」。プログラムはまた、能力と実績に基づく雇用という新たな理念を明確にした。人事部長の福島が実施の責任者となり、人事部門全体を動員して、直属の上司らの協力を求めた。完了までにほぼ1年を要したが、全社的な努力と魅力あるインセンティブ（「特別ライフプラン支援金」）により1万3000名が応じた。これは予測をかなり上回る人数であり、このプランのために会社は1640億円を支出している。退職者の多くは要職に就いていたため、若手経営陣の登用にもつながった。

2002年に大規模損失を計上

このように松下電器が企業変革を多面的に進めている間も、事業環境は悪化し続けた。世界経済が低迷するなかで、2001年9月11日の米同時多発テロが状況をさらに悪化させた。2002年3月期には創業以来最大となる営業損失1990億円を計上し、純損失はおよそ4280億円となった（**資料1-5**参照）。中村は「会社が損失を出すというのは社会悪であり、許されるべきではない」と述べて、改革をさらに続行する決意を示し、2003年3月期には営業利益を1000億円にする

資料1-5●松下電器の連結損益計算書と貸借対照表（2000～2003年〈3月期〉）

(単位：百万円)

	2000	2001	2002	2003
売上高	7,404,958	7,780,519	7,073,837	7,401,714
営業利益（損失）	169,101	194,619	-198,998	126,571
税引前利益（損失）	247,648	105,497	-537,779	68,916
純利益（損失）	106,191	41,503	-427,779	-19,453
設備投資（無形資産を除く）	350,726	519,258	320,145	251,470
減価償却（無形資産を除く）	360,631	363,452	341,549	283,434
研究開発支出	526,896	545,216	566,567	551,019
資産合計	8,076,414	8,295,044	7,768,457	7,834,693
現金および現金同等物、定期預金、短期投資	NA	NA	1,471,419	1,564,225
売上債権純額	NA	NA	1,139,293	1,146,905
在庫	NA	NA	903,377	783,262
投資と貸付金	NA	NA	1,251,795	1,020,137
土地建物、工場、設備	NA	NA	1,493,708	1,298,895
長期負債	661,793	562,653	708,173	588,202
株主資本	3,677,554	3,770,213	3,247,860	3,178,400

注：会計年度は3月終了。2001年3月に松下電器はSFAS No.115を適用。それ以前の数値も調整されている。
出典：会社資料

と宣言した。

流通体制の改革

2002年7月、社内のマーケティングと販売の体制を合理化したあと、中村は流通システムの再編に取りかかった。これには小売店網の合理化が含まれていた。1991年から2002年までの間に、家電製品の販路は大型小売チェーンが中心となり、独立小売店のシェアは30％から15％に半減している。松下電器の場合でさえ、独立小売店の割合は約60％から35％に減少した。

　流通再編を指揮したのはマーケティングの責任者であった専務の戸田一雄だ。

戸田は多数の店舗を自ら訪ね、店主らとじかに話をした。大型チェーンに対抗して自店の特色を打ち出し、懸命な努力を積み重ねている店がある一方で、実績のあがらない小売店を中心に、松下電器に対し不健全に依存している実態も明らかになった。戸田は、松下電器伝統の「万人を平等に扱う」というアプローチを変えるべきだと考えた。

　熱意のある小売店を対象に、新たな方式を確立しようと決意した戸田は、創業者の理念に反するという意見が噴出することを予期して、中村に相談した。中村は、かつて幸之助が小売店主らのグループに向かい、松下と小売店との関係は「信頼し合った当事者間の平等なパートナーシップである」と言うのを聞いた、と語り、改革は進めるよう戸田に指示した。戸田は一定の業績を基準に約5200店を選んだ。そして売上高の合計が、全売上高の約58％を占めていたこれらの店に対し、資金面での特典と経営サポートを提供した。のちに戸田は「この会社で働いた40年間のうち、これが最も困難な仕事でしたが、完了したときの満足感も大きなものでした」と述べている。

研究開発活動の再編

　研究開発活動は、従来はその大半を事業部が管理していた。これは、研究開発費予算約5600億円のうち、ほぼ90％が事業部に振り向けられていたことからも明らかだ。中村は社長に任命されると同時に、当時のCTO（最高技術責任者）であった三木弼一に、社内で実施中の研究開発プロジェクト約2000件について、包括的に再検討するよう求めた。三木の報告書では、プロジェクトの約15％が不必要であるとの結論が出た。2001年12月、三木は優先順位の高いプロジェクトを進めていくため、さまざまな事業部や子会社から研究・開発・設計に携わる者を集め、グループ横断的な技術開発の仕組みをスタートさせた。研究開発スタッフ1万8000名のうち約7000名が、それらのプロジェクト要員に任命された。2002年秋には、CTOが会社の研究開発活動の実態を総合的に把握できるよう、事業ユニットが研究開発計画を提出することになった。

　中村は「ブラックボックス」技術を商品の優位性確保のための基盤と説いた。ブラックボックス技術とは、①特許など知的財産権によって保護されている、②材料、プロセス、ノウハウなどが囲い込まれ、商品をリバースエンジニアリ

ングしても作り方がわからない、③生産方式や仕組みなどのモノづくりのプロセスが他社に追随されえない、という3つの条件のうち、最低1つを有する技術のことだと中村は定義した。中村は経営陣に、ライバル会社の製品を真似ることを戒めると同時に、ライバル会社に類似品を作らせないようにすることを指示した。「デジタルの時代に物真似の余地はない」と中村は強調する。これは、ライバル会社の製品を参考にして製品を作り上げる戦略が成功の一要因であったこれまでの松下電器の歴史に、明らかな別れを告げるものだった。

グループの再編

ファクトリー・センターを作り、事業部門から販売とマーケティングを切り離したことで、事業の重複を減らし、会社の資産を無駄なく使えるような新しい組織構造への道が開かれた。しかしこのプロセスを完了するためには、さらにもう一歩が必要であった。すなわち、社内の事業部とかなりの部分で事業が重複する子会社5社を、本社の管理下に置くことである。1社を除きそれらは上場会社であり、松下電器が支配権を有しているとはいえ、自律的な経営が行われていた。

中村はこれらの子会社を、非公開とすることを決断した。中村が任命される以前からその必要性は認識されていたが、株式市場の活況により時価総額が高騰していた子会社があったため、現実的ではないと考えられていたのである。たとえば松下通信工業は、当該5社のうち最大で、携帯電話メーカーの大手であり、2000年の売上げは1兆円を超え、純利益は330億円に達していた。松下電器は2000年に松下通信工業の株式の56%を保有していたが、同社を非公開とするためには営業権に1兆円以上を支払わなくてはならなかった。2001年に株価が急降下すると中村はこれを好機と見て、この件を検討するために小さなプロジェクトチームを設置した。また中村はそれぞれの子会社を訪問し、経営陣や組合代表と質疑応答のセッションを持った。

2002年1月、中村は子会社5社を10月に非公開とすると発表し、これにより旧来の事業部中心の構造は全面的に刷新された。事業は部門と子会社を超えて統合され、事業ユニットが各事業の製品開発、エンジニアリング、製造に責任を持つことになった。事業ユニットは特定の工場と非独占的に協力し、該当す

るナショナルまたはパナソニックマーケティング本部が課す要求に応じる。2003年1月1日をもって各事業ユニットは、デジタルネットワーク、デバイス・生産システム、アプライアンス・環境システムの3主要分野のもとで、14の事業ドメインに編成された（**資料1-6**参照）。その目的は、関連する事業の間で、研究開発、製品開発、生産、マーケティングを統合し、重複を避けることにある。

社内経営システムの変更

　2002年2月、中村は主だった経営陣を招集し、緊急対策の進捗を検討するための会議を設けた。中村は出席者の努力に感謝したうえで、次のように述べた。「本来これらはできていて当たり前の内容ばかりです。達成できたとしても、本質的な課題が解決するわけではありません。むしろ懸命に取り組めば取り組むほど、課題が見えてきた、というのが今の実態ではないでしょうか」

　中村は経営の質の向上を中心テーマとして、プロジェクトを拡大すると表明した。そこで提示されたイニシアチブは以下の4つである。①顧客第一主義の風土を醸成し、内向きのエネルギーをお客様に向けるための業務改革を推進する。②主戦場で勝つ「V商品」を創造し、V字回復を目指す。③サプライチェーンの改善を積極的に進める。④革新的な製品の品質向上を目指す。これらの目標の達成は、以後数年間、経営上の最優先事項とされた。

　一方、このイニシアチブの一環として業績評価システムが変更され、以降、事業ドメインの責任者の業績はグローバルでの成果によって評価されることになった。また、かつては事業部6割、本社4割で行っていた海外事業会社への出資を、新体制では本社（もしくは本社が全額出資する地域統括）からの100％出資とし、各事業ドメインがそれに見合う額を本社に預託することとなり、財務部がグローバルに最適化した方法で資本の流れを管理することができるようになった。さらに、各事業ドメインはその業績にかかわらず、投下資本に対する一定の比率を配当として本社に支払う。そして、かつては事業部ごとに異なっていた会社経費の割当は、会社が実際に提供したサービスに応じた額を支払うよう決められた。業績評価基準も、2002年度までは、CCM（10％）、収益性（30％）、在庫圧縮（10％）、環境経営（10％）、成長（20％）、品質ロス（10％）、

資料1-6 ◉ 松下グループの組織と新しい事業ドメイン（2003年1月1日〜）

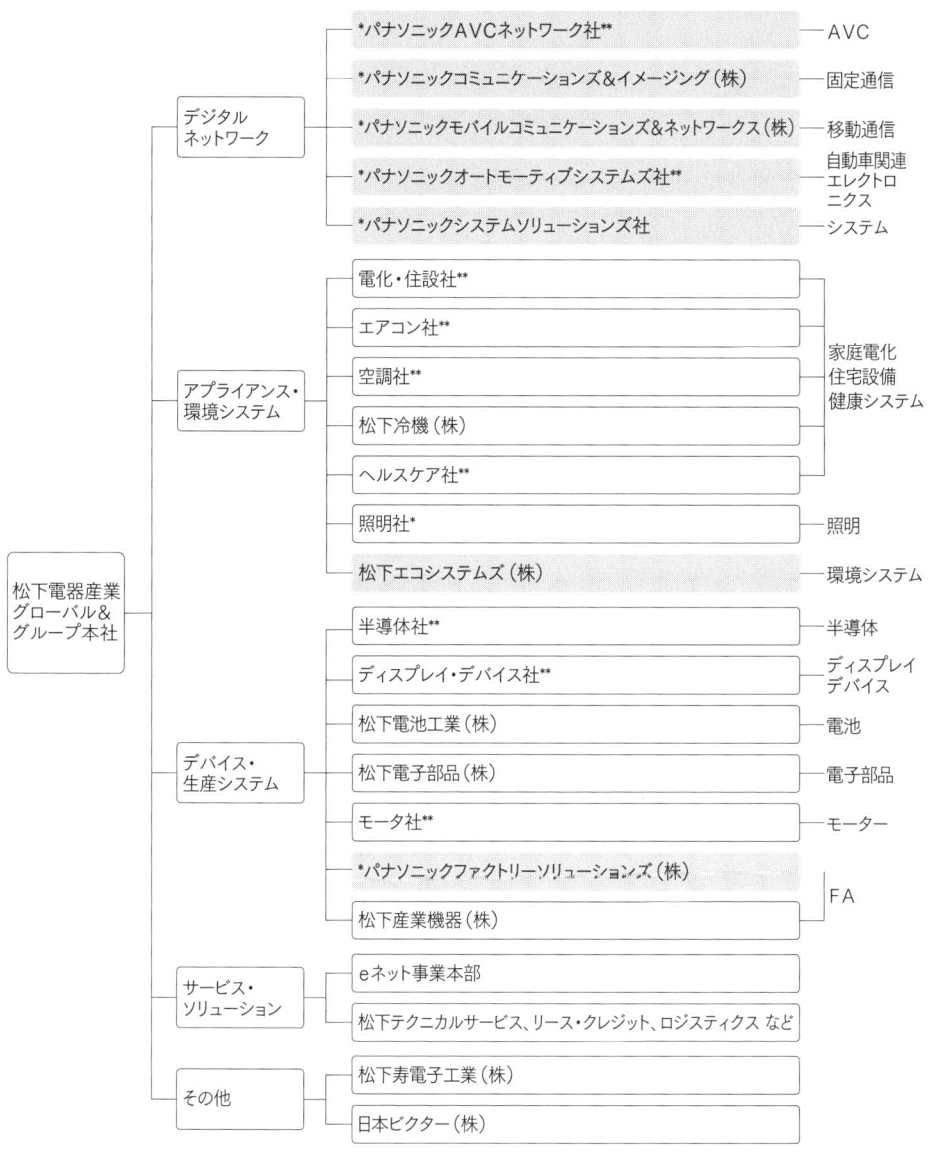

- 松下電器産業 グローバル&グループ本社
  - デジタルネットワーク
    - *パナソニックAVCネットワーク社** ── AVC
    - *パナソニックコミュニケーションズ&イメージング（株） ── 固定通信
    - *パナソニックモバイルコミュニケーションズ&ネットワークス（株） ── 移動通信
    - *パナソニックオートモーティブシステムズ社** ── 自動車関連エレクトロニクス
    - *パナソニックシステムソリューションズ社 ── システム
  - アプライアンス・環境システム
    - 電化・住設社**
    - エアコン社**
    - 空調社**
    - 松下冷機（株）
    - ヘルスケア社**　　　　　　┐ 家庭電化／住宅設備／健康システム
    - 照明社* ── 照明
    - 松下エコシステムズ（株） ── 環境システム
  - デバイス・生産システム
    - 半導体社** ── 半導体
    - ディスプレイ・デバイス社** ── ディスプレイデバイス
    - 松下電池工業（株） ── 電池
    - 松下電子部品（株） ── 電子部品
    - モータ社** ── モーター
    - *パナソニックファクトリーソリューションズ（株）　┐ FA
    - 松下産業機器（株）
  - サービス・ソリューション
    - eネット事業本部
    - 松下テクニカルサービス、リース・クレジット、ロジスティクス など
  - その他
    - 松下寿電子工業（株）
    - 日本ビクター（株）

注：*再編による新組織（組織名は仮称）
　　**松下電器産業の社内分社
出典：会社資料

キャッシュフロー（10％）という複雑なものだったが、これをキャッシュフロー（50％）とCCM（50％）に集約した。

松下電工の連結

　事業再編に残されたもう一つの困難な課題は、松下電工を連結子会社化することだった。松下幸之助によって1935年に創設された松下電工は、住宅建物関連の市場に進出。2002年の売上げは約1兆2000億円で、単独でも大企業である。松下電器が同社の発行済株式の31.8％を所有し、両社の本社所在地も近かったが、松下電工は独自のブランドの製品も扱い、アイデンティティと独立性を維持しており、子会社というより兄弟会社とみなされていた。しかし中村は、複雑性を排し、住宅関連製品・サービスの市場における松下電器の存在を強化するため、松下電工の株式持分を増やそうと考えた。そのために発足させたプロジェクトチームは、敵対的企業買収まで含め、あらゆる可能性と不測事態への対応を考えた。

　緊迫した交渉には中村自身も深く関わり、2003年12月に両社は合意に達する。2004年4月1日までに株式公開買い付けで、松下電器は松下電工の株式持分を51％に増やすことになり、このために1400億円を支払った。経営戦略の統合を目指して推進チームが設置され、主要分野の中間管理職が約20の分科会に入って、2004年1月に最初の会合を持った。ほとんどの分科会メンバーが互いに顔を合わせるのは初めてだったことが、従来の両社の独立性を物語っている。彼らの提案によって開始された主な活動は、重複事業の整理統合、技術マネジメントなどの一元化、ブランドの整理などである。

改革の成果

　2003年3月期の業績は、中村の予想を上回るものだった。松下電器の営業利益は、前年に公約した1000億円を上回り、1270億円となった。前年の営業損失は1990億円であったから、この実績はV字回復として賞賛を受けた。中村は特に、優先順位の高い市場に向けた90ほどのいわゆる「V商品」が迅速な発売により成功したことを誇りに思っていた。たとえば、DVDレコーダー、デジタルカメラ、〈ビエラ〉シリーズの薄型テレビなどだ。これらの製品の多くは、

資料1-7●松下電器の事業セグメント別業績（2002～2004年〈3月期〉）

(単位：百万円)

	2002	2003	2004
売上高			
AVCネットワーク	3,508,624	3,668,195	3,840,268
アプライアンス	1,170,785	1,197,481	1,223,190
デバイス	1,534,728	1,709,732	1,659,672
JVC	834,819	851,509	818,999
その他	725,357	819,055	948,728
消去	-700,476	-844,258	-1,011,113
連結合計	7,073,837	7,401,714	7,479,744
営業利益（損失）			
AVCネットワーク	-35,626	82,828	129,102
アプライアンス	32,611	45,240	52,759
デバイス	-95,714	31,213	50,099
JVC	-12,345	21,863	24,675
その他	-32,388	13,042	14,701
全社及び消去	-55,536	-67,615	-75,844
セグメント利益合計	-198,998	126,571	195,492
識別可能資産			
AVCネットワーク	2,026,953	2,355,671	2,090,130
アプライアンス	895,931	805,437	701,143
デバイス	1,456,440	1,317,882	1,157,984
JVC	520,543	488,595	503,943
その他	830,256	795,103	754,117
全社及び消去	2,038,334	2,072,005	2,230,695
連結合計	7,768,457	7,834,693	7,438,012
減価償却（営業権以外の無形資産を含む）			
AVCネットワーク	108,513	81,332	85,085
アプライアンス	41,757	39,367	31,674
デバイス	159,265	133,113	103,898
JVC	28,009	16,596	16,339
その他	6,469	20,570	28,954
全社及び消去	9,639	9,955	11,601
連結合計	353,652	300,933	277,551
設備投資（営業権以外の無形資産を含む）			
AVCネットワーク	98,052	77,008	80,543
アプライアンス	33,658	34,720	26,268
デバイス	174,509	119,639	142,540
JVC	16,303	14,709	17,735
その他	8,366	20,525	28,298
全社及び消去	13,814	21,213	21,376
連結合計	344,702	287,814	316,760

注：会計年度は3月終了。
出典：会社資料

資料1-8●松下電器の連結損益計算書と貸借対照表（2000～2006年〈3月期〉）

(単位：百万円、%)

	2000	2001	2002	2003	2004	2005	2006
売上高	7,404,958	7,780,519	7,073,837	7,401,714	7,479,744	8,713,636	8,894,329
営業利益（損失）	169,101	194,619	-198,998	126,571	195,492	308,494	414,273
税引前利益（損失）	247,648	105,497	-537,779	68,916	170,822	246,913	371,312
純利益（損失）	106,191	41,503	-427,779	-19,453	42,145	58,481	154,410
営業利益率	2.3	2.5	NA	1.7	2.6	3.5	4.7
設備投資（無形資産を除く）	350,726	519,258	320,145	251,470	271,291	374,253	345,819
減価償却（無形資産を除く）	360,631	363,452	341,549	283,434	253,762	287,400	275,213
研究開発支出	526,896	545,216	566,567	551,019	579,230	615,524	564,781
資産合計	8,076,414	8,295,044	7,768,457	7,834,693	7,438,012	8,056,881	7,964,640
現金および現金同等物、定期預金、短期投資	NA	NA	1,471,419	1,564,225	1,447,745	1,326,515	1,735,150
売上債権純額	NA	NA	1,139,293	1,146,905	1,067,667	1,251,738	1,146,815
在庫	NA	NA	903,377	783,262	777,540	893,425	915,262
投資と貸付金	NA	NA	1,251,795	1,020,137	1,237,427	1,392,706	1,100,035
土地建物、工場、設備	NA	NA	1,493,708	1,298,895	1,209,502	1,658,080	1,632,339
長期負債	661,793	562,653	708,173	588,202	460,639	477,143	264,070
株主資本	3,677,554	3,770,213	3,247,860	3,178,400	3,451,576	3,544,252	3,787,621

注：会計年度は3月終了。
出典：会社資料

　機能の充実と競争力のある価格により、急速に大きなシェアを獲得するに至った。V商品の売上げは1兆円に達し、松下電器の総売上高の約15％を占め、利益においても大きな割合を占めている。セル生産方式の成果も出始めた。初期段階でセル方式に切り替えた工場では、1人当たりの生産性が9割増加し、リードタイムは4割短縮され、設備投資額は3分の1になったのである。
　2004年3月期、松下電器の営業利益は前年度を54％上回る1955億円に達した。ただし連結売上高は約7兆5000億円で伸びは1％に留まった。創生21計画の最終

年であるこの年の純利益は、421億円となった(**資料1-7**、**資料1-8**参照)。またこの年、在庫レベルは23年ぶりの低水準となった。このみごとな実績を認めて、フォーブス誌は2004年1月、中村を「アジアのビジネスマン・オブ・ザ・イヤー」に選んだ。

しかし、営業利益の大幅な増加にもかかわらず、松下電器は「創生21」で目指した3つの財務目標を達成できなかった。営業利益率は目標だった5％に対し2.6％に留まった。売上高の9兆円、CCMゼロ以上も達成できなかった。

躍進21計画

2004年春に中村は次の3年間に向けてビジョンと計画を発表した。「松下電器は危機を脱したが、2010年までにグローバルで競争力を持つ『お客様価値創造企業』になるという長期目標を達成するには、最低でも営業利益率10％が必要である」と中村は自説を変えなかった。中村が「躍進21」と名づけた新計画は、この長期目標の中間地点までの3年間の年間目標を設定するものだった。すなわち、2006年3月期までに全ドメイン会社が(最低でも)CCMゼロを達成すること、そして2007年3月期までには、「グループ全体で」営業利益率5％と(最低でも)CCMゼロを達成するというものである。

目標達成のため中村が着手したことには、1300億円をかけた新LSI工場の建設、中国での事業拡大、効率の改善により研究開発予算を売上高の7％以下に抑えることなどが含まれている。研究開発の効率改善のためには、日立との協力関係の構築、松下電工との協力による「V商品」発売、支出と資産の削減などが計画された。

こうした施策の実行に際して、本社の役割を、事業ドメインの成果評価、資産割当、新しい事業分野と地域の選択、M&A、知財戦略などドメインを超えた意思決定に絞り、一方で、事業ドメインの責任者には最大限の権限を与えた。各事業ドメインは精力的な再編を通し、熱心にそれぞれのポジショニングと業績の向上にエネルギーを費やすようになった。

中村は全事業に対し、業界トップの企業を基準として業績を考えるよう指示した。たとえば、松下電子部品(現社名、パナソニックエレクトロニックデバイス)

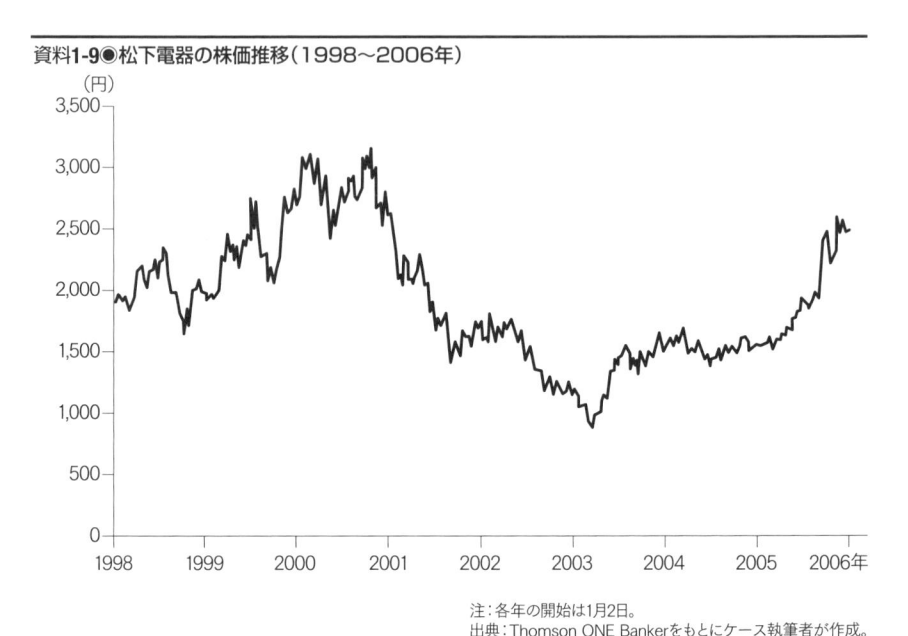

資料1-9●松下電器の株価推移(1998〜2006年)

注:各年の開始は1月2日。
出典:Thomson ONE Bankerをもとにケース執筆者が作成。

であれば、村田製作所、京セラ、TDKなどの優れたライバル会社をベンチマーク先として挙げた。そして、世界をリードするセラミックメーカーである村田製作所が営業利益率30％を達成していることを指摘し、中村は「当社はいくらか前進したが、まだまだ先は長い」と述べた。

改革を続けながら、中村は緊急の事態にも対応した。2005年、過去に生産された松下電器のFF式石油温風機により、一酸化炭素中毒が数件発生した。政府がリコールを命じると同時に、中村は緊急対策チームを編成し自ら指揮に当たった。次に事故が発生したときには、中村は迅速に年末セールのテレビコマーシャルをすべてリコール告示（5万円で商品を引き取る）に変更し、新聞折り込み広告とダイレクトメールで日本の全世帯に通知した。この対策には250億円を要し、年末セールの売上げは一時低下したがすぐに回復し、中村の行動は会社としての緊急対応時の模範といわれた(注5)。

2006年3月期、松下電器は9兆円にわずかに及ばない約8兆9000億円の売上げを記録した。営業利益は4143億円、営業利益率は3カ年計画の目標である5％

に迫る4.7％だった（資料1-8参照）。一度下落した株価も回復し、再び軌道に乗りつつあった（**資料1-9参照**）。

リーダーとしての中村邦夫

　創業者松下幸之助の経営理念に魅せられて、中村は1962年に大阪大学を卒業するとすぐ、松下電器に入社した。中村は入社後25年間、国内販売のさまざまな側面に関わった。松下電器の他の多くの役員たちとは違い、中村は出世コースと考えられていた事業部長職に就いたことはない。1987年、47歳で米国の主要子会社のエグゼクティブバイスプレジデントに任命され、これが最初の海外赴任となった。その後短期間英国子会社の社長を務めたあと、松下電器の米国事業CEOとして米国に戻る。そして、1997年に社内最大グループであるAVC社の社長となる。考え方に最も大きな影響を与えたのはどの役職だったかと問われて、中村は躊躇なくこう答えている。
「米国在任中の経験だったことは疑いようがありません。そこで米国大企業の再編の努力をじかに観察することができたからです。大改革を行うときは大胆に素早く行動することが重要であると、IBMのルイス・ガースナーから学びました。また会社を変革するツールとして、ITに大きな可能性があることも知りました。海外での経験から、松下を外側から見ることもできるようになったのです」
　さらに中村は言う。「変革をもたらすときには、トップダウンのアプローチとボトムアップのアプローチを組み合わせることも重要です。トップダウンで強制的に、明確な命令を出すのが絶対必要な場合もあります」。
　創業者に対する認識と、創業者との関係について、中村はしばらく考えたうえで次のように述べた。
「大きな決定を下す必要があるときは、創業者の『公の心』『企業は社会の公器』の訓戒に戻って考えます。創業者ならどうしただろうかと自問し続けます。創業者と頭の中で対話している自分に気づくこともよくあります。彼とその理念から力を得ているのです。今でも創業者とつながっている私たちは幸運だと

思います」

　非常に論理的な一方で人々の感情にいかに訴えるかをよく知っていた創業者と比べ、中村は「自分は合理的すぎるし、人の感情に入り込むのはあまりうまくない」と言う。だからこそ、「5S」に「Smile」を加えたと言う。

　中村の部下たちは、彼を評して、無口、思慮深い、規律正しい、厳しいなどと述べる。中村は部下に対して「愚直であれ」と命じたが、多くの社員はこれを中村の性格であると感じている。中村のシャイな態度はしばしば冷たいと評されるが、彼をよく知る人たちは彼を非常に考えの深い人間だと捉えている。困難な役目を背負った人や、特別な貢献をした役員やマネジャーに、彼がEメールでメッセージを送ることもよく知られている。中村と共に働く役員らは、彼は一度決意したら決して後へは引かないとよく言うが、中村自身は「決定を下したあとでも、また考え直し、本当に正しかったのかと自問することが多い。心配性なんです」と告白する。

　以前は仕事上の付き合いで酒を飲んできたが、社長に就任してからはすっかり飲酒をやめた。日本の大企業の幹部としては稀なことだが、中村は午後5時か6時には家路につく。しかし毎晩2時間、たいてい9時と11時の間はひとりで書斎にこもり、決断せねばならない問題について考える。また疲労を次の日に持ち越さないことが大切だと中村は考える。読書好きの中村は、年間200冊は読破するといわれる。ハウツーものの経営本以外なら、伝記、歴史をはじめ何でも読む。

　中村がかつて「松下には自分を含めて50歳以上の者は要らない」[注6]と述べた言葉には、若いマネジャーに託した望みがよく表れている。彼らへのアドバイスを尋ねられると、中村は次のように述べた。

「経済合理性の追求です。ある意味で理屈を言うことですが、それは若さの特権です。自分の思ったことをどんどん発言し、実現していくような組織になってほしいと思います」

「また創業者が言う『学ぶ心』という言葉を忘れないでほしい。学ばないと自己満足に陥ります。常に相対比較して素直に自分を見ていってほしい」

「それから自分自身に妥協しないことです。妥協すると幸福にはなれません。マネジャーが現状や並みの状態に満足してしまったら、その者はもう辞めるべ

きです。別の言い方をすれば、妥協して物事をそのままに受け入れたい気持ちになったなら、もうその人に用はない、そういう気持ちで自分はやってきました」

注

1) 著書は49冊に達している。
2) CCMは松下電器のニーズに合わせたEVA（経済付加価値）の一種で、1990年代後期に導入された。CCMの計算方法は：（営業利益＋受取配当）－（投下資本×松下電器の資本コスト）。当時の松下電器の資本コストは8.4%だった。
3) 『日本経済新聞』、2000年10月31日、13面。
4) 松下電器は1971年から四半期ごとの業績を発表し始めた。
5) 「苦境で見せた中村改革の底力」『日経ビジネス』、2006年2月13日号、pp.6-8。
6) 『日経ビジネス』、2001年5月28日号、p.28。

第 2 章

Nissan Motor Co., Ltd., 2002

日産自動車：再生への挑戦

［執筆者］

ハーバード・ビジネス・スクール 名誉教授
吉野 洋太郎
M.Y. Yoshino

前 ハーバード・ビジネス・スクール 日本リサーチ・センター長
江川雅子
Masako Egawa

●ハーバード・ビジネス・スクールのケースは、授業での討議に用いられる資料として作成されている。ケースには、1) 当該企業を推奨する、2) 一次データの出典となる、3) マネジメントの優劣について例証する、という意図はない。

●ケースは過去のある時点の事実をもとに書かれたものである。現在の当該企業の状況を反映したものではないことに注意されたい。

Case No. 9-303-042
© 2002 President and Fellows of Harvard College.

「これらの目標が達成できなかったら、私は辞任します」
——日産自動車代表取締役社長兼CEO　カルロス・ゴーン　1999年、日産リバイバルプラン発表時に

「日産リバイバル・プランで定めた目標を、予定より1年早く達成しました」
——日産自動車代表取締役社長兼CEO　カルロス・ゴーン　2002年、2年連続の最高益更新の発表時に

「当社のライバルは日産です」
——トヨタ自動車代表取締役社長　張富士夫　2002年、新型ミニバン発表時に

　2002年5月、日産自動車（以下、日産）の社長兼CEO（最高経営責任者）であるカルロス・ゴーンは、2001年度（2002年3月期）の決算を発表した。営業利益と純利益は前年からそれぞれ68％増、12.4％増となり、営業利益率は4.75％

資料2-1●日産の業績（1991～2002年〈3月期〉）

（単位：十億円）

	1991	1992	1993	1994	1995	1996	1997	1998	1999	2000	2001	2002
売上高	5,965	6,418	6,198	5,801	5,834	6,039	6,659	6,565	6,580	5,977	6,090	6,196
粗利益	1,295	1,395	1,238	1,054	1,149	1,312	1,655	1,688	1,659	1,409	1,456	1,650
営業利益	126	146	-7	-144	-106	41	197	84	110	83	290	489
純利益	49	101	-56	-87	-166	-88	78	-14	-28	-684	331	372
1株当たり利益（円）	19.5	40.3	-22.3	-34.6	-66.1	-35.2	30.9	-5.6	-11.0	-180.0	83.5	92.6
資産合計	6,456	7,073	7,186	7,328	7,193	7,092	7,474	7,884	6,918	6,176	6,451	7,215
借入債務合計	2,993	3,465	3,697	4,024	3,915	3,729	3,839	4,343	3,617	2,973	2,833	3,030
短期借入金	1,893	1,734	1,784	1,668	1,722	1,800	1,870	2,673	2,025	1,317	1,430	1,425
長期借入金	1,100	1,731	1,913	2,356	2,193	1,929	1,969	1,670	1,592	1,656	1,403	1,605
株主資本	1,780	1,815	1,721	1,580	1,429	1,357	1,356	1,282	1,255	929	958	1,621

注：各年3月31日現在。
出典：会社資料

資料2-2 ● 日本のトップ3自動車会社の業績（1999～2002年〈3月期〉）

本田技研工業

(単位：十億円)

	1999	2000	2001	2002
売上高の前年比増減（％）	3.86	-2.12	5.98	13.90
純売上高	6,231	6,099	6,464	7,362
粗利益（売上高－売上原価）	2,011	1,893	1,906	2,326
売上高に対する粗利益の比率（％）	32.27	31.04	29.49	31.59
研究開発費	312	334	353	395
売上高に対する研究開発費の比率（％）	5.01	5.48	5.46	5.37
営業利益	549	426	407	639
売上高に対する営業利益の比率（％）	8.81	6.98	6.30	8.68
支払利息	28	19	21	17
純利益	305	262	232	363
EBITDA	726	598	577	834
売上高に対するEBITDAの比率（％）	11.66	9.80	8.93	11.33
株主資本利益率（％）	18.09	14.21	11.16	15.10
資産合計	5,034	4,898	5,667	6,941
総資産回転率（回／年）	1.24	1.25	1.14	1.06
固定資産	1,147	1,121	1,255	1,390
固定資産回転率（回／年）	5.39	5.38	5.44	5.57
稼働率	NA	NA	NA	NA
短期借入金	881	840	1,185	1,343
負債合計	1,554	1,414	1,553	2,060
普通株合計	1,764	1,930	2,230	2,574
従業員（千人）	112	112	114	121

から7.9％へと上昇してトヨタ自動車（以下、トヨタ）の7.4％を抜いた。日産にとって、2年連続での最高益の更新である（**資料2-1**、**資料2-2**参照）。

　営業利益は、絶対額ではトヨタや本田技研工業（以下、ホンダ）よりも少なかったが、日本の全上場企業の中では、この会計年度の6位にランクされた。

日産自動車

(単位:十億円)

	1999	2000	2001	2002
売上高の前年比増減(％)	0.23	-9.16	1.89	1.74
純売上高	6,580	5,977	6,090	6,196
粗利益(売上高－売上原価)	1,659	1,409	1,456	1,650
売上高に対する粗利益の比率(％)	25.21	23.57	23.91	26.63
研究開発費	220	239	232	262
売上高に対する研究開発費の比率(％)	3.34	4.00	3.81	4.23
営業利益	110	83	290	489
売上高に対する営業利益の比率(％)	1.7	1.4	4.8	7.9
支払利息	103	74	42	34
純利益	-28	-684	331	372
EBITDA	375	517	651	858
売上高に対するEBITDAの比率(％)	5.70	8.65	10.69	13.85
株主資本利益率(％)	-2.18	-62.67	35.08	28.87
資産合計	6,918	6,176	6,451	7,215
総資産回転率(回／年)	0.95	0.91	0.94	0.86
固定資産	3,029	2,848	2,782	2,879
固定資産回転率(回／年)	2.01	2.03	2.16	2.19
稼働率	NA	NA	NA	NA
短期借入金	2,025	1,317	1,430	1,425
負債合計	3,617	2,972	2,832	3,030
普通株合計	1,255	929	958	1,621
従業員(千人)	142	134	124	118

ほんの3年前に倒産の危機に瀕していたことを考えると、これは注目に値する成果だといえる。

　こうした日産の業績によって、ゴーンは日本の実業界、メディア、一般大衆から賞賛を集めた。2002年2月、フォーチュン誌は2001年の「アジアのビジネ

トヨタ自動車

(単位:十億円)

	1999	2000	2001	2002
売上高の前年比増減（％）	9.17	1.03	4.22	12.53
純売上高	12,749	12,880	13,424	15,106
粗利益（売上高－売上原価）	2,917	2,967	3,017	3,588
売上高に対する粗利益の比率（％）	22.88	23.04	22.47	23.75
研究開発費	487	453	480	593
売上高に対する研究開発費の比率（％）	3.82	3.52	3.58	3.93
営業利益	775	776	870	1,123
売上高に対する営業利益の比率（％）	6.08	6.02	6.48	7.43
支払利息	45	47	40	32
純利益	356	407	471	616
EBITDA	1,481	1,531	1,620	1,927
売上高に対するEBITDAの比率（％）	11.62	11.89	12.07	12.76
株主資本利益率（％）	5.84	6.27	6.78	8.53
資産合計	14,753	16,469	17,519	19,889
総資産回転率（回／年）	0.86	0.78	0.77	0.76
固定資産	4,793	4,868	4,746	5,438
固定資産回転率（回／年）	2.71	2.67	2.79	2.97
稼働率	NA	NA	NA	NA
短期借入金	1,400	1,511	1,414	2,125
負債合計	4,339	4,368	4,461	5,752
普通株合計	6,176	6,797	7,115	7,325
従業員（千人）	184	211	216	247

注：各年3月31日現在。
出典：ブルームバーグ、各社の会社資料

スマン・オブ・ザ・イヤー」としてゴーンを選んだ。ゴーンは、根本的な変革の時を迎えている国で全国的に名を知られる人物になった。

　日産の復活と同様に注目に値するのは、ゴーンが持っていた日産に対する認

識である。競争の激しいグローバルな自動車産業において、日産が本当に世界レベルの企業となるまでには、まだ課題が山積していることを、ゴーンは十分に理解していたのである。

日産の失われた10年

　1933年に設立された日産は、日本で最初に自動車を製造した企業の一つだった。1936年、日本政府は日産とトヨタを国家公認の自動車メーカーに指定し、1936年から1945年まで、日産の生産はほとんどすべてが軍需に振り向けられた。

　第2次世界大戦の大きな被害から立ち直った日産は、1950年代の終わりごろから成長し始めた。1970年代初めには国内自動車市場の33％のシェアを獲得し、トヨタに次いで二番手につけている。しかし、そのときを頂点に、市場における日産の地位は低下の一途をたどった。よく挙げられる理由は、非常に官僚主義的な組織と、社内政治の横行で分裂した企業文化である。市場においては、トヨタとホンダという手強いライバルが存在し、1986年には、プラザ合意後の円急騰で日産は壊滅的な打撃を受け、営業損失を出した。

　1987年、日本がいわゆるバブル経済に突入すると、自動車、特に高級車への需要が急増し、日産の運命も好転する。日産経営陣は積極果敢な拡大計画に着手し、国内での販売台数を1986年のほぼ2倍の150万台まで拡大しようとした。そのため、その後の数年間に、同社は国内流通ネットワークの強化に5000億円を、製造施設に2000億円を投資した（ただし、この投資計画の一部はその後取り消された）。このころ、日本の主要銀行は必要な資金を進んで供給しようとしたので、資金は簡単に借りることができた。日産の負債は1987年3月の1兆3000億円から、1992年3月には3兆6000億円へと3倍に増えている。

　久米豊は、債務急増と同時に日本経済がバブル崩壊後の深刻な景気後退に見舞われたことに警戒心を抱き、社長を務める最後の年となった1992年の初めに、3つの再建計画のうちの第1弾を実施した。この再建計画の目標は以下のとおりである。①設計・エンジニアリング方法の変更により、3年間にわたって生産性を年間10％ずつ上昇させる。②工場閉鎖により生産能力を削減する。③

部品数を30％削減して全モデルに共通の部品を増やし、それによる節約分を納入業者と分け合う。④モデル数を合理化する。⑤モデルチェンジのサイクルを長くする。

しかし、これらの努力もむなしく、業績は悪化し続けた。1993年3月期には、1951年の上場後初めて、経常利益で赤字を出した。

1992年6月、辻義文が久米の後を継いだ。新社長となった辻は1993年にインタビューを受け、そのなかで日産の問題は、①最後までやり通す規律と決意の欠如、②説明責任の不十分さ、③販売部門の弱さ、④エンジニアが強い文化、⑤顧客志向の不在、⑥合意や妥協を重視する文化、であると指摘している。

これらの問題に取り組むため、辻は1993年2月に別の計画を発表した。この計画は、総費用を3年間で2000億円削減するというものだった。また、1つの主要工場の閉鎖、自然減による社員5000人の削減、当時2000を超えていたモデルの等級・種類の35％削減、部品数の40％削減も掲げている。この計画では、1993年度に利益を生み出し、1995年までに営業利益率を3％にすることを目標にしていたが、達成はできなかった。1995年も期待はずれな結果が続いたため、辻は別の再建計画を発表した。経費を全社的に10％削減し、さらに6000～7000人の社員を削減することによって400億円節減するというものである。

1996年6月、辻に代わって塙義一が社長に就任した。1997年3月期、日産は主として米国の底堅い需要と円安に助けられて、売上高の1.2％に相当する780億円の利益を何とか確保した。しかし1997年の終わりには、ホンダが日本市場で第2位の地位を日産から奪った。

日産は相変わらずモデル数の増加に悩まされ、新車開発への過小投資に苦しんでいた。日産車が大幅に値引きして販売されたことを主な要因として、同社は1998年3月期に140億円の純損失を出す。一方で、トヨタとホンダは、主として米国市場において突出した業績をあげ、過去最高の利益を計上した。

1998年5月、塙はさらにもう一つの再建計画を発表した。それは、①米国事業の再編成、②日本国内の販売組織の整理統合、③負債の1兆円削減、④さらなるコスト削減と生産性向上、⑤よりスリムで敏感な組織の創出、を掲げたものだった。しかし計画発表のその日に、株式市場全体は3％下落し、なかでも日産の株価は12％も落ち込んだ。

ルノーとの提携とリバイバルプランの発表

　1990年代全体を通して、世界の自動車産業では競争が激化し、整理統合が進んだ。成長の鈍化、過剰な生産能力、環境に配慮した技術に関する研究開発費の増加がその要因だ。「グローバル企業として生き残るには、少なくとも年間400万台を販売する必要がある」という通念に基づいて、さまざまな合併・買収・提携が行われた。トヨタは関連会社である日野自動車とダイハツの経営支配権を獲得し、ゼネラルモーターズはスズキといすゞへの出資比率をそれぞれ10％、49％に増やし、フォードはボルボを買収した。なかでも、おそらく最も注目すべきは、1998年5月に行われた、米国第3位のクライスラーとドイツ第3位のダイムラーとの合併であろう。

　当時、日産の財務状態は急速に悪化していた。日産のメインバンク2行は、莫大な不良債権を抱えて経営難に陥った同社を、もはや救済することはできなかった。塙は会社を救う最後の必死の努力として、1997年に国外のパートナーを探し始めた。グローバルな展開を考える大手自動車会社にとって、日産はその財務状態にかかわらずまだ魅力的なパートナーであろうとの期待があった。

　日産とフォード、ダイムラー・クライスラーとの交渉は不調に終わったものの、その後1999年3月27日に日産はルノーと提携関係を結ぶ。ルノーは5857億円を投入し、株式保有比率36.8％に相当する日産の新規発行株式14億6425万株を購入した。さらにルノーは、日産が発行するワラント債を2160億円で購入することにも同意した。これによってルノーは、5億4000万株を追加購入して保有比率を44.4％に高めることが可能になった。ルノーの投資は、外国企業による日本企業への投資としては最高額だった。両社による取り決めの主要なポイントは、**資料2-3**にまとめてある。

　ルノーは日産への投資を2つの主要市場、すなわち米国市場と日本を含むアジア市場への、直接のアクセスを得る機会とみなしていた。だが、この投資は非常に大きなリスクも伴っていた。合併後は世界第4位の自動車メーカーになる予定だったが、投資家はさほど反応を示さず、あるアナリストなどは、「敗

資料2-3 ● ルノーとの提携

概要

- ルノーは、日産の新規発行株式14億6425万株を1株400円で購入する。この投資は総額5857億円にのぼり、株式保有比率は36.8%となる。
- ルノーは、日産が発行する5年物ワラント債を2160億円で購入する。これによってルノーは将来、5億4000万株を追加取得して保有比率を44.4%に増やすことができる。
- ルノーは、日産関連会社の日産ディーゼル（第4位のトラック・メーカー）の株式の22.5%を93億円で購入する。
- ルノーは、日産のヨーロッパ金融子会社を380億円で買収する。
- ルノーは、日産の南アフリカ子会社の株式の一部を50億円で取得する。

経営

- ルノーは、日産のトップ・マネジメントの要職を占める。C・ゴーンがCOO、P・ペラタが製品企画・戦略担当副社長、T・ムロンゲが副CFOに就任する。
- グローバル提携委員会を設置し、ルノーCEOと日産社長が委員長を務める。その他のメンバーは、ルノー、日産それぞれから5人ずつ選ばれた上級経営幹部である。

業務

- プラットフォームの統合。現在ルノー8種類、日産20種類のプラットフォーム数を10種類に削減する。
- エンジン・トランスミッションの共通部品の利用。現在ルノー7種類、日産20種類の部品数を8種類に削減する。
- 小型ディーゼル・エンジンを共同開発する。
- ルノーは、日産の製造・販売インフラを利用してメキシコ市場に再参入する。
- 日産は、ルノーの製造・販売インフラを利用して南米市場に参入する。
- 日産は、ルノーにCVTシステムと4WDシステムを供給する。
- 日仏国外の市場で共同マーケティングを実施する。

出典：会社資料

者連合」に未来はないと嘲笑さえしたほどである。

カルロス・ゴーン、最初の3カ月

　1999年3月、ルノーCEOのルイ・シュヴァイツァーは、日産を立て直す人材として45歳の上級副社長カルロス・ゴーンを指名した。ブラジル生まれのゴーンは、レバノン人実業家の父とフランス人の母の間に生まれ、レバノンとフランスで教育を受けている。エコール・ポリテクニーク（国立理工科学校）で工学の学位を取得し、エコール・デ・ミーヌ（国立鉱山学校）を卒業したあと、ミシュランに入社した。30歳のときに生まれ故郷であるブラジルに派遣され、ミシュランのブラジル事業を立て直す。4年後、米国事業の責任者に昇進し、グッドリッチ・ユニロイヤルの買収という困難な統合業務を取り扱った。そして1996年、ルノーの上級副社長だったシュヴァイツァーに引き抜かれる。当時ルノーは経営難に陥っていたが、ゴーンは同社の経営再建を成功させるうえで中心的な役割を果たし、「コストキラー」のニックネームをつけられた。

　ゴーンは日産の施設を回って、すべてのレベルの社員、数百人と話をした。これによって得た洞察をもとに、日産に欠けているものを見出す。すなわち①利益志向、②顧客重視（同社は競合他社ばかりを見ていた）、③機能・分野横断志向、④危機感、⑤共通のビジョンと長期的戦略、である。ゴーンは、これらを「5つの問題」と呼んだ。彼によれば、日産は「恥の文化」に悩まされていた。「日産は業績があがらなければ、いつも他人のせいにしていました。販売部門は製品企画部門を責め、製品企画部門はエンジニアリング部門を非難し、エンジニアリング部門は財務部門のせいにしていました。東京は欧州を、欧州は東京を責めていました[注1]」。この問題の根本原因の一つは、マネジャーの担当や責任分野が明確に定義されていないことだった。

　株主総会で新しい取締役が決まり、ゴーンはCOO（最高執行責任者）に選出された。取締役の人数は43名から9名に減った。新しい取締役会は経営委員会の役割も兼ね、ゴーンとルノーの経営幹部2名が加わった。塙は社長兼CEOに留まったが[注2]、副社長6名中4名を含む上級経営幹部18名が辞任し、上級経営陣の平均年齢は58歳から54歳に若返った。

機能横断型チームの設置

ゴーンはこのころについて、次のように言う。

「提携後でさえ、日産の負債は130億ドルを超えていました。文字どおり絶体絶命の状況でした。それに、きわめて微妙な状況でもありました。提携を伴う企業再建において成功を収めるには、ただ会社の組織や業務を根本的に変更すればいいというものではありません。企業のアイデンティティと社員の自尊心も守らなければなりません。この2つの目標、すなわち変革の実施とアイデンティティの保持は対立しがちです。両方を追求するのは難しく、バランスをとりにくいものです。日産のケースでは、特にそうでした。何といっても私は部外者で、日産社員でもなければ日本人でもありません。上から変革を押しつけようとするだけでは、失敗することがわかっていました」

ゴーンは、ミシュランとルノーでの経験から、困難に陥った企業が直面する問題のほとんどに、機能横断型の解決策が必要であると考えていた。だが、企業の組織は、機能横断型の問題解決を阻む形になっている場合が多い。日産の非常に官僚主義的な組織では、この傾向がさらにひどかった。

1999年7月、ゴーンは主要分野で9つの機能横断型チーム（CFT：クロスファンクショナルチーム）を組織した（**資料2-4**参照）。各CFTは、それぞれの機能に関する専門知識を身につけた中間管理職の中から、実績のあるメンバー約10名を選んで構成された。サブグループには具体的な問題を割り当てた。各CFTを主導する立場の人（パイロットと呼ばれる）は、一般に中間管理職かそれより少し上位の管理職が務めた。パイロットは、第一線での広範な経験と信頼できる人柄という、2つの重要な特性を備えている人たちだった。CFTに権威を持たせるために、ゴーンは各CFTに、経営委員会の中から異なる機能分野を代表するリーダーを2人ずつ割り当てた。たとえば購買担当CFTでは、購買担当副社長とエンジニアリング担当副社長が共同リーダーを務めた。彼らの役割は、チームの後援者として行動し、特に組織的な障害を取り除くことによってチームの活動を促進することだった。

ゴーンは全社員に向けて、日産の問題に関する自分なりの分析を説明すると同時に、日産の長所も強調した。たとえば、国際的なプレゼンス、製造システ

ム、いくつかの分野における最先端の技術、有能で忠実な社員などである。ゴーンは9つのCFTの設置と、CFTが10月に発表予定のリバイバルプランの作成をサポートすることを明らかにした。そして全社員が、日産の業績を改善するための独創的なアイデアを、CFTに提案するよう促した。

その後すぐに、ゴーンはCFTを発足させる第1回目のミーティングを開き、リバイバルプランの基礎とするための具体的な提案を出すよう各CFTに指示した。どの提案を採用するかは経営委員会が決定し、CFTは実施の責任を負わないこととし、ゴーンは、すべての案を数字で裏づけるよう強調し、聖域はないと締めくくった。CFTはありとあらゆることに挑み、積極果敢に行動することを期待され、期限は9月半ばに設定された。

このミーティングは、CFTパイロットらに強い印象を与えた。人事計画グループのマネジャーで、組織・意思決定プロセス担当CFTのパイロットを務めた嘉悦朗は次のように述べている。「日産に勤めて19年になりますが、これほど強く意欲をかき立てられ、刺激を受けたミーティングはありませんでした。ゴーンは、『あなた方の真の能力を見せてください』と、私たちを激励しました」。

CFTメンバーは直ちに仕事に取りかかった。長い時間をかけ、週末も働き、ほとんどのメンバーが夏休みを返上している。パイロットを除いて、チームメンバーは通常の業務を免除されなかったし、討議の内容を秘密にしておくことが求められた。ゴーンの参謀長的な役割を果たしたフィリップ・クラインは、これらのミーティングの多くに出席した。チームメンバーの相談役として、クラインはチームを鼓舞し続け、あらゆる考えを受け入れて積極的な提案を出すよう求めるとともに、進捗状況を絶えずゴーンに報告した。

CFTパイロットが経験したこと

ゴーンは、リバイバルプランは単なるリストラであってはならず、その究極の目標は日産を世界レベルの自動車会社にすることでなければならないと堅く信じていた。その結果、「事業の発展」を担当する第1CFTの規模が断然大きくなった。第1CFTは8つのサブグループから成り、全世界の主要事業からおよそ70名のメンバーが参加した。チームメンバーは、製品開発の機会、ブランド価値、開発期間など、多岐にわたるテーマの検討を求められた。パイロッ

資料2-4● 機能横断型チーム

チーム	事業の発展	購買	製造	研究開発
CFTリーダー	●海外販売・マーケティング担当副社長 ●製品企画担当副社長	●購買担当副社長 ●エンジニアリング担当副社長	●製造担当副社長 ●製品企画担当副社長	●購買担当副社長 ●エンジニアリング担当副社長
CFTパイロット	●製品企画担当本部長	●購買担当本部長	●製造担当副本部長	●エンジニアリング担当本部長
代表される機能	●製品企画 ●エンジニアリング ●製造 ●販売・マーケティング	●購買 ●エンジニアリング ●製造 ●財務	●製造 ●物流 ●製品企画 ●人事	●エンジニアリング ●購買 ●設計
チームによる見直しの焦点	●利益ある成長 ●製品開発の機会 ●ブランド価値 ●開発期間	●納入業者関係 ●製品仕様・企画	●製造効率と最適コスト	●研究開発能力
見直しに基づく目標	●2002年までに22種類のニューモデルを発売 ●2002年までに日本国内で小型車モデルを発売	●納入業者数の半減 ●3年間でコストを20％削減	●国内3組立工場の閉鎖 ●国内2エンジン工場の閉鎖 ●国内の設備稼働率を1999年の53％から2002年には82％に改善	●グローバル統合組織への移行 ●各プロジェクトの作業効率を20％改善

トの坂井滋は、次のように語る。

「当チームのメンバーは、多くのアイデアを持っていました。けれども、これらのアイデアの多くは経営資源が足りず、それまでに実施されたことがありませんでした。提案を数字で裏づけなければならなかったことは、私たち全員にとって大きな試練でした。私たちは、日産の再生がまさに自分たちにかかって

販売・マーケティング	一般管理費	財務	複雑化した製品・部品の管理	組織
●海外販売・マーケティング担当副社長 ●国内販売・マーケティング担当副社長	●財務担当副社長（CFO） ●財務担当上席常務（DCFO）	●財務担当副社長（CFO） ●財務担当上席常務（DCFO）	●国内販売・マーケティング担当副社長 ●製品企画担当副社長	●財務担当副社長（CFO） ●製造担当副社長
●海外販売・マーケティング担当マネジャー	●財務マネジャー	●財務担当副本部長	●製品企画マネジャー	●人事マネジャー
●販売・マーケティング ●購買	●販売・マーケティング ●製造 ●財務 ●人事	●財務 ●販売・マーケティング	●製品企画 ●販売・マーケティング ●製造 ●エンジニアリング ●財務 ●購買	●製品企画 ●販売・マーケティング ●製造 ●エンジニアリング ●財務 ●購買
●広告体制 ●流通体制 ●ディーラー組織 ●報奨金	●固定間接費	●株式所有などの非中核資産 ●財務計画体制 ●運転資本	●製造効率と最適コスト	●組織機構 ●従業員報奨金・賃金パッケージ
●単一のグローバル広告代理店への移行 ●マーケティング費用の20％削減 ●国内子会社ディーラーの20％削減 ●国内営業所の10％の閉鎖 ●県事業センターあるいは共通バックオフィスの設立	●販管費の20％削減 ●全世界で従業員を2万1000人削減	●非中核資産の処分 ●自動車関連負債を正味58億ドルに半減 ●在庫の削減	●2002年までに日本国内の工場数を7カ所から4カ所に削減 ●2002年までに日本国内のプラットフォーム数を24種類から15種類に削減 ●エンジンの違いや特徴などに起因するモデルごとの部品のバリエーションの半減	●世界本社の設立 ●地域管理委員会の設置 ●プログラム・ディレクターへの権限付与 ●ストックオプションを含む業績志向の報酬・ボーナス制度の実施

出典：Carlos Ghosn, "Saving the Business Without Losing the Company," *Harvard Business Review*, January 2002, pp. 40-41.

いることを、はっきりと理解しました。また、そう理解することで全員が活気づきました。当社で初めて、真の危機意識が生まれていました。私たちは、これが最後のチャンスになるであろうことを痛感したのです。私にとって最も困難な課題は、積極果敢であると同時に実行可能な計画を、すべてのサブグループに考えさせることでした」

日産の購買コストがルノーよりもはるかに高く、大幅に節約できる可能性があることをゴーンが指摘すると、これが購買担当CFTの刺激となった。「新しい役割に慣れるまでに数日かかりました」と、パイロットに選ばれた購買グループ・マネジャーの大谷秀一は言う。
「やがて、自分たちの任務の重さがつくづく身にしみてわかってきました。一つ有利な点は、私たち全員が現場レベルの状況を知っていて、たくさんアイデアがあったことです。私たちの課題は、これらのアイデアを明確な形で示し、業績へのインパクトを含めた具体的な提案を発表できるようにすることでした。肉体的にも精神的にも、これほど疲れる経験はそれまでにありませんでした。実際、最後のほうになると、私はミーティングでめまいがし、数日間入院せねばなりませんでした」
　一方、キャリアの大半を人事畑で過ごしてきた嘉悦にとって、組織チームをリードするのは困難な仕事だった。このチームの使命は、日産の組織とその人事管理の根本的な変革を提案することだった。
「私たちは最初の数日間を費やしてブレインストーミングを行い、全員にアイデアを出すよう求めました。1000件近いアイデアを考え出しながら、アイデアを壁に貼っていきました。その過程で、私たちが自分の所属する機能部門の視点から問題を見ていることが明らかになったのです。この時期、異なる機能部門を代表する人々の間で、いくつかのアイデアをめぐって白熱した議論が何度も戦わされました。全員が出席して議論を聞いていたので、これは結果的にとてもためになりました。これらの議論を通して、全員の視野が実に狭く、自分の機能部門の視点からしか問題を見られない状況にあることが、はっきりわかったからです。掘り下げて考える時間があったので、問題を共有して深く理解することができました。このプロセスは、私たちの組織のどこが本当に間違っているかを全社的視点から理解するうえで役立ちました。最終的に、全員が一緒にこのプロセスに取り組んでいるのだということが実感できました。
　8月半ばには、組織の各方面から大きなプレッシャーがかかり始めました。私たちが真剣であることを理解し始めた多くの社員が、私たちが何を提案しようとしているのかを知りたがったのです。なかには明らかに、私たちの提案に影響を及ぼそうとする人もいました。私たちは社員の意見を聞きたいとは思っ

ていましたが、干渉されたくはありませんでした。かつての日産なら、中間管理職の小集団が、会社の将来の組織構成や、人事慣行の抜本的見直しを計画することなど、考えられないことです。そういう場合には、長い時間をかけて合意を形成する必要があり、組織全体で慎重に根回ししたうえで、経営陣に上げていました。その結果、提案は保守的なものになってしまいました。しかし今回は違う、ということを社員たちは十分に理解していませんでした。したがって、メンバーは職場の人々から特に強いプレッシャーを感じることになったのです。忘れてならないのは、メンバーが正規の仕事を遂行するなかで、絶えず職場の人たちと交渉しなければならなかった点と、プロジェクトが終わったら、すぐまた職場の仲間のところに戻ることになるという点です。ですから私たちは、失敗したら戻る場所はないだろうと覚悟して、とにかくこの責務に打ち込んだのです」

　9月中ごろ、各チームは経営委員会で提案を発表した。チームのプレゼンテーションは平均90分だった。坂井はこのミーティングを、それまでに出席した中で最も真剣な会合であったと表現した。購買担当CFTにとっては、このミーティングは痛烈なものとなった。大谷が言うように、「ゴーンは私たちの提案を全面的に拒否」したからである。

「彼は私たちに、この提案はまだまだ積極的ではない、向こう3年間で20％節減できるよう、提案を考え直してこいと言いました。私たちの提案ではその半分の削減にしかなりませんでしたが、それでも私たちは非常に大きな削減だと考えていたのです。

　私たちは再び仕事に取りかかりました。全員が、最大の障害になるのはエンジニアリング部門だろうということに気づいていました。新しい目標を達成するには、長い間大事にしてきた価値観を根本的に変更する必要があります。エンジニアリング部門は規模が大きく、団結力があり、全権を握っていたうえに、購買を単なる補助的機能とみなしていました。以前の日産では、購買部門であれ誰であれ、部外者がエンジニアリング部門に異議を唱えることなど考えられませんでした。ここで私たちは、聖域はないというゴーンの言葉の意味をはっきりと理解したのです。

　それからの2週間は文字どおり地獄でした。購買部門の部下たちにさえ、そ

んな非現実的な提案には関わりたくないと、きっぱり言われましたが、チームリーダーを務める2人の副社長は、エンジニアリング部門を説得し、3年間で20％の削減を達成するために必要な措置への支持をとりつけるうえで、力になってくれました。エンジニアリング部門での、私の個人的ネットワークも大いに活用しました。きつい仕事と厳しい交渉で満ちた苦痛の2週間を経て、やっとゴーンの期待に応える提案を考え出したのです。

　最終的なプレゼンテーションを終えたあと、過激なもののように思える私たちの提案が、実際はまったくそうではないことが、次第にわかってきました。これらの提案は実に簡単明瞭でした。このプロジェクトによって私は、日産が過去に抱えていた問題は、明々白々なことを実施できなかったことだ、と理解しました」

日産リバイバルプラン発表

　その後の数週間で、経営委員会は何人かのスタッフと共に、400を超えるCFT提案に基づいて包括的な計画を立案した。1999年東京モーターショー前日の10月18日に、ゴーンは「日産リバイバルプラン（NRP）」を発表した（**資料2-5参照**）。この計画は、2002年までの3年間累計で、日産は1兆円のコスト削減と、50％の負債削減を行うとする大胆なものだった。2000年までに黒字に戻り、2002年までに売上高営業利益率を4.5％以上にする、と約束したゴーンは、製品開発と売上げ増大の重要性を強調した。「コスト削減はこのプランの中で最も劇的で目立つ要素ですが、節約で成功への道をたどることはできません」。日産は2002年までに22種のニューモデルを発売するとし、この計画で誓約した目標のどれかが達成されなければ、自分と経営委員会は辞任する、とゴーンは言った。

　発表直後、ゴーンと経営委員会のメンバーは直ちに計画を実行に移すために、全世界の部門長以上のマネジャー全員と丸1日かけて会合を開き、ゴーン自身がマネジャーの質問に答えた。このミーティングに出席したあるマネジャーは、次のように述べている。

「ミーティングの論調は以前とはまったく異なっていました。議論は非常に具体的で焦点が絞られていました。一般論と曖昧な目標に終始した時代は終わっ

たのです。明らかに新しい指導部は、現実を、そしてやらなければならないことを、具体的にしっかりと把握していました。まだ多くの疑念はありましたが、少なからぬ人々が、これは当社にとって新しい時代の始まりになるだろうと考えるようになったのです」

リバイバルプランの実施

　NRP発表の翌日、心配顔の納入業者数百社とのミーティングで、ゴーンはきっぱりと言った。「日産は購買コストの20％削減を決意しています。それを達成するために、納入業者数を半分に減らし、競争力のある納入業者に購買を集中させる予定です」。

　それでもなお、このプランを本当に実施できるのかどうか、疑いを持つ人々もいた。ゴーンは自らの決意を示すために、総購買コストの中でとび抜けて大きい鉄鋼から手をつけるよう大谷に命じた。鉄鋼を納入していたのは国内の大企業で、日産は数十年にわたって取引してきている。ゴーンは日産の交渉力を高めるために、納入業者数を5社から3社に減らしたいと考えていた。

　この過程で日産は、国内第2位の鉄鋼メーカーで、長年にわたって日産に納入してきたNKK（現社名、JFEホールディングス）からの購買量を大幅に減らした。この決定は議論を呼んだ。同社は日産と同じ金融系列グループに属しており、両社のエンジニアは共同研究開発などに取り組んで技術分野でも緊密に協力していたからである。NKKは日本の主要な納入業者によく見られるように、多岐にわたるサービスや支援を提供していた。「この決定は納入業者全体に衝撃を与えました」と大谷は言う。「提携前なら考えられないことだったでしょうが、2000年4月には実施されていました」。

購買コストの削減のためのプログラム

　購買CFTの提案を実施するために、ゴーンは「3-3-3プログラム」を開始した。これは「3つの主要市場」、すなわち日本・アジア市場、米国市場、欧州・中東・アフリカ市場で、「3つのグループ」、すなわちエンジニアリング、購買、納入

資料2-5●日産リバイバルプラン

(I) 事業の発展

目標 利益ある成長

活動

1. 新製品の投入
- 北米:〈アルティマ〉、〈Q45〉、〈Z〉などをはじめとする8種類の新製品を発売し、製品ラインを強化する。
- 日本:製品ラインを合理化し、強力な新製品を発売する。最初の共通提携プラットフォームは、2002年に〈マーチ〉(欧州では〈マイクラ〉)および〈キューブ〉として発売する。
- 欧州:2003年までに車種を完全に入れ替え、小型四輪駆動車モデルを発売する。

2. 関連事業の開発
- 中古車事業、部品販売、金融業

3. ブランド・アイデンティティの確立と強化
- コンサルタントによる調査の結果、競争相手とのブランド力の差は米国で1000ドル、欧州で700ユーロ、日本で4万円であることがわかった。
- この格差を今後10年で解消する計画を立てる。
- いすゞの中村史郎をチーフデザイナーとして招聘した。グローバルスタイリング・チームを設置し、日産車の首尾一貫したデザインを考案する。

4. 製品リードタイムの短縮
- 新車・エンジン開発を既存プラットフォームの利用によって30〜50%短縮
- 発注から納車までの時間
- 日本での新車投入から外国市場での販売開始までの時間を12〜18カ月から3カ月に短縮

5. ルノーとの提携
- 欧州で日産車の売上げを増加させる。
- ブラジルとアルゼンチンでルノーのインフラを利用する。
- メキシコにおける金融会社設立の実現可能性を調査する。

(II) 購買

目標 コストを3年間で20%削減、2000年度8%、2001年度7%、2002年度6.5%

活動

1. 部品・資材購買の集中化
2. グローバル購買戦略へのサービス購入の組み入れ
3. 納入業者数の削減
- 納入業者を1145社から600社に削減する。
- サービス供給会社を6900社から3400社に削減する。

4. 競争力のあるグローバルな納入業者との提携
5. 「仕様削減と標準化」への挑戦
- 購買と開発と納入業者とのチームワークを奨励する。
- 「3-3-3プログラム」を通して購買コストを少なくとも3分の1は削減する。

6. ルノーとの提携
- 共同購買
- 共通納入業者からの購買

(III) 製造

目標 最適な生産効率・最適な費用対効果の達成

活動

1.車両組立・エンジン生産能力の削減
- 240万台の生産能力（年間、4400時間）を30%削減する。
- 村山工場、日産車体京都工場、愛知機械港工場を閉鎖する。
- 久里浜と九州のエンジン工場を閉鎖する。

2.生産組織の合理化・簡素化

	1999年	2002	2004
工場	7	4	4
プラットフォーム	24	15	12

- プラットフォーム当たりの生産台数を5万台から10万台に増やす。

3.物流、ベストプラクティス、ベンチマーキングのグローバル化による営業費の削減

4.弾力的生産システムの利用拡大

(IV) 販売費および一般管理費

目標 販管費の20%削減

活動

1.ブランド力の回復による報奨金・リベートの減額
2.主要製品でのグローバル広告
3.流通機構の合理化
- 国内ディーラー組織の刷新
    - 直営ディーラーの20%削減
    - 営業所の10%を閉鎖
    - 営業時間の延長
    - 県事業センターあるいは共通バックオフィスの設立
- 北米における地域機構の合理化
- 欧州のディーラーネットワークの再編成
    - 共通のハブとバックオフィスによるルノーとの提携の活用
- カーポイント社とのeコマース提携

4.固定間接費の削減

(V) 財務管理

目標 財務管理の改善、財務コストの削減

活動

- 全世界で財務関連業務を集中化する。
    - グローバルな財務管理・リスク管理の立案
    - グローバルな財務・資金調達・現金管理の創出
- 株式保有は戦略的とはみなさない。
- 土地、有価証券、非中核資産を処分する。
- 売上高在庫比率を30%低下させる。
- ルノーと提携する。

(VI) 研究開発

目標 研究開発能力の有効活用

活動

1. グローバル統合組織への移行
2. 納入業者と共同でコスト削減活動を推進
   - 「3-3-3プログラム」
3. コアテクノロジーの重視
4. ルノーとの提携

(VII) 組織

目標 多地域組織からグローバル組織への移行

活動

1. 戦略・事業計画・経営管理・ブランド管理のために世界本社を設立する。
2. グローバル管理機能に、研究開発、財務、生産システム、購買、人事を含める。
3. プログラムディレクターに権限を与え、機能横断性と収益志向を促進する。
4. 2000年に、業績志向の報酬として、ボーナス、ストックオプション制度を実施する。
5. 業績に基づき昇進させる。

(VIII) 影響

- 日産グループ従業員を2万1000人削減し、1999年度の14万8000人から2002年度には12万7000人にする。
- 2万1000人削減の内訳は、製造部門4000人、日本の国内販売会社6500人、販売一般管理部門6000人、子会社分割5000人で、研究開発スタッフは500人増員する。
- 1999年度には、資産評価減と退職金等に充てるために2000億円の引当金計上が予定されている。
- コストを1兆円削減する。内訳は、購買60%、販売費および一般管理費28%、製造10%、その他2%である。

(IX) 必達目標

- 2000年度に黒字に戻す。
- 2002年度に営業利益率を4.5%以上にする。
- 販売金融を除く実質有利子負債を50%削減し、7000億円にする。

出典：会社資料

業者が緊密に協力し、「3年間」で購買コストの20％削減を目指すというものだった。このプログラムチームを主導するよう求められた増田譲二は、およそ340名のスタッフを全世界からスカウトした。うち207名が日本のエンジニアリング、製造技術、費用・利益管理の各部門出身で、残りは海外事業の出身者だった。増田によれば、チームは2カ月ほどで「3つのモットーを決めました。それは①コストエンジニアリングの専門家になること、②顧客と同僚の信頼を勝ち取るために努力すること、③直ちに行動すること、でした」。

3-3-3プログラムでは、エンジニアリングと製造の方法、基準、設計の優先順位を徹底的に見直した。増田によれば、これまではエンジニアが品質を最重要事項に掲げ、経費については二次的な検討事項とみなすなど、日産車はエンジニアリングに手をかけすぎていた。増田は、次のように説明する。

「日産のエンジニアにとって、第一に優先すべきは明らかに品質（Quality）で、次にコスト（Cost）、その次に納品（Delivery）でした。私たちはこれを『QCD思考』と名づけました。エンジニアリング仕様を調べてみると、当社の仕様は競合他社よりも厳密なのに、性能面では明白な違いがないというケースが頻繁に見受けられました。多くの場合、日産の仕様は顧客にとっての付加価値となっていなかったのです。私たちの仕事は社内で最も有力なグループの思考方法を変えることとなり、これはきわめて困難な課題でした。もちろん同時に、執行委員会から出された2つの絶対的な要件も満たさなければなりませんでした。すなわち、顧客にとってのコストパフォーマンスを最大限に高めることと、コストを理由に品質を下げないことです」

2000年5月、同社は新車のエンジニアリング部門のすべての開発作業を1カ月にわたって停止させ、エンジニア全員がもっぱら3-3-3プログラム関連活動に取り組んだ。この活動を通して提案・実施されたアイデアは、コスト削減目標全体の40％以上を占めた。

3-3-3チームが内部変革を実施する一方で、日産は購買プロセスを全面的に変更した。納入業者1200社のそれぞれを厳密に評価し、それまではほとんど自動的に系列会社に出していた購買注文を、競争入札にかけるようになった。部品と供給品のほぼ30％が「グローバル共同購買部品」に指定され、ルノーと合わせて調達することとなり、大量購入による値引きの実現を目指した。納入

業者は、日産公認納入業者の「パネル」のメンバーになるために提案を出すよう求められたが、以前の系列納入業者の多くはメンバーに選ばれなかった。パネルメンバーになると競争入札への参加を求められ、購買、製造、エンジニアリングの各部門が共同で購買の決定を下した。この措置によって、日産への国内納入業者の多くがグローバルな能力を高めようと、海外のパートナーを探すようになった。

2001年4月、日産・ルノー両社のグローバルな購買力をさらに向上させるため、パリにルノー・日産パーチェシングオーガニゼーションが設立される。同社は、グローバル共同購入部品の割合を30%から70%に高めることを目標とした。

系列の解体

1999年6月の時点で、日産は系列会社67社とその他の数百社に、およそ40億ドルを投資していた。いわゆる系列会社のほとんどが日産の納入業者で、日産の持株比率は平均して15〜30%だった。そうした企業で日産は中心的な顧客である場合が多く、退職した日産経営幹部が上級管理職に就いていることも多かった。

ゴーンは、そのような慣行を疑問視した。彼は、日産にとって重要な4社を除くすべての株式の売却を検討し、そこから得た資金をもっと生産的に使うよう指示した。ゴーンは、常務の佐々木邦明にこのプロジェクトを担当させた。佐々木はキャリアのほとんどが人事と広報分野で、関連会社のどれともつながりがなく、また、対人・交渉能力の高さで知られていた。

佐々木はCFO(財務担当副社長)のティエリー・ムロンゲと緊密に協力しあい、3年未満で連結対象関連会社数を67社から25社に減らし、1000億円を節約した。佐々木は、系列のつながりを断ち切っても購買に不利な影響が及ぶことはないと主張した。「私たちの関係は劇的に変化しました」と佐々木は言う。「それまでの依存心はほとんどなくなり、各社ははるかに規律正しく行動するようになりました。当社がまだ株式を所有している企業でさえ変化しています。ゴーンは当社のマネジャーに対するのと同様に、関連企業にも年間のコミットメント(必達目標。詳しくは後述)とターゲット(ストレッチ目標。詳しくは後述)を課しています。もちろん、当社はもはやそれらの企業を、退職した日産経営幹部

の落ち着き先として利用してはいません」。

　日本で広く行われているように、日産も約1400社と株式持ち合い関係を維持していた。その中にはメインバンクをはじめ、歴史的に関係のある企業も含まれていた。2002年初めまでに、同社はこれらの株式をすべて売却し、およそ3000億円を手にした。また、所有不動産も売却して2000億円を調達している。

工場閉鎖

　NRPで定めたとおり「3年間で日本国内の生産能力を30％削減する」ためには、4000人を超える社員を抱える5工場を閉鎖する必要があった。生産を他の工場と統合し、社員を異動させることにより、300億円が節約できると予測された。この工場閉鎖に関する責任を任されたのは常務の高橋忠生である。

　日産はこの数年前の工場閉鎖から苦い教訓を得ていたので、同様の問題が起こらないようにしようと決意していたゴーンは、NRP発表の1週間ほど前に組合指導部に会い、支持を求めた。異動に応じた社員は雇用を保障され、異動できないか異動を希望しなかった約18％の社員は、会社が提示した退職金を受け取った。

「苦痛に満ちた2年間でした」と高橋は言う。

「透明性とコミュニケーションがカギであることがわかりました。長い時間をかけて、労働者と少人数でミーティングを開き、組合指導部とも緊密に協力しあいました。驚くほど多くの細かい問題を解決しなければならず、そのためには細心の注意が必要でした。というのも、いくつかの重要な点で各人の状況が異なり、それぞれに合わせた解決策が必要だったからです。最も印象的だったのは、工場首脳陣が先頭に立って動いてくれたことでした。このプロセスの間、私は毎日、第一線の監督者の力を改めて認識しました。その多くが勤続30年のベテランでした。彼らの助けがなければ、これだけの成果をあげることはできなかったでしょう。

　生産ラインと共に社員の大半を異動させようとしていたのですが、この時期は、まさにエンジニアリンググループと製造グループ自体が、大きく変わることを求められていた時期でもありました。そのため、両グループとも緊密に連携する必要がありました。私たちは、異動に同意した労働者が新しい勤務地で

作業グループに確実に溶け込めるよう、さまざまな措置を講じました」
　2001年3月までに3工場が、1年後に残りの2工場が閉鎖された。

販売組織の再建

　10年間も業績不振が続き、画期的な製品の発売もなく、日産の販売組織は世界各地で、特に日本と米国で仕事への意欲を失っていた。日産は自社の車を売りさばくために、トヨタやホンダよりも1000ドル多く割り引かなければならなかった。1999年には、日本国内の日産ディーラーの70％が赤字を出したといわれ、販売員の離職率は非常に高かった。

　日産のディーラー組織は分裂していた。また、トヨタの特約店はほとんどが地元企業家の所有だったのに対し、日産の特約店は過半数が日産直営だった。地元企業が所有していた特約店の多くが業績悪化で撤退したため、1990年代に直営店が増加したのだ。

　ゴーンはディーラーの起業家精神をかき立てたいと考え、日本国内の効率の悪い小規模特約店を統合して、大型特約店にした。大規模な投資計画を発表し、既存の特約店の改装資金を供給するとともに、顧客からの意見を新車の設計・エンジニアリング担当者に速やかにフィードバックするシステムを改善した。ゴーンは地域ごとにバックオフィス業務も統合し、日産経営幹部に対して実施したのと同様に、ディーラーにも年間のコミットメントとターゲットを課した。また、ディーラーの業績を以前よりもはるかに厳しくチェックした。

　しかし結局のところ、販売の成否を決めるのは、その後数年間に発売されるニューモデルに魅力があるかどうかである。日産の製品ラインは勢いを取り戻そうとしていた。トヨタの〈カムリ〉やホンダの〈アキュラ〉と直接競合する〈アルティマ〉は、2002年に米国で「カー・オブ・ザ・イヤー」を受賞した。2002年3月には日本で、ルノーとプラットフォーム(注3)を共有する初めてのモデル、小型車の〈マーチ〉が発売され、最初の数カ月間の売上げは非常に好調だった。また、2002年の夏に日米両国で再発売された伝説のスポーツカー〈Z〉は、市場で熱く歓迎された。

グローバルな組織をつくる

　ゴーンは、組織に明白な責任感を持たせるために、6人のプログラムディレクターを任命した。各ディレクターは、たとえば軽自動車やSUV（スポーツ車）など、製品の大きさや性質によって分類されたプラットフォームを担当し、自分が管理する各モデルに対して利益責任を負った。旧来の日産では、同社の国際的プレゼンスの大きさにもかかわらず、主要な決定は日本国内で下され、主要海外市場、特に米国市場と欧州市場の意見を聞くことはほとんどない。各地域が自主的な運営を行った結果、活動や投資が大幅に重複するようになっていた。

　これらの問題を是正するために、ゴーンは「グローバル日産（GNX）」（**資料2-6参照**）を設置した。この包括的な組織の目的は、さまざまな地域、プログラム、機能からのインプットをすべて考慮に入れて決定を下すことである。グローバル事業をさらに統合するために、日産は4つの地域管理委員会を設置し

資料2-6●日産のグローバル事業モデル

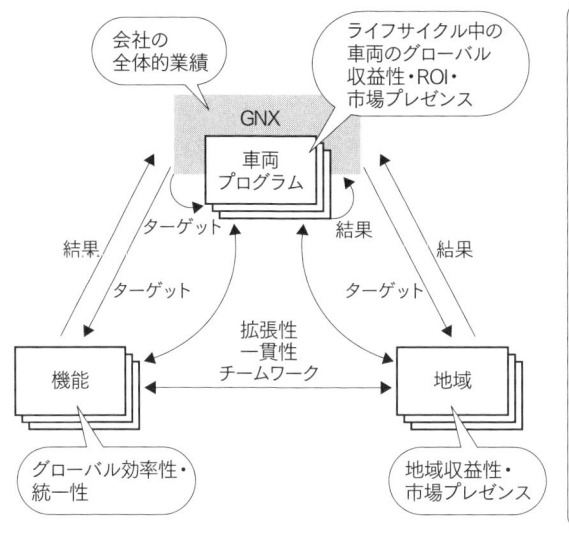

拡張原則

- 共通の目標：日産のグローバル収益性・市場プレゼンス
- この目標を達成するための3つの視点
  - 地域：より短期的に事業に焦点を当てる地域収益性・市場プレゼンス
  - 機能：より長期的な視野に立つグローバル効率性・統一性
  - プログラム：サイクル全体における車両のグローバル収益性・ROI・市場プレゼンス
- 上記3分野間の「意図的な」拡張
  - 相互に刺激を与え合って問題・機会を明るみに出す。
  - グローバルな機能横断型チームワークを促進する。
- 複合的な上下関係

出典：会社資料

た。販売・マーケティング担当副社長で米国管理委員会委員長の松村矩雄は、次のように説明している。「私の責任の一つは、主要な決定を下すにあたって、今や総売上げの半分を占める米国からの情報を、確実に考慮に入れるようにすることです。私たちは米国の事業をグローバル日産に取り込むために、最善を尽くしています」。

日産の新しいグローバルアプローチは、銀行との関係にも反映された。それまで、同社とその子会社は全世界で300行近い銀行と取引関係を結んでいたが、財務機能を集中させることで、およそ110億円を節約することができた。

人事制度

ゴーンは、伝統的な日本型雇用慣行である終身雇用と年功序列制度に関して、はっきりとした意見を持っていた。ゴーンの考えでは、終身雇用はメリットがないわけではないが、現在の競争環境のもとでは、経営状態の良い企業だけが実施できる贅沢な制度である。昇進と報酬の両方を主に年功に結びつける年功序列制度については、不公平で「意欲を失わせる制度」とみなした。ゴーンは、昇進と賃金は業績に関連づけるべきだと主張し、「コミットメント（必達目標）」の概念を導入した。これは報酬・昇進と結びつけられた年間目標だった。またゴーンはストレッチ目標（実力よりも背伸びした目標）も導入し、これを「ターゲット」と呼んだ。ターゲットを達成したマネジャーには特別ボーナスが支給され、高い業績をあげた者は、年間報酬総額の約3分の1に相当する報奨金を受け取ることができた。通常、コミットメントとターゲットは、2つか3つの具体的かつ数量的に規定された目標から成っている。

ゴーンは経営委員会の助けを借りて、数百人のマネジャーにストックオプションを提供し、各人に目指すべきゴールを直接伝える親書を送った。

昇進制度も変更された。傑出した業績をあげた若手マネジャーが昇進し、主要ポストに就いた。実際に、新任常務の何人かは40代で、これは日本の大手企業では非常に珍しいことだった。一定レベル以上の昇進において公平を確保するために、ゴーンは任命諮問協議会を設置した。上級経営幹部から成るこの特別なグループは、上級レベルへの昇進すべてを審査した。

ルノーとの協力関係の強化

　ルノーCEOのルイ・シュヴァイツァーは、日産との提携によって、2005年までに約30億ドルの潜在的相乗効果が生まれるだろうと述べた。両社の経営陣は相乗効果を生み出すあらゆる機会を追求したが、同時に彼らはそれぞれのアイデンティティも尊重していた。

　シュヴァイツァーが委員長を務め、日産会長の塙と5人の上級経営幹部、そしてゴーンも参加する「グローバル提携委員会（GAC）」が毎月会合を開き、主な問題に関して決定を下した。相乗効果を生む可能性のある共同プロジェクト案を考え出すために、11のクロスカンパニーチーム（CCT）を設置した。CCTは、製品企画、エンジン・トランスミッション分野、車両エンジニアリング、購買、製造、物流などの業務、それにメキシコや南米といった主要地域を対象としていた。

　わずか3年で、ルノーと日産の提携関係は大きく前進した。購買は最初に効果が出た分野の一つで、2002年の夏には、両社は部品の30％以上を共通の納入業者から購入するようになっていた。共同購買を促進するために、両社は折半所有の購買組織を設立して、戦略を立てるとともに、グローバルな納入業者の特定・選別・交渉を行った。ただし、実際の購入は双方の購買組織に委ねられた。共同購買を60％にするという目標は、2年以内に達成されると予想され、両社は個別に購入した部品についても価格を比較した。

　相乗効果のもう一つの例は、ルノーがメキシコ市場における日産の強力なプレゼンスを利用して同国への参入に成功したことだった。日産メキシコ工場の過剰生産設備が役に立ったのである。同様に日産も、ルノーの力を利用してブラジルでいくつかの車種を発売している。欧州では、日産ディーラーのバックオフィス業務をルノーのそれと統合し、ルノーの製造部門は日産からの情報を得ることによりメリットを享受した。共通プラットフォームの開発努力が実り、2002年3月に欧州と日本で小型車が発売された。

　2002年初め、ルノーは日産の株式保有比率を36.8％から44.4％に増やし、日産はルノー株の15％を取得した。一部のアナリストは、日産がまだ莫大な負債を背負い、多額の資本投資を必要としていることからこの日産の動きを疑問

視した。しかし両社の経営陣は、こうした措置は当初の合意の一部であり、互いの関係をさらに強化するための方法であるとした。同年、両社はGACに代えて、折半所有でオランダにルノー・日産BVを設立し、GACメンバーは新会社の取締役に就任した。

新製品開発

ゴーンは会社の成長を究極の目標として掲げたこともあり、2004年までの3年間で28種類のニューモデルを発売すると発表した。彼は社員たちに、自動車会社が抱えるどんな問題も、優れた製品があれば解決できると語っている。日産は製品開発の基本的なアプローチを変更し、製品について決定する場合、特に米国と欧州の地域組織に、より大きな発言権を与えることとした。設計グループは、もっと画期的な車を考え出すよう副社長のパトリック・ペラタから要求され、いすゞから国際的に有名な自動車デザイナーの中村史郎を本部長として迎えた。

一方、設備投資は1999年の売上高比3.5％から、2002年には5.5％に増えた。松村は次のように振り返る。

「当社の製品ラインが古くなっており、大規模な刷新が必要だということは提携前にもわかっていましたが、財務的な問題で、新車開発を大幅に縮小せざるをえませんでした。以前の日産では、設備投資の決定において主に考慮されるのは、どれだけコストがかかるかということでした。今では唯一の判断基準は、どれだけ投資収益があるかです。したがって、私たちは新しいセグメントに参入することができました」

日産は米国で、標準サイズのピックアップトラック／SUVセグメントに参入することを発表した。これらの車両を生産するために、同社はミシシッピ州カントンの新工場に9億3000万ドルを超える資金を投じた。また、テネシー州のスマーナとデカードのエンジン・車両生産施設を拡張するために数億ドルを投じ、ブラジルのルノー工場で日産車を生産するためには3億ドルを投資した。

カルロス・ゴーンのリーダーシップ

　ゴーンは仏語、英語、ポルトガル語が堪能で、スペイン語とアラビア語も話せ、ブラジル、米国、仏国で経営陣として勤務したのち、日本にやってきた。新たに採用された日産のチーフデザイナーの中村史郎は次のように述べている。「ゴーンは、もちろん日本人ではありません。でも、ブラジル人でもフランス人でもない。彼はリーダーなのです。彼の人柄に国籍が強く反映されていたら、これほど成功を収めていなかったでしょう[注4]」。
「これまでずっと、私は文化的背景の異なる人々と一緒に暮らし、働いてきました」とゴーンは言う。「それによって、他の文化を尊重することを学びました。同時に、多くの文化を経験したことは、どの文化とも十分に距離を保つうえで役立っています」。
　日産社員は当初、ゴーンをいぶかしげに見ていた。しかしゴーンは、初日から朝早く出勤し深夜まで残って、社員を驚かせた。間もなく彼は、長時間営業のコンビニエンスストアにちなんで「セブンイレブン」というニックネームをもらった。
　ゴーンは、明確なビジョンを持ち、会社全体に意思を伝える能力があることで有名だった。ある上級経営幹部は言う。「ゴーンのメッセージは簡単かつ直接的でわかりやすく、優先課題も明確です。曖昧なことばかりだった以前の日産と正反対だといえます。また彼は、数量で表せる簡潔な目標をマネジャーに与えることが重要だと、堅く信じていました」。
　別の上級経営幹部はこう付け加えた。
「彼はあらゆる機会を利用して、自分のビジョンと優先課題を伝え、直接社員に語りかけています。たとえば、1999年にNRPを発表したとき、彼の映像はテレビネットワークで全社に流されました。社長が社内の全員に直接話しかけたのは、会社始まって以来のことでした。彼は定期的に全社員に話をしています。どこへ行っても必ず、全レベルの社員と少人数で話をするようにしています」
　ゴーンは、日本人が一般に「現場」と呼ぶ、実際の作業を実施する場所で働

く人々に話しかけることでも有名だった。ゴーンがディーラーを訪問するときに同行した経営幹部は、次のように語る。

「彼はまず、毎日顧客に接している人々のところへ行きます。現場のセールスマンや、サービス部門で働く技術者です。彼は熱心に話を聞き、たくさん質問します。相手はゴーンが大まじめに心から意見を求めていることを知り、多くの場合、実に率直に意見を述べます。通訳を介して話さなければなりませんが、ゴーンは相手のことを理解する才覚に優れています」

ゴーンは一般の人々とつながりを持つためにも、大いに努力した。日産が劇的な再建を果たしたあと、ゴーンは全国的な有名人となり、ゴーン本人とその優れた業績に関する本が何冊か出版された。そのころ日本は、深刻な経済的苦境に悩まされ、必要な変革を実施できないでいたため、ゴーン自身が自分の経営哲学について書いた本はベストセラーになり、日本で20万部以上売れている。

ゴーンはまた、重要な問題についてもオープンな議論を受け入れた。ある経営幹部は次のように言う。

「以前の日産では、取締役会も含めた上級経営会議で、ほとんど議論が行われていませんでした。提案は会議の前に慎重に練り上げられていたのです。特に下位メンバーは、異議はもちろん、質問さえ出せませんでした。現在、当社の会議はそうではありません。実際に問題を討議し、互いに率直に反対意見を述べています。私たち全員がそれに慣れるには少し時間がかかりましたが、会議がはるかに生産的になり、実質的な問題を取り上げるようになりました」

ゴーンは、実行を重視する姿勢ももたらした。ある上級経営幹部は回想する。「以前の日産では、私たちは計画を考え出すのが非常に得意でした。慎重に練り上げた素晴らしい計画の立案に努力の90％を傾け、実行に振り向ける努力は10％だけでした。ゴーンは就任すると、行動、スピード、結果を強調し、綿密にフォローアップしました。何か異常があれば、彼は直ちに追及します。ゴーンの追及は手厳しいですよ」。

ゴーンのディーラー訪問によく同行した経営幹部は、次のように付け加えた。「あるディーラーから次のディーラーへ車で移動する間に、彼は今見たり聞いたりしたことを直ちに再検討し、すぐに数多くの具体的なフォローアップを指示します。1つのディーラーへ行くと、私はいつも山のような宿題を抱えて帰

ってきます」。

「これほど要求の厳しい人の下で働いたことはありませんでした」と別の経営幹部も言う。「ゴーンは私たち一人ひとりに多くのことを期待しますが、彼は自分自身にも厳しい人なので、私たちは彼を尊敬せずにはいられません。何と言っても、彼はNRPを発表したときに、この仕事にコミットすることをはっきり公言したのですから」。

ゴーンは、しばしば日産内部から出される批判に対して、こう述べた。「批判は喜んで聞きます。ですが私は、政治家ではないのです。人気者になる必要はありません。私の使命は日産を復活させることです」。

「私たちは過去3年間に多くのことを学びました」とゴーンは付け加えた。「最も重要な教訓は、明確な目標と戦略を示し、社員に権限を与え、注意深く結果を監視し、現実から目を離さないようにすれば、驚くほど大きな成果を生み出せるということです。日本人と一緒に働くのは楽しいことです。彼らはいったんあるビジョンを理解し共有すれば、非常に熱心に実行し、かつとても優秀です」。

この先に残された課題

日産は注目に値する復活を遂げはしたが、まだ先は長いとゴーンは考えていた。彼は購買を高く評価したが、日産の購買コストは依然ルノーのそれを上回っていた。設計、エンジニアリング、製造の各グループには、かろうじて合格点をつけたものの、最終的な評価は、これらのグループがニューモデル発売にあたって、どれだけ効果を発揮するかによって決まる。ゴーンは、日産のブランドは目覚ましく価値を高めたが、まだトヨタやホンダと並ぶレベルにはないことを知っていた。販売組織はまだ大幅に改善しなければならず、顧客満足度も、主要ライバル2社に及ばなかった。

一部には、日産の鮮やかな回復は、少なくともある程度は納入業者の犠牲により達成されたものであるという批判もあった。こう主張する人々は、日産の納入業者の多くが2001年に赤字を出したにもかかわらず、トヨタの納入業者の多くは同時期に記録的な利益をあげていることを強調した。それに対し、そ

うではないと考える人々もいる。日産が課した規律によって、納入業者は効率の改善と顧客基盤の多様化を目指すようになり、中には欧州企業と提携し、ルノーと日産の両方に供給できるようになった納入業者もあったからだ。2002年までには、こうした努力が実を結び、業績が大幅に改善し始めたという。

　一方で、トヨタは大々的な購買コスト削減キャンペーンを開始し、また、国内自動車市場の総需要が良くても横ばいという状況のなか、ホンダは国内自動車販売高を2003年、2004年にそれぞれ8％ずつ伸ばす計画を発表した。成長が見込める唯一のセグメントである小型車へと競争は移っていた。デザインを変更した〈マーチ〉の参入は大きな反響を得たものの、トヨタとホンダの参入は深刻な脅威だった。米国でも同様に競争が激しく、日産は日本のライバル2社だけでなく米国の三大自動車メーカーとも争わねばならなかった。そのうえ2002年の夏には、米国の経済回復軌道が怪しくなり始める。

　日産は驚くべき復活を遂げた。しかし、それがゆえに、NRPの間広く共有されていた切迫した危機感が、徐々に薄れつつあった。

　2002年の夏に日産が直面していた最大の難問は、ゴーンが設定した新しい目標の達成だった。2002年5月に、リバイバルプランで設定した目標を予定より1年早く達成したあと、ゴーンは「日産180」を発表した。1年近くかけて立案されたこの計画は、2005年3月までに達成する次の3つの目標を掲げている。①世界の販売台数を100万台増やして360万台にすること（増加分の内訳は、米国と日本で各30万台、欧州で10万台、残りの地域で30万台）。②営業利益率を8％に高め、日産を世界トップクラスの自動車メーカーにすること。③自動車事業実質有利子負債ゼロを実現すること。

　日産がこれらの目標を達成できるかどうか、業界関係者やアナリストの多くは懐疑的だった。特に彼らは日本での販売30万台増を含む、販売台数の100万台増加は困難とみなしたが、ゴーンは、これらの目標が難しいものであることを十分に理解したうえで、それでもなお達成可能だと考えていた。彼は懐疑論者に対し、これらの目標は詳細な分析と慎重な思考に基づいており、日産はその達成へ向けて具体的計画を立てていると強調した。ゴーンは日産CEOのポストを保持しながら、ルノーでも、2005年にシュヴァイツァーが辞任したあとのCEO候補に挙げられていた。今後3年間は彼にとっても非常に重要な時期

になるだろう。ゴーンは「コストキラー」から「ビルダー」になることができるだろうか。

注
1) Carlos Ghosn, "Saving the Business Without Losing the Company," *Harvard Business Review*, January 2002, p. 40.
2) 塙は2001年6月に会長になり、同時にゴーンが社長兼CEOに指名された。
3) プラットフォームは車両の基本部分で、車台とエンジン・トランスミッションが含まれる。
4) *Fortune*, February 18, 2002, p. 37.

第3章

Fujifilm: A Second Foundation
富士フイルム：第2の創業

［執筆者］

ハーバード・ビジネス・スクール 准教授
ジョバンニ・ガベッティ
Giovanni Gavetti

ハーバード・ビジネス・スクール 准教授
メアリー・トリプサス
Mary Tripsas

一橋大学 准教授
青島矢一
Yaichi Aoshima

［執筆協力］

ハーバード・ビジネス・スクール リサーチ・アソシエイト
ジョン・ラフカス
John Lafkas

ハーバード・ビジネス・スクール 名誉教授
吉野洋太郎
M.Y. Yoshino

ハーバード・ビジネス・スクール リサーチ・アソシエイト
シモーナ・ジョルジ
Simona Giorgi

前 ハーバード・ビジネス・スクール 日本リサーチ・センター長
江川雅子
Masako Egawa

●ハーバード・ビジネス・スクールのケースは、授業での討議に用いられる資料として作成されている。ケースには、1)当該企業を推奨する、2)一次データの出典となる、3)マネジメントの優劣について例証する、という意図はない。

●ケースは過去のある時点の事実をもとに書かれたものである。現在の当該企業の状況を反映したものではないことに注意されたい。

Case No. 9-807-137
© 2007 President and Fellows of Harvard College.

「もし自動車が売れなくなったとしたら、トヨタはどうなるだろうか。当社が直面しているのは、そういうことだ。もし我々がイメージングカンパニーでないとしたら、いったい我々は何なのだろうか」
――富士フイルム代表取締役社長兼CEO　古森重隆

　それは2006年9月のことだった。富士フイルムの社長兼CEOの古森重隆は、同社の東京本社で、霞のかかった富士山を見つめながらたたずんでいた。古森は最近、富士フイルムの歴史上初めて社員を5000人削減し、生産設備の集約を含む構造改革という困難なタスクに着手した。2005年度（2006年3月期）と2006年度（2007年3月期）(注1)に、その費用として合計1650億円を計上する。ある投資家は「富士フイルムの構造改革は、フィルムカメラの時代の終焉を象徴している(注2)」と言い表した。同社は長年にわたり、力強い成長と利益を達成してきたが（**資料3-1参照**）、ここへきて1980年代には想像もできないような事態を目の当たりにしていた。富士フイルムのコア事業であった写真フィルム事業が消えつつあったのだ（**資料3-2参照**）。しかし、古森は希望を失っていなかった。むしろ、フィルムの減少にもかかわらず、同社の未来に自信を持っていた。

　この経験は、古森にとって最初にぶつかった困難ではなかった。1939年に中国東北部(注3)で生まれた彼は、1945年の日本の敗戦直後、無政府状態となった当地で、家族と共に多大な苦難を経験している。古森は当時をこう振り返る。「ある日、父から1本の小型の日本刀を渡され、『自分がいなくなったら、おまえが母と姉を守らなければならない』『困難があっても、勇気をもって立ち向かえ』と諭されました。同時に生き方として父は『サムライの魂を忘れるな』と言いたかったんだと思います。これこそが、私の人生の原点であり、父の言葉どおりに生きようと思ってきました(注4)」

　父の教えを胸に富士フイルムを転換しようと古森は、自社が培ってきたファインケミストリーとその他の独自技術を他分野に応用するべく、積極的に動いた。古森は革新的な発想を生み出すため、約460億円をかけてR&Dの中核基地となる新研究拠点を開設した。同社は従来、研究開発の焦点を絞ってきたが、そこからの劇的な転換を示そうとしたのだ。また、古森はM&A専門の部署を

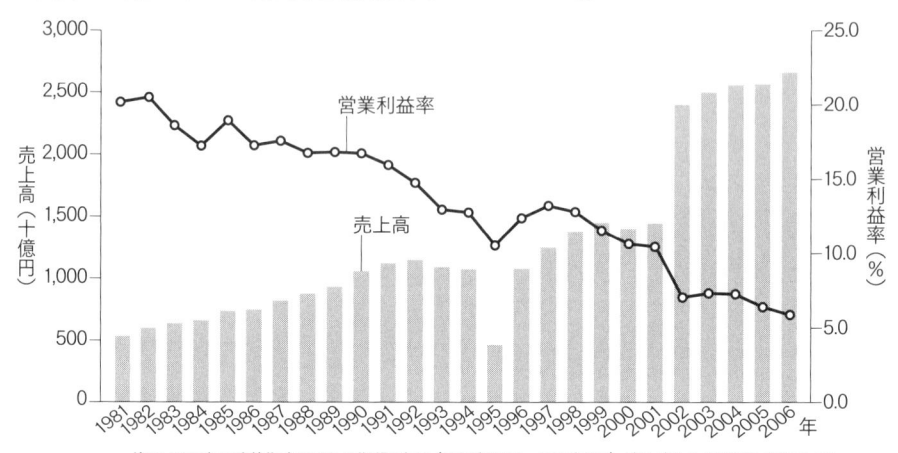

資料3-1●富士フイルムの売上高と営業利益率（1981〜2006年）

注：1. 1995年は決算期変更のため期間が短く（1994年10月〜1995年3月）、売上高もその影響を受けている。
　　2. 2002年以降は、富士ゼロックス合併分が売上高に反映されている。
　　3. 2006年の営業利益は860億円のリストラ費用差引前の額として計算。
出典：会社資料

資料3-2●世界のフィルム売上高（1994〜2006年）

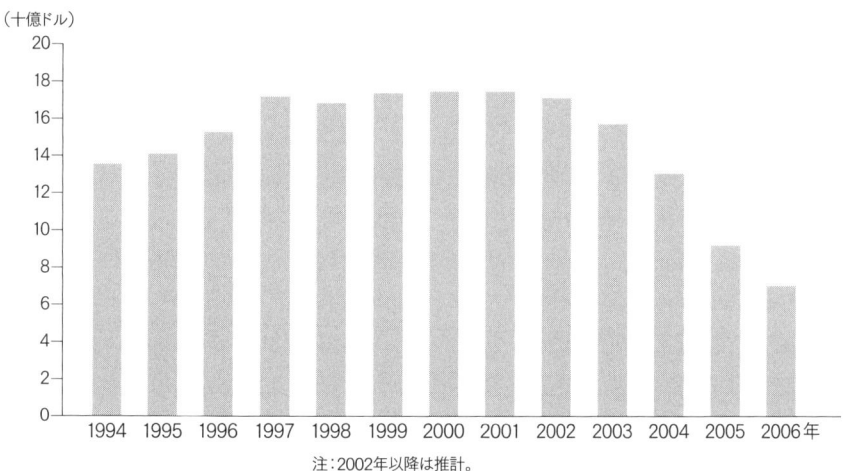

注：2002年以降は推計。
出典：ソロモン・スミスバーニーの2002年の資料、コダックのアニュアルリポート、ケース執筆者の推計をもとに作成。

資料3-3◉富士フイルムホールディングスの財務諸表

3-3a 損益計算書

(単位:十億円)

	2002年3月期	2003年3月期	2004年3月期	2005年3月期	2006年3月期	2006年9月中間期
売上高						
国内	1,355.2	1,330.1	1,336.0	1,311.9	1,329.3	634.4
海外	1,052.3	1,181.8	1,230.7	1,215.5	1,338.2	717.6
売上高合計	2,407.5	2,511.9	2,566.7	2,527.4	2,667.5	1,352.0
売上原価	1,403.6	1,474.6	1,503.8	1,510.7	1,593.8	793.1
営業費用						
販売費および一般管理費	684.4	766.0	704.7	767.4	735.1	375.6
研究開発費	146.9	159.1	173.3	168.0	182.2	90.6
構造改革関連費用					86.0	42.0
その他の営業支出*		(52.1)		(83.1)		
営業費用計	831.3	873.0	878.0	852.3	1,003.3	508.1
営業利益	172.7	164.4	184.9	164.4	70.4	50.8
営業外損益	(13.1)	(43.9)	(20.0)	(2.1)	9.2	5.9
税引前利益	159.5	120.5	164.9	162.3	79.6	56.6
少数株主損益前利益	88.7	60.2	92.7	98.5	44.6	29.4
当期純利益	81.3	48.6	82.3	84.5	37.1	23.8

注:＊厚生年金基金代行返上差額金。

設立し、インクジェット用のインク事業から放射性医薬品メーカーに至るまで、幅広い分野の企業を買収した。転換を印象づけるため、社名から「写真」という言葉を除き、コーポレートロゴを変更した。新しい事業の一つであるフラットパネルディスプレイ（FPD）材料事業は、2005年から2006年にかけて売上げが35％増加した。まだ同社の総売上高の5～6％を占めるにすぎないが、収益面

3-3b 貸借対照表

(単位：十億円)

	2002年3月期	2003年3月期	2004年3月期	2005年3月期	2006年3月期	2006年9月中間期
資産の部						
現金および現金同等物	381.9	410.1	461.8	288.2	218.6	336.3
その他の資産	2,614.9	2,596.2	2,754.0	2,695.3	2,808.9	2,879.6
資産合計	2,996.8	3,006.3	3,215.8	2,983.5	3,027.5	3,215.8
負債および資本の部						
負債合計	1,298.7	1,325.7	1,465.9	1,134.4	1,064.0	1,232.8
資本						
払込資本	108.5	108.5	108.5	108.5	108.8	108.8
利益剰余金	1,618.2	1,653.2	1,722.7	1,794.4	1,818.6	1,836.0
その他	(28.7)	(81.1)	(81.3)	(53.8)	36.1	38.3
資本合計	1,698.1	1,680.6	1,749.9	1,849.1	1,963.5	1,983.0
負債および資本合計	2,996.8	3,006.3	3,215.8	2,983.5	3,027.5	3,215.8

出典：会社資料

での寄与は大きくなってきている[注5]。「富士フイルムがこのような新規成長事業を十分に見極めることができれば、将来に向けた強い基盤を築けるはずだ」と古森は考えた。

しかし、転換を成し遂げるのは簡単なことではないだろう。富士フイルムの2006年9月30日時点の中間期の純利益（構造改革費用計上後）は、2005年同期比で28％減だった。ただし、売上高はわずかながら増収となり、将来のより大きな成長を期待して、株価も2006年9月に17カ月来の高値に達した（**資料3-3**、**資料3-4**参照）。さらに古森は、2007年度の営業利益は、前年比26％増（構造改革費用計上前の数値と比較）の2000億円となり、過去最高益を達成できると予測している[注6]。

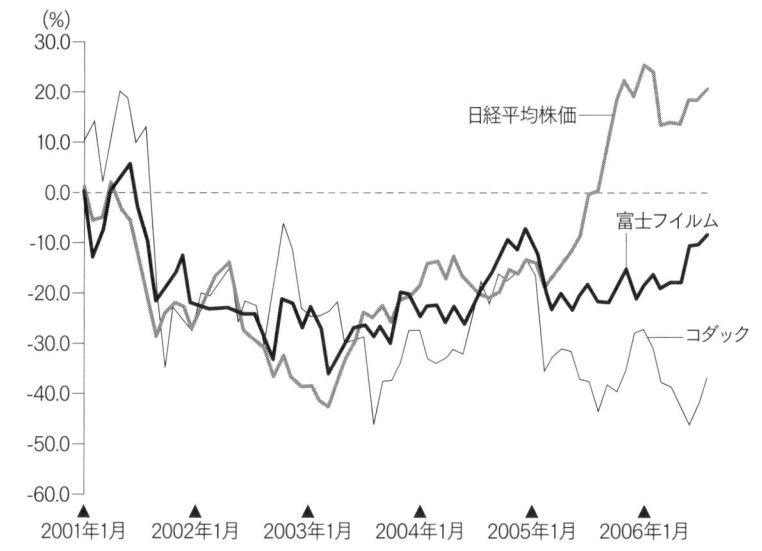

資料3-4●富士フイルムとコダックの株価比較（2001〜2006年）

（グラフ：日経平均株価、富士フイルム、コダックの株価推移）

出典：Bloomberg、Center for Research in Security Prices、Global Vantageに、2007年2月27日にアクセスして作成。

　古森は、富士フイルムの業績を写真フィルム事業における競合他社のそれと比較して、大いに誇らしく思った。2003年には、国内のライバルであるコニカがカメラメーカーのミノルタと合併したが、2006年1月にフィルムおよびカメラ事業からの撤退を宣言した。ポラロイドは2001年に破産申請している。コダックは2005年に13億6000万ドルの赤字となり、デジタルイメージングの分野で収益性の高い事業機会を見つけようと苦心していた（**資料3-5**参照）。コダックはもはや富士フイルムにとっての一番のライバルではなかったが、キヤノンやソニー（**資料3-6**参照）、松下電器、さらにはヒューレット・パッカード（HP）といった新たなライバルがいた。それらの企業と富士フイルムを比べると、古森はそれほど楽天的にはなれなかった。

　富士フイルムの事業は次の3つの部門から構成されている。すなわち、①イメージングソリューション（2005年度売上高の26％）──写真フィルム、印画紙、デジタルカメラ、およびミニラボ、②インフォメーションソリューション（同33％）──印刷、記録メディア、FPD材料、医療用画像、およびライフサイエ

資料3-5 ● コダックの損益計算書

(単位:百万ドル)

	2003年12月期	2004年12月期	2005年12月期	2006年9月期
売上高				
米国国内	5,421	5,628	5,979	3,750
米国国外	7,488	7,889	8,289	5,703
売上高合計	12,909	13,517	14,268	9,453
売上原価	8,751	9,582	10,617	7,092
営業費用				
販売費および一般管理費	2,617	2,491	2,668	1,794
研究開発費	760	836	892	540
その他	479	695	690	451
営業費用計	3,856	4,022	4,250	2,785
営業利益	302	(87)	(599)	(424)
その他の損益	(51)	161	44	(11)
非継続事業からの損益	64	475	150	2
会計方針変更による累積損失	—	—	(57)	—
当期純利益	253	556	(1,362)	(1,215)
デジタル&フィルムイメージングシステム				
売上高	9,415	9,366	8,460	4,909
営業利益	427	598	362	132
ヘルスグループ				
売上高	2,431	2,686	2,655	1,837
営業利益	497	452	354	84
グラフィックコミュニケーショングループ				
売上高	967	1,343	2,990	2,658
営業利益	82	(39)	1	192
その他				
売上高	96	122	163	49
営業利益	(93)	(191)	(177)	(142)

出典:コダック会社資料

資料3-6●ソニーの損益計算書

(単位：百万ドル)

	2003年3月期	2004年3月期	2005年3月期	2006年3月期	2006年9月中間期
売上高および営業収入					
売上高	57,634	66,187	61,355	57,203	27,687
金融ビジネス収入	4,272	5,440	5,025	6,159	2,379
その他の営業収入	374	454	533	531	429
売上高合計	62,280	72,081	66,912	63,893	30,495
売上原価	41,495	48,637	46,730	44,029	21,174
営業費用					
販売費および一般管理費	15,162	17,291	14,346	13,052	6,856
金融ビジネス費用	4,078	4,861	4,510	4,545	2,336
その他		341	261	632	76
費用計	60,735	71,130	65,847	62,258	30,432
営業利益	1,545	951	1,065	1,635	53
営業外損益	1,313	1,176	912	1,313	397
税引前利益	2,064	1,385	1,469	2,447	236
少数株主損益前利益	1,390	878	1,319	939	91
当期純利益	963	852	1,531	1,057	288
エレクトロニクス					
売上高	42,466.7	47,995.3	47,353.3	44,021.4	22,613.1
営業利益	549.2	(57.5)	(320.6)	(264.1)	471.1
ゲーム					
売上高	7,958.3	7,360.4	6,820.6	8,193.2	2,489.8
営業利益	939.2	637.7	103.7	74.1	(597.8)
映画					
売上高	6,690.0	7,135.8	6,857.0	6,375.2	3,256.8
営業利益	491.7	332.1	597.2	234.2	(140.3)
金融					
売上高	4,977.5	5,599.1	5,239.3	6,352.1	2,484.7
営業利益	190.0	520.8	518.7	1,609.4	248.3
その他					
売上高	6,061.7	6,252.8	4,298.1	3,494.9	1,442.2
営業利益	(471.7)	(152.8)	39.3	138.5	95.2

出典：ソニー会社資料

資料3-7●富士フイルムホールディングスのセグメント別業績

(単位：百万円)

	2004年3月期	売上高総計に占める割合	2005年3月期	売上高総計に占める割合	2006年3月期(推計)	売上高総計に占める割合
イメージングソリューション						
売上高						
カラーフィルム	203,882	7.9%	156,029	6.2%	125,000	4.7%
電子映像	195,726	7.6	185,748	7.3	181,250	6.8
カラーペーパー	154,950	6.0	126,309	5.0	120,000	4.5
フォトフィニッシング機器(ミニラボ)	89,708	3.5	89,159	3.5	75,000	2.8
フォトフィニッシングサービス	154,950	6.0	156,029	6.2	145,000	5.5
アナログカメラその他	16,311	0.6	29,720	1.2	25,000	0.9
合計	815,527	31.8	742,994	29.4	671,250	25.3
営業利益	43,475		(7,101)		(77,000)	
売上高営業利益率	5.3%		(1.0%)		(11.5%)	
インフォメーションソリューション						
売上高						
メディカル・ライフサイエンス	196,341	7.6%	207,544	8.2%	220,000	8.3%
印刷システム	226,548	8.8	222,917	8.8	260,000	9.8
FPD材料	73,000	2.8	99,928	4.0	130,000	4.9
記録メディア	113,274	4.4	107,615	4.3	100,000	3.8
情報・産業機材	105,722	4.1	92,242	3.6	110,000	4.1
その他	40,274	1.6	38,434	1.5	38,434	1.4
合計	755,159	29.4	768,680	30.4	858,434	32.3
営業利益	76,380		71,089		82,000	
売上高営業利益率	10.1%		9.2%		9.6%	
ドキュメントソリューション						
売上高						
コピー機			538,322	21.3%	585,000	22.0%
プリンター			162,512	6.4	192,813	7.3
プロダクションサービス			101,570	4.0	120,000	4.5
オフィスサービス			60,942	2.4	75,000	2.8
その他			152,355	6.0	154,000	5.8
合計	996,039		1,015,701	40.2	1,126,813	42.4
営業利益	65,121		100,407		70,000	
売上高営業利益率	6.5%		9.9%		6.2%	
売上高総計	2,560,387		2,527,374		2,656,184	

注：売上高総計は内部取引を相殺していないため、損益計算書の売上高とは異なる。
出典：JPモルガンの富士フィルム推計データ(2006年2月23日、2005年5月2日)から作成。

資料3-8●富士フイルムの製品ライン

イメージングソリューション

- カラーフィルム:カラーネガフィルム、リバーサルフィルム
- 電子映像:デジタルカメラ、デジタルカメラ用アクセサリー
- カラーペーパー:印画紙、インクジェット用紙
- フォトフィニッシング機器:デジタルミニラボ、サーマルプリンター、モバイルプリンター
- フォトフィニッシングサービス:フィルム現像、写真プリント
- アナログカメラその他:35mmカメラ、レンズ付きフィルム

インフォメーションソリューション

- メディカル・ライフサイエンス:デジタルX線画像診断システム、マンモグラフィ用高精細X線画像診断システム、ドライイメージャー、医用画像情報ネットワークシステム、核酸抽出、生化学分析装置
- 印刷システム:CTPプレート、産業用インクジェット向けインク
- FPD材料:フジタック、液晶パネルに使われる視野角拡大フィルム
- 記録メディア:業務用AV記録・保存媒体、CD、DVD、テープ、その他の保存媒体
- 情報・産業機材:イメージングと分析のための圧力測定フィルム、マイクロフィルム、光学レンズ、半導体材料

ドキュメントソリューション

- コピー機:文書の統合管理機能付カラー複合機
- プリンター:カラープリンター、モノクロプリンター、スキャナー、セキュリティ対応ソフト
- プロダクションサービス:オンデマンドデジタル印刷システム
- オフィスサービス:ドキュメントアウトソーシング、電子セキュリティ文書管理システム、情報共有ソフトウェア

出典:会社資料

ンス、そして③ドキュメントソリューション（同41%）――現在は75％の株を保有し、同社の連結子会社である富士ゼロックスの領域、の3部門である（**資料3-7、資料3-8**参照）。富士フイルムの古くからの牙城であるイメージングソリューションは、同社の事業全体に占める割合が縮小しており、それが新たな成長源を求める要因になっていた。

　富士フイルムの将来は、これまで蓄積してきた幅広い技術力にかかっている

と、古森は感じていた。「富士フイルムは、化学、物理、光学、エレクトロニクスやメカトロニクス、ソフトウェアをはじめとする、さまざまな技術分野の専門知識を組み合わせることができる点がユニークな企業です。各専門分野の知識や手法を融合させることによって、広範な分野で顧客に革新的なソリューションを提供できます」。

しかし、新たな事業機会をどのように見極め、取り組むべきだろうか。事業の多角化に取り組む一方で、イメージングにはどれほどコミットし続けるべきなのか。どうすれば組織や社員を活気づけられるだろうか。これまで保守的なアプローチをとっていた企業を、どうすれば独創的で革新的な研究開発を推進する企業へと転換できるだろうか。

「私の最大の課題は、社員の考え方をいかに転換させるかです。我々は『イメージング＆インフォメーション』だけの事業構成から脱却しようとしていますが、何が我々の新たな柱になるかはまだよく見えません。我々がどこに向かっているかがまだ見えないときに、どうすれば富士フイルムのような大組織がこうした大改革を受け入れられるのか。どうすれば社員を、起業家精神にあふれた集団にできるのか。また、当社の収益性は依然として高いのに、どうすれば社員に危機感を持たせることができるのでしょうか」

富士フイルムの歴史

富士写真フイルム（以下、富士フイルム）は、富士山の麓にある小さな村で1934年に創業した。当時、フィルムの国内需要が増えつつあり、日本における大手セルロイドメーカーの社長であった森田茂吉はチャンスだと考えた。技術的ハードルは途方もなく高かったが、富士フイルムは工場をまず神奈川県足柄に建設して、フィルムと写真用印画紙の製造を開始した。次いで研究所を1939年に設立し、来るべきカラー写真時代の基礎研究をスタートさせた。富士フイルムは、映画用フィルムに始まり、35mm写真用フィルム、写真製版用リスフィルム、そして医療用X線フィルムを次々と開発し、発売した。

米国での展開とコダック

　1958年には、ニューヨークのエンパイヤステートビルディング内に社員6名の拠点を置いて、米国に進出した。当初は他社ブランド向けの製品を供給していたが、1970年代初めに自社ブランドのフィルムを販売し始めた。価格がコダック製よりも20%低い富士フイルムの製品は、熱い支持を集めるようになった。1980年、55歳の大西實が同社史上最年少の社長兼CEOになると、米国市場への展開意欲が高まった。当時、富士フイルムの年間売上げは4655億円で、コダックのわずか5分の1だった。富士フイルムの米国子会社の社長として5年間勤務した経験のある大西は、「イーストマン・コダックに追いつき追い越せ」という明快でシンプルな企業目標を掲げた。「ライバルをコダックに絞る」が、およそ四半世紀を通じて大西の率いた経営の合言葉になった。

　コダックが圧倒的なシェアを持つ米国では、まずは商品を消費者に試してもらうことが富士フイルムにとって大きな課題だった。したがって、1984年のロサンゼルス・オリンピックでフィルムの公式スポンサーの話が持ち上がると、富士フイルムはこのチャンスに飛びついた。コダックが、大会の公式フィルム・サプライヤーとしてスポンサーとなることに尻込みしたため、富士フイルムに門戸が開かれたのだ。富士フイルムのフィルムは、新たに5万の店舗で取り扱われるようになり、富士フイルムの米国での市場シェアは1985年に12%に拡大した[注7]。

　当時、コダックの上級バイスプレジデントであったピーター・パレルモは、「それはコダックにとっての12月7日（パールハーバーデー）だった」と述べている[注8]。富士フイルムは米国においてスーパーマーケットのような新たな販売チャネルに継続的に力を注ぎ、写真現像所を買収し、カラーフィルム製造工場への投資を行って、積極的な販売を展開した結果、コダックの地位を徐々に奪っていったのだ。2001年にはついに、富士フイルムの世界市場シェアは37%に達し、コダックのそれは36%となった（**資料3-9**参照）。写真フィルム事業は非常に利益率が高く、この時期、事業の拡大とともに富士フイルムも高い利益をあげていた（資料3-1参照）。

　富士フイルムとコダックのビジネスモデルは、核となる部分が似ていた。両

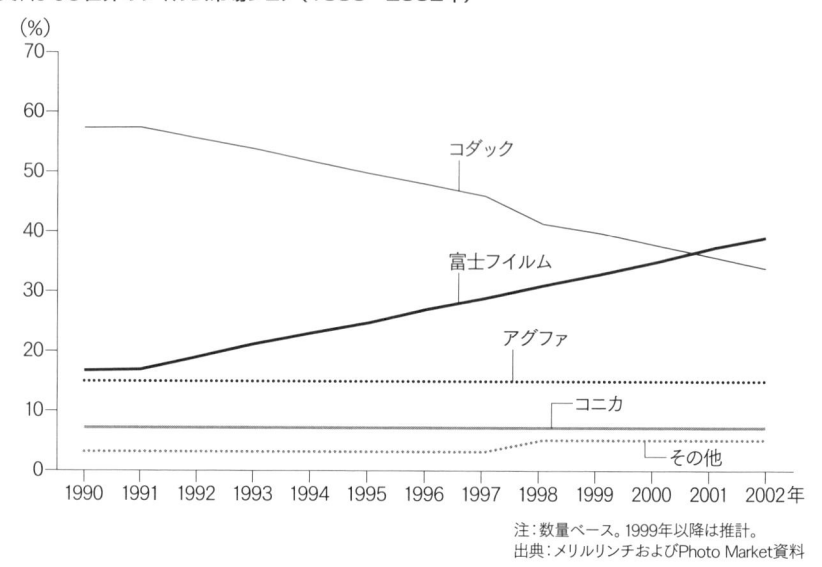

資料3-9●世界のフィルム市場シェア(1990〜2002年)

```
(%)
70
60
    コダック
50
40      富士フイルム
30
20      アグファ
10          コニカ
           その他
 0
  1990 1991 1992 1993 1994 1995 1996 1997 1998 1999 2000 2001 2002年
```

注:数量ベース。1999年以降は推計。
出典:メリルリンチおよびPhoto Market資料

社ともに高い生産技術力を持ち、販売店でのプレゼンスが高く、フィルム現像において支配的な地位を占めていた。「かみそりと替え刃」のようなビジネスモデルで、利幅の大きなフィルムの販売の極大化を目指した。そこに「天皇[注9]」と呼ばれた大西が、力強く厳しいトップダウン型のリーダーシップをとり、費用節減の企業文化を強く広く植えつけたのである。

　富士フイルムは写真フィルム事業の草創期に、積極的なイノベーターとなるよりもまず、コダックに追いつくことを目標とした。1995年から1998年までR&D部門のトップとして副社長を務めた上田博造は、写真フィルム事業における研究開発姿勢について次のように述べている。

「以前は、革新的な新技術の開発は主要なテーマではありませんでした。我々は画期的なイノベーションは起こさず、他社の動きを慎重に観察して、それを素早く取り入れました。この姿勢は社員の考え方に深く染み込み、それが当時の我々のDNAとなっていました。ただ誤解しないでほしいのですが、当社の技術者は非常に優秀でしたし、見識もありました。我々はただ、独自にフィルム事業を育てていたため、技術的な蓄積が不足しており、またいろいろと探究

してみたりという姿勢ではなかっただけです。それに対し、そのころのコダックは我々よりもずっと革新的だと思いました」

研究開発

　富士フイルムの研究開発姿勢はやがて、保守的なものから革新的なものへと変化し、新製品を次々と研究所から送り出した。その中には、1976年に発売された世界初のASA400の高感度カラーネガフィルムや、1986年に発売されたレンズ付きフィルム〈写ルンです（英語名QuickSnap）〉などがある。富士フイルムは1980年代初期には日本のフィルム市場で70％のシェアを占め、レンズ付きフィルムでは1990年代の終わりに75％のシェアを持つに至った。

　銀塩フィルムは会社の大黒柱だったが、富士フイルムは長い間フィルム以外の事業にも取り組んでいる。イメージング分野では、1948年に同社初のカメラを発売した。この取り組みから得られた光学技術をベースにして、1950年代には35mmカメラ、35mmカメラ用レンズに加えて、引き伸ばし機、双眼鏡やスライド映写機などの光学製品の製造を始める。他にも、化学やプロセス製造技術を活用し、イメージング以外の事業機会に取り組んだ。1954年に磁気テープの研究に着手して、1960年代には放送用ビデオテープ、コンピュータ磁気テープ、そしてオーディオ用カセットテープを発売した。さらに1970年代には、フロッピーディスクやVHS用／ベータ用ビデオカセットテープの自社ブランドでの販売を開始する。印刷分野では1950年代にリスフィルムやカラー分解用のフィルムを発売し、1960年代にはPS版を発売している。また、ゼログラフィについての研究は、1962年に英国企業のランクゼロックスと50対50で設立した合弁会社、富士ゼロックスに結実した。

　1980年代後半には、「私たちは、より優れた技術に挑戦し『映像と情報の文化』を創造し続ける」という新しい企業理念と、「Imaging & Information（I&I）」のスローガンが掲げられた。「イメージング」は、イメージを捉えて保存するさまざまな製品を意味し、「インフォメーション」は情報を保存するメディア製品を指している。上田は言う。

「当社はフィルムカンパニーではなく、イメージングカンパニーです。I&Iをスローガンとして、我々はインフォメーションをより上質なイメージに変換す

ることに取り組みます。イメージングは、3つの段階に分けられます。第1は『イメージ・テイキング』あるいは『イメージ・キャプチャリング』。第2に『イメージ・レコーディング』。第3に『イメージ・リプロダクション』。そしてインフォメーションが、ユーザーの求めているイメージに画像を処理します。当社のすべての研究開発は、このイメージングとインフォメーションに焦点を当てています」

デジタル技術への進出

　富士フイルムが最初にデジタル技術に進出したのは、医療画像分野においてであった。1970年代に銀の価格が高騰すると、銀の使用量の多いX線フィルムに代わるものを研究し始めたのだ。富士フイルムは、8年の開発期間を経て、1983年に世界で最初のデジタルX線画像診断システム、FCR（Fuji Computed Radiography）を出荷した。FCRは、従来のX線フィルムを使用せず、代わりに専用のデジタル・イメージングプレートと、高出力レーザー、コンピュータ処理を組み合わせて用い、デジタル化された診断情報を医師に提供する。

　1980年代に入ると、コンピュータを使った電子編集システムの登場により、印刷分野でもデジタル化が始まった。富士フイルムは、この分野でのデジタル化の可能性を予見し、関連する技術に積極的に投資し始めた。1989年には、イギリスの電子プリプレス機器メーカーであるクロスフィールドを、デュポンと共同で買収した。2001年には、入力されたデータをパソコンでレイアウトし版面に直接出力する、CTP（Computer to Plate）用のプレートセッターを発売している。

デジタルカメラの開発

　富士フイルムのデジタルカメラの歴史は、1977年から始まる。その年、同社研究所所長の水木栄一は電荷結合素子（CCD）についての記事を目にした。CCDは、光をデジタルデータに変換して描画することができる半導体デバイスである。この技術の潜在価値を認識した水木は、研究プロジェクトに着手す

る。1978年に4万6360画素の試作機が完成したが、このカメラに使用したCCDは原価で30万円近くかかり、商品化は非現実的であった。しかし、研究開発は続けられた。1984年には、トップとエンジニアの多くを同業の東芝から採用して組織された20名から成る電子映像部が正式に設置される。こうした取り組みにより、富士フイルム初の電子（デジタルではない）カメラ、〈ES-1〉を1987年に市場に送り出すことができた。

当時、日本の競合他社もまた電子カメラに取り組んでいた。ソニーは1981年に〈マビカ〉を発表し、1987年に発売した。1987年にはカシオもまた電子カメラを発売した。これらのカメラはいずれも画質が低く、富士フイルムのモデルを含め市場に長くは留まらなかった。しかし、富士フイルムはデジタル技術の開発を続け、1988年のフォトキナ（イメージング産業の国際展示会）にて、世界初のデジタルスチルカメラ〈DS-1P〉を発表した。翌年には、40万画素のCCDを搭載した〈DS-X〉を発売している（**資料3-10**参照）。このカメラは130万円以上と価格が高かったため売れ行きはいま一つだったが、電子映像部は研究を続けた。

富士フイルムのメインの研究施設であった足柄研究所の所長を1977年から務めていた上田は、水木がデジタルカメラ開発を主導していた同じ時期に、同社にマイクロエレクトロニクスのナレッジベース構築を始め、1981年にマイクロエレクトロニクス研究室を開設した。研究のため東北大学にエンジニアを送り込み、東芝やその他のハイテク企業からエンジニアを招いた。この研究室は1988年に同社初のCCDを開発し、1990年には画像処理用半導体を設計製造する子会社、富士フイルムマイクロデバイスを設立した。この子会社の社長となった上田は次のように述べている。

「私は周囲から、富士フイルムのようなファインケミストリーの企業が、はたして半導体を開発できるのか、とたびたび聞かれました。そこで私はこう考えました。たしかに回路設計は電気技術者が手がけるべきだ。しかし重要なのは、特定のケミカルエレメントをウエハーの特定の位置にどのように置くかです。実のところ、ここがファインケミストリーが生かされる点なのです[注10]」

富士フイルムは、1980年から1999年の間に、デジタルイメージング製品の研究開発に2000億円以上を費やしている[注11]。この投資について古森は、あく

資料3-10●富士フイルムのデジタルカメラ・アナログカメラの発売

年	デジタルカメラの モデル数	代表的モデル	アナログカメラの モデル数	代表的モデル
1989	1	●DS-X：製品化された業界初のデジタルカメラ	6	Discovery2000 Zoom Date
1990	0		10	Hd-P Panorama（日本モデル）
1991	1	●フジックスDS-100：国内で初めて量産・市販された同社初のデジタルカメラ	11	Discovery3000 Zoom Date
1992	0		10	DL-510P
1993	1		8	DL-90 Date
1994	0		15	DL-Super Mini
1995	3		8	Discovery312 Zoom Date
1996	5	●DS-7：同社初の液晶モニター搭載モデル	9	Endeavor10（最初のAPSカメラ）
1997	4		17	Endeavor400ix Zoom MRC(APS)
1998	9	●FinePix 700：同社初のメガピクセル・カメラ。同社製のCCDを初めて搭載	11	Endeavor3000ix Zoom MRC(APS)
1999	7	●FinePix 2700：業界初の2メガピクセル・コンパクトデジタルカメラ	2	nexia3100ixZ（APS）
2000	9	●FinePix 4700Z：同社独自のスーパーCCDハニカムを搭載した最初のカメラ	14	nexia2000ixZ（APS）
2001	10	●FinePix 50i：MP3オーディオ機能を搭載した超薄型モデル	16	DiscoveryS1450 Zoom Date
2002	10	●F401：大ヒットした薄型・正方形のカメラ。210万画素、3倍ズーム	13	Zoom Date1300
2003	7	●FinePix F700：スーパーCCDハニカムIV SRを搭載、ダイナミックレンジを広げる	10	nexiaQ1（APS）
2004	16	●FinePix F710：スーパー CCDハニカムIV SRとワイドモニターを搭載。4倍ズーム	7	NaturaS（日本モデル）
2005	10	●FinePix F10：ISO1600の感度により、光量が少ないときでも手ブレ・被写体ブレを防ぐ。630万画素	5	Zoom Date 90V
2006	14	●FinePix F30：世界で初めてISO3200の感度を実現したデジタルコンパクトカメラ		

出典：ケース執筆者による調査。

までも既存の戦略の延長であると説明した。

「我々は、デジタル技術が医療分野と印刷分野の両方に浸透するのを目の当たりにし、一般写真分野にも普及するのはわかっていました。だから投資は理にかなっていたのです」

上田も次のように言う。

「私は、ソニーの〈マビカ〉が発表されて、メディアがそれを大々的に取り上げた日のことを覚えています。私の妻は『もうフィルムはいらない』という新聞の見出しを見て、帰宅した私に、もうすぐ失業するのかと尋ねました。私は笑いました。〈マビカ〉の画質は低かったので、私は一切心配していませんでした。(中略) 私は、デジタルイメージングがアナログフィルムを補完するものになると考え、研究開発をサポートしました。我々のコアビジネスに代わるものとしてではなく、成長のチャンスと見ていたのです」

富士フイルムは、同社初の一般向けデジタルカメラ〈フジックスDS-100〉を1991年に商品化した。同社の初期のデジタルカメラの多くはCCDを外部から調達していたが、1998年には自社開発の150万画素CCDを搭載したデジタルカメラを発売した。1999年、富士フイルムマイクロデバイスは、1インチ当たりで60%も明るさが増した光を取り込む独自のスーパーCCDハニカムを開発し、ユーザーはよりコンパクトなカメラで明るい写真を撮影できるようになった[注12]。独自開発のCCDを搭載したこのカメラが2000年に発売されると、富士フイルムはデジタルカメラのトップメーカーとして市場をリードすることとなり、同年すぐに国内市場のシェアが28%、世界市場のシェアが23%に達した(**資料3-11**、**資料3-12**参照)。この年のデジタルカメラの売上げは前年の倍となり、売上高の6%を占めている。

富士フイルムのデジタルカメラの強みは、自社開発のスーパーCCDハニカムと開発製造能力、そして自社開発のレンズにある (CCDとレンズはカメラのコストのほとんどを占める)。富士フイルムは、大手デジタルカメラメーカーとしては唯一、CCDの供給をソニーやシャープ、松下電器に依存していなかった。それでも、2001年度のデジタルカメラ事業の営業利益率は、従来からの主力事業 (カラーフィルム、カラー印画紙、X線フィルム、PS版、製版フィルム) が15%以上であるのに対し、約5%である[注13]。

資料3-11●世界のデジタルカメラ市場シェア

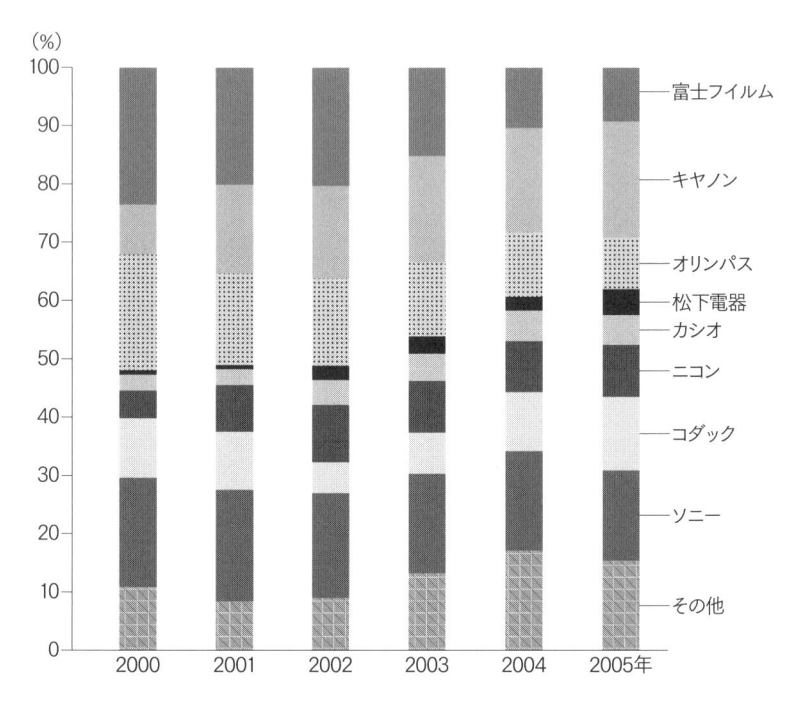

（グラフ：2000年〜2005年の世界デジタルカメラ市場シェア。凡例：富士フイルム、キヤノン、オリンパス、松下電器、カシオ、ニコン、コダック、ソニー、その他）

出典：Camera and Imaging Product Association（CIPA）、International Data Corporation（IDC）の資料、およびケース執筆者による分析を合わせて作成。

　競争は次第に激しくなり始めた。1998年初め、日本市場では高解像度メガピクセルのデジタルカメラは5機種のみであったが、2003年には、500万画素以上のカメラも登場し、価格も急激に下がっていった（**資料3-13**、**資料3-14**参照）。デジタルカメラ事業は利益を出しにくく、競争力を保つためには製造コストを低く抑えることが必須であるため、富士フイルムを含むデジタルカメラ各社は中国や台湾に製造拠点を移した。台湾のOEMメーカーは、標準化されたリファレンス設計を行い、設計と製造におけるシェアを伸ばしていたが、富士フイルムはこうした低価格のデジタルカメラには参入していない。同社のスーパーCCDハニカムは特殊なカスタマイズが必要であり、これらの台湾メーカーが採用している汎用規格は合わなかったのだ。このような激しい競争の結果、

資料3-12●世界の地域別デジタルカメラ市場

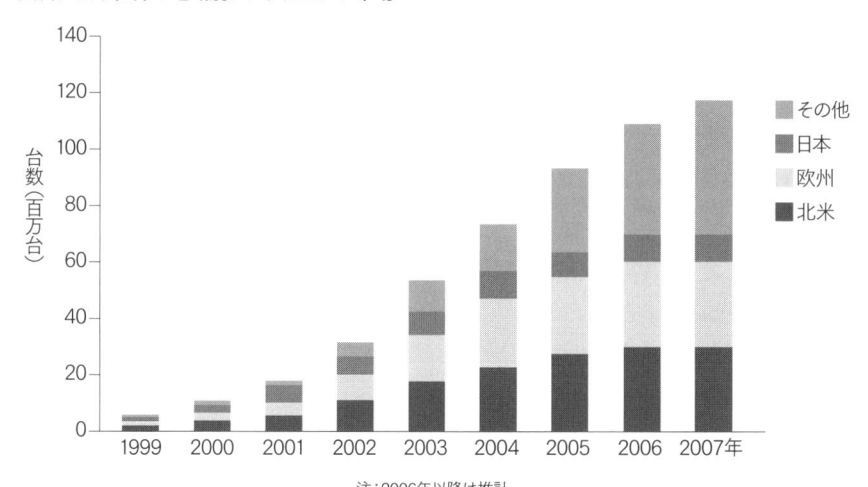

凡例：その他、日本、欧州、北米

注：2006年以降は推計。
出典：Photo Marketing Association（PMA）、クレディ・スイス・ファースト・ボストンの資料、およびケース執筆者による分析を合わせて作成。

資料3-13●世界のメガピクセル別デジタルカメラ市場

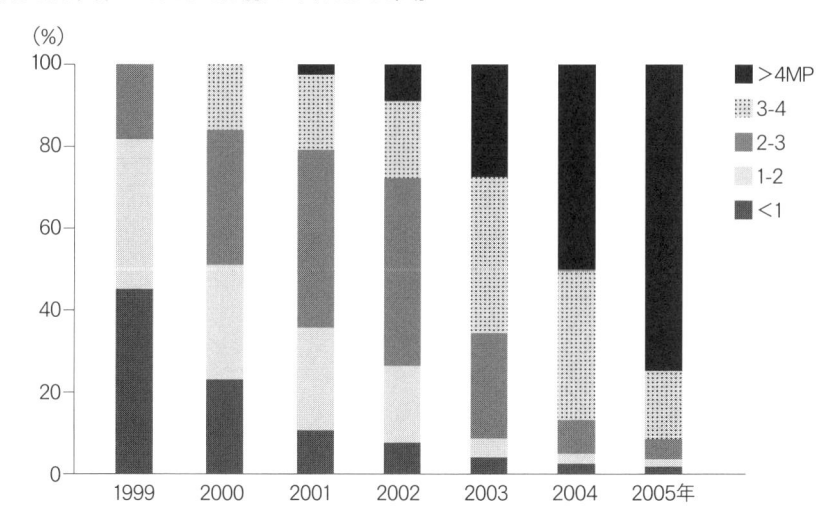

凡例：>4MP、3-4、2-3、1-2、<1

出典：Photo Marketing Association（PMA）、Lyra Research、およびケース執筆者による分析を合わせて作成。

資料3-14●米国のメガピクセル解像度別デジタルカメラ平均販売価格

(単位：USドル)

解像度	2001年	2002	2003	2004	2005
<1MP	172	87	69	—	—
1〜2	320	199	149	49	44
2〜3	482	316	206	129	141
3〜4	726	473	332	203	168
4〜5	1,514	859	642	291	237
5〜6	—	—	—	384	329
6+				888	723

出典：Photo Marketing Association, "2004-2005 PMA Industry Trends Report—Retail Markets 2002"、"2004-2005 PMA Industry Trends Report—Retail Markets 2003"、"2004-2005 PMA Industry Trends Report—Retail Markets 2005"

資料3-15●世界のカメラ売上げ（1997〜2005年）

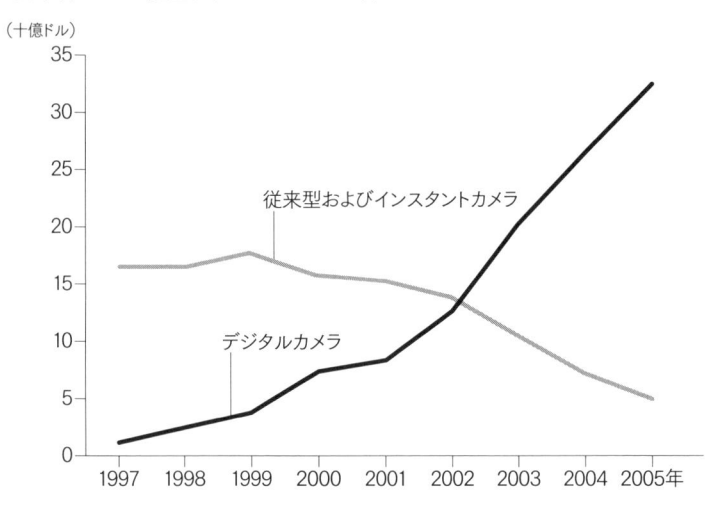

注：2002年以降は推計。
出典：ソロモン・スミスバーニーの2003年の資料、Photo Marketing Association（PMA）、Euromonitorのデータに、ケース執筆者の分析を合わせて作成。

2004年には富士フイルムのカメラの売上台数での市場シェアは10%に下がり、キヤノンが市場首位となった（資料3-11参照）。しかし富士フイルムは、新製品でシェアを回復しようと、開発を続けた。

　デジタルカメラに注力する一方、富士フイルムは従来のアナログフィルムの存続にも力を注いでいた。最も顕著な取り組みはAPS（Advanced Photo System）である。APSとは富士フイルム、コダック、キヤノン、ニコン、ミノルタが共同開発したフィルムカメラと写真フィルムの新規格で、次のような特徴を持っていた。①フィルムの装填時の失敗を減らせる。②フィルムが従来より小型化されたため、それに合わせてカメラも小型化が可能になる。③現像後、シート状のネガでなく、カートリッジにネガが入れられた状態で戻ってくるため、傷つきにくく保存性がよい。かくして1996年、富士フイルムは最初のAPSカメラを発売する。しかし、デジタルカメラの急速な普及により、十分なメリットを発揮できず、思わしい結果を得られなかった。2002年以降、世界的にもフィルムカメラの売上げは減少の一途をたどり、2005年にはデジタルカメラの6分の1以下となっている（資料3-15参照）。

デジタル時代の写真プリント

　デジタルの世界では、消費者が画像をプリントするには、主に4つの方法がある。ミニラボ、キオスク、家庭やオフィスのプリンター、インターネットのウェブサイトの4つだ。家庭・オフィス用プリンターの使用が最も多く、2005年にはデジタルプリントの52%を占めているが、ミニラボとキオスクも急速に伸びている（資料3-16、資料3-17参照）。富士フイルムはどの領域にも展開しているが、成功の度合いは一様ではない（資料3-18参照）。

●ミニラボ（現像プリント店用プリント機）

　アナログの世界では当初、消費者はフィルムを現像プリント店に預けるか、ラボに郵送して、1週間ほどでプリントされて戻ってくるのを待った。富士フイルムは、このようなアナログの現像プリントサービスを日本において長い間行っており、国内現像プリント市場シェアの75%を握っていた。大型の写真プリント処理ラボなどのインフラを備えていたのがその要因で、現像プリント店

資料3-16◉米国におけるデジタルおよびフィルムの撮影量とプリント量

(単位:百万枚)

	2000年	2001	2002	2003	2004	2005 (推計)	年平均成長率 (%)
デジタル							
撮影されたデジタル写真	2,300	3,300	6,000	9,500	14,500	20,000	54.1
プリントされたデジタル写真	400	700	1,700	3,000	5,100	7,700	80.7
家庭またはオフィス	400	600	1,400	2,300	3,100	4,000	58.5
小売店(ミニラボ、キオスク)			100	500	1,600	3,100	314.1
インターネット		100	100	200	400	700	62.6
フィルム							
小売店*	29,900	29,100	28,000	25,700	22,300	18,200	-9.5

注:*小売店でのプリントには、店舗内での現像(ミニラボ)と業者による現像の両方を含む。
出典:Photo Marketing Association (PMA), "Photo Industry 2005: Review and Forecast", pp.8-9.

資料3-17◉米国におけるキオスクとミニラボの導入台数とタイプ別のシェア(2000〜2005年)

(単位:台)

	2000年	2001	2002	2003	2004	2005	年平均成長率 (%)
キオスク	21,343	24,385	29,159	40,000	55,000	70,000	26.8
写真プリンター(%)	100	78	68	24	16		－
デジタルプリンター(%)	0	22	32	58	56		－
注文ステーション(%)	0	0	0	18	28		－
ミニラボ	35,780	36,104	36,896	36,000	36,000	36,000	0.0
デジタル(%)	6	11	15	35	50		－
アナログ(%)	94	89	85	65	50		－

注:2003年以降は推計。
出典:Photo Marketing Association (PMA)、UBS、ケース執筆者の推計を合わせて作成。

は現像処理のためにフィルムをそこに送付してきた[注14]。

　米国では、コダックと富士フイルムがそれぞれに大規模な企業合併を進め、両社で写真現像プリント市場のほとんどを支配していた。しかし1980年代になると、現像プリント店用の写真現像プリント機であるミニラボが導入され、

資料3-18◉市場ごとの競合状況

	デジタルカメラ	フラッシュメモリーカード	オンライン写真サービス	インクジェットプリンター
市場規模（推計）	2兆1410億円	9300億円	900億円	1兆9280億円
成長率（推計）	5%〜10%	30%〜40%	15%〜25%	−2%
富士フイルムの競合企業	キヤノン ニコン ソニー	サンディスク レクサー ソニー	シャッターフライ コダック HP	HP レックスマーク キヤノン エプソン

	デジタルキオスク	デジタルミニラボ	インクジェット用材料（一般向け）	インクジェット用材料（業務用）
市場規模（推計）	200億円	500億円	2兆円*	5000億円
成長率（推計）	15%	−10%〜20%	10%〜20%	10%〜20%
富士フイルムの競合企業	コダック KIS DNP	ノーリツ	日本化薬 イルフォード 花王 デュポン	コーツ 帝国インキ

	フラットパネルディスプレイ材料（TAC／WVフィルム）	電子材料（フォトレジスト、CMPスラリー）	化粧品（スキンケア製品：日本市場）
市場規模（推計）	2000億円	2500億円	9000億円
成長率（推計）	30%〜40%	フォトレジスト：10% CMPスラリー：15%〜20%	1%
富士フイルムの競合企業	コニカミノルタ 日本ゼオン	フォトレジスト： JSR、東京応化工業 CMPスラリー： キャボット、日立化成	資生堂 花王 コーセー

	放射性医薬品	抗体医薬品
市場規模（推計）	3000億円	1兆円〜1兆5000億円
成長率（推計）	15%〜20%	50%
富士フイルムの競合企業	日本メディフィジックス	ロシュ 協和発酵

注：＊顔料・染料の市場規模は約500億円。
出典：ケース執筆者の調査および各社資料により作成。

店舗の24時間営業や1時間での現像プリントが可能になった。富士フイルムは最初のアナログミニラボを1982年に開発して、2001年には日本市場の約40%を獲得した。ミニラボが普及するにつれて、大型写真プリントラボに送られるフィルムの量は大幅に減少している。

1984年、富士フイルムはデジタルミニラボで使用するレーザーの開発に着手した。当時のある経営幹部は次のように述べている。「我々の本来の目標は、デジタルイメージングへの移行によりメリットを得ることではありませんでした。画像処理と高度なレーザー描写により、仕上がり画像の画質を改善するのが目標でした」。世界で最初のデジタルミニラボである〈フロンティア〉は1996年に発表されたが、価格が約2900万円と高く、わずか5店舗に導入されたにすぎない。それに対して価格がおよそ半値の2号機は、ずっと売れ行きがよかった。ミニラボは、富士フイルム専用カラー印画紙に適合するよう作られていて、従来のフィルム、プリント、そしてデジタルカメラの記録メディア（xDピクチャーカード、SDカードなど）、デジタルメディア（フロッピーディスク、ZIPディスク、CDなど）から入力できた。また、高画質プリントや各種プリント（文字やフレームの入ったプリントやグリーティングカードなど）、データ書き込みなど、さまざまなサービスの提供により、消耗品からの売上げも生じた。

米国では、ミニラボの約50%が2004年の年末までにデジタル化されている。高品質なデジタルミニラボを普及させたことで、富士フイルムの世界市場シェアは一時90%に達し、2004年でも70%超と推定された。富士フイルムは米国のウォルマートとウォルグリーン（ドラッグストアチェーン）にデジタルミニラボを置いて、これらの合計で米国の写真プリント市場の約40%を握っている。デジタルラボ市場では、アグファとノーリツ鋼機がそれぞれのアナログモデルをデジタルに置き換えたため、競争が激化していった。コダックのミニラボ市場におけるプレゼンスは、富士フイルムと比較すると限定的なものであった[注15]。

● キオスク型店頭プリント機

デジタルミニラボと同様に、キオスクもCDやZIPディスク、フロッピー、DVD、各種フラッシュカードからのデジタル・アップロードに対応した。キオスク型店頭プリント機はセルフサービスが基本で、一般的にはミニラボと比

べてプリントが低画質・低価格である。8万台ものキオスク型店頭プリント機を世界中で展開するコダックが、この分野を支配していた。2001年、富士フイルムは日本において、TA（thermo-autochrome）技術を採用し、タッチパネルで操作するセルフサービス方式のキオスク型店頭プリント機を導入した。このプリント機では独自の新技術を用いて、インクリボンやインクカートリッジは使わず、その代わりに、特殊コーティングされた印画紙を必要とする。富士フイルムは、日本市場では1000台のTA方式のキオスクをコンビニエンスストアのセブン－イレブンに導入し、ある程度の成功を収めている。

● 家庭・オフィスでのプリント

富士フイルムは、キオスクに採用したのと同様のTA技術を家庭用プリンターにも応用し、1994年に最初のTAプリンターを発売した。しかし、技術的には洗練されていたにもかかわらず、インクジェットプリンターとの競争に敗れ売上げが伸びなかったため、富士フイルムはTAプリンターの販売を中止した。

● インターネット

1996年、富士フイルムは消費者用のウェブサイト「Fujifilm.net」を立ち上げた。当初は画像の保管や情報提供を主な目的としており、プリントなど売上げにつながるようなサービスを展開してはいなかった同サイトに、1998年プリントを注文できる仕組みが加えられた。そして2001年にはマイクロソフトと提携してサービスを拡大、オンラインでの写真プリントサービスを提供し始めた。2006年の時点でも、Fujifilm.netは写真の保存、共有、プリントのサービスを継続して提供している。

2006年のチャンスと課題

1963年から富士フイルムに勤務していた古森は、2000年に社長、次いで2003年6月にCEOに就任した。古森はその経歴の大半において、主力である写真フイルム事業ではなく、印刷事業と記録メディア事業に従事してきた。古森

は新聞のインタビューで、自身がタフであるという評判に関連して、アメリカンフットボールをプレーした時代に言及している。

「東京大学に入学したその年（1959年）に、東大にアメリカンフットボールのチームができました。（中略）その試合中に学生1人が亡くなり、危険なスポーツだという批判記事が出ましたが、私はそれを見て逆に、そんなにハードなスポーツなら挑戦してみたいと思ったのです。（中略）柔道をマスターしたあとでアメフトを始めたのですが、身体と心が鍛えられ、大きなインパクトを受けました。（中略）アメフトでは『闘魂』『力』『スピード』『戦略』『チームワーク』という5つの要素が重要です。これらは企業経営においても大事な要素なのです[注16]」

フィルム需要の急速な落ち込み

古森が社長に就任した2000年に、写真フィルムの世界需要はピークを迎え、その後カラーフィルムの総需要は、業界の誰の予想よりも速く減少していった。2001年に、業界団体であるフォト・マーケティング・アソシエーション（Photo Marketing Association, PMA）のデジタルイメージング担当の理事は、「10年で、デジタルに完全に移行する」と予測した[注17]。同じ年、証券業界のアナリストたちは、「今年のデジタルスチルカメラの台数は、消費者のフィルム需要に目立った影響を与えるほどのものではない[注18]」と考えた。東京では、デジタルカメラのユーザーは市場の1.2%を構成するにすぎないというマーケットリサーチ結果があり、それゆえ富士フイルムも「デジタルカメラが、従来型のカメラと真に競合するようになるとは考えていなかった[注19]」。

しかし、2005年には世界のフィルム市場は、ピークであった2000年の半分に落ち込み（資料3-2参照）、その後も毎年20%ずつ減少していくことが予測された。2000年には写真関連製品が富士フイルムの利益の50%を生み出していたが、2005年にはフィルム事業はほぼ利益を期待できなくなった。

このような写真市場の急激な縮小に危機感を持った古森は、2004年に、中期経営計画「VISION75」を発表した。VISION75では、①新規事業の構築、②構造改革の実施、③持株会社体制への移行による連結経営の強化[注20]、④社員のパワーアップ・活性化、という4点を示した。2006年1月には中期経営計

画を見直し、構造改革の強化と新規事業への投資の加速を図った。構造改革には、一部生産設備の廃棄や5000人の社員の削減などが含まれ、その費用は2005年度、2006年度の2年間で1650億円と見積もられた。これにより、固定費の大幅な削減、イメージング部門の事業体制の最適化、安定的な収益の確保、写真感光材料事業の存続を目指した。2006年2月のPMAでの基調講演で古森は、人間の喜びも悲しみも愛も感動もすべてを表現する写真は、人間にとってなくてはならないものであり、これからも「写真文化」を守ることを公言している。

富士フイルムのデジタルイメージングにおけるプレゼンスに問題はなかったが、同社の将来をイメージング分野に限る必要はないと古森は考えた。彼は、向こう数年間が会社の将来を決めると考えていた。「我々がイメージングカンパニーでないとしたら、いったい我々は何なのだろうか」。これこそが、解決すべき問題であった。富士フイルムは、第2の創業を果たす必要があり、そしてすぐそれに取り組む必要があった。

「第2の創業」に向けて

富士フイルムの経営陣は、1980年代の中ごろすでに、銀塩フィルムへの依存をやめ多角化する必要性があることを認識していた。しかし、多角化へ向けた施策を本格的に実行し始めたのは2000年からである。その結果、2006年現在で売上げの70%が、2000年以降に導入された製品に基づくものとなった。

かつて富士フイルムの新製品は、既存の事業から自然に分化するようなかたちで生まれてきた。同社の研究所は、保有している技術を新規分野に応用することに主眼を置いて研究を進めてきたからだ。産業材料事業部は、そうした研究から生まれた新しいアイデアを事業へと育て、事業部として独立するまでの間のインキュベーターのような役割を担っていた。同部が扱う品目の中には、液晶テレビの視野角を拡大するために用いられるワイドビュー（WV）フィルム、バイオイメージングアナライザーやその他のライフサイエンス関連商品が含まれている。

しかし、古森は、新しいチャンスを見つけ出し検証するために、もっと積極的で体系的なR&Dプロセスを構築したいと考えていた。古森と経営陣は、新規分野参入の条件として、同社の技術で差別化できることが明確であれば、対

象となる消費者と深くつながっていなくても構わないとした。この条件を胸に、古森は開発を進めるために重要な策を講じた。

● 新研究所の設立

　策の要となったのは、研究開発の中核基地となる先進研究所と、関連する研究プロジェクトを2006年4月に立ち上げたことである。この研究所の建設には約240億円かかり、富士フイルムの当時の研究開発予算の20〜30%がこの研究所に割り当てられることになった。富士フイルムは、2005年から2009年までの5年間で合計460億円をこの研究所に投資する計画を立てた。特定事業部門の製品の研究開発を行う研究所とは違い、この先進研究所はより新規性のある技術と市場に焦点を当てた基礎研究を目指していた（**資料3-19**参照）。さらに古森は、研究開発費用の配分を中央で管理するR&D統括本部を設置した。各事業部のトップは、R&D統括本部や関連するR&D部門と密にコミュニケーションをとりながら研究を進め、たとえば、メディカルシステム事業部の部長は、同時にR&D統括本部内にあるメディカルシステム開発センターも管掌する。

　より多くの研究予算が中央で管理され、同社の事業領域である3つのセグメント間の研究開発費の配分にも変化が出てきた。イメージング分野には、2002年では研究開発費全体の30%が充てられていたが、2006年には18%まで下がった（**資料3-20**参照）。また新規成長分野に充てられる研究開発費は、2002年の60%から2006年には76%へと伸びた。

● M&Aの方針

　自社独自の事業開発に重きを置いていた従来の方針から脱却し、古森は積極的なM&Aを行い、自社の保有する技術とのシナジーを狙った。富士フイルムは、2004年と2005年の2年間で、1500億円以上をかけて、約30件にも及ぶ買収や「事業開発ファンド」による投資を行っている（**資料3-21**参照）。彼は、この方針のフォローアップとして2006年6月にM&Aを担当する部門を設置し、約1000億円の予算を割り振った。この新しい部署の部長は、「M&A強化を打ち出した途端、写真以外の各部門がせきを切ったように案件を持ち込んでくるようになりました[注21]」と語っている。

資料3-19◉富士フイルムの先進研究所を核としたR&D体制（2006年4月時点）

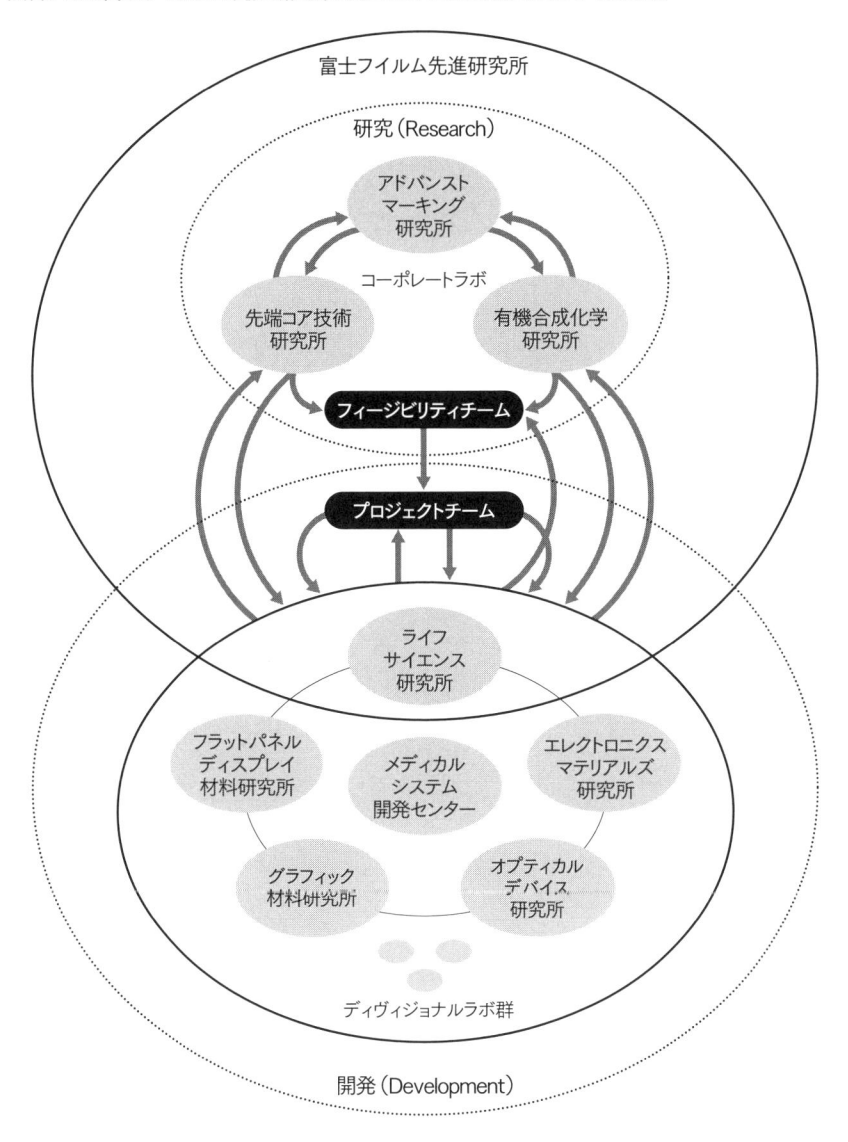

富士フイルム先進研究所

研究（Research）

- アドバンストマーキング研究所
- 先端コア技術研究所
- 有機合成化学研究所

コーポレートラボ

フィージビリティチーム

プロジェクトチーム

- ライフサイエンス研究所
- フラットパネルディスプレイ材料研究所
- メディカルシステム開発センター
- エレクトロニクスマテリアルズ研究所
- グラフィック材料研究所
- オプティカルデバイス研究所

ディヴィジョナルラボ群

開発（Development）

出典：会社資料

資料3-20●研究開発費のセグメント別配分

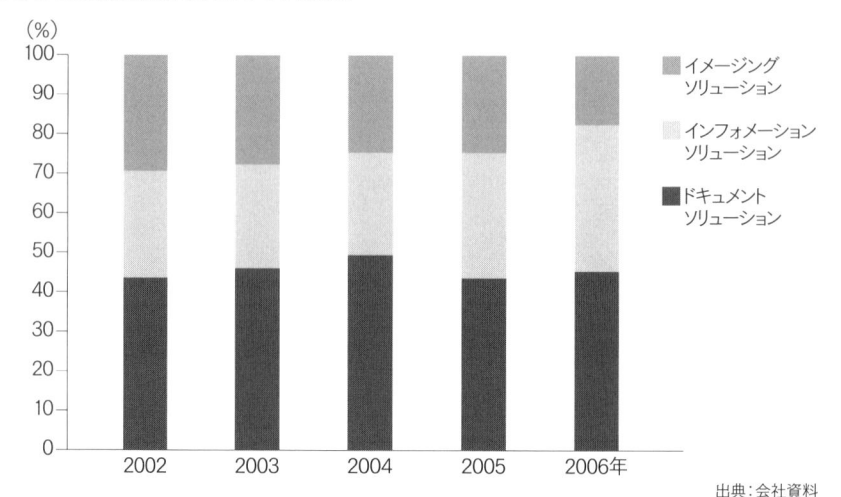

（凡例）
- イメージングソリューション
- インフォメーションソリューション
- ドキュメントソリューション

横軸：2002、2003、2004、2005、2006年

出典：会社資料

● 組織変更

　古森はまた、6つの新たな事業部（フラットパネルディスプレイ材料、エレクトロニクスマテリアルズ、光学デバイス、ライフサイエンス、化成品、アドバンストマーキング）を設置した。1998年の富士フイルムは（写真フイルムという）1つの大きな事業とその周辺の比較的小さないくつかの部門から成り立っていたが、2006年には14もの独立した事業から成り立つ組織へと変貌した（**資料3-22、資料3-23**参照）。また古森は企業形態でも構造改革を行っている。2006年10月1日付けで、持株会社富士フイルムホールディングスを発足させ、富士フイルム株式会社と富士ゼロックス株式会社を事業会社としてその傘下に置いた。この改編にあたり、古森は両社間のシナジーを狙うとともに、重なり合ったインフラの無駄を省くことも企図した。そして、より戦略的なグループ経営を推進し、両社に共通する業務の戦略性・効率性を高めるため、2007年2月に富士フイルムと富士ゼロックスの本社機能を六本木の新オフィスビルに集結させる計画を立てた。

資料3-21●富士フイルムによる買収

	年月	内容	投資額
写真	2002年	DPEチェーン、ジャスフォートの全株式を取得	160億円
プリンター	2001年	NECのレーザープリンター事業を買収	NA
	2005年3月	自動組版ソフトやバリアブル印刷ソフトの大手メーカー、シンプルプロダクツの全株式を取得	NA
	2006年7月	産業用インクジェットプリンターヘッドの大手メーカー、米国のディマティックスを買収	NA
インクジェット用材料	2005年2月	スクリーン印刷用インクとワイドフォーマットの産業用インクジェット向けインク大手、セリコール・グループ（英国）を買収	2億3000万ドル
	2006年2月	インクジェットプリンター向けインク染料の製造・販売大手、アビシア・インクジェット（英国）を買収	2億6000万ドル
電子材料	2004年11月	アーチケミカルズ（米国）の半導体関連部門の過半数の株式を買収。同社と富士フイルムとの合弁会社の株式の49%を取得	1億6000万ドル
	2005年11月	半導体向けCMPスラリーの研究・製造を行うプラナー・ソリューションズ（米国）の株式のうち、アーチケミカルズが所有していた50%の持分を取得	1700万ドル
フラットパネルディスプレイ材料	2005年6月	サンリッツ（日本）の株式を追加取得。同社は液晶パネル用偏向板メーカーで、これにより液晶パネル用材料の開発を促進する	NA
ライフサイエンス	2005年10月	富士フイルム・シミックヘルスケアを設立。臨床治験に使われる製品を開発するCMICとの合弁会社	60万ドル
	2006年1月	化学薬品・医薬品中間体メーカーの三協化学を完全子会社化	NA
	2006年2月	日本の抗体医薬品メーカー、ペルセウスプロテオミクスの株式22%を取得	1000万ドル
	2006年10月	第一ラジオアイソトープ研究所の全株式を取得。同社は放射性医薬品の大手メーカー	NA

出典：ケース執筆者による調査。

● **意識改革**

　古森は、CEOに任命されて以来、企業体質の変革と社員の意識改革に率先して取り組んだ。というのも、組織や社員の関心が目先の案件に集中しており、彼の会社の方向性を大きく転換しようとする戦略との間に大きな隔たりがあっ

資料3-22 ● 組織図（1998年）

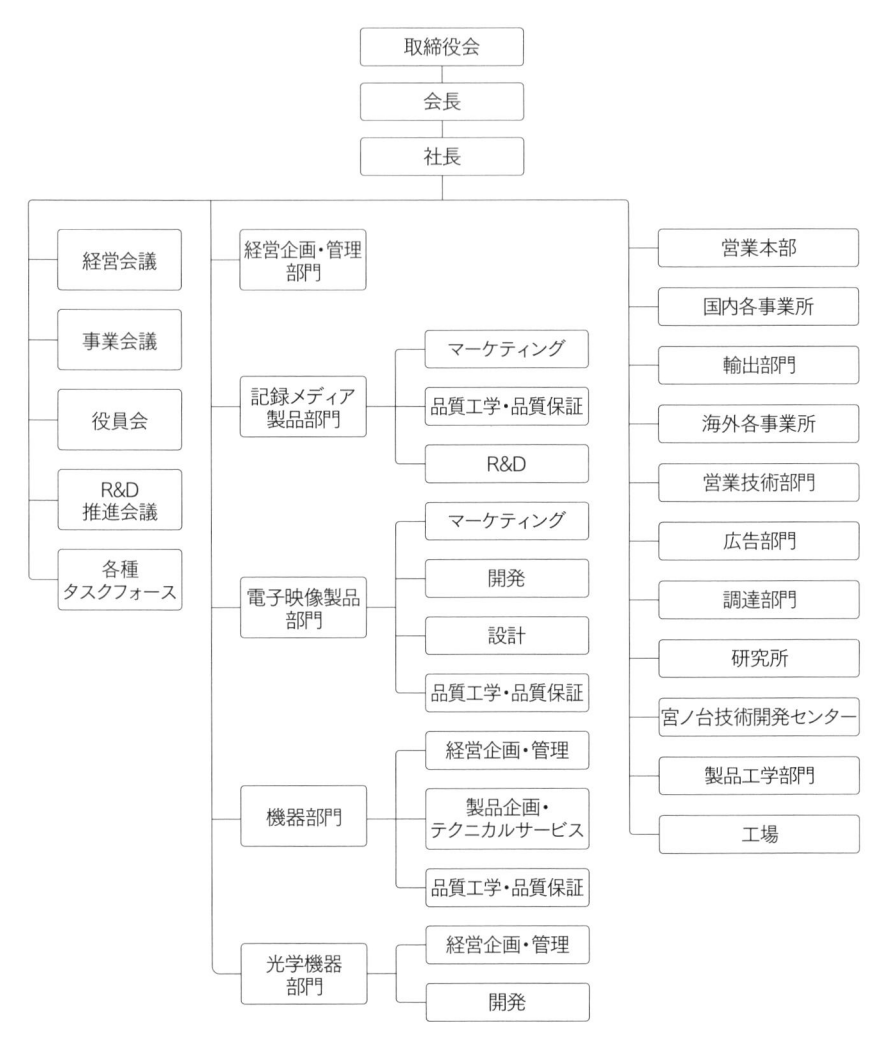

- 取締役会
  - 会長
    - 社長
      - 経営会議
      - 事業会議
      - 役員会
      - R&D推進会議
      - 各種タスクフォース
      - 経営企画・管理部門
      - 記録メディア製品部門
        - マーケティング
        - 品質工学・品質保証
        - R&D
      - 電子映像製品部門
        - マーケティング
        - 開発
        - 設計
        - 品質工学・品質保証
      - 機器部門
        - 経営企画・管理
        - 製品企画・テクニカルサービス
        - 品質工学・品質保証
      - 光学機器部門
        - 経営企画・管理
        - 開発
      - 営業本部
      - 国内各事業所
      - 輸出部門
      - 海外各事業所
      - 営業技術部門
      - 広告部門
      - 調達部門
      - 研究所
      - 宮ノ台技術開発センター
      - 製品工学部門
      - 工場

出典：会社資料

資料3-23●組織図（2006年）

```
                    取締役会 ········ 監査役会
                       │
                      社長
                       │──────── 経営会議
       ┌───────────────┼───────────────┐
```

- 経営企画・管理部門
- 新規事業
- 記録メディア製品部門
- 電子映像製品部門
- フラットパネルディスプレイ材料部門
- エレクトロニクスマテリアルズ部門
- 光学デバイス部門
- ライフサイエンス部門
- フォトイメージング製品部門
- 情報・産業機材部門
- グラフィックシステム部門
- メディカルシステム部門
- 化成品部門
- アドバンストマーキング部門
- 海外オフィス
- カスタマーコミュニケーションセンター
- デザインセンター
- 調達部門
- 富士ゼロックス（75％保有）

R&D統括本部
- R&D管理部門
- 先端コア技術研究所
- 有機合成化学研究所
- ライフサイエンス研究所
- アドバンストマーキング研究所
- 解析技術センター
- イメージング材料研究所
- フラットパネルディスプレイ材料研究所
- グラフィック材料研究所
- エレクトロニクスマテリアルズ研究所
- 産業機器システム開発センター
- メディカルシステム開発センター
- 光学デバイス研究所
- 電子映像製品開発センター
- 記録メディア研究所
- ソフトウエア開発センター
- 生産技術センター

工場

■ イメージングソリューション
□ インフォメーションソリューション
■ ドキュメントソリューション

出典：会社資料

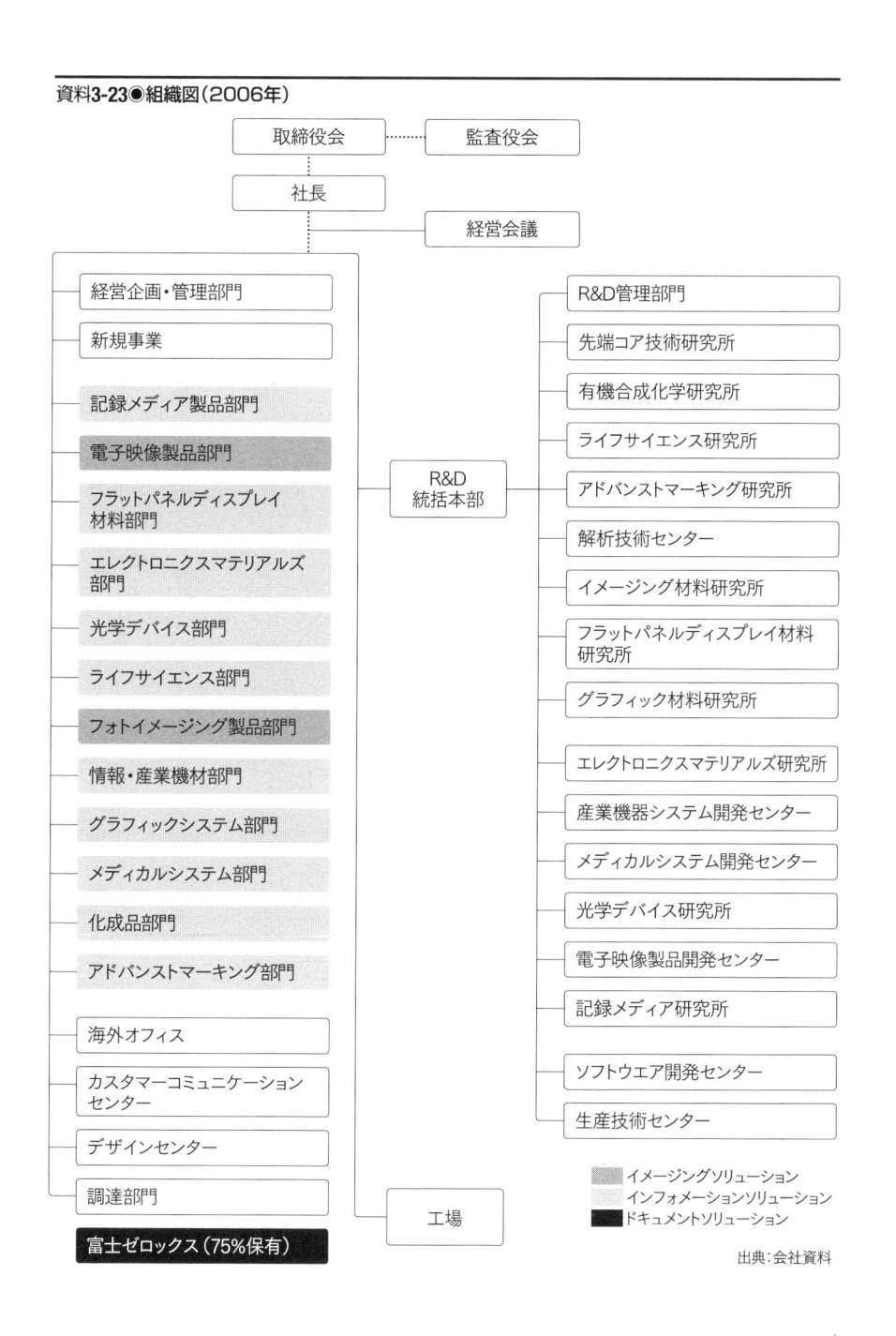

たからである。たとえば、富士フイルムの先行きを模索する新しい方向性が示されたあとでさえも、同社の中堅幹部は新規事業開発の緊急性を強くは感じていなかった。古森は、新技術の探求や開発にあたり、社員がのんびりしすぎていると感じた。

2006年の社内報に、古森は次のように書いている。
「感光材料をコア事業にして比較的温暖な気候の環境に慣れてしまった企業体質が、変化の適応を妨げているともいえます。異業種企業との激しい競争のなかでは変革に挑戦する勇気が必要不可欠です(注22)」

古森は、ビジョンを示すことによって社員の姿勢を変えようと努めた。彼は何度もスピーチを行い、また中堅幹部の小グループと忌憚のない意見を交わすランチミーティングを開催した。そのディスカッションでは、古森のビジョン、富士フイルムの組織のあり方や人事制度の諸施策などが取り上げられた。2005年の8月から9月にかけて、古森はこの取り組みの一環として、富士フイルムの役職者約1000人に対し、「会社を成長させるのに必要なものは何か、改善と成長を妨げる要素は何か」をまとめた2ページのレポートを書くよう求めた。レポートの中には、いかに新規事業を見極め、成長させていくかについての提言が多くあった。

また、2006年には、企業の根本的な存在理由と企業が目指す姿を社員と共有すべく、新たな企業理念とビジョンを制定した。新たな企業理念は、同社の事業がその領域として従来規定してきた「イメージング＆インフォメーション」の範疇を超え、「先進・独自の技術をもって、最高品質の商品やサービスを提供することにより、社会の文化・科学・技術・産業の発展、さらに人々の健康や地球環境の保持にも貢献していく」ことを謳っている。また、ビジョンは「その理念を実現し、当社がリーディングカンパニーであり続ける」ために必要な企業のあり方を示している。

● **長期ロードマップ**

古森と経営幹部はまた、会社の中期経営計画であるVISION75を2006年に修正して、以下の5つの分野を重点事業分野と位置づけた。①高機能材料（FPD、電子材料、およびインクジェット用材料）、②医療画像とライフサイエンス、③

グラフィックアーツ、④ドキュメント、⑤カメラ付き携帯電話用レンズモジュールのような光学デバイス、の5つである。なかでも、特に将来性が見込まれたのが、高機能材料事業とライフサイエンス関連事業であった（資料3-18参照）。

高機能材料事業

高機能材料分野には、富士フイルムの保有する技術を生かした業務用製品群が含まれている。具体的には、フラットパネルディスプレイ（FPD）材料、電子材料、インクジェット用材料の3つである。

●FPD材料

写真フィルムはトリアセテートセルロース（TAC）という透明なフィルムの上に、何層にも乳剤を塗布して作られる。1960年代以降、富士フイルムはこのTACフィルムの優れた光学特性を生かし、新規分野に応用できないかと模索していた。しかし応用できる分野が限られていたため、1980年代にはこの事業をあきらめかけた。その性能が向上をみた1990年代後半になって、FPD用の偏光板に使用され始めてから需要が急激に伸びた。FPDの一種である液晶ディスプレイ（LCD）の液晶層は2枚の偏光板の間に挟まれるが、富士フイルムはこの偏光板に使用される薄いフィルムを開発したのである。同社は、LCDスクリーンの偏光板を保護するTACと、TACをベースにしたWVフィルムの両方を生産し、LCDスクリーンの視野角を広げた。当初、富士フイルムはシャープと共同でWVフィルムを開発していたが、1996年にそれを商品化し、偏光板メーカーに直接販売した。FPD材料事業は2003年に事業部として独立している。

富士フイルムのFPD材料の2006年の売上げは約1400億円だったが、この市場は、薄型テレビとコンピュータディスプレイが成長を続けており、2009年までに倍増すると予想されていた（**資料3-24**参照）。WVフィルムは、20インチ以下のPCモニター用では最も普及しており、その市場では富士フイルムが100%のシェアを占めていた。TACでは、富士フイルムが当時のLCD市場全体で80%のシェアを確保し、それ以外はコニカミノルタが占めていた。

富士フイルムは、今後九州にTACフィルム〈フジタック〉の新たな工場を建設するために1100億円を投じる。また、液晶テレビの大型化に対応し研究

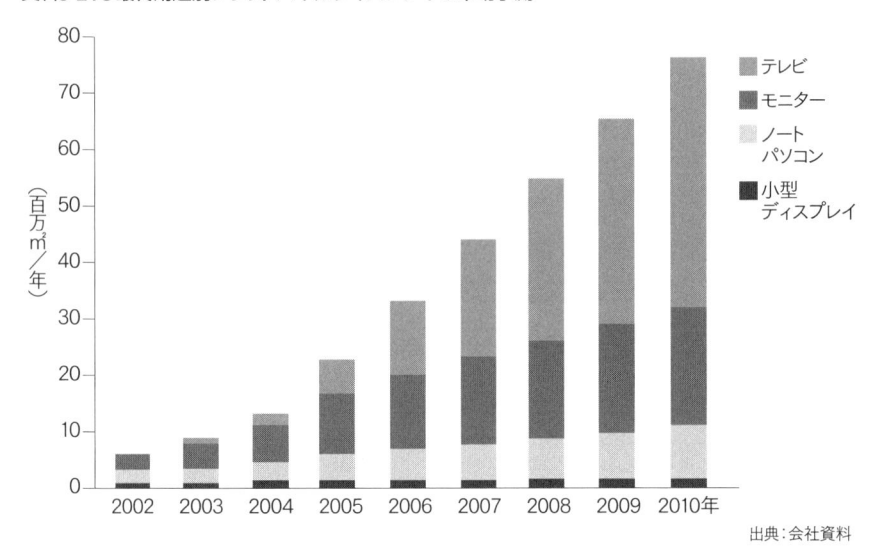

資料3-24●最終用途別フラットパネルディスプレイの市場予測

凡例：テレビ、モニター、ノートパソコン、小型ディスプレイ

出典：会社資料

開発から市場導入までのスピードをさらに速めるため、240億円をかけて研究開発機能を持つ新たな工場を神奈川県に開設する。これにより2008年までに生産能力を倍増する計画だ（**資料3-25**参照）。2006年時点では、LCD市場においてTACに取って代わりそうな商品は存在していなかった。

● 電子材料

富士フイルムは、1983年より半導体の主要材料であるフォトレジスト（半導体のベースとなるウエハーに半導体回路を焼き付ける際に使用する感光性材料）の製造と販売を手がけている。最近では、ウエハーを平坦化するCMPスラリー（CMP: chemical mechanical planarization、化学的機械研磨剤）も取り扱っている。2004年11月には、アーチケミカルズの半導体関連部門を買収し、2005年の11月には、CMPスラリー技術を保有する米国企業、プラナー・ソリューションズの株式の50％を取得した。電子材料の世界市場規模は約2500億円と推計されており、年率15〜20％成長している。富士フイルムは2008年度に約600億円の売上げを目標とした。

資料3-25 ● フラットパネルディスプレイ用フィルムの生産能力計画

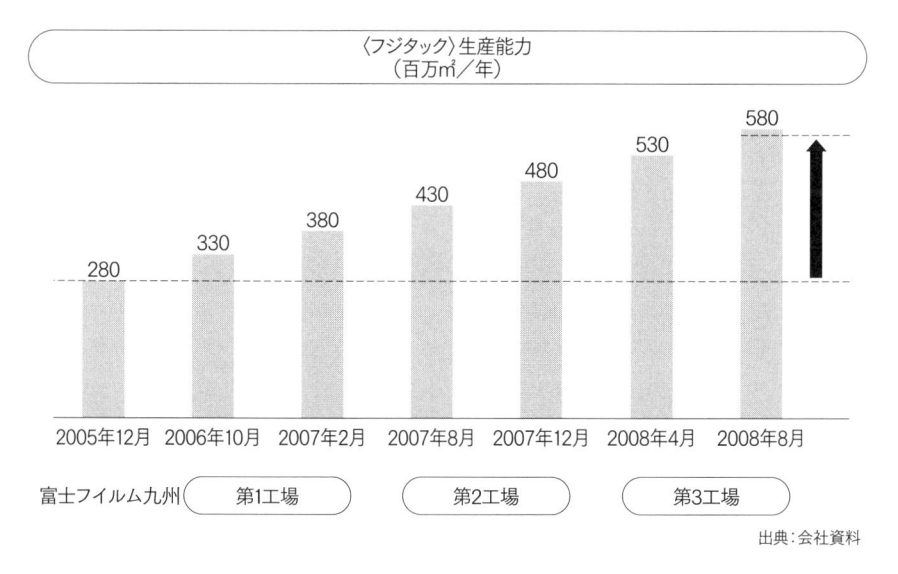

〈フジタック〉生産能力
（百万㎡／年）

年月	生産能力
2005年12月	280
2006年10月	330
2007年2月	380
2007年8月	430
2007年12月	480
2008年4月	530
2008年8月	580

富士フイルム九州　第1工場　第2工場　第3工場

出典：会社資料

● インクジェット用材料

　富士フイルムは、インクジェット関連の消耗品の市場でもプレゼンスを高めようとしていた。インクジェット関連の消耗品は、プリンター本体よりもはるかに利益率が高い。たとえば、ヒューレット・パッカード（HP）とコダック（レックスマークとの関係を通じて）はインクジェット用紙の販売で市場を独占していたが、売上高に対するEBIT（利息および税引前利益）率は25％だった。富士フイルムはインクジェット用のプリント用紙を1996年に発売し、さらに写真フィルム製造で培った合成化学技術を活用して、1999年にはインクジェット用の色材の開発を開始した。

　インクジェット用材料の市場は、大きく2つに分けられる。インクジェットプリンター・メーカーに納入される一般向けインクと、スクリーン印刷会社などに納入される業務用インクである。前者では、カートリッジに入れられ、店頭で販売されるインクの材料となる染料や顔料を提供する。富士フイルムは2006年に、インクジェットプリンター向けの色材やインクを製造する英国企業のアビシア・インクジェットを買収し、この市場でのプレゼンスを高めた。

2006年、富士フイルムはインクジェット用材料で400億円の売上げがあり、2009年までに900億円まで伸ばすことを目指した。

ライフサイエンス関連事業

　富士フイルムが、長年取り組んできた医療画像事業を基盤に、銀塩からの脱却を目指して取り組んだ2つ目の事業は、ライフサイエンス分野での幅広い技術と製品分野への多角的展開であった。同事業は、2005年4月に独立した事業部門として設置された。富士フイルムはライフサイエンス分野において、研究用画像解析システムや核酸抽出システムなど、いくつかの研究用器械をすでに開発していた。

　富士フイルムは、ライフサイエンス分野に応用できる独自保有技術は3つあると考えていた。第1にFTD（formulation, targeting, and delivery）技術である。カラーフィルムのベース上には、わずか15ミクロンほどの厚みの中に十数もの乳剤の層が塗布されている。その中の任意の乳剤を目的の場所で反応させる技術は、薬品の有効成分の吸収・浸透を促すために応用可能であった。第2には、老化やメタボリックシンドローム、ガンやその他の疾病の原因となる活性酸素の制御である。この制御技術を富士フイルムは、写真プリントの劣化を防ぐために確立していた。そして第3には、写真フィルムの主原料であり、人間の身体の構造体でもあるコラーゲンの応用研究である。

● 医薬品

　2005年4月から18カ月の間に、富士フイルムは、いくつかの新規事業に参入した。まず、医薬品企業に対して、臨床試験支援を行っている企業であるCMICとの合弁会社、富士フイルム・シミックヘルスケアに60万ドルを投資した。CMICと富士フイルムは、医療施設に製品を販売し、臨床研究で使われる試薬の開発を行う。また富士フイルムは、日本の製薬ベンチャーであるペルセウスプロテオミクスの22％の株式を約10億円（1000万ドル）で購入した。富士フイルムは、ペルセウスの持つガンや生活習慣病などの測定マーカーを用いた診断薬やシステムの開発をはじめとして、抗体医薬品事業を本格的に展開する。

● 化粧品とサプリメント

　富士フイルムは独自技術を活用することにより、既存の製品より優れた効能を持つスキンケア製品やサプリメントを作り出すことができると考えた。2006年には、化粧品とサプリメントの両方の市場に参入した。古森は次のように述べる。

　「写真のフィルムと化粧品やサプリメントは、何の共通点もないように思われるかもしれませんが、実は深い関係があります。業界では、肌に良いとされる物質はよく知られていますが、それをどう肌に吸収させるかがポイントです。我々が持つナノテクノロジーにより、肌の奥深くまでその物質を到達させることができます」

　古森は、3年後の売上げ100億円を目標として掲げた。発売当初は、インターネットなどによる通信販売に限られるが、販売チャネルの構築にも取り組んでいる。ただ、これらの商品は、富士フイルムがそれまでに販売したどの製品ともまったく異なっているため、完成品メーカーとなるよりもOEMメーカーやブランドの確立した化粧品メーカーへの技術提供をするほうがよいのではと考える人もいる。

この先の道

　これらの取り組みの結果、富士フイルムは2006年には幅広い分野を網羅する14もの事業を持つようになった。特に古森は、10の事業から成るインフォメーションソリューションに積極的に取り組んだ。その多くは、前年比2桁の成長を遂げている。古森が断行したイメージングソリューションを中心とした構造改革は、同社にとって過去に類をみない大規模なものだった。古森は2006年度の中間期決算発表時点で、「ほぼ総仕上げの段階に入った」と確かな手応えを感じていた。2007年度に2000億円の営業利益を達成することに、古森は自信があった。

　古森は、写真フィルムの需要減に対しうまく対応した。一方で、独自技術を活用することにより新規参入した分野は、従来同社が親しんできたビジネスと

はまったく異なっている。10年後、同社が2つか3つの核となる事業を育てているのか、あるいは多数の事業に支えられているのかはわからない。しかし、古森には勝算があった。彼のミッションは、同社の未来を支えるために新たな収入源を見つけて確保することと、将来も利益を生み出せる新規事業を創出できるよう、企業体制や企業文化を作り上げなければならないということだ。古森は今こそが将来のために真剣に種を蒔く時だと感じている。そして第2の創業に向けて奮い立ち、それを成し遂げる自信をみなぎらせている。

注

1) 富士フイルムの会計年度は4月1日に始まり翌年3月31日で終わる。
2) John Brinsley, "Fuji Photo to Cut 5,000 Jobs, Slashes Profit Forecast", Bloomberg.com, January 31, 2006.
3) 中国東北部は、日本によって満州国の名のもとに1932年から1945年までの間統治されていた。
4) 「人間発見──勇気を持って変わろう②」『日本経済新聞』（夕刊）、2006年11月28日、6面。
5) Credit Suisse, June 6, 2006.
6) 2006年度、富士フイルムは構造改革費用(860億円)計上前の営業利益を1590億円と推計した。
7) "What's ailing Kodak? Fuji", *Fortune*, October 27, 2004.
8) A. Swasy, Changing Focus.
9) 「不毛の10年を終えV字回復へ──さらば！大西"天皇"の呪縛　富士フイルム変える古森改革」『週刊東洋経済』、2006年9月2日、pp.56-60。
10) H. Ueda, "R&D Policy at Fuji Film," *Technology management*, 2004.
11) *Business Week*, September 22, 1999.
12) Merrill Lynch, "FujiFilm," November 12, 1999.
13) HSBC, "Fuji Photo Film," February, 2000.
14) ING Barings, "Fuji Photo Film," January, 2003.
15) "Big Yellow's digital dilemma," *Business Week*, March 24, 2003.
16) 「人間発見──勇気を持って変わろう②」。
17) "As Photography changes dimensions," *The Tronto Star*, July 9, 2001.
18) Credit Suisse First Boston, "Fuji Photo Film," October 2, 2001.
19) "Fuji plots digital Growth," *Financial Times*, February 2, 2001.
20) 富士フイルムは2001年に、ゼロックスとの合弁会社である富士ゼロックスの持株比率を50％から75％に増やし、事業を統合することでより大きなシナジーを発揮しようとした。
21) 「不毛の10年を終えV字回復へ」。
22) 富士フイルム 社内報、2006年夏号、pp.2-3。

第4章

Making China Beautiful: Shiseido and the China Market

資生堂：中国市場への参入

［執筆者］

ハーバード・ビジネス・スクール 教授
ジェフリー・ジョーンズ
Geoffrey Jones

ハーバード・ビジネス・スクール 日本リサーチ・センター リサーチ・アソシエイト
神野明子
Akiko Kanno

［執筆協力］

前 ハーバード・ビジネス・スクール 日本リサーチ・センター長
江川雅子
Masako Egawa

●ハーバード・ビジネス・スクールのケースは、授業での討議に用いられる資料として作成されている。ケースには、1) 当該企業を推奨する、2) 一次データの出典となる、3) マネジメントの優劣について例証する、という意図はない。

●ケースは過去のある時点の事実をもとに書かれたものである。現在の当該企業の状況を反映したものではないことに注意されたい。

Case No. 9-805-003
© 2004, 2005, 2007 President and Fellows of Harvard College.

資生堂執行役員専務、中国総代表の斎藤忠勝は2007年の初めに、歴史に名高い上海の外灘を歩きながら、今後の資生堂の中国および全世界での戦略について思いをめぐらせていた。斎藤は技術畑の出身で、世界第5位（**資料4-1**参照）の化粧品会社である資生堂では勤続35年のベテランである。彼は20年前、高価な組成分を使用して、高品質で高級なスキンクリームを製造することを主張し、反対を受けたものの、説得に成功した。その結果生まれた〈クレ・ド・ポー・ボーテ〉ブランドは、2006年には資生堂の国内販売の13％を占めるに至った。1990年には、斎藤はパリを拠点とした関係会社を新設し、それまで長年劣勢にあった資生堂のフレグランス製品を強化した。イブ・サンローランでトップマーケッターだった人物をリクルートしてこの事業を任せ、3年で利益をあげるに至った。

　資生堂は、中国を第一に優先すべき市場と考えていた。同社は2006年グループ全体で、すでに約420億円の売上げを中国であげていた[注1]。その中で最大のブランド〈オプレ〉は、2004年8月のアテネ・オリンピックにおいて、中国チームのオフィシャルブランドとして採用された。しかし、中国の化粧品市場の急速な成長には、世界の大手化粧品会社もすべてが注目していた。斎藤は2004年4月に中国事業のトップに任命され、その直後に上海に赴任した。

　中国でのビジネスをさらに成長させるには、どんな戦略が必要だろうか。その戦略のリスクは何か。1920年代に建てられた外灘の建築物と、黄浦江の対岸の新しく美しい高層ビル群との驚異的なコントラストに、斎藤は、中国の現在の繁栄と、過去に繰り返された突然の変化の歴史を重ね合わせていた。1949年の共産革命により、中国の他地域と同様上海も、30年もの間海外企業に対して門戸を閉ざしてきた。資生堂が中国を最優先することで、日本やその他の地域では緊急課題に対応しにくくなるのではないだろうか。こうした問いが、歩を進めるたびに斎藤の脳裏を駆けめぐった。

日本における資生堂の歴史と現状

　資生堂は日本最大の化粧品メーカーである（2005年時点）。同社は、1872年

資料4-1 ● 2005年売上高による世界の化粧品会社上位20社

会社名	主要ブランド	国	売上高（十億米ドル）
1 ロレアル	ロレアル パリ、メイベリン、マトリクス、ランコム	フランス	18.1
2 プロクター・アンド・ギャンブル	マックスファクター、SK-II、クレイロール	米国	17.9
3 ユニリーバ	ダブ、ラックス、ポンズ、レクソーナ	英国・オランダ	12.1
4 エスティローダー	エスティローダー、プリスクリプティブ、クリニーク	米国	6.3
5 資生堂	クレ・ド・ポー・ボーテ、資生堂、イプサ	日本	6.1
6 エイボン	アニュー、エイボンカラー、スキンソーソフト	米国	5.8
7 バイヤスドルフ	ニベア、エイトフォー、ラベロ、ラプレリー	ドイツ	4.6
8 ジョンソン・エンド・ジョンソン	ニュートロジーナ、アヴィーノ、ロック、クリーン＆クリア	米国	4.4
9 アルバートカルバー	アルバートVO5、TRESemmé、コンソート	米国	3.4
10 リミテッドブランズ	オーラサイエンス、バス＆ボディワークス	米国	3.3
11 花王	ソフィーナ、エスト、オーブ	日本	3.1
12 コティ	リンメル、ヒーリングガーデン、アディダス	ドイツ	2.9
13 モエヘネシー・ルイヴィトン（LVMH）	ディオール、ジバンシィ、ベネフィット、ゲラン	フランス	2.8
14 シャネル	シャネルNo. 5、アリュール、ココ、チャンス	フランス	2.8
15 ヘンケル	ポリーカラー、Aok、シュワルツコフ	ドイツ	2.7
16 メアリーケイ	ヴェロシティ、タイムワイズ、MKシグネチャー	米国	2.2
17 カネボウ	カネボウ、トワニー、RMK	日本	1.9
18 イヴロシェ	イヴロシェ、ダニエルジュバンス、ドクターピエールリコ	フランス	1.9
19 コーセー	コーセー、ボーテコーセー、インフィニティ	日本	1.6
20 アルティコア	NAO、トルソム、サテニーク	米国	1.6

注：コティはドイツ企業Joh. A. Benckiserの子会社。
出典：*Women's Wear Daily*（*WWD*), September, 2006より引用。

に福原有信が創業した。福原は、日本の海軍病院薬局長の職を辞して、銀座に薬局を開業し、資生堂と名づけた。社名は、孔子の書『易経』からの引用で「至哉坤元 萬物資生（一切は母なる大地から生まれる）」という中国語からとった。創業当時、西洋の医薬品は容易には手に入らなかったため、日本人のほとんどは伝統的な漢方薬を使用していた。人々を健康にすることは社会全体の利益になるとの信念に基づいて、福原は日本で初めて、高品質の医薬品を手頃な値段

で買えるような西洋式の薬局を開業することを決めたのである。

　1878年に、資生堂は同社独自の医薬品を製造し始めた。当初の動きは遅々としていたが、西欧流の練り歯磨きを国産としては初めて発売したことにより、転機が訪れた。1897年には、福原有信の息子である福原信三が、〈オイデルミン（Eudermine）〉という名前の高級スキンローションを発表した。信三は、米コロンビア大学で薬学を専攻し、ニュージャージー州の小さな化粧品会社の下請工場で働いて経験を積んでおり、ギリシャ語で「いい肌」を意味するオイデルミンは、西欧薬学に基づく科学的な処方を用いて開発された。1915年に信三が父から事業を継いだあと、同社はより一層化粧品事業に力を入れるようになった。信三は写真家でもあり、彼がデザインしたオリジナルの椿マークは資生堂の商標として、2007年時点でも使用されている。

　資生堂の企業理念は、会社の歴史の早い段階で明確化されている。もともと資生堂は薬局として始まったことから、「化粧品は医薬品と同じレベルの厳密さと品質とをもって製造されるべきである」という強固な信念があった。資生堂は、西欧の技術と、自然を大切にするアジアの感性とを組み合わせることに努めた。資生堂の究極の使命は、顧客の美と健康に貢献することである。この考え方は、「美しさと幸せへの貢献」を強調する同社の信条に組み込まれ[注2]、これが高い倫理規範に対する長期的なコミットメントにつながっている。たとえば、企業を買収する際など資生堂は、被買収企業のコーポレート・ガバナンスや法令遵守の基準が、自社のそれと同等であることを示す証明書類を強く要求した。1997年には「資生堂企業倫理・行動基準」が制定された。各社員は、企業理念が書かれたカードをいつでも携帯している[注3]。

戦前から戦後の発展

●チェーンストア制度

　1923年に東京の大部分を破壊した関東大震災のあと、資生堂は、日本で最初のボランタリーチェーンストア制度を導入した。この制度を確立したのは、「共存共栄」という考え方のもと、メーカーが販売店と手を携えて事業を行える環境を創出しようとしたためだ[注4]。

　同社のボランタリーチェーンストア制度は、フランチャイズ料を必要とせず、

いつでも自由に加入・退会できた。チェーンストアは専門店の役割を担うため、資生堂商品専用の小売スペースを提供することが義務づけられた。また、製品の販売は、教育を受けた会社派遣の販売員（ビューティコンサルタント）が行い、対面で販売（カウンセリング）することが義務づけられた。

● 再販売価格維持制度と業界の成長

　第2次世界大戦中の日本の化粧品業界は、労働者と資源の不足に悩まされたが、戦後の数年間に急速な回復を見せる。1949年には、米国の大手メーカーであるマックスファクターが日本市場に進出してきた。日本国内で小売店の数が増えるにつれて競争が激化し、多くの店が仕入原価を下回る価格で製品を販売し始めた。そのような状況をうけて、日本政府は1953年に、再販売価格維持制度を導入することを決定する。この制度により、化粧品メーカーは小売店に対して、メーカー希望価格による製品の販売を義務づけることができるようになった。化粧品業界は、医薬品的な性格があったため、反トラスト法の適用除外とされた。

　資生堂は、日本全国に数千もの販売店をオープンし、1960年代と1970年代の高度経済成長期に業界首位の座を維持し続けた。1990年代後半には最大で2万5000ものチェーンストアを擁した資生堂に対し、カネボウやコーセーなど他のメーカーもチェーンストアシステムを築いたが、いずれも資生堂より規模は小さかった。

資生堂の特色

● 研究開発（R&D）

　福原有信は、西欧の科学と薬学に、伝統的な東洋の経営思想を融合させることに努めた。資生堂では研究開発に常に重点が置かれており、その研究所は、皮膚科学研究において世界トップクラスであるとの名声を得ている。2002年には、東洋の漢方薬を研究する目的で、北京にリサーチセンターを開設した。主軸となっている新横浜のリサーチセンターでは、製品の処方開発と、世界各地で販売されている同社商品の均質性のモニタリングなどが行われている。2005年時点で、資生堂は、横浜に2カ所、海外に7カ所のリサーチセンターを

有している。

　1989年、皮膚科学の研究のため米国に、資生堂、マサチューセッツ総合病院（MGH）、ハーバード・メディカルスクールの三者によって、MGH／ハーバード皮膚科学研究所（CBRC）が設立された。資生堂は、製品開発ではなく基礎研究を行うCBRCに、毎年かなりの額の資金を提供することになっている[注5]。

●非化粧品事業

　2005年には、非化粧品事業（トイレタリー、食品＆レストラン、サロン＆スパ、ブティック、社会・文化活動）が資生堂の売上高の21％を占めている。

- トイレタリー：トイレタリーは、2006年の同社売上高の9％を占めている。シャンプーは、その中でも最大のカテゴリーであった。2000年10月に、トイレタリー事業は100％子会社のエフティ資生堂に移管された。2005年度[注6]、資生堂のトイレタリー売上高は、1％増加している[注7]。

- 食品＆レストラン：1902年、資生堂は自社薬剤店内に、ソーダ水とアイスクリームの販売を行う「ソーダファウンテン」を開設した。1928年には、本格的な西欧スタイルの料理を提供する「資生堂パーラー」を開店し、2007年時点では8つの支店がある。資生堂はまた別に、高級フランス料理やイタリア料理のレストランも運営している。

- サロン＆スパ：資生堂は、日本では38店のビューティサロンで、ヘアおよびビューティサービスを提供している。また、アジア諸国でもサロンを営業している。資生堂の執行役員常務であった森靖孝は、次のように述べている。「スパ事業と、その他のビューティサービスは、資生堂にとって巨大な事業機会となるでしょう。なぜなら今日では、物を購入するより、リラクゼーションや癒しに満足を求める人が多くなっているからです」。

- ブティック：1975年に資生堂は、東京の銀座でブティックの主力店「ザ・ギンザ」を開店した。この店は、国内外の一流ブランドはもちろん、資生堂ブランドの婦人衣料、バッグ、アクセサリーなどの商品を販売している。2007年の時点では、日本各地に19のブティック店舗がある。

- 社会・文化活動：資生堂は、社会・文化活動にも積極的に取り組んでいる。同社は毎年経常利益の3％を目安として、さまざまな社会活動に資金を提供

しており、その3分の1を芸術支援活動に充てている。これは「地球規模で美しい生活文化を創り出す」努力をするという、資生堂独自の長年にわたる企業理念に基づくものである[注8]。

● ブランド管理

　資生堂ブランドの製品ラインは、ハイプレステージ、プレステージ、ミドル＆マスという市場カテゴリーによって、グループ化されている。製品ラインは、マーケティング手法によっても2つに分けられている。一つは、ビューティコンサルタントまたは店舗社員により、店頭カウンセリングを通じて販売される製品で、もう一つは、顧客がカウンセリングなしに自由に選ぶセルフセレクション製品である。カウンセリング販売の大部分は、百貨店や専門店で行われ、セルフセレクション製品の大部分は、ドラッグストア、総合スーパー、コンビニエンスストアで売られている。

　資生堂ブランドに加えて、資生堂名を付さない〈イプサ〉〈アユーラ〉〈ディシラ〉〈イッセイ　ミヤケ〉〈ジャン・ポール・ゴルチエ〉〈カリタ〉〈デクレオール〉〈ナーズ〉および〈ジーエー〉などのブランドも展開している。これらのブランドは資生堂の販売カウンターではなく、それぞれのブランド名のついたカウンターで販売されている（**資料4-2参照**）。

- ハイプレステージ：資生堂の最高級化粧品ブランドは、〈クレ・ド・ポー・ボーテ〉で、主に40代以上の女性が購入している。その中でも最も高価なのは、スキンクリーム〈ラ・クレーム〉で、1オンス容器で5万円の価格がついている。このブランドの製品は、日本では約300の大手百貨店や専門店で、世界主要国でも百貨店などで販売されている。斎藤は、初期の〈クレ・ド・ポー〉の開発に関わった。そのブランドが1996年にリニューアルされ、〈クレ・ド・ポー・ボーテ〉として発売されたのである。

　斎藤は、当時を振り返ってこう言う。
「ある日私は、信じられないほどの保湿力を有するというヒアルロン酸のことを耳にして、この成分から製品を作ろうと思いつきました。一部の人たちは、高価であるという理由から、ヒアルロン酸の使用については懐疑的でした。それまでの常識では、このような高価な成分を化粧品に使用することなど考えら

資料4-2◉資生堂ブランド・ポートフォリオおよび流通チャネル

カテゴリー		主要製品ライン	販売形式 カウンセリング	アドバイス	セルフセレクション	流通チャネル 百貨店	専門店	ドラッグストア等
資生堂ブランド	ハイプレステージ	クレ・ド・ポー・ボーテ 欧州、米国、中国、アジア・オセアニア、日本	◆			◆	◆	
	プレステージ	資生堂グローバルライン (ベネフィアンス、ホワイトルーセント、バイオ・パフォーマンス、資生堂メン) 欧州、米国、中国、アジア・オセアニア、日本	◆			◆		
		資生堂地域別ライン (マキアージュ、エリクシール、リバイタル、HAKU) 中国、アジア・オセアニア、日本	◆			◆	◆	◆
		オプレ(欧珀菜) 中国	◆			◆	◆	
	ミドル&マス	資生堂FITIT (アクアレーベル、インテグレート、マシェリ、ウーノ) 中国、アジア・オセアニア、日本			◆		◆	◆
		ジーエー(Za) 中国、アジア・オセアニア			◆	◆	◆	◆
非資生堂ブランド	プレステージ	**日本国外で誕生したブランド** ジャン・ポール・ゴルチエ、イッセイミヤケ 欧州、米国、中国、アジア・オセアニア、日本		◆	◆	◆		
		デクレオール、カリタ 欧州、米国、中国、アジア・オセアニア、日本	◆			◆		
		ナーズ 欧州、米国、アジア・オセアニア、日本	◆	◆			◆	スパ、サロン ◆
		日本で誕生したブランド イプサ、アユーラ 中国、アジア・オセアニア、日本	◆			◆		
		ディシラ 中国、アジア・オセアニア、日本	◆				◆	
	ミドル&マス	エテュセ 中国、アジア・オセアニア、日本			◆			◆

注：カウンセリング：ビューティコンサルタントが販売カウンターでカウンセリングを提供する。
　　アドバイス：ビューティコンサルタントおよび店員が顧客のニーズに合わせてアドバイスする。
出典：会社資料

れなかったのです。しかし、実験結果は目を見張るものでした。そこで私は、『この組成分を用いてハイエンドの製品を作ろう』と言ったのです。それが、クレ・ド・ポーとなったのです」
- プレステージ：プレステージ・カテゴリーは、化粧品と香水のブランドで構成されており、その大部分はブランド名に「資生堂」がついている。多くの製品が日本と世界の主要な百貨店・専門店で販売されているが、一部は日本とアジア諸国だけで販売されている製品もある。
- ミドル＆マス：このカテゴリーは、セルフセレクション市場がそのターゲットである。多くの製品は、「資生堂FITIT」というブランド名がついている。販売は、日本を含むアジアに限定されている。

欧米企業の多くは、製品ラインごとにブランドを管理するが、資生堂は他の日本企業の多くと同様に、製品ラインより企業ブランドに力点を置いている。資生堂は、売上げ拡大のために新製品ラインを発売することがあるが、たとえ成功しなくても、市場にそのまま置かれることが多い[注9]。

バブル期以降の市場環境の変化

●再販売価格維持制度の廃止

1980年代末近くには、海外や異業種から、さらに多くの企業が日本の化粧品市場に参入した。これらの会社は、新しいタイプの化粧品や、従来とは異なる流通チャネルを開発した。ファンケル化粧品は1981年に設立され、翌年にはメールオーダー方式で販売を始めた。同社は保存料をまったく使用しない、天然の化粧品を製造している。

1990年代初めにバブル経済が崩壊し、化粧品の販売の伸びが鈍化した。消費者は価格に敏感になり、より手ごろな金額の化粧品を求めて、ドラッグストアやスーパーに目を向けるようになった。また、日本の社会は急速に高齢化しており、65歳以上の人の比率は1994年に14％を超え、2006年には20.8％に達している[注10]。

再販売価格維持制度が1997年に廃止されたことにより、国内のブランドも海外のブランドも、ディスカウント価格で手に入るようになった。

● ドラッグストア販売の拡大

　ドラッグストアでの化粧品の販売は、再販規制撤廃後、大幅に増大した。ドラッグストアで販売される資生堂のセルフセレクション・ブランドの割合は、1998年の15％前後から、2003年には40％超に増大している。2003年には、カウンセリング販売を原則とするブランドでさえも、20％超がドラッグストアで販売されるようになり、店によっては、プレステージ製品を専門店や百貨店の価格から15〜20％程度値引きして販売するところもあった。

　2002年には、資生堂は在庫管理と余剰在庫削減のために、すべての専門店にPOSシステムを導入した。

厳しさを増す競争環境

　価格競争の激化と流通チャネルの変化の結果、化粧品販売において専門店が占める割合が低下した。これが資生堂の国内における市場シェアの低下をもたらすことになる（**資料4-3**参照）。ファンケルなどの小規模なメーカーは、新規の流通チャネルを用いて大きく成長し、大手の花王やコーセーは、積極的なブランド政策とマーケティング戦略によって、市場シェアを維持した。一方資生堂では、新しい流通チャネルへの対応が一部の競合他社より遅れたが、それは過去の成功にとらわれていたからと言えなくもない。

　2004年には、繊維メーカーとして創業ののち、化粧品では日本第2位となった複合企業のカネボウが負債に苦しみ、日本の政府機関である産業再生機構の管理下に置かれた[注11]。カネボウでは収益力のある化粧品事業を花王に売却する計画があったが、最後の段階で、カネボウの労働組合からの反対にあって中止になってしまった。カネボウは資生堂に次いで、日本で2番目に大きなチェーンストアシステムを有していた。2005年12月、負債を含めて4250億円で、花王がカネボウの化粧品部門を買収することがようやく認められた[注12]。

　資生堂は、ミドル＆マス市場におけるプレゼンスを強化する必要性を感じていた。国際事業部のアジアパシフィック部長である原良一は、次のように説明している。

「当社は常に、品質に最大の力点を置いてきました。私たちはミドル＆マス市場にも、プレステージブランドと同等の技術と製造基準を適用しています。し

資料4-3 ● 日本における大手化粧品会社の市場シェア

(単位：%)

会社名	1986年	1990	1994	1998	2002	2003	2004	2005
資生堂	28	28	26	25	17	18	18	18
カネボウ	13	12	9	11	13	14	14	12
花王	2	15	16	17	14	8	8	6
コーセー	NA	7	7	7	10	12	13	11
ポーラ	NA	7	6	5	5	NA	5	5
その他	57	32	37	35	42	48	43	49

注：数字はシャンプーおよびコンディショナーを含む国内メーカーの出荷に基づき、小売店における売上げおよび在庫または輸入による影響を含まない。
出典：日経推計(1986～2005年)

かし、ミドル&マス市場における成功には量が必要なので、〈メイベリン〉や〈レブロン〉などのブランドは、価格帯に応じて製造コストを下げるために異なる製造技術を用いています。当社は、製品の品質を維持したいので、他のメーカーのように製造原価を引き下げるわけにはいかないのです。この市場における競争が当社にとって難しいのは、そのためです」

2001年に資生堂は、3年以内に国内の製品ライン数を100超から35前後に縮小するという戦略に着手した。1961年に東京神学大学を卒業したあと、資生堂に入社し、2001年に社長兼CEO(最高経営責任者)に就任した池田守男は、「当社は個々のブランドの使命を明確にし、次いで、各ブランドの力を強化するために投資していきます」と語っている。

世界への事業展開

「ブランドは世界で通用しなくてはならない——資生堂は創業以来こう考えています。しかし、だからといって世界の市場を均一なものとして捉えるのではありません。資生堂ブランドを各国や各地域に根づかせるには、それぞれの国や地域の文化や伝統を十分に理解する必要があります。そうしない限り永続的な発展はありません。今日のグローバル化は、あまりにも均質で、画一的な傾

向があります。特に、商品というハードとカウンセリングやサービスというソフトを融合する化粧品業界では、画一的なアプローチでは顧客からの支持は得られないでしょう」
──元資生堂代表取締役社長兼CEO（2001〜2005年）池田守男

国際展開のスタート

　資生堂の経営陣は、自社をグローバル化することを長年にわたって熱望していた。福原信三が同社に加わった20世紀初頭以来のことだ。福原は米コロンビア大学で学び、フランスでも1年間過ごした。欧州とアジアの間を船で旅した際、フランス製の化粧品がどこの港でも売られていることに気がついた。福原は、資生堂が国際的な開発戦略を打ち立てない限り、同社の化粧品事業はローカル産業に留まることになると考え、グローバルな会社にならなければいけないと確信した。

　1929年、資生堂は台湾で事業を始め、当時日本の領土であった台湾全域と朝鮮半島で広範な流通網を構築した(注13)。1936年に、資生堂はニューヨーク市5番街のマーククロス百貨店の本店で販売するため、製品を米国に輸出し始めた（**資料4-4**参照）。しかし、この国際事業は、第2次世界大戦によってあきらめざるをえなかった。

　1957年の台湾資生堂の設立により、資生堂は国際事業を再開することとなる。翌年、資生堂は台湾での製造を開始し、バニシングクリームとポマードの販売を始めた(注14)。

米国と欧州への進出

●米国

　資生堂は1960年に、アジア系の人口が多いハワイで化粧品の販売を始め、1962年には現地に販売会社を設立した。米国本土への進出は1965年だった。ニューヨークのメーシーズ百貨店で開催された「極東フェスティバル」への招待を受け、セイコー、ソニーと共にブランドを宣伝したのだ。準備にあまり時間がなかったが、経営陣はこの機会を活用しようと決めた(注15)。このころ、資生堂は〈ZEN〉ブランドの香水を発売したばかりだった。このブランドは、

資料4-4 ● 資生堂の国際事業の経緯（1929〜2002年）

1929年	台湾で事業開始
1936	ニューヨーク市5番街のマーククロス百貨店で販売する製品を米国に輸出
1957	台湾資生堂設立
1962	資生堂ハワイ設立
1965	米国でマーケティングを開始し、資生堂コスメティックス（米国）設立
1968	香港に初のビューティセンターをオープン 資生堂イタリア設立
1972	資生堂タイランド設立
1980	ピエール・ファーブルと50対50の合弁会社を組織し、資生堂フランス設立 資生堂ドイツ設立
1986	フランス、パリでビューティサロンのカリタS.A.を買収 資生堂英国設立
1988	ゾートスインターナショナルを買収
1990	フランス、パリでボーデプレステージインターナショナル（BPI）設立
1991	中国で資生堂麗源化粧品有限公司設立
1996	ユニリーバからヘレンカーチス・インコーポレーテッドの北米ヘアサロン部門を買収
1997	韓国の化粧品メーカーであるパシフィックグループと提携し、資生堂韓国設立
1998	中国で上海卓多姿中信化粧品有限公司設立
2000	フランスのフェースケア・ボディケアブランド〈デクレオール〉、米国のメークアップブランド〈ナーズ〉、米国の男性用スキンケアブランド〈ジーエー〉を買収
2001	ブラジルとアルゼンチンで販売開始
2002	米国のプロ向けヘアケアブランドのジョイコを買収

出典：会社資料

海外市場と日本在住の欧米女性をターゲットとするものであった。ボトルやパッケージのデザインは伝統的な日本のイメージを表現し、中身の香水は米国女性の好みに合わせて作られた。〈ZEN〉はメーシーズのイベント中にはよく売れたが、イベント終了後は資生堂のカウンターが店の隅に追いやられたことから、売上げは低下した。資生堂のスキンケア製品やメークアップ製品は、手にとる人がほとんどいなかった。

　資生堂美容技術専門学校の校長を務める永嶋久子は、このころビューティコンサルタントとしてニューヨークに派遣された。永嶋は言う。
「日本の化粧品と米国の化粧品の最も大きな違いは、米国のメークアップ製品のカラーの多様性です。日本人は美しい素肌を作ることに関心がありますが、米国人はメークアップに強い関心があったのです。ある日、まだ10歳にも満たない少女が資生堂にやって来て、メークアップ製品を試そうとしました。私はこれを見て衝撃を受けました。赤ちゃんのような美しい肌の少女にはメークアップの必要性はまったくなく、ただ清潔な美しい素肌を保つこと、これが彼女にとっての最高の美容法であることを説きました。資生堂のホネケーキ・ソープで毎晩洗顔することを勧めたのです」

　創業者の孫である福原義春は1966年に、社員がわずか5名の資生堂コスメティックス（米国）の経営を任されて赴任する。日中は販売に精を出し、夜は倉庫で製品の箱入れをした。彼は資生堂の米国市場進出について、次のように語る。
「なぜ資生堂はニーマン・マーカスやマーシャル・フィールドでなく、メーシーズのような比較的大衆的な百貨店とビジネスを始めたのかと、よく聞かれました。当時一部の人たちは、これは間違った判断だ、資生堂は高級百貨店とは決してビジネスができないであろうと言っていました。しかし、そのあとで資生堂は、ニーマン・マーカスともマーシャル・フィールドともビジネスができるようになりました。それまでの実績がなければ、そのような高級百貨店とのビジネスは不可能であったと思います。つまり、メーシーズとのビジネスが成功したことが、その後の成功につながったのです」

　やがて資生堂は、競争の激しい米国の市場で、少しずつ拡大を遂げていった。クレンジングのあとにマッサージクリームを使用するという、ユニークなスキンケア方法がそのきっかけとなったのだ。米国では知られていなかったこの方

法は、カウンセリング（対面販売）を通じて紹介された。福原は、在米3年ののち帰国し、1987年に資生堂の社長兼CEOに就任、10年後には取締役会長に就き、2001年以降名誉会長となっている。

資生堂は、1970年代半ばまでに米国で800カ所近くの取扱店を有するに至った。しかしその後、資生堂のエキゾチックないわばオリエンタルブランドとしてのオリジナリティが色褪せるにつれ、売上高は落ちた。1980年には取扱店数が180に減少したため、資生堂は、その後10年間で米国での事業を建て直すことになる。1982年には、テキサス州ヒューストンのニーマン・マーカスに販売カウンターを開設した。これにより資生堂は初めて、米国で高級百貨店とビジネスを行うことができたのである[注16]。

● 欧州

資生堂は1963年にイタリアで、翌年にはオランダで販売を開始している。両国とも、地元の販売代理店が資生堂に申し出たものであった。イタリアではパートナーとの関係に問題が生じたため、1968年に100％子会社を設立した。

大規模で競争の激しいフランス市場への参入は、1980年と遅かった。フランスの医薬品会社、ピエール・ファーブルから、50対50の合弁会社を設立する提案を受け、それに応じるかたちで進出した。ピエール・ファーブルはその20年前から、化粧品事業に乗り出していた。同社は、資生堂のスキンケア技術の品質をよく知っており、イタリアにおける資生堂の成功を評価してもいた。一方資生堂は、フランス市場に進出するには、地元のパートナーが必要だと考えていた[注17]。

同じ1980年には、14年にわたってクリスチャン・ディオールのイメージクリエイターを務めた人物で、パリのファッション界では有名なセルジュ・ルタンスが、資生堂とのビジネスの可能性を探るべく福原にアプローチしてきた。ルタンスは、自身の創造力を発揮できる環境を探しており、フランスの多くの人たちと同様に、極東のミステリアスな雰囲気に惹かれていた。ルタンスは、資生堂の国際事業のイメージクリエイターに任命された。最初の作品は、女性が太陽を暗示した真紅の輪を持って漆黒の海で泳いでいるイメージのポスターであり、用いられた文字は「SHISEIDO」だけだった。このポスターは、資生

堂がフランスでイメージを確立するのに大いに貢献した^(注18)。

　資生堂は、1980年に西ドイツで100％子会社を設立し、その6年後に英国に進出する。特に英国では、百貨店での販売で収益をあげるのに苦労した。欧州の化粧品市場はさまざまに異なっており、その違いを永嶋久子は、当時を振り返りながら次のように語った。

「一般的に言って、イタリア、フランス、スペイン、ベルギーなどのラテン諸国は、色彩と香りを好むようです。他方、ドイツ、オーストリア、オランダなどの国の人たちは、日本と同様に美しい肌を求める傾向があります。英国は、特に嗜好にこだわらないようであり、ある意味非常にユニークでした。

　私が最も衝撃を受けたのは、フランスでの経験です。同僚のフランス人女性が1週間に1回入浴するかシャワーを浴びるだけだと言うのです。そして、彼女は私が入浴する頻度について尋ねてきました。私が毎日入浴すると言うと、彼女は啞然とした様子で『1週間に1回か2回で十分よ。毎日お風呂に入らなければならないほどそんなに汚れるのかしら』と言うのです。おそらくフランスでは空気が乾燥しているからでしょうが、それにしても、ライフスタイルと文化の違いを思い知らされました」

フランスでの買収と子会社設立

　資生堂の最初の海外企業の買収は1986年のことである。この年に資生堂は、カリタS.A.を買収した。カリタはフランスの名高いビューティサロンで、著名人がヘアトリートメントやビューティトリートメントのためによく訪れる。同社は有名なスキンケア製品を販売しており、日本や諸外国にも輸出していた。

　1990年には、パリに資生堂の100％子会社、ボーデプレスァージインターナショナル（BPI）を設立する。欧州と米国のフレグランス市場に本格的に参入するのが狙いであった。BPIの設立に関与した斎藤は、同社設立の理由について次のように述べている。

「資生堂はグローバルカンパニーとして、スキンケアとフレグランスとを併せ持つ必要があると感じていました。しかし、それまで当社では、フレグランス事業はまったく成功していませんでした。そこで、フランスにおける資産と経験を有効利用することを決めたのです。フランスの会社を買収する可能性につ

いても検討したのですが、買収は禁止されていました。フランス政府は1990年代、フランスの戦略的産業であった化粧品業界を保護していたのです。当社はオリジナルの『フランス製』フレグランスを作るために、フランスでビジネスを立ち上げたいと考え、1991年にパリ郊外のジアンにフレグランス製品の工場を建設しました。資生堂は日本と米国に加え、欧州にも工場を設置する必要性を認識していたのです。

私は、〈ロードゥイッセイ〉(1992年)と〈ジャン・ポール・ゴルチエ〉(1993年)フレグランスの発売に深く関わりました。まず、資生堂は三宅一生とパートナーになりました。彼は、長年にわたって当社との共同事業に関心を示していました。翌年に、ジャン・ポール・ゴルチエと交渉を始めました。資生堂はフレグランス事業で成功したことがなかったので、社内の抵抗は非常に大きいものでした。福原社長は、コストにかかわらず資生堂にはフレグランス事業が必要だと考えて、このプロジェクトを支持し、5億円の投資を承認しました」

資生堂は、BPIの社長兼総支配人として、シャンタル・ロスを採用した。ロスはイブ・サンローランの国際マーケティング担当の部長であり、〈オピウム〉などの香水のマーケティングで成功したことで有名であった。資生堂はロスにBPIの経営を完全に任せた。彼女は自分の裁量で新製品を作り、これを販売することができた。ロスがBPIに勤務していた10年間で、同社は大いに成功した。当時を振り返って、斎藤は次のように語る。

「彼女にとっては、フレグランス事業に実績のない資生堂に来るのは大きなリスクであったに違いありません。私は、彼女がなぜ資生堂に来ることを決断したのかその理由を尋ねませんでした。彼女はBPIに入社する前から資生堂について非常に綿密に調査していたこともあり、資生堂の技術に感銘を受けていたのではないかと思います。また彼女は、山本耀司のような日本のデザイナーの感性と創造力、そして日本文化の静けさ、穏やかさを高く評価していました」

米国と欧州での戦略
●マルチブランド戦略

カリタを買収したあと、資生堂は米国と欧州でさらに買収を進めた。1988年には米国で、ヘアサロンで営業用に使われるパーマ液のメーカー、ゾートス

インターナショナルを買収した。その後、規模は大きくないが、いくつかの海外ブランドを買収した。米国の男性用スキンケアブランドの〈ジーエー〉、メークアップブランドの〈ナーズ〉、フランスのフェースケア・ボディケアブランドの〈デクレオール〉を、それぞれ2000年に買収した[注19]。資生堂の買収金額の合計は、61億3000万円にのぼる[注20]。現地のマネジャーが、会社が買収されたあとも資生堂で働き続ける場合もあったし、日本人が買収された会社のトップになる場合もあった。資生堂コスメティックス（米国）のトップは、優秀な米国人だった。

● ナレッジの移転

　資生堂最大の海外子会社であるBPIにおいて、資生堂は経営の自主性を尊重し続けた。福原は次のように述べる。
「BPIの経営陣には、資生堂からまったく人材を投入せず、自主的に経営を進めてもらっています。資生堂が求める品質や事業の進め方、倫理基準は、BPIでもすべて実施されています」
　その後、フランスで開発されたフレグランス事業のノウハウを日本に移転するのは困難であることがわかった。森靖孝は、次のように言う。
「部分的な移転は可能ですが、実質的な移転は困難です。業務の進め方や文化の相違が、移転の障害となっているようです。BPIで良い結果をもたらしたやり方を、日本に適応させることは簡単ではありません。
　たとえば、〈ロードゥイッセイ〉の創作は、日本、米国、フランスで行われた仕事が結集したものでした。製品のデザインは日本のデザイナーである三宅一生が行い、パッケージのデザインと広告の写真はニューヨークで製作し、そしてシャンタル・ロスがそのマーケティングを担当しました。各人がそれぞれ独自のアイデアを持ち、決定が毎日のように変わったのです。日本のシステムではすべてが会議で決定されるので、このようにスピーディな決定が必要なプロセスは不可能だったと思います」
　斎藤も、BPIからのナレッジの移転の可能性について次のように見解を述べている。
「BPIは発注と物流に関して非常に進んだシステムを持っているので、私はこ

のシステムを輸入して、資生堂の化粧品に適用すべきであると考えています。資生堂のシステムは、長年にわたって構築されたもので、あまり効率的とは言えません。しかし、資生堂の製品とBPIの製品とはかなり違いがあるので、BPIの経験をそのまま移転することは困難です。資生堂の品目数ははるかに多く、発注の頻度もはるかに多いからです」

　森は続けて言う。

「すべての事業において、たとえすべての人がグローバル化を認識したとしても、関係者の考え方が真の意味でグローバルにならない限り、ナレッジを移転することは困難です。1996年に、資生堂の海外売上高は全体の6％しかなかったし、大部分の社員は資生堂の海外事業には関心がありませんでした」

　資生堂は、若い社員を教育するために、1年間海外に派遣するプログラムを設けている。1990年代には、毎年10～20名が海外に派遣されたが、その数はその後減少した。これらの研修生の90％が、その後海外の事務所や国際事業関係の部門に配属になっている。駐在員は、平均3年から5年のローテーションで異動する。海外での教育ののちに、国内の事業部門に戻る人はほとんどいない。また、2006年4月の時点で、資生堂と日本における関連会社のマネジャーのうち、女性はわずか13.2％であった[注21]。

2007年の資生堂

　低迷している国内販売を活性化するという資生堂の目標は、日本の化粧品市場が飽和状態にあるという事実によって阻まれていた（**資料4-5**参照）。また、資生堂は日本国内でロレアル、エスティローダー、プロクター・アンド・ギャンブル（P&G）などの外国企業との競争激化にも直面していた。たとえばロレアルは、2003年に日本の化粧品ブランドであるシュウウエムラを買収している。

　2005年に、資生堂は新たな大規模ブランド戦略を開始した。メークアップ製品をそろえた〈マキアージュ〉と、男性用のラインナップをそろえた〈ウーノ〉を立ち上げたのだ。次いで2006年には、ヘアケア製品のブランド〈ツバキ〉を立ち上げた。このブランドの製品は、特にアジア人の髪に合うよう作られており、広告キャンペーンではテーマを「日本の女性は、美しい」として[注22]、日本の有名女優を複数起用した。

資料4-5◉米国、日本、中国の化粧品およびトイレタリーの市場規模

(単位：百万ドル)

国	1980年	1994	1995	1996	1997	1998
米国	10,450[a]	30,250	31,382	34,084	36,468	38,987
日本	3,500[b]	20,878	22,657	20,025	18,092	16,932
中国	204[c]	2,456	3,125	3,678	3,611	3,937
世界合計	50,160[d]	145,200[d]	150,600[d]	164,300	164,200	166,869

国	1999	2000	2001	2002	2003	2004
米国	41,216	42,599	43,933	45,158	45,396	45,605
日本	20,557	21,881	19,682	19,341	28,260	28,647
中国	4,279	4,638	5,036	5,461	7,591	8,442
世界合計	171,962	174,298	174,440	180,128	200,657	230,949

注：[a] Nancy Kohen, *Brand New*, Boston, MA: Harvard Business School Press, 2001, p.185.
　　[b] 数字は1978年のもの。David Tharp, "US Marketing 'No Go' in Japan," *Advertising Age*, December 11, 1978, p.164.
　　[c] D&CI , August 1983, p.32.
　　[d] ケース執筆者による推計。
出典：ユーロモニター、EIU予測、ならびに上記の資料から作成。

　資生堂は、海外事業が成長の重要な原動力であると考えていた。2006年3月期には、海外の売上高が資生堂全体の売上高の29.4％を占めた（**資料4-6参照**）。BPIの売上高は500億円を超え、海外の売上高合計に占める比率は約25％であった。

　元経営企画部長で、2005年に社長兼CEOに就任した前田新造は、次のように述べる。

「資生堂の長期的な目標は、50％以上の海外売上げを達成することです。海外での売上げを30％に、そして40％へと増やし、ステップ・バイ・ステップで進めていく考えです。これによって、資生堂は真にグローバルな会社に成長できると思います。その過程で、経営のスタイルも国内市場中心から国際的なタイプの経営に移行することになるでしょう」

　2003年に資生堂は、新しい国際事業組織を設置した。それまでは1997年と1998年に、それぞれの地域の戦略を監督し、各国の会社に情報と資金的支援を提供する地域本部が、欧州、米国、アジアに設置されていた。国際事業部アジアパシフィック部長の原良一は、これまでの展開を振り返って言う。

資料4-6●資生堂の地域別売上高

(単位:十億円)

	1992年	1998	2000	2001	2002	2003	2004	2005	2006
国際売上高									
米国	NA	28	23	31	39	45	44	43	46
欧州	NA	44	40	45	57	66	72	80	86
アジアおよびオセアニア	NA	18	24	29	34	41	43	50	64
総売上高	553	621	597	595	590	621	624	640	671
国際営業利益									
米国	NA	2.0	1.7	2.2	(0.03)	2.2	0.2	0.5	1.6
欧州	NA	2.8	1.9	1.3	1.6	2.1	3.7	5.9	5.7
アジアおよびオセアニア	NA	2.1	2.8	3.2	3.4	4.7	5.9	7.2	8.6
総営業利益	40.4	38.1	38.0	32.3	25.6	49.0	39.1	28.2	38.9

注:各年3月31日現在。
　海外の営業利益は、配賦不能営業費用控除前。
出典:会社資料

「各事務所がカバーする国の数が増えるにしたがって、地域本部が国別でなくその対象地域全体を見るようになってきました。しかし、資生堂は、市場の規模にかかわらず、各国別に詳細な戦略を策定すべきであるという結論に達し、地域本部の責任は、東京の本社に移管されました。本社のほうが資源は豊富で、さまざまなことに対応できるからです」

　資生堂は、最大の成長の機会がアジア、特に中国にあると考えていた。韓国、インド、ロシアにも関心があった。韓国の化粧品市場はアジアで2番目に大きな市場であったが、資生堂は進出が遅れ、同社のブランドは2004年に韓国で7番目に位置するにすぎなかった。韓国の消費者は、伝統的に欧州や米国のブランドを好んでいた。しかし近年では、日本のアーティストや映画が、比較的若い世代にかなりのインパクトを与えている。また、資生堂は1998年にロシアに販売代理店を設置し、2000年にはインドに代理店を置いた。両方の市場とも、ハイエンドのグループを対象としているが、その事業規模は小さかった。一方、

欧州と米国では、資生堂の事業はプレステージ・ブランドに引き続き限定されていた。

資生堂と中国

「もし資生堂が中国市場に対して単純なグローバル化のアプローチをとっていたら、資生堂の中国進出は失敗に終わっていたかもしれません。中国での成功は、資生堂が中国とその文化に重点を置き、中国市場をターゲットとした商品を開発したことによります」
——池田守男

中国へ早期に進出

　資生堂の中国への関わりは、1981年にさかのぼる。北京市政府の要請を受けて、北京の免税百貨店やホテルで日本から輸入した製品を販売し始めたのだ（**資料4-7**参照）。これらの店舗はエリート層や外国人駐在員を対象としており、一般市民は利用できなかった。福原義春は、国際事業部長として1980年12月に初めて中国を訪問したときのことを思い出してこう言う。「当時はいいホテルがなく、ホテルは政府高官やVIPしか泊まれなかったのです。そこで、私は、『中国文化宮』という少数民族用のホステルに宿泊しました」。このホステルでは、個々の部屋に鍵もついていなかったという(注23)。

　その後会合を重ね、2年後に資生堂は北京でトイレタリーの製造を始めた。福原は、資生堂が中国で生産をするよう中国から求められたときにどう答えたか、次のように述べている。

「品質が資生堂製品の生命線であり、当時の中国にある技術で製造することは不可能だろうと彼らに伝えたのです。しかし同時に、日本が1000年を超える長い期間にわたって、中国から多くを学んだことを思い起こしました。そこで、中国の人たちの生活水準の向上のため技術を提供することにより、この恩に報いることを決めたのです」

　資生堂はトイレタリーの製造を選んだ。必要な製造技術が化粧品に比べて高

資料4-7● 中国における資生堂の成長の経緯（1980〜2006年）

1980年	北京市政府の要請により、福原義春が中国における事業機会について話し合うため中国を訪問
1981	大型店およびホテルにて約60品目の輸出と販売を開始
1991	合弁会社として資生堂麗源化粧品有限公司（SLC）設立
1993	資生堂麗源化粧品有限公司北京工場が完成し、生産開始
1994	〈オプレ（欧珀莱）〉ブランドを立ち上げる 北京に資生堂ビューティセンターをオープン
1998	上海卓多姿中信化粧品有限公司（SZC）設立 上海に資生堂ビューティセンターをオープン
1999	上海卓多姿中信化粧品有限公司上海工場をオープン
2001	北京に直営フラッグシップ店サロン・デ・コスメティークをオープン 北京と上海において〈クレ・ド・ポー・ボーテ〉を立ち上げる
2002	資生堂（中国）研究開発中心有限公司が本格始動 ミドル市場をターゲットに〈FITIT〉ブランド投入
2003	株式会社エフティ資生堂のハイエンド・トイレタリー〈アクエア〉および〈ティセラ〉の中国への輸入と販売を開始
2004	上海に持株会社、資生堂（中国）投資有限公司設立 〈オプレ〉製品に特化した資生堂専門店チェーンを立ち上げる
2005	資生堂（中国）投資有限公司がSZCのマーケティング部門を買収
2006	〈ウララ〉と〈スプリーム・オプレ〉の両ブランドを立ち上げる

出典：会社資料

度なものでなく、また当時中国では、化粧品を使用する人がほとんどいなかったからである。永嶋久子は、ビューティコンサルタントを教育するため1980年代初めに福原と一緒に中国へ出張したが、その当時の様子を次のように述べる。「今日とはまったく異なり、当時中国ではファッションは皆無でした。人々は配給制の同じ人民服を着ており、男性だか女性だか識別が難しいくらいでした」

1983年に、資生堂の最初の技術協力契約に基づいて、〈姿姿／HuaZi〉というブランド名でシャンプーとコンディショナーの製造が開始された[注24]。

〈HuaZi〉のラベルの裏面には、「この製品は、日本の資生堂の技術協力によって製造された」と表示されており、この製品が中国全土に広まったことが、資生堂にとって大きな宣伝となったと福原は考えている。

〈HuaZi〉製品の成功の結果、資生堂と現地企業の麗源との合弁事業として資生堂麗源化粧品有限公司（SLC: Shiseido Liyuan Cosmetics Co., Ltd.）が1991年に設立されるに至った。麗源はかつて北京市政府の一組織で、のちに国営企業として法人化された企業である。SLCは、北京市政府が設けた経済開発区に生産工場を開設した最初の会社となった。この経済区にはその後、ゼネラル・エレクトリックやコカ・コーラ、ノキアといった会社が投資し、進出している。SLCの工場は1993年に完成した。このように、早い段階で資生堂が取り組みを開始したために、資生堂と北京市政府との間には強い関係が築けた。当時多くの日本企業が抱いていた中国に対する認識について、福原は次のように述べている。「天安門事件が数年前に発生したときに、日本企業の中には中国から撤退する企業もありました。私は中国政府高官から電話を受けました。彼の話では、『これはほんの小さな出来事です。私たちを信頼して下さい』ということでした。私たちは方針を変えることなく、中国に留まったのです」。

中国女性をターゲットとした〈オプレ〉

「私たちは、中国の女性がより美しくなることをお手伝いしたいと、心から思っています。お金を儲けて株主の利益を最大にすることは重要ですが、当社にとって最も重要なことは、中国の女性がより美しくなることをお手伝いし、中国経済の成長に積極的な役割を果たすことです。この目標に向けて努力すれば、利益は自然についてくると思います」

――資生堂麗源化粧品有限公司CEO　高野幸洋

資生堂は中国のパートナーの提案に従い、中国女性をターゲットとして、フランス語風の名称を付した化粧品ブランドを開発する。〈オプレ（欧珀莱）〉という名前が選ばれ、SLCが製造した。

中国の化粧品市場は、マーケットの細分化が進んでいた。輸入ブランドは300人民元以上[注25]の価格で販売され、他方、国内ブランドは10〜20元で販売

されていた。中国資本と合弁の事業を中国で始めた外国化粧品メーカーは、20～30元で製品を販売していた。SLCは最初のブランド製品を、この範囲を若干上回るレベル、つまり35元前後で発売しようとした。

　ところが、1994年1月、SLCが製品の発売を準備していた段階で、中国政府は人民元の公式レートを市場の実勢に合わせて引き下げる決定をした。これにより、〈オプレ〉の価格は当初予定の2倍以上に引き上げざるをえなくなった(**資料4-8**、**資料4-9**参照)。社内では、そのように高価な化粧品を買う人はほとんどいないのではないか、と心配する声が多かった。しかし、当初の価格を維持しようとすると、事業は赤字になってしまう。最終的に、同社は価格の引き上げを決定し、中国の人口の1％前後のごく小さな集団の市場をターゲットにするよう、ブランドの位置づけを再設定することとした。

〈オプレ〉の広告では、このブランドが特に中国女性に向けて開発されたものであることを強調した。同時に、資生堂という名称をパッケージの裏面から表面に移動し、〈オプレ〉ブランド名の下に置いた。SLCのマーケティング販売本部長の永井良規は、「このブランドが中国の女性のための製品であり、また資生堂によって創り出されたものだということを、中国の女性に知ってもらいたかったのです」という[注26]。広告では、資生堂の輸入ブランドが西欧のモデルを大々的に起用したのとは対照的に、中国人モデルを登用した。〈オプレ〉はスキンケア製品に焦点を当て、20代と30代の女性、特に外国系企業で働き平均給与を上回る所得を稼いでいる女性をターゲットとした。高野は次のようにコメントしている。「資生堂の輸入ブランドは中国で非常に人気があり、高い評価を得ています。多くのお客様は資生堂が製造した〈オプレ〉なら、品質が良いと思ってくれます」。このブランドは、中国製の製品に対する偏見をも克服することができた。

〈オプレ〉は大成功であった。中国経済は、資生堂の経営陣が予測したより急速に成長し、その結果、目標とした市場の規模が人口の1％から5％へと拡大した。2004年には〈オプレ〉製品は、中国全土の350の百貨店で販売されている。〈オプレ〉の広告は、主に雑誌に掲載されたが、2004年1月になって新しいメークアップラインが発売されたときに、初めてテレビ広告が北京と上海で流された。また、男性用スキンケア製品は、米国のチャイナタウンにある店で販売

資料4-8◉2006年の中国における主な資生堂ブランドの価格

(単位:人民元)

カテゴリー	CPB〈クレ・ド・ポー・ボーテ〉	Aupres〈オプレ〉	Za〈ジーエー〉
アイシャドー	200 CPBアイシャドー	115 デュアルトリートメントアイシャドー	68 10ctアイシャドー
リップスティック	550 CPBリップスティック	120 トリプルエフェクティブリップスティック	11 リップカラー
パウダーファウンデーション	700 CPBパウダーファウンデーション	100 モイスチャーフォーミングコンパクトファウンデーション	95 ツーウェイファウンデーション
クレンジングフォーム	450 CPBリフレッシングクレンジングフォーム	80 バランシングクレンジングフォーム	39 フェイシャルクレンジングフォーム
モイスチャライジングローション	780 CPBリフレッシングバランシングローションN	100 バランシングソフトニングローション　105 バランシングモイスチャーローション	78 エナジーウォーター
マッサージクリーム	900 CPBマッサージクリームN　4,000 CPBザ・クリームN	110 バランシングインテンシブマッサージクリーム	98 モイスチャライジングクリーム

注:価格は消費税17%を含む。
出典:会社資料

資料4-9◉2003年の中国GDP(1人当たり)

	GDP(人民元)	GDP(米ドル)	月収(米ドル)
中国(平均)	9,073	1,123	94
上海	46,718	5,784	482
北京	32,601	4,036	336
天津	26,532	3,285	274

注:1ドル = 8.065人民元。
出典:チャイナ・データ・オンライン(オールチャイナ・マーケティング・リサーチ社のオンラインデータベース)http://141.211.142.26.ezp1.harvard.edu/eng/default.aspで入手可能。

をスタートしており、資生堂は中国の男性用に、スキンケア製品の〈オプレJS〉ラインを導入することとした。

　早い段階で進出し、北京市政府と長年にわたる関係を維持していることで、資生堂は中国市場において競争上有利な地歩を固めていた。アナリストによると、〈オプレ〉は百貨店でのシェアが10〜15％であると推定されている。1年間に〈オプレ〉製品の購入に3000人民元超を支出した客がフラワークラブ（資生堂のフリークエントフライヤー型のプログラム）の会員になり、資生堂ビューティセンターで無料のトリートメントを1回受けることができる。このサービスは、中国女性の間で非常に好評であった。高野はその理由について次のように述べる。「中国の女性は、マッサージとビューティトリートメントが大好きです。当社では中国でビューティサロン事業を展開したいと考えています。〈オプレ〉専門店網を拡張したときには、店内にエステティックサロンを設ける計画です」。別の資生堂ブランドである〈デクレオール〉も、これとは別に、地元のパートナーと連携してビューティサロン網の拡張に努めていた。

〈オプレ〉製品は、2003年にはSLCの売上高の約80％を占め、また中国における資生堂全体の総売上高200億円の60％になっていた。中国事業の営業利益は、約20％であった。〈オプレ〉製品は中国国内で製造されているので、輸入ブランドに比べて利益率が高い。もっとも、その原料の多くは日本から輸入せざるをえず、資生堂は関税を支払う必要がある。

〈オプレ〉の成功に後押しされ、SLCは〈オプレ〉製品のみを販売する自社の専門店チェーンを立ち上げた。この直営店の最初の店が、2004年3月に北京のショッピングセンターに開店した。その後3年間で8店舗がオープンしたが、中心となっているのは百貨店である。〈オプレ〉製品を売る中国の百貨店の数は、2004年の350店舗から、2006年末には614店舗になっていた。

　2006年11月、欧米ブランドとの競争に対抗するため、ハイエンドの製品ラインとして、〈スプリーム・オプレ〉を導入した。〈スプリーム・オプレ〉には7つのスキンケア製品があり、価格帯は180〜480人民元で、従来の〈オプレ〉製品より30〜40％ほど高く、海外輸入ブランドの小売価格よりは20％ほど安かった。まず北京と上海の高級百貨店2店舗で扱い、販売カウンターがこのブランドのため別に設置された。

中国における資生堂の事業展開

　資生堂は1998年に、ミドル＆マスの市場をターゲットとしたブランドを製造し販売するため、中国国際信託投資公司（CITIC）との合弁会社として、上海卓多姿（Zotos）中信化粧品有限公司（SZC）を設立した。そこで扱う〈FITIT〉ブランドには、資生堂の名前は使わず立ち上げられた。その売上げは、わずか20億円程度であった。〈ジーエー（Za）〉と〈ピュアマイルド〉も、ブランド名として資生堂の名前を使用しなかった。〈ジーエー〉はニューヨーク・ブランドのイメージを売り物にし、当初メークアップブランドとして導入したが、その後売上げが伸び悩んだことからスキンケア商品も拡充した。〈ジーエー〉は約200店舗の百貨店やドラッグストアで販売された。

　SLCは、〈オプレ〉ブランドの製造・販売に加え、日本から輸入した資生堂ブランドの化粧品を販売していた。輸入された資生堂ブランドは、〈リバイタル（Revital）〉〈ザ・スキンケア〉および〈UVホワイト〉などであった[注27]。資生堂ブランドは、ロレアルの〈ランコム〉や、P&Gの〈SK-II〉など一流のブランドと競合関係にあった。後者は、もともとP&Gの〈マックスファクター〉の姉妹ブランドで、1990年代後半にアジアで本格生産された。資生堂ブランドは、百貨店で5％の市場シェアを持っていたと推定される[注28]。〈クレ・ド・ポー・ボーテ〉は、専用のカウンターを使用し、専任のスタッフを配して、他の資生堂製品とは分けて販売された。資生堂の経営陣は、最も高額なクリームが税込み4000人民元という〈クレ・ド・ポー・ボーテ〉製品を中国に輸出することについて、当初は懐疑的だったが、最初の週に13本のボトルが売れたのは、うれしい誤算であった。2004年には、〈クレ・ド・ポー・ボーテ〉製品は中国の4つの百貨店で販売されている。

　現地のパートナーと資生堂との関係は、SZCとSLCでは非常に異なるものがあった。SZCの12％を保有するCITICは投資会社で、常に受身であり、他方、SLCの35％を保有する麗源化粧品有限公司は、きわめて積極的だった。資生堂はSLCの上級経営陣の大部分のポストを握っていたが、副社長は麗源出身であった。彼は経営委員会の委員で、コンプライアンスと地方政府との関係を担当し、さらに、麗源出身の7人のマネジャーが、経営の中堅ポストを掌握した。

2004年には、資生堂は上海に持株会社である資生堂（中国）投資有限公司を設立する。これは、SLCとSZC、および資生堂(中国)研究開発中心有限公司（2002年北京に設立）を含む、中国での事業を統括するためであった。斎藤は、この持株会社の専務取締役となった。同社を監督し、トイレタリーや医薬品、およびさまざまな専門製品を含む、すべての資生堂製品のマーケティング活動を統合するために、上海に異動となる。中国での物理的プレゼンスは、急速に変化する市場を把握し、政府上層部との関係を維持するうえで必要不可欠と、資生堂の経営陣は考えた。斎藤は、自らの役割と、自らに与えられた権限レベルについて次のように語っている。

「本社との対話はなくならないでしょうが、こと中国関連の問題については、当地で事実上の決定をして本社に追認してもらうことになるでしょう。種々の業務を担当する支配人たちの間で意見が分かれた場合は、東京の社長に電話をすれば、解決します」

　持株会社は、中国全土でボランタリーチェーンストアのネットワークを組織化することによって、資生堂の流通ネットワークを強化する、という使命も与えられていた（詳細については後述）。

　中国での成功は、一筋縄ではいかなかった。資生堂製品はしばしば偽造されたのである。百貨店の販売カウンター全体が偽物だったこともある。2005年7月には、4000万人民元分もの模造品が、広州の工場で見つかった[注29]。資生堂は、現地警察を動かして、こうした問題と戦った。斎藤は語る。

「模造品は2つの理由で深刻な問題だと思います。一つは当社のブランドを守るため。もう一つは、当社のチェーンストアと販売代理店を守るためです。警察や現地政府と一緒になって偽造行為と戦う、知的財産権の担当者を任命する予定です」

2007年の中国化粧品市場

　ユーロモニター社は、2006年における中国の化粧品・トイレタリー市場規模を950億ドルと予測した[注30]。この数字の正確性にはやや疑問がある。中国の政府筋は、化粧品およびトイレタリーの売上げは、2003年には750億人民元に達したと述べている。

中国の化粧品市場は、上海など沿岸部の裕福な諸都市に集中しており、中国での化粧品販売の90％を占める。外資系メーカーは沿岸部の都市の百貨店での販売に特化して、市場の50％以上を支配した[注31]。中国の人口は2003年には12億8000万人で、日本の人口の10倍である[注32]。しかし中国は、1979年に導入された一人っ子政策と平均余命の伸びにより、日本同様、近い将来に人口の高齢化が起こると予想されている。

　資生堂は、日本と中国で消費者に類似点があると強調する。両国では、透明感のある色白の肌が良いとされる伝統的なアジア的美意識を反映して、スキンケア製品が重視されていた。その結果、化粧品市場の約75％をスキンケア製品が占め、メークアップやその他製品は市場のおよそ25％であった[注33]。

　だが、両国の市場には異なる点もあった。中国のビューティコンサルタントと共に働いた国際事業部の大西三千代は、次のように説明する。
「化粧品における日本と中国の違いは、ファウンデーションの色の違いに見ることができます。日本の女性は、自分の生まれつきの肌の色に近い色を好むのに対し、中国では白い肌が美人の代名詞なので、中国の女性は自分の肌をより白く見せたいと考えます。北京の人と上海の人の間でも大きな違いがあります。北京の女性は、ファッションを楽しみ始めたばかりなので、やや派手な色とスタイルが好みのようです。上海のファッションは、より洗練され、日本や諸外国のものに近いように見えます」

　21世紀初頭、化粧品業界の競争は激化した。P&Gは2005年までに、中国で化粧品とトイレタリーを10億ドル以上販売した。その中で〈SK-II〉ブランドは、3桁成長を達成した。しかし、2006年になって同製品の安全性が懸念されたことから、売上げは激減した[注34]。ロレアルのブランドは、〈ランコム〉（プレステージ）、〈ロレアル・パリ〉（ミドル＆マス）、〈メイベリン〉（マス）を含む、多種多様な市場セグメントをカバーした。ロレアルはさまざまな市場セグメントで中国ビジネスを強化するために、小护士を含むいくつかの地場企業を買収した。

サービスに重点を置く

　資生堂は中国で「高品質、高級イメージ、上質のサービス」に重点を置いた。〈オプレ〉ブランドを1994年に立ち上げた際、資生堂の社員は、現地百貨店の

販売員が横柄で笑顔も見せず、お客につり銭や商品を投げ渡す様子を見て危機感を募らせた。資生堂はサービス面でのスタッフの教育に力を入れ、彼女たちを有能なビューティコンサルタントに変身させた。

　大西は、中国人のビューティコンサルタントにサービスのコンセプトを伝えることの難しさを語っている。

「資生堂のビューティコンサルタントにとって最も大切な資質は、お客様を温かく迎え、お客様に奉仕したいと願う心の持ちようです。これを中国で見出すことは難しい。なぜなら中国では、ほとんどの人たちは良いサービスを受けた経験がないのですから。資生堂がビューティコンサルタントを採用する場合、私どもはこうした資質を持った人たちを探します。というのも、心構えはそう簡単には変えられないからです」

　2006年12月現在で、SLCには3763人の社員がいる。高野は言う。「SLCは急速に成長し、毎年約300人ずつ社員を増やしていったので、社員を教育し、サービスの質を維持するのは大変難しいことでした。経営者としての私の重要な仕事は、人材開発です」。

　2004年には、中国に約4000人の資生堂ビューティコンサルタントがいた。うち3000人が百貨店で、1000人がチェーンストアで働いていた。年間の離職率は30％だった。SLCのビューティコンサルタントによるサービスの水準を向上させるために、資生堂は日本から18人の経験豊富なビューティコンサルタントを派遣し、350の百貨店の各店舗で平均2週間を費やして教育を行うプログラムを準備した。そのプログラムを完了するまでには2〜3年かかるであろうが、高野はこの制度によって、資生堂がサービス面で競合他社と差別化できると信じている。

ボランタリーチェーンストアのネットワーク構築

　2003年9月に、新しい持株会社は、中国におけるボランタリーチェーンストアのネットワーク構築戦略を発表した[注35]。資生堂は最高級の百貨店で流通チャネルを構築したので、その高級なイメージを維持するために、製品を販売する百貨店の数をやみくもに増やさない政策をとってきた。一方で、日本で用いられた方式をとるチェーンストアは、中間所得層の市場を狙っていた。2009

年3月までに5000店舗のチェーンストアをオープンし、売上げを1000億円まで伸ばすという計画で、それはすなわち売上げを年間40％成長させ、市場シェアを現在の2％から10％に伸ばすことを意味している。民営の小売店舗がこのように急速に成長することを中国当局は歓迎しないのではないか、との懸念も多少はあった。

　資生堂は2004年3月に、中国で最も人口密度が高く裕福な省の一つである浙江省で、資生堂のカウンターを設置する5つの化粧品店を選んだ。製品、店舗の立地、店舗内の資生堂カウンターの位置およびその他必要な事項に対する顧客の意見を得るため、調査が実施された。そして、そのデータを用いて詳細な店舗展開プランを策定した。

　斎藤はチェーンストア戦略の展開に、楽観的な見通しを持っていた。ストア展開を開始した直後に、こう説明している。

「資生堂がこの戦略を展開するちょうど良いタイミングだと思います。中国の化粧品市場は百貨店だけにとどまらず、どんどん拡大しています。専門店や化粧品店は、今まさに立ち上がりつつあるところで、当社はこのような小売店の成長を支援していきます。欧州では、当社が市場に参入した段階で化粧品店がすでに存在していましたが、そのときとは事情が大きく異なります。当社のボランタリーチェーンストアになりたいとのお申し込みを多数頂戴していますが、私どもは高い基準を設けて、こうしたお申し込みを審査し、質の高い小売店だけを選んでいます」

　資生堂（中国）投資有限公司副会長の宮川勝は、さらに次のように述べる。
「私どもは、小売店との取引に厳格な契約条件を要求します。たとえば、支払いを受けたあとでなければ商品を出荷しません。資生堂製品には、店舗の中で最高の陳列場所を求めます。しかし、いったん契約に合意したら、資生堂とその小売店が共に成長できるよう多くの資源を提供し、当社の確立したノウハウで支援します」

　資生堂と化粧品店との関係は、販売契約で定められる。資生堂は小売店から一定のコミットメントを得る。たとえば、最低売上額や、資生堂製品がその店舗の売上げの50％を占めるようにするという合意、POS端末の導入などだ。一方でその見返りとして、販売を支援し、ビューティコンサルタントをトレーニ

ングする。このような契約条件は、厳格に法的な拘束力を持つものではなく、むしろ目標とみなされた。契約は期間1年の二者間契約で、どちらからも解除できるが、毎年契約を更新することによって、信頼を基盤とした長期的な関係を築くことを意図している。

　ボランタリーチェーンストアの計画は、急速に進んだ。2004年12月には、店舗数は300に達した。2007年の初めまでには1700店舗になり、さらに800の契約が完了している。店舗の場所は中国に29ある省のすべてに及んだ。当初ボランタリーチェーンストアは、日本から輸入された中程度の価格帯の商品と、〈PM〉ブランド[注36]の製品を売っていた。〈PM〉ブランドは、専門店とのビジネスを進めるために、特別に開発されたものである。2006年10月には、現地で生産された〈ウララ〉というブランドが、ボランタリーチェーンストアのみで発売された。〈ウララ〉は中国の女性のために開発され、人気のある中国人女優をモデルとして起用、店舗当たりの売上げの伸びに大きく貢献することとなった。〈ウララ〉は地域ごとのミーティングで、特別プログラムとして素早く展開され、2007年初めにはボランタリーチェーンストアの売上げの30％を占めるようになっている。

　ボランタリーチェーンストアの急拡大では、問題も生じた。商品の代金を前払いするシステムにより、資金の回収の問題は生じなかったものの、ボランタリーチェーンストアで提供されるサービスが資生堂の基準を満たさなかったため、中国ではトレーニングが最大の課題となったのである。模造品を売っている店もいくつか見つかり、資生堂は契約を打ち切るという厳しい措置をとった。

　台湾人のスタッフに、短期間手伝ってもらうこともあった[注37]。日本からもスタッフを送り、成長するビジネスを監督させた。資生堂は多額の費用を負担して日本人マネジャーに中国語会話を教え、また、日本語を話す中国人を何人か東京勤務で雇い入れた。長期的には、現地で中国人マネジャーを養成する制度を確立する必要があると認識している。

この先に待ち受ける課題

　斎藤は、資生堂が中国事業の成長にその将来を賭けていることを十分承知していた。しかし、ボランタリーチェーンストアのネットワークを展開するという戦略は、日本で機能したように中国でも機能するだろうか。チェーンストアに多くの資源を投入することで、香水など他の製品カテゴリーの拡大が妨げられるのではないだろうか。新たな競争に立ち向かうために、中国での過去の成功をどのように活用できるのか。成長することで、模造品の問題が悪化するのではないか。品質とサービスについての、資生堂の水準は維持できるのか。

　執行役員専務として斎藤は、会社の資源のうちどれほどを中国に配分すべきか、日本や他の海外市場との配分をどうすべきか、考えなければならなかった。中国には大きな機会があるが、同時に難しい市場でもあった。中国事業部門の部長である高森達臣は、次のように述べる。

「毎年、さまざまな問題が出てきます。たとえば、SARS（重症急性呼吸器症候群）や、反日感情の高まりなどです。私たちの答えは、常に尊敬される会社になろう、というもので、そのためにCSR（企業の社会的責任）の活動を増やしています。私たちのミッションは、中国の女性を美しくすることです。2006年には中国政府の要請を受けて、2008年の北京オリンピックを念頭に、中国の女性たちに化粧品の使い方を教えました。政府首脳が最優先としているのは、沿岸部と地方との所得の格差をなくすことです。したがって私たちも、地方で無料のワークショップを開き、スキンケア製品やメークアップ製品の使い方を教えています」

　東京の本社に「グローバルな視点」を根づかせるには、まだまだ努力が必要だ。2006年の秋、資生堂はドイツ人のカーステン・フィッシャーを取締役会に迎えるという、前例のないステップを踏んだ。フィッシャーはウエラ・ジャパンのトップだった人で、日本語を流暢に話す。彼は資生堂の国際戦略の責任を担うことになったが、中国はそこには含まれていない。中国にフォーカスすることにより、国内でのシェアを回復させようという勢いが弱まらないだろう

か。米国と欧州での事業の収益性を向上させるために、資源を投入すべきだろうか。新製品開発にもっと力を注ぐべきではないか。将来の大きな成功分野は、製品ではなく、美容サービスにあるのではないか。

　斎藤は、多額の研究投資に対して、十分な成果があがっていないこともまた認識している。

「当社の強みは、技術に基づいて競争力のある製品を開発する力にあります。資生堂が他社に追随する製品を開発することは理にかないません。資生堂は、研究開発は大変強いのですが、市場のニーズをつかむことに弱点があるといえるでしょう」

　大和総研のアナリストも、レポートで同様のポイントを指摘している。

「なぜ資生堂は、皮膚科学における世界一流レベルの研究開発を活用して、競争上の優位を確立できないのか。研究開発の焦点が間違っているのか。魅力的なブランドコンセプトを開発できないからなのか。販促戦略が誤っているのか。営業部隊に問題があるからか。答えは、こうした要素のいくつかが組み合わさったものであろう[注38]」

　斎藤は外灘に沿って歩きながら、資生堂が世界中の名だたる化粧品メーカーの仲間入りをするまでに成長したことを誇らしく感じていた。同時に、会社の将来の成功を確実なものとするために、厳しい選択が必要であることも承知しており、そうした判断の重みをずしりと感じてもいた。中国での事業の拡大を固く信じている今こそ、その成功を確実なものとしなければならないと斎藤は強く思う。

注
1) 中国本土および香港での連結売上ベースの金額（概算）。
2) 資生堂「会社概要」、2004年1月、p.4。
3) 資生堂「2003年度年次報告書」、2003年、p.9。
4) 資生堂「会社概要」、2004年1月、p.5。
5) 資生堂「研究及び開発」、pp.4-5。
6) 資生堂の会計年度は4月1日から3月31日である。
7) 資生堂「2006年度年次報告書」、2006年。
8) 資生堂「会社概要」、2004年1月、p.33。
9) 斎藤功一郎「資生堂」『大和総研調査報告書』、2004年4月28日。
10) 「人口推計」、総務省統計局ウェブサイトhttp://www.stat.go.jpに2007年4月26日アクセス。

11) "Kanebo eyes IRCJ instead of Kao deal," *The Japan Times*, February 17, 2004.
12) "Kao seals deal to acquire Kanebo," *Financial Times*, December 19, 2005.
13) 資生堂広報部『資生堂ストーリー』、2003年4月。
14) 同上。
15) 福原義春『わが生涯の旅路』資生堂、1999年、p.87。
16) 塩沢茂『ドキュメント資生堂国際事業本部』講談社、1987年、pp.21-22。
17) 同上、p.116。
18) 『わが生涯の旅路』、pp.107-108。
19) 資生堂「会社概要」、2004年1月、p.11。
20) 資生堂「2001年度年次報告書」、2001年、p.27。
21) 数字は、海外事務所および関連会社を含まない。
22) Euromonitor Report, Color Cosmetics – Japan, June 26, 2006.
23) 福原義春「中国におけるビジネスは100年の計に基づくべきである」『中央公論』、1994年12月号、p.41。
24) 資生堂は、1983年から1991年までに中国と4件の技術協力契約を締結した。
25) 2003年の為替レートは資料4-9参照。
26) David Pilling, "When Chinese Desire Transcends Politics," *Financial Times*, April 1, 2004.
27) 山口大輔、金井孝男「資生堂」『日興シティグループ調査報告書』、2004年4月21日、p.33。
28) 松本裕司「資生堂」『野村證券調査報告書』、2003年3月17日。
29) 「資生堂製品のニセモノ工場見つかる——中国広州で模造品を押収」『日本経済新聞』、2005年7月12日。
30) Euromonitor Report.
31) 山口、金井「資生堂」。
32) 「人口推計2003年」、総務省統計局ウェブサイトhttp://www.stat.go.jpに2004年6月25日アクセス。
33) 山口、金井「資生堂」。
34) 「SK-Ⅱ製品、店舗から撤去」『中国日報』、2006年9月23日。"P&G SK-Ⅱ line Cleared in China Cosmetics," *Financial Times*, October 25, 2006.
35) 『日本経済新聞』、2003年9月26日。
36) 〈PM〉は資生堂の名前を冠さないスキンケアのブランドで、2001年8月に発売された。地方の街に住み、化粧品を買ってみたいと思っている女性をターゲットとしていた。このブランドの価格は100人民元以下だった。〈PM〉ブランドの発売には、中程度の価格帯の〈ジーエー〉ブランドを製造・販売していたSZCの収益力を改善するという目的もあった。〈PM〉ブランドは5000以上の店舗で売られた。
37) 資生堂はかつて、台湾で現地の提携先と共に、800軒のチェーンストアのネットワークを立ち上げた経験がある。
38) 斎藤「資生堂」。

第5章

Globalization at Komatsu
コマツ：グローバル化の取り組み

[執筆者]

ハーバード・ビジネス・スクール 名誉教授
吉野洋太郎
M.Y. Yoshino

● ハーバード・ビジネス・スクールのケースは、授業での討議に用いられる資料として作成されている。ケースには、1) 当該企業を推奨する、2) 一次データの出典となる、3) マネジメントの優劣について例証する、という意図はない。

● ケースは過去のある時点の事実をもとに書かれたものである。現在の当該企業の状況を反映したものではないことに注意されたい。

Case No. 9-910-415
© 2008 President and Fellows of Harvard College.

2007年の晩春、建設機械・鉱山機械業界の世界的な大手企業である小松製作所（以下、コマツ）は、その86年に及ぶ歴史の中で過去最高となる業績を発表した（**資料5-1**参照）。また同年初めには、日本経済新聞が実施した国内企業の「優れた会社ランキング」で、コマツはトヨタやキヤノンなどのトップ企業を抑えて第1位に輝いている。この結果は、同時期に社長兼CEOから会長の座に就いた坂根正弘にとって、特に喜ばしいものであった。衰退期にあった2001年に会社経営を引き継ぎ、今日の業績を築き上げた坂根は、社長時代の6年間をある程度の満足感をもって振り返る。そして、坂根とその後継者である野路國夫は、ここしばらくは続くと予想される市場の劇的な好転の波に乗って、会社を次なるレベルへと押し上げることを決意していた。なかでも、グローバル能力の強化は、コマツにとって大きな課題であった（**資料5-2**参照）。

資料5-1 ● 主な財務データ（2001～2007年。米国会計原則による連結決算）

（単位：百万円）

	2001年3月期	2002/3	2003/3	2004/3	2005/3	2006/3	2007/3
売上高	1,096,369	1,035,891	1,027,290	1,127,300	1,356,071	1,612,140	1,893,343
営業利益	27,815	-13,221	28,813	60,834	94,201	164,501	249,746
純利益	6,913	-80,621	3,009	26,963	59,010	114,290	164,683
1株当たり利益（円）	7.24	-84.46	3.09	27.17	59.51	115.13	165.70
総資産	1,403,195	1,340,282	1,306,354	1,348,645	1,449,068	1,652,125	1,843,982
株主資本	474,257	395,143	395,366	425,507	477,144	622,997	776,717
資本投資	79,310	74,468	70,473	78,049	89,019	113,934	129,680
減価償却費	59,675	54,239	62,947	62,220	60,611	51,737	59,765
研究開発費	45,282	44,083	39,027	42,602	46,448	44,560	46,306
総従業員数（人）	32,002	30,760	30,666	31,635	33,008	34,597	33,863
総資産利益率（%）	1.4	(7.8)	0.7	1.7	6.6	10.0	13.5
株主資本利益率（%）	1.4	(18.5)	0.8	6.6	13.1	20.8	23.5
純有利子負債	427,616	430,429	448,328	388,598	334,729	307,862	256,821
純負債比率（%）	0.90	1.09	1.13	0.91	0.70	0.49	0.33

注：非継続となった事業（コマツ電子金属とその関連会社、小松ゼノアの屋外用電動工具部門と屋外用電動工具事業に関わるその関連会社）については、2003年3月期決算以降の数値を一部修正して記載。
出典：会社資料

資料5-2● 事業部門別売上高とセグメント別売上高・利益（連結決算）

（単位：百万円、%）

	2003年3月期	2004／3	2005／3	2006／3
事業部門別売上高				
建設・鉱山機械				
国内	235,851 (21.6)	260,708 (21.8)	271,497 (18.9)	274,792 (16.2)
海外	531,989 (48.9)	602,536 (50.4)	789,664 (55.0)	1,016,431 (59.7)
計	767,840 (70.5)	863,244 (72.2)	1,061,161 (73.9)	1,291,223 (75.9)
産業機械・車両他				
国内	177,391 (16.3)	174,030 (14.5)	193,425 (13.5)	198,756 (11.6)
海外	59,391 (5.4)	67,961 (5.7)	73,030 (5.1)	101,404 (6.0)
計	236,782 (21.7)	241,991 (20.2)	266,455 (18.6)	300,160 (17.6)
エレクトロニクス				
国内	44,758 (4.1)	49,011 (4.1)	56,123 (3.9)	55,437 (3.3)
海外	40,424 (3.7)	42,172 (3.5)	50,959 (3.6)	55,149 (3.2)
計	85,182 (7.8)	91,183 (7.6)	107,172 (7.5)	110,586 (6.5)
計				
国内	458,000 (42.0)	483,749 (40.4)	521,135 (36.3)	528,985 (31.1)
海外	631,804 (58.0)	712,669 (59.6)	913,653 (63.7)	1,172,984 (68.9)
総計	1,089,804 (100.0)	1,196,418 (100.0)	1,434,788 (100.0)	1,701,969 (100.0)
セグメント別売上高・利益				
建設・鉱山機械				
セグメント売上高	774,460	872,987	1,076,360	1,312,426
セグメント利益	28,990	53,903	78,427	142,904
営業利益率	3.7	6.2	7.3	10.9
産業機械・車両他				
セグメント売上高	274,536	287,231	329,951	385,005
セグメント利益	8,841	11,251	16,857	24,223
営業利益率	3.2	3.9	5.1	6.3
エレクトロニクス				
セグメント売上高	85,341	91,325	107,198	110,601
セグメント利益	(849)	4,556	11,719	13,244
営業利益率	(1.0)	5.0	10.9	12.0

注：事業部門別売上高の表の（　）は総売上高に占める割合。
出典：会社資料

黎明期:困難への挑戦

　コマツの歴史は、欧州製の鉱山機械を扱う小さな修理会社にまでさかのぼる。同社は1921年に、竹内明太郎によって現在の石川県小松市に設立された。竹内は設立当初、①海外進出、②品質第一、③技術革新、④人材育成という4つの原則から成るビジョンを定めた。この4原則がコマツという企業を作り上げていくこととなる。

　早い時期に農業用機械に事業を拡大したコマツは、1930年代に入ると軍用機器の製造も手がけるようになり、第2次世界大戦における日本の敗戦とほぼ同時に、重機での経験を生かし、建設機械の製造を開始した。製品の品質は平凡ではあったが、市場の保護と1950年代に始まった高度経済成長とが追い風となって、同社は急速な成長を遂げる。国内では市場シェアの50%を占めるなど、瞬く間に業界のリーダーとして台頭していった。

「マルA対策」をスタート

　しかし、こうした状況は1960年に一変する。その年、日本政府が建設機械市場を海外企業に開放したのである。1年後、業界の世界最大手であるキャタピラー社が新三菱重工業との合弁会社、キャタピラー三菱を設立した。コマツの製品品質は世界標準をはるかに下回り、売上高も1億6300万ドルにすぎなかったので、キャタピラー三菱によりコマツの存続は脅かされた。国内のアナリストの中には、同社が3年以内に倒産に追い込まれると予測した者もいたほどである。

　当時のCEO河合良成は、こうした状況にいち早く対処した。コマツの存続が危機に瀕しており、日本市場におけるキャタピラー社の挑戦に立ち向かうためには、ブルドーザーの品質を世界基準まで引き上げることが急務であると表明したのだ。この目標を1年で達成するために、河合は「マルA対策」を開始した。小型および中型ブルドーザーの品質改善を目指した、意欲的かつ包括的な全社規模の取り組みである。河合は、コストを度外視して世界クラスの製品

作りに重点を置くという全社的な指示を出した。さらに河合は、政府が制定する日本工業規格（JIS）に適合するだけでは不十分であるとし、あくまでも世界基準を目標とすることを経営陣に促した。コマツの自社基準は、ボルト1本にも及んだ。同社のエンジニアは一丸となって、最高のブルドーザーの開発に熱心に取り組み、96台もの試作機による耐久性試験を実施して、改良に継ぐ改良を行った。こうして1963年に、コマツは〈スーパー〉と名前がついたブルドーザーの新モデルを発売した。

コマツはその優れた品質管理への取り組みにより、1964年に名誉あるデミング賞実施賞を受賞する。改良製品の第1世代は、大きな成果を収めることができた。新製品は同社の従来製品の2倍の耐久性があるため、保証期間も2倍に延長したが、品質保証に基づくクレームは従来に比べ67％も減少した。

河合は次に、コスト削減に取り組んだ。製造業務とサプライヤー業務を中心に、事業のあらゆる面を見直した結果、大幅なコスト削減を実現した。1970年までに、コマツは国内市場で60％のシェアを獲得し、シェア30％で2位のキャタピラー三菱に大きく水をあけた。

輸出への取り組み

1970年代初め、国内市場が成熟の兆しを見せ始めるなか、コマツは輸出市場の開拓への取り組みを強化する。1960年代の主な輸出先は、キャタピラー社をはじめとする米国企業には閉ざされていた東欧、ソ連、中国などの市場であった。またコマツは限られた規模ながら、西欧への輸出も開始。1967年にはコマツヨーロッパを設立し、現地でのマーケティングとサービス業務を開始した。それとほぼ同時期に、キャタピラー社が市場を独占する米国への輸出も開始。3年後には、コマツアメリカを設立した。この時期に輸出された製品は、品ぞろえが限られており、キャタピラー社の同等機器の30％から40％安の価格で販売された。

輸出市場において、コマツは2つの大きな壁に直面した。一つは同社の大型機械の安定性の低さ、もう一つは限られた販売網である。1970年代初め、第一の問題に対処するために、コマツは、当時の主要輸出品であった大型ブルドーザーの開発に重点を置く「マルB対策」に着手した。この対策では「マルA

対策」同様、品質が重視された。

　その間、日本の産業界はそれまでの品質管理（QC）の考え方を改善し、それを総合的品質管理（Total Quality Control：TQC）活動へと拡大していった。QCは、継続的で一貫した改善への取り組みを全社員に求めるものだったが、TQCではその理念を製造部門だけでなく、会社の全機能に広げる。TQCのシンプルでありながら強力な方法論は、計画（Plan）・実行（Do）・評価（Check）・改善（Act）から成る「PDCAサイクル」という形になった。TQCは、QCと同じく日本企業に広く熱心に受け入れられたが、早期に成功して強化されたコマツの取り組みは、日本の標準から見ても並外れて本格的なものとなった。TQCは同社のバックボーンとなり、コマツの企業文化に深く根づいている。「マルB対策」との関連から、河合はTQCをさらに一歩発展させ、関連会社とサプライヤーを含めたコマツグループ全体に拡大した。「マルB対策」はいくつかのプログラムに分かれていた。その一つは「V-10プログラム」と呼ばれるもので、品質の改善を進めると同時にコストの10%削減を目指すというものであった。これには部品数の20%削減を目標とした製品設計から、組立て、マーケティング、サービスまでバリュー・チェーンにおけるあらゆる業務が関わった。すべての部門が1980年までに目標を達成している。

　コマツでは1976年から1981年までの間に、建設機械における主要5カテゴリー（ブルドーザー、ショベル、ダンプトラック、ローダー、グレーダー）のモデル数は、46から77に増加した。また同時にコマツは、競合他社に先駆けて、独自の電子制御技術とシステムを装備したオフロードダンプトラックや油圧ショベルといった最先端のメカトロニクス製品を発表するなど、一定の製品ラインにおいてキャタピラー社を上回る技術的リーダーシップを発揮し始めた。一方コマツは多角化の試みから、1960年代初めにエレクトロニクス業界に参入して地歩を築いたため、エレクトロニクスを重機に活用するうえで、キャタピラー社に対して著しく有利な立場に立つことができた。その優位はその後の数十年間続いた。1980年代初頭には、コマツは世界市場においてキャタピラー社の有力な競合企業となった。1981年には、その多くの業績に対して、名誉ある日本品質管理賞が贈られている。

　コマツはまた、主要輸出市場における配給網の構築の面でも、ゆっくりでは

あるが着実な進歩を見せている。1980年代初めまでに、米国、欧州各国、ブラジル、中国、タイ、インドネシアなどで存在感を高め、輸出が総売上高の約半分を占めるようになった。インドネシアでは、製造に関する政府の要件を満たすために、現地パートナーと合弁で組立工場を建設し、株式を過半数所有している。

課題の多かった1980年代

　1980年代初め、コマツの経営陣は、国内市場を中心とする需要の落ち込みと、価格競争の激化に直面した。これに対処するために、同社はコスト削減への取り組みを強化し、積極的な販売戦術を実施している。また、核となる建設機械のみならず、産業機械、エレクトロニクスなどの事業部門の強化を進めた。1980年代半ばには、特に急速な円高（たとえば、1985～86年に、1ドルが240円から150円となった）と貿易摩擦の拡大といった新たな課題が持ち上がった。

　経営陣はこうした動きに対応するため、2つの先進市場に生産拠点を設けた。1985年、コマツアメリカマニュファクチャリングが設立され、テネシー州チャタヌガに工場を開設。同年、ショベル製造のため英国コマツが設立された。

　コマツの国際戦略は、1980年代後半に入って本格化する。1988年、ドレッサー社と折半出資の合弁会社、コマツドレッサーカンパニー（以下、コマツドレッサー）を設立。トータルで日本国内とほぼ同等の生産スペースを実現し、キャタピラー社に次ぐ生産能力を有することになった。しかし、コマツドレッサーの工場群が老朽化した非効率的なものであったことから、コマツでは施設近代化のために、大規模な技術的・財政的な取り組みを実施した。

　1988年、イタリアの小型実用装置メーカーであるファイ社とライセンス契約を締結。1年後の1989年には、150年の歴史を誇る西ドイツのホイールローダー・メーカーであるハノマーグ社の株式の64%を取得した。

激動の1990年代

　1980年代後半に日本を覆ったバブル経済が1990年代初めに崩壊し、日本経済の長期にわたる凋落が始まった。1980年代の10年間を通じて、コマツは建設機械部門での国際的な存在感を強化すると同時に、産業機械とエレクトロニクスをはじめとする、その他事業部門の強化にも取り組んでいる。1991年には、Growth（成長）、Group-Wide（グループワイド）、Globalization（グローバリゼーション）から成る「3G戦略」を発表。国内での建設機械需要の停滞を受けて、特にエレクトロニクスと産業機械などの事業でも海外における存在感を高めることで、成長を目指した。同社は、1990年代の半ばまでに1.5兆円の連結売上高を達成するという果敢な目標を設定したが、これは1991年の連結売上高の50%増に相当する数字であった。

　しかし、コマツの業績は、1990年代前半の厳しい経済環境のなかで低迷する。売上高と利益は、共に横ばいで推移し、1990年代の後半に入っても、状況は変わらなかった。公共事業の激減と民間の建設事業の停滞により、国内市場における価格競争も激化した。自動車産業の不調から産業機械の需要は落ち込み、また、高い成長性があったにもかかわらず、エレクトロニクス事業の業績も不安定だった。さらには1997年のアジア金融危機により、同社のアジアでの事業は深刻な打撃を受けることになる。

海外事業での動向

　1990年代後半、コマツは主要な合弁会社の数社を全額出資子会社とし、また新たな市場へも進出する。コマツが初めてパートナーである企業の買収に乗り出したのは、米国においてであった。1990年半ばに始まった米国経済の弱体化を受けて、コマツドレッサーの業績が急落し、コマツは積極的なリストラに着手する。1993年に市場が好転し、合理化と効率化を実現したコマツドレッサーは、1994年に初めて利益を計上。同年、コマツはドレッサー社の持株をすべて取得した。合弁事業の経営が当初の予想よりもはるかに困難であった

ことに比べれば、株式の取得は驚くには当たらない。1996年、その全額出資子会社は米州コマツカンパニーに社名を変更した。

1995年には、コマツは提携先であったファイ社の株式を取得し、同社の社名をファイコマツインダストリーズに変更。また同年、ハノマーグ社の持株を98％にまで増やし、同社の製品ラインと販売網の統合を行ったほか、欧州コマツを欧州地域本部とした。

ほぼ時を同じくして、インドネシアでコマツの合弁会社がジャカルタ証券取引所に株式を上場した。同社は、1982年に油圧ショベル、ホイールローダー、ブルドーザーの組み立てを開始し、その後、鋳造、板金加工と組み立てを行っていた。1997年にはインドネシアで圧倒的なシェアを獲得するに至った。またコマツは、1995年に中国市場に本格的に参入して3つの合弁会社を設立し、それぞれホイールローダーの製造、油圧ショベルの製造、鋳鉄を行った。その1年後の1996年には、輸入品と現地生産品の販売を行う、販売サービス子会社を全額出資で設立している。

コマツの経営陣は、ディーラー組織の強化にも取り組んでいる。1992年、フランスの販売会社の少数株主となり、その後同社を完全所有した。また、スペイン、オーストラリアなどの主要市場でも販売会社の少数株を取得し、各国で全国規模の販売組織を確立していった。

▍鉱山機械事業を強化

1990年代後半にはまた、鉱山機械事業の強化にも乗り出した。企業統合が加速するなか、鉱山機械事業のニーズも変化を見せていた。数少ない世界的な大手鉱山会社は、ハードウェアに加えて、さまざまなサービスを1つのパッケージとして求めるようになっていた。サプライヤーが機器とサービスの両方を開発するよう求める声もあがった。何よりも彼らが共通して求めていたのは、窓口を一本化することである。コマツは、製品とサービスのトータルパッケージを世界各国の顧客に提供できる、鉱山機械のフルラインサプライヤーとして、コマツマイニングシステムズを米国に設立し、こうした傾向に対処した。

コマツは鉱山機械業界のワンストップショップとなるために、従来のブルドーザーと鉱山用トラックに加えて、超大型ショベルの製品ラインナップを拡充

した。そのために、マンネスマンデマーグ社の鉱山用ショベル部門の50％の株式を取得し、デマーグコマツを設立している（1999年にコマツの完全子会社となり、コマツマイニングジャーマニーに社名変更）。また、大規模鉱山での管理の効率化を求める顧客ニーズに応え、モジュラーマイニングシステムズ社を買収した。同社は、場所、採掘物、作業状況に関するGPS通信情報を利用し、鉱山機械の最適配置を行うソフトウェアとシステムを開発していた。鉱山現場での全面的な製品サポートとサービスを求める顧客ニーズには、各地のディストリビューターの強化により応えた。さらにコマツ南部アフリカを設立したほか、チリのディストリビューターDICSAの株式の過半数を取得し、コマツカミンズチリを設立した。

そのほか1990年代後半には、収益改善策の一環として、国内の製造施設を整理統合し、一部製品の製造を海外に移している。その結果、国内での生産能力は1995年から2000年の間に40％減少した。

コマツの発行済株式の3分の1以上は、海外の投資家が所有しており、そのほとんどは大手機関投資家だった。そのためコマツの経営陣は、株主利益の増大と透明性の促進に向け、明確な取り組みを行う必要があると考えていた。

21世紀のコマツの変貌

坂根が社長兼CEOに就任した2001年6月、コマツの業績は急激に悪化していた。社の見通しが厳しいことを悟った坂根は、早速、抜本的な構造改革を指示する。同年10月、坂根は4つのイニシアチブを発表した。具体的には、①主力事業、および主力事業内の主力製品の重視、②一般諸経費を中心とする大幅なコスト削減への取り組み、③「ダントツ」な（独自の卓越した）製品開発、④コーポレート・ガバナンスの強化、の4点である。しかし、坂根の大胆な再建計画が実施に移されたにもかかわらず、コマツの業績は悪化し続けた。2002年3月に終了する事業年度では、1兆円強の売上高に対して、130億円の連結営業損失を計上している。

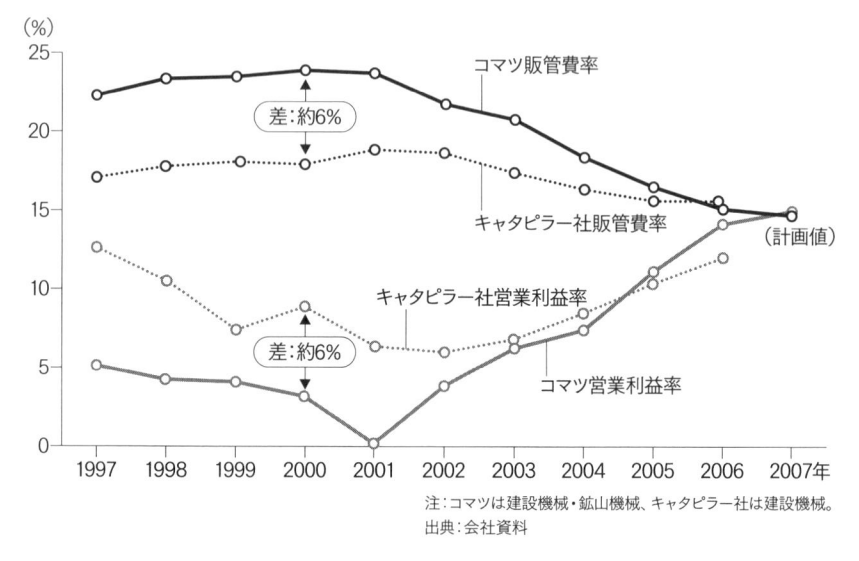

資料5-3●コマツおよびキャタピラー社の販管費比率（1997〜2006年）

（注：コマツは建設機械・鉱山機械、キャタピラー社は建設機械。
出典：会社資料）

徹底したコスト削減

　その後3年間、坂根は、建設機械と鉱山機械の基本モデル数を10%削減し、モデルのバリエーションも50%削減した。また、エレクトロニクス事業の一部を売却し、その他の事業についてはパートナーを探し始めた。その過程を通じて、100億円が償却された。

　坂根のコスト削減の矛先は、販売費および一般管理費に向けられた。彼が懸念していたのは、キャタピラー社の営業利益率がコマツよりも約6%高いことである（**資料5-3**参照）。積極的な合理化の過程で、為替レートが1ドル＝約110円程度であれば、日本の製造コストがコマツの海外工場と匹敵することがわかったため、販管費の削減を重視することになった。2002年春、コマツは早期退職希望者を募ったが、これは同社創設以来初めてのことだった。その結果、社員の約5%に相当する1100名余りが退職し、約100億円のコストを削減できた。こうしたさまざまな方策が実り、売上高に対する販管費比率は、2001年の24%から2004年には18%にまで減少している。

コマツでは、収益性の低い関連会社と子会社を閉鎖または整理統合し、その数を約3分の1減らしたほか、コマツからの出向社員の給与システムを変更した。これにより、コマツは、1年半の間に約500億円のコストを削減している。2001年には関連会社の損失が総計で約400億円にのぼっていたが、2005年までにすべての関連会社で利益を計上するようになった。また同時期、プレス事業に関しては、鈴木康夫と若手・中堅層を中心とするマネジャーチームが効果的な計画を立てて再建を果たし、自動車などのメーカーからの需要の急増に対応することができるようになった。

「ダントツ」製品の開発

「ダントツ」製品、つまり明確に差別化された特徴を持つ製品の開発は、コマツを成長軌道に乗せることが目的であった。坂根は「ダントツ」製品を、2つの厳しい指標に合致した製品としている。その指標とは、①いくつかの重要側面において、競合他社が少なくとも数年間は対抗できない突出した機能を有すること、そして②最低でも10%の製造コストの削減を実現することであった。坂根の考えでは、コマツの製品はさまざまな面で競合他社よりも優れた点が数多くあるのだが、開発の段階を過ぎると、結果としてすべてにおいて他社製品とほとんど差がなくなる傾向が往々にしてあった。そうした製品が多少の優位を社にもたらしたところで長続きするものではない。坂根はこうした傾向を改めたいと考えた。環境への配慮（燃料効率の向上など）、安全性、ITの応用の3つの目標分野が、特に重視されることになった。

　2005年までに、「ダントツ」計画は実を結び始める。たとえば、油圧ショベル〈PC400/450-7〉は、20%の燃料効率の向上と10%の運転席騒音の減少、そして10%のコスト削減を達成した。同製品は目覚ましい成果をあげたと評価され、売上げも急増した。

　「ダントツ」製品を開発する利点は、売上高の向上にとどまらない。「ダントツ」要件を満たすには、通常の改善をはるかに上回る必要がある。開発エンジニアと生産スタッフは、協働のためのさまざまな方法を検討するようになった。新型機械の世界売上高において、「ダントツ」製品が占める割合は、2008年までに50%を上回るものと予想されている。

さまざまな改革

　坂根は、社の内外におけるコミュニケーションも重視した。模範を示すため、年に2度、坂根は全社員に向けてメッセージを送り、社の現状を報告した。同じく、年に2度はコマツの全社員と、また少なくとも年に1度はサプライヤーやディーラーと、接する機会を持った。さらに、毎年2回、世界の主な地域で、主要な投資家やアナリストとの会合に自らチームを率いて出席した。一方で坂根はコーポレート・ガバナンスの強化に関する前任者の取り組みを引き継ぎ、社外役員の数を増やすなどの策を講じている。

　そして、より強い責任感を幹部役員に持ってもらうため、坂根は経営陣の報酬をコマツの業績とより直接的にリンクさせることにした。また、コーポレート・ガバナンスをさらに向上させるため、取締役会を強化し、透明性を高めた。不正や誤りがあった場合、それを迅速に開示し、社の行動規範を厳格に遵守するよう要求した。

　販売、マーケティング、サービスでは新たな取り組みを行うことで、建設機械と鉱山機械における販売高と利益が増加した。他方、日本で買い戻された中古機械を新興市場へ転売する取り組みも強化した。また、レンタル事業も拡大した。特に先進工業国では、市場によってはレンタル事業での売上げが年間に30％も増大している。さらに、金融事業にも参入した。かつての経営陣は、金融は核となる事業ではなくリスク管理も難しいと主張し、大がかりな投資には消極的だった。新たな投資規模は、キャタピラー社と比較すると控え目ではあったものの、同事業の前途はきわめて有望であると考えられた。

　さらにコマツでは、大きな技術上の進歩といえるGPS誘導機器の開発を行い、機器の場所と稼働状況が追跡できるようにした。これにより、コマツとそのディーラーが、ある特定機器の稼働場所、稼働時間、稼働方法を正確に把握できるようになった。コムトラックス（KOMTRAX）と呼ばれるこのシステムは、当初は1990年代後半にコマツのレンタル事業用に開発されたものであったが、2001年に主要モデルに標準機能として搭載されることとなった。コムトラックスは中国市場にも導入され、他社に対する特に大きな競争優位点となった。中国市場は地理的にも分散したきわめて大きな市場で、何よりも重要なのは急

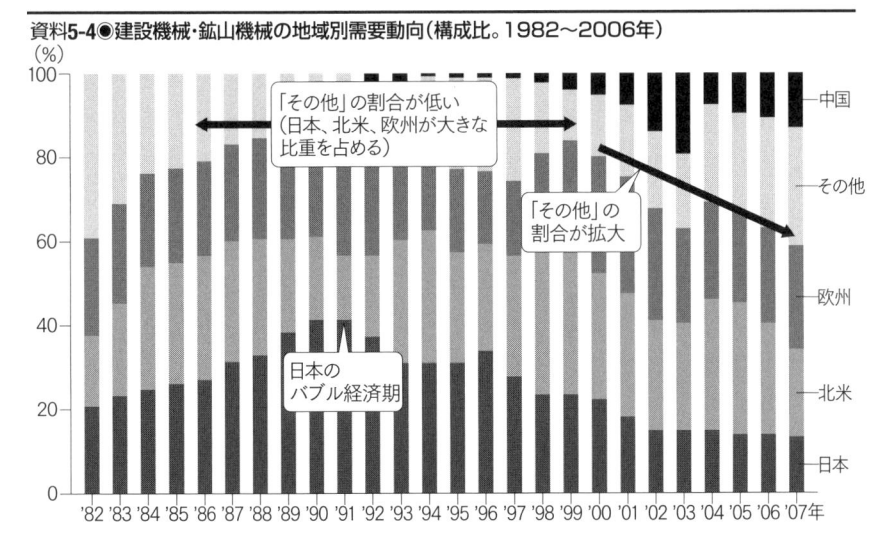

資料5-4●建設機械・鉱山機械の地域別需要動向（構成比。1982～2006年）

「その他」の割合が低い
（日本、北米、欧州が大きな比重を占める）

「その他」の割合が拡大

日本のバブル経済期

中国
その他
欧州
北米
日本

注：1. 油圧ショベル（クローラー式とホイール式）、ホイールローダー、ブルドーザー、モーターグレーダー、ダンプトラック（リジッドフレーム式とアーティキュレート式）から成る主要7製品に対する需要。ユーティリティ機械を除く。
2.「その他」には、アジア、オセアニア、ロシア、中東、アフリカ、中南米が含まれる。
3. 2007年は推計。
出典：会社資料

速に成長していることである。販売機器の稼働データにアクセスできることから、コマツとディーラーはリアルタイムで正確な市場情報を把握でき、在庫管理とサービス活動のため、事前に計画が立てやすくなった。また、大部分の機器は割賦形式で販売されているが、返済の不履行があれば、コマツとディーラーはコムトラックスの遠隔操作で機器のエンジン始動をロックすることができ、それにより強制的に支払いを履行させることができる。

　2006年、コマツはエレクトロニクス事業の大半を売却した。これは、建設機械・鉱山機械事業および特定の産業機械に重点を置くためだった。2007年には、同社は合理化され、より特化された組織となった。連結の売上高構成比は、建設機械と鉱山機械が約75%、産業機械と車両が約18%、その他エレクトロニクス事業が残りを占めるようになった。同年、市場別の売上構成比では、価格競争の厳しい国内市場での売上げが、ピークを記録した1980年代後半の40%から約18.4%まで減少した（**資料5-4**参照）。キャタピラー社が独占していた

米国市場は約32.4%、欧州とCIS（旧ソビエト連邦を構成していた国々）は18.5%、アジア太平洋地域が20.9%（そのうち6.5%が中国である）、アフリカと中東が9.8%となった。特にコマツにとって有利だったのは、同社が優位に立っていたアジア太平洋地域が、急速な成長市場となったことだった。世界規模ではキャタピラー社に次ぐ第2位に甘んじていたが、アジアでは第1位の市場地位を確保した。

坂根はコマツの未来について依然楽観的である。「当面、5%以上の業界成長が続けば、当社には20年来の成長機会がある」と熱っぽく語る。2006年には、新たに日本に2工場とインドネシアに1工場の合計3つの新工場が完成した。数年前にはまったく想像もできなかった躍進ぶりである。

コマツの価値観

コマツの企業文化に関しては、経営陣の間に幅広いコンセンサスがある。坂根は言う。「当社は製造業であるということが、核となっています。我々は、その見方を見失うべきではありません」。経営陣は、コマツの競争優位は、1960年代初め以来の長年にわたる不断の努力によって培われた、その製造能力にあると考えている。

製造が同社にとってきわめて重要な位置を占めることは、主要工場の工場長が役員に名を連ねていることからもわかる。米国や欧州で、工場長など製造に携わる幹部の地位が低いことに、経営陣は驚きを隠さない。「製造に携わる主要工場の工場長が参加せずに、製造業が重要な決定を下すことができるのでしょうか」と役員の一人は言う。「そんなことは理解できません」。

コマツが「製造業である」うえで不可欠なのは、部門を超えた関係、特に開発と製造との緊密な業務上の関係だ。主要な工場には開発エンジニアが配属され、製造エンジニアや工場労働者と共に協力して業務に当たる。「開発エンジニアが製造エンジニアと常に協議をせずに図面を作成することなど、コマツでは考えられないことです」と、ある経営幹部は述べる。「彼らは協議に協議を重ね、リアルタイムで意見を戦わせます。そうした日々の対話から、優れた製

品は生まれてくるのです」。またコマツでは、製造能力の高さで知られる他の日本企業と同様、主要サプライヤーも開発と製造プロセスにおいて欠かせない存在である。

　製造業としての会社のあり方は、現実性と具体性の重視にもつながっている。「当社では、見て触れることのできるものを重視しています。我々にとって重要なのは、現実的で具体的なものです」と、ある役員は言う。コマツではよく「現場」という言葉が使われる。厳密には製造現場を意味する言葉ではあるものの、コマツでは数十年の間に、本来の意味を超えて広く使用されるようになった。すなわち、この「現場」という言葉は、実質的な価値をもたらす活動が行われる、あらゆる部門の「最前線」を意味するようになったのである。それぞれの部門に応じて、現場はオフィスであり、製造現場であり、ディーラーのショールームであり、また建設現場、鉱山現場、会議室でもある。

　坂根は現場の重要性について、熱心に語る。
「コマツの競争優位は『現場』の結束力にあると確信しています。今日のコマツを作り上げたのは、最前線に立つ社員の強いやる気と取り組みです。草の根レベルでこそ、真の価値は創造されます。このような理由から、我々トップの経営陣は現場に大きく注意を払っています。また、各マネジャーに対しても同様に、現場に心を配るよう促しているのです」
「私が最初に米国を訪れたときにショックを受けたのは、同じ製造現場にいながら、エンジニアと労働者との間に大きな溝があったことでした。エンジニアは、生産労働者たちと直接対話することはほとんどありませんでした。実際、工場で彼らの姿を見ることはまずありませんでしたし、工場長に至っては、実際の稼働現場から離れた快適なオフィスにいたままで、工場を見回ることなどほとんどありませんでした。エンジニアが実際の製造現場を十分に知らずして、製品の設計ができるものでしょうか。工場長が製造現場の状況を十分に知らずして、工場の運営ができるものでしょうか。このような行動は、コマツでは考えられないことです」

　品質と信頼性への取り組みもまた、コマツが「製造業」であることの大切な一部となっている。その取り組みは、1960年代初めの、QCの導入により始まった。当時、コマツの製品品質はキャタピラー社のそれをはるかに下回ってい

たため、品質の改善は急務だった。その後、コマツの取り組みはTQCとなって洗練され、拡大され、総合的で一種の信仰に近いような熱心さへと変わっていった。1960年代の同社の有名なスローガン「QCを怠る者は、コマツの社員としての価値はない」にそれが色濃く表れている。コマツの成功がQCとTQCに多くを負っていることは間違いない。そして、その中心的な信条となったのは、「改善」を行う最良の立場にいるのは「現場」の労働者であるという考え方であった。実際、労働者の業務の一環として、改善点の発見、提案、実施が継続的に求められている。それは、大量生産に職人的アプローチを適用したようなものであった。つまり、「改善」と「現場」は複雑に関連しているのである。さらにもう一つ、TQCの成功に欠かせなかったものとして、現場で製造作業者と共に働く、有能で献身的な中間管理職グループの存在が挙げられる。

ここまで説明してきたような能力は、主として製造で育まれ、製造に深く根づいてきたものであり、一般に日本語では「ものづくり」（英語では文字どおり「making things」と訳される）と呼ばれている。コマツの経営陣は、このようにして育まれた能力と考え方が、同社でのあらゆる物事に応用できるものであり、また応用すべきものであると確信していた。実際に、それは同社の基本的な価値観となっている。

コマツの実行重視の姿勢も、これと密接な関係にある。トップの経営陣には、「現場」に密着し、指示を直接かつ明確に伝えることが要求された。また、中間管理職には、経営陣にアイデアと提案を伝えるだけではなく、トップである経営陣の指示と方針を具体的な行動で表し、それをそれぞれの部門で実行するためのイニシアチブをとることが求められた。それは、トップダウン型手法とボトムアップ型手法の独自の組み合わせでもある。たとえば、1960年代初めの河合の手法は、明確なトップダウン型であるにもかかわらず、実行に関しては現場の中間管理職と労働者に大きく依存していた。コマツでは、こうした実践を「トップダウンとミドルアップあるいはミドルダウン」と呼んでいる。

こうして、コマツに表れてきた文化は、「重点的、実際的、漸進的、持続的、規則的かつ具体的で、全社員を巻き込んだ継続的な改善に重点を置き、トップダウン型とボトムアップ型の実行が独自に混ぜ合わされた文化」と特徴づけることができる。このような特徴は、日本の大手製造業に広く見られるとはいえ、

特にコマツにおいて顕著でもある。さらに経営陣は、こうした基本的価値観こそが、コマツの競争優位の源泉であると確信している。

日本企業のグローバル化への挑戦

海外市場の重要性が次第に増すにつれて、国際的な存在感を高めることが、日本企業の経営陣にとって主要な課題となってきた。コマツもまた、世界的な市場シェアを築いてきたにもかかわらず、他の多くの日本企業と同様に、伝統的な日本文化に根ざした問題に直面していた。

日本の文化と企業の慣行

島国である日本の文化は、何世紀もの間、外部の世界との交流が行われないまま、ほとんど孤立した状態で進展してきた。1868年の明治改元とともに近代化が始まったが、それに先立つ200年以上にわたって、外国との交流は鎖国によって禁じられていた。こうした歴史から、閉鎖的で同質的な独自の文化が生まれてきたといえる。民族、宗教、文化的背景の異なる人々との接触は、大部分の日本人にとってそれまでの生活体験にはなかったことであった。少なくとも過去においては、強力な共通の価値観に基づいた社会的関係がはっきりと安定的に存在し、よく統制されていたのである。個人が重視される欧米と異なり、伝統的な日本の価値観では集団志向が重んじられた。グループ内では調和、協調、合意が肝要であり、なかでも人間関係が特に重視されてきた。日本の経営システムは、こうした文化的特徴を反映したものであり、このような価値観が特に国内において、日本企業の成功に結びついたと言っても過言ではなかろう。

その過程において日本の大企業で発展してきたのが、2つの独特な雇用慣行である。一つは、学校卒業後すぐに入社した社員が、一般に定年までその企業に勤めるという終身雇用制度である。少なくとも近年まで、大企業では雇用が実質的に保証されるという暗黙の了解があった。もう一つは、昇進に際して主に考慮されるのが勤続年数と年齢であるという、年功序列制度である。近年、特に中間管理職以上では、勤続年数と年齢に代わって業績が昇進の条件として

優位になりつつあるが、それでもなお、それらが昇進のための重要な要因であることに変わりはない。

　一般に日本社会では、こうした雇用慣行にも助長されるかたちで、大企業内に「物事の進め方」について「決まったやり方」が存在し、それがオープンで明確なコミュニケーションの必要性を減じていた。方針や経営プロセスや手順は、欧米に比較すると、もっぱら広く大まかに定義されたものであまり明確ではなく、現場のマネジャーに広い裁量権が与えられている。マネジャーには、その権限の境界を暗黙のうちに理解することが求められ、ほとんどの場合、その限界を心得ていた。基本単位としてのグループが重視され、協力とチームワークに大きく依存する一方、個人のタスク、権限、そして責任は明確に定義されず、それにより経営プロセスが曖昧になる傾向があった。たとえば、管理職の権限と責任を正式に委譲することはとても難しかった。それでも、このようなやり方が、日本の文化的背景の中で長く一般に受け入れられ、大きな効果を発揮してきたのである。

　こうした環境で育ったマネジャーにとっては、外国人マネジャーとの交流は困難で、居心地の悪いものとなる。なぜなら彼らとは共通の理解がないうえに、よりオープンで明確かつ率直なコミュニケーションを求められたからである。おまけに英語と比較すれば、日本語は率直さと明確さを欠く、微妙なニュアンスを多く含んだ言語である。さらに外国人とのコミュニケーションの障害となったのが、日本人のほとんどのマネジャーに見られる、外国語能力の低さである。状況は次第に変わりつつあるが、大手企業の重役クラスも例外ではない。英語は中学校からの必須科目ではあるものの、日本の学校の外国語教育が一般に実用性を重視したものではなく、また日常生活でも外国語を使用する必要性がほとんどないといった環境から、そのような結果が生じたといえる。

海外関連会社での問題

　日本企業は事業を海外に拡大する努力を続けるとともに、上述のような固有の障害を克服するための努力を行ってきた。しかし、2006年の時点でも、この構造的な問題は、日本企業が世界で効果的な経営を行ううえでの障害となっている。日本企業の本社とその関連会社間のコミュニケーションや交渉は、大

半が日本語で行われており、担当者は日本人の海外駐在員でなければならなかった。なぜなら、日本語を話すだけでなく、本社での「やり方」を知っており、承認とサポートを受ける国内社員と個人的な面識がある必要があったからだ。また、必ずしも明確に認識されている事実ではないながら、そこには「信頼性」の問題もあった。外国人のマネジャーよりも同胞のマネジャーを信頼する傾向は、決して日本人に特有というわけではないが、日本人マネジャーが閉鎖的で同質的な社会で育ってきたという事実が、その傾向を増幅させている。結局のところ、大部分の社員は長年の顔見知り同士であり、定年まで会社で働き続けることが予想されているからだ。

　日本企業の関連会社で働く外国人マネジャーは、そこに魅力的なチャンスを見出すものの、同時にいくつかの顕著な問題にも直面した。一つは、前述のように日本企業が海外事業の運営をほとんど駐在員に任せる傾向があるということだ。これは、現地採用者が昇進する機会を限定する慣行であると考えられた。さらに、外国人管理職が日本において全社的な運営に携わる役職に昇進することはきわめて困難であり、一般には不可能であった。日本企業の海外関連会社の上級職の地位にある外国人でさえも、ほとんどの場合、その立場にふさわしい権限が自分にあるとは感じていない。彼らが本社において物事を進めるためには、日本からの駐在員に大きく依存しなければならなかったためである。

　もう一つの問題は、双方の文化的相違と限られた言語能力に起因するコミュニケーション不足である。英語を流暢に話す日本人マネジャーはごく稀で、また、日本語を話す外国人マネジャーはほとんどいなかった。世界的事業を広範に展開する日本の大手企業でさえも、重要書類を含め、大半のコミュニケーションはいまだに日本語で行われている。しかも、日本の経営慣行はある面で外国人マネジャーには理解しにくい。なかでも、特に現地マネジャーを困惑させたのが日本人の意思決定プロセスである。広く合意を求めなければならないため、一般に水面下での相当な協議が必要となり、プロセスに多大な時間を要するうえ、具体的な決定理由が明らかにされない場合も少なくない。また、そのプロセスに多くの人員が関わるため、責任の所在を特定するのも難しくなる。多くの外国人マネジャーにとって、日本企業の意思決定プロセスは「ブラックボックス」であるといえた。

現地マネジャーの中には、自分たちと日本からの駐在員の間には社会的な壁があると感じている者もいた。個人によって異なるものの、駐在員は日本人同士で付き合い、将来戻ることになる本社の日本人社員と良好な関係を保つことに腐心し、時間と労力を割いてまで現地社員と親密な関係を築こうとはしない傾向がある。もちろん、これは日本企業に特有というわけではなく、欧米の大手企業の駐在員にも一般的に見られる行動ではある。

　結果的に、多くの日本企業の海外関連会社にとって、現地で優秀なマネジャーを採用し、彼らを確保しておくことが大変困難な状況となっていた。コマツを含めた日本の多くの優れた国際企業によって多少の変化は見られたものの、主要社員の離職率の高さに悩まされている企業は依然少なくない。また、離職した社員のほとんどが、日本以外の国際企業や現地企業から、より魅力的な条件で引き抜かれていた。日本企業の給与体系が海外企業に比べて柔軟性を欠いていることが、その一因でもあろう。日本企業では、引き抜きにより生じた欠員を埋めるためにますます駐在員に依存せざるをえず、それがさらに、優れた現地社員の採用を難しくし、こうして離職率の問題は悪循環に陥ってしまうのである。

海外展開を進めるコマツの課題

　コマツにとって、国際市場の重要性は計り知れない（資料5-4参照）。そのため、現地の経営力も含めた、グローバル企業としての能力を強化することが喫緊の課題となっていた。2007年には、コマツの3万3800人の社員のうち、約半数が海外での業務に従事している。海外での売上高がおよそ80％を占めるなか、コマツの経営陣は、従来は国内で行われていた開発・製造業務の一部を海外に移す必要があると考えていた。同社ではすでに、それぞれの市場に特化した製品を中心に、米国や中国などの主要市場において、一部の開発業務を開始している。また、限定された規模ではあるものの、日本国外で「ダントツ」製品の開発にも取り組んでいた。経営陣も、自社のマーケティング能力とサービス能力を高め、世界的なブランドとしての地位を強化するためには、さらに積極的な

資料5-5●建設機械・鉱山機械事業のグローバル・オペレーション

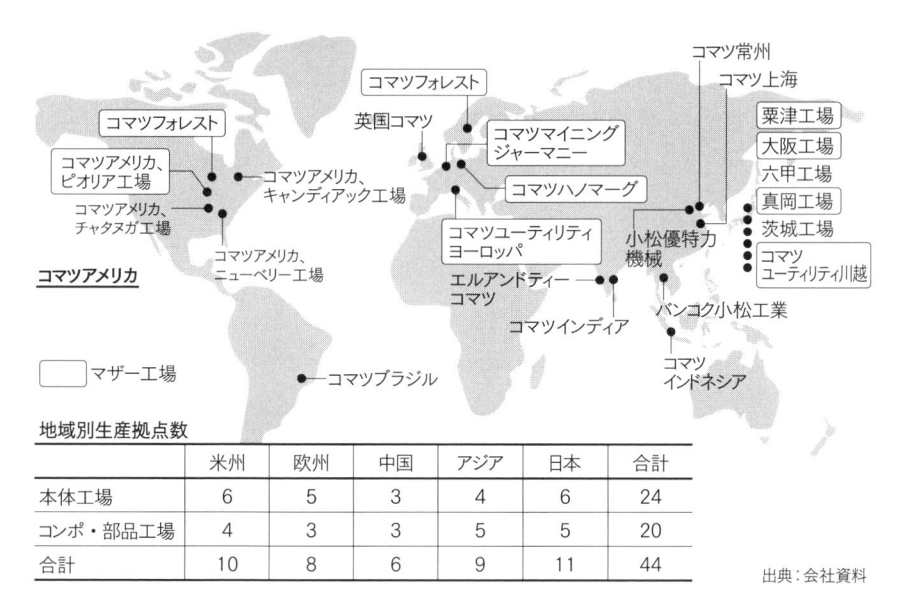

地図上のラベル:
- コマツフォレスト
- コマツアメリカ、ピオリア工場
- コマツアメリカ、チャタヌガ工場
- コマツアメリカ、キャンディアック工場
- コマツアメリカ、ニューベリー工場
- コマツアメリカ
- 英国コマツ
- コマツフォレスト
- コマツマイニングジャーマニー
- コマツハノマーグ
- コマツユーティリティヨーロッパ
- エルアンドティーコマツ
- コマツインディア
- コマツ常州
- コマツ上海
- 小松優特力機械
- バンコク小松工業
- コマツインドネシア
- 粟津工場
- 大阪工場
- 六甲工場
- 真岡工場
- 茨城工場
- コマツユーティリティ川越
- コマツブラジル

□ マザー工場

地域別生産拠点数

	米州	欧州	中国	アジア	日本	合計
本体工場	6	5	3	4	6	24
コンポ・部品工場	4	3	3	5	5	20
合計	10	8	6	9	11	44

出典：会社資料

取り組みが必要だと考えていた。

「ものづくり」を海外に伝える

　製造重視の姿勢ゆえに、製造スキル、より具体的にいえば、長年日本で培われてきた「ものづくり」の価値観を海外工場へ伝えることが、コマツにとっての重要課題であった。2007年の時点で、同社は海外で33の工場を操業しており、そのうちの18工場では最終製品の組み立てと製造、15工場では部品の生産を行っている（**資料5-5参照**）。コマツでは最も重要な部品は、日本のサプライヤーとの緊密な協力により、国内で生産している。そうした部品の組み立ての一部は海外の工場で行っており、コマツは世界各地の工場で、部品や最終製品までをもさらに横断的に供給しようとしていた。また、供給のロジスティックスをグローバルベースで効果的かつ効率的にすることが、ますます大きな課題となりつつあった。とりわけ、急速な成長を続け、工場を操業して間もない市場では、その推進が急がれた。

開発機能を有する各国の10工場がグローバル生産拠点と位置づけられ、製造における競争力の強化を担うこととなった。また、それぞれのグローバル生産拠点で生産するモデルや海外工場において製造する独自のモデルについて、QCD（Quality：品質、Cost：コスト、Delivery：納期）の改善に取り組んだ。コマツ内では、こうしたやり方を「マザー工場制」と呼ぶようになった。「マザー工場」には、「チャイルド工場」をサポートするため、社員に対して技術面と運営面での専門知識を伝える研修機会を提供する責任がある。製造部門の日本人駐在員は、一般にチャイルド工場に派遣されたあとでマザー工場に戻るが、サポート関係は任期終了後も継続される。

日本人駐在員の役割と課題

　他の大手日本企業と同様、海外関連会社の運営に際しては、コマツでも日本からの駐在員に大きく依存してきた。2007年3月末時点で、245名の駐在員が海外で勤務しており、そのうち約120名が製造・開発部門で、それ以外は販売などの部門で仕事をしている（**資料5-6**参照）。この時点での社員総数は約3万3800人で、そのうち1万6500人が日本人である。駐在員には、現地社員に対するアドバイザーやトレーナー、工場長、主要部門や関連会社の部長など、運営に直接携わる者のほか、関連会社のCFO（最高財務責任者）などの役職に就く者もいる。コマツの大多数の海外関連会社では、そのトップを現地社員が占めていたが、この時点でも一般にナンバー2のポストは日本からの駐在員に任されていた。どの仕事に従事するにせよ、日本人駐在員には、現地社員に対して、技術的な専門知識とノウハウを伝え、コマツの経営プロセスと企業文化への理解を促すなど、日本との情報の橋渡し役を務めることが求められていた。

　国際業務における駐在員への大幅な依存にも、得るものはあった。特に、海外経験を持った人材を国内に多く抱えることができるのは大きな利点だった。実際、ある時点における役員の大部分が、人によっては複数回の海外勤務を経験していた。坂根の場合、米国に2度赴任しており、2度目には合弁会社コマツドレッサーのCOO（最高執行責任者）を務めている。のちに社長となる野路國夫も、チャタヌガ工場で工場長を務めた経験がある。

　経営陣は、駐在員頼みにも限度があるため、現地社員の経営能力と技術力を

資料5-6●駐在員の動向

（2007年3月31日現在）

国内従業員数	16,454（48.7%）
海外従業員数	17,317（51.3%）〈駐在員245名を含む〉
計	33,771（100.0%）

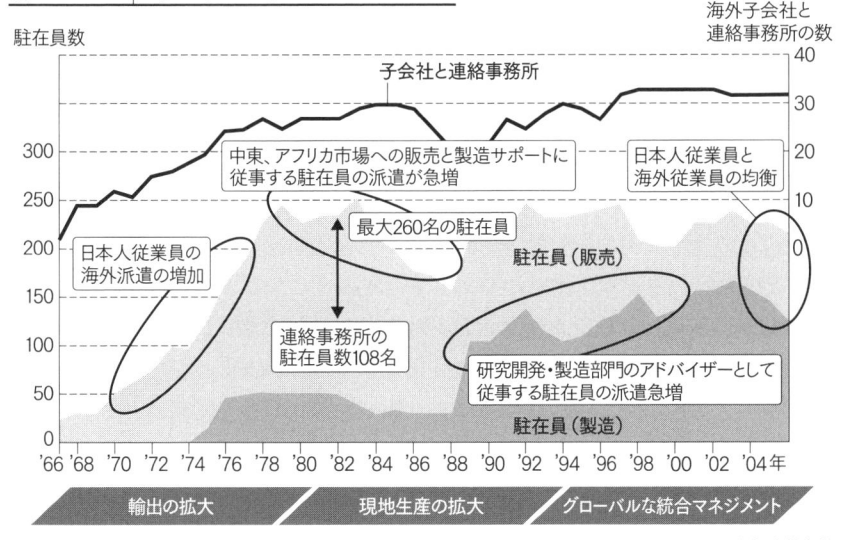

グラフ内注記:
- 子会社と連絡事務所
- 日本人従業員の海外派遣の増加
- 中東、アフリカ市場への販売と製造サポートに従事する駐在員の派遣が急増
- 最大260名の駐在員
- 連絡事務所の駐在員数108名
- 研究開発・製造部門のアドバイザーとして従事する駐在員の派遣急増
- 日本人従業員と海外従業員の均衡
- 駐在員（販売）
- 駐在員（製造）

フェーズ: 輸出の拡大 ／ 現地生産の拡大 ／ グローバルな統合マネジメント

出典：会社資料

育成する必要性がますます高まっていると考えていた。コマツを熟知する優れた現地マネジャーが駐在員以上の能力を発揮することも少なくはなく、彼らにチャンスを与えることは、コマツが善良な企業市民となるためにも重要である。日本からの駐在員の派遣はコストがかかるうえ、海外赴任者の誰もが環境に容易に馴染むわけではなく、時には関係者全員の志気を削ぐような影響を与えることもあった。さらに、世界的に製品需要が急拡大し、国内外で新工場が操業を開始するなか、マザー工場を中心とするコマツの国内工場はきわめて多忙となっていた。その結果、経験豊かなエンジニアと工場労働者を海外に派遣することは困難になり始めた。

　経営陣の中では、特に海外工場でのさまざまな能力を開発する必要性が広く認識されつつあったものの、一方で、それには多大な労力と時間を要するのではないかという考えもあった。製造部門のある役員は、次のように述べている。

「コマツの製造に対する考え方を、海外工場のマネジャーや労働者に伝える必要があります。それには、駐在員がかなりの実地研修を行わなければなりません。新工場であればなおさらです。言うまでもなく、私は日本人駐在員の数を減らしたいと考えていますが、海外工場が技術的なサポートと主要部品を日本に依存している限り、日常ベースで緊密な調整を行わねばならないことは変わりありません。駐在管理職を通じたコミュニケーションのほうがはるかに効果的かつ効率的であるのは、こうした明白な理由によります」

さらに、別の役員は言う。
「関連会社事業の主要業務のすべてで、優れた社員を採用し維持できるとは、必ずしも言えません。それは、主要市場でも新興市場でも同じです。現地の経営力を高めなければならない点には同意しますが、当社の海外の事業所の多くは離職率が高く、それが大変難しい問題となっています」

「現地マネジャーには、あらゆる問題をコマツジャパンの責任にする傾向がある」との失意を述べる役員もいた。「どんな問題であれ、現地スタッフには、それが自分たちの問題であると考えてもらいたいものです」。

また、「国内社員が自分たちの考え方を改めるべきだ」と考えている役員も何人かいた。そのうちの一人によれば「現地マネジャーは重大な決定に参加したいと切望しています。しかし、彼らにそのチャンスを提供できているとは決して言えません。問題は海外よりも、むしろ本社の側にあるのです」。別の役員は言う。「日本側の社員はもっと心を開き、多様なバックグラウンドを持つ社員との協働に慣れる必要があります」。坂根が「コマツウェイ」をはっきりとした形にしようと考えたのはこうした背景からであった。

かねてから坂根は、急速な世界展開において重要となるのは、世界中で働くコマツの全社員が、コマツが培ってきたものについて理解し、成功の要因となった基本的な価値観を共有することであると考えていた。「コマツは世界中で事業を行っているのです」と坂根は言う。
「言うまでもなく、社員の多様なバックグラウンドと各地の文化は尊重しますが、同時に、彼らはみなコマツの社員なのです。私は、全員に社員としての立場を理解し、わが社の価値観を共有してもらいたいと考えています。それは我々が事業をスタートさせたこの日本で育まれたものですが、わが社の価値観とし

て具体化された基本原則は、世界各国で通用すると考えています。こうした理由から、我々が重要と考える価値観を明確化・体系化し、それに向かって世界中の社員が取り組むよう努力する時が来ていると感じているのです」

「日本人社員は一般に卒業後すぐにコマツに入社し、その全キャリアをコマツで過ごすことになります。その長いキャリアを通じて、彼らはほとんど自然に当社の文化を吸収していきます。しかし、国外ではそうはいきません。コマツは世界各地で急速な成長を遂げつつあります。そのため、中途採用を行わなければなりませんが、海外の離職率は日本に比べてかなり高い。そのうえ、ほとんどの国の事業には、日本での事業で築かれたような歴史がありません。それが、海外工場であれば、なおさらです。したがって、海外の社員が文化と価値観を自ら自然に吸収することは望めません。我々の側が真剣に取り組まなければならないのです」

コマツウェイの明文化

　2006年春、専務執行役員であった野路を委員長として、コマツウェイ策定委員会が設立された。このハイレベルな委員会は、幹部と上級および中間管理職から成る精鋭チームに支えられ、コマツの価値観を構成する重要な要素を特定するために、国内のあらゆる社員層に対して広範なインタビューを実施した。こうしたインタビューと、坂根を含む全幹部との協議に基づき、委員会では7項目から成る公式の声明を作成した。この声明は、『コマツウェイ』と題された32ページの小冊子の形で、それぞれの項目の裏づけとなったインタビューも掲載して発行された。

　坂根は、この試みが冊子の刊行で完結するわけではないと表明した。インタビューの結果に基づいて、コマツの基本的価値観を示すと思われる項目を正式に明文化する第一歩にすぎないと考えていたのだ。冊子の具体的な内容はあくまでも日本の社会的価値観と伝統を反映したものであって、それがコマツの外国人社員にとって魅力があり意味があるとは限らないと、坂根は十分認識していた。そのうえで坂根は、この冊子をもとに一層の検討を促し、全社的な議論

や討論を推進したいと考えていた。最終的な内容が「その国籍と文化的背景にかかわらず、全社員にとって魅力があり意味があるものとなる」ようにしたいと、坂根は委員会で語った。

コマツウェイの冊子は、坂根のメッセージから始まる。その中で坂根は、この冊子は「我々の現在をより明確に把握するため、当社の豊かな資産を理解する」試みであるとした。「最終的にコマツウェイとして具体化されたこれらの価値観は、この先、誰が経営者の立場になろうとも、将来にわたってコマツの礎をなしていくものです」。

冊子は2つのパートで構成されていた。一つは世界各国のコマツ社員に向けた内容であり、もう一つは、コマツ関連会社の経営陣にとって特に重要であると思われる項目である。

委員会では、コマツウェイを普及しそれを定着させていく責任は、各ラインとスタッフの組織にある、と考えていたが、実際には、そのプロセスを進めるための小規模なスタッフグループの設置を推奨するかたちとなった。

全社員に向けたコマツウェイ

コマツウェイによれば、コマツの目標は「企業としての価値を最大限にすること」である。企業としての価値とは、「一般社会を含むすべての利害関係者が当社に寄せる信頼の総計」であると定義づけられる。そしてその目標を達成するため、特に現場における「ものづくり」に対する考え方と能力の絶え間ない向上を通じ、製品およびサービスの品質と信頼性を追求し続けることと書かれている。「コマツウェイの本質は、『改善の精神』として表れています」と、野路は主張する。「『改善』のための具体的な方法は部門ごとに異なるでしょうが、基本的な理念はすべての部門に当てはまるはずです。改善が適切な方法で継続的に実施されれば、コマツの企業価値はますます高まっていくものと確信しています。検討中の具体的な活動がコマツウェイと矛盾するのであれば、必ずこの『コマツウェイ』を遵守してください。それにより短期的なコストが発生するかもしれませんが、それがどんなものであろうとも、長期的に見れば、社にとってはそれをはるかに上回る利益が生まれるはずです」。

コマツウェイでは、製造がコマツの強みの中心となっているが、それだけで

は不十分だということがはっきりと認識されている。同社の成功の真の秘密は、バリュー・チェーン全体にある。バリュー・チェーンは、スタッフの働きはもちろん、ディーラー、サプライヤー、下請け業者、関連会社によって支えられ、研究開発から始まりエンジニアリング、設計、製造、そしてマーケティング、販売、アフターサービスにまで及ぶ。同社の強みの核となっているのは、各部門や企業が緊密な協力を行い、協働して顧客の価値を創造する能力にある。そして、ものづくりの精神の核は、関連グループ間の緊密な協力にあるのだ。

コマツウェイを構成する項目は次の7つである。

1. 品質と信頼性の追求
2. 顧客重視
3. 源流管理
4. 現場主義
5. 方針展開
6. ビジネスパートナーとの連携
7. 人材育成

各項目を考えるうえでの基準となったインタビューには、あらゆる社員層と部門から選ばれた、勤続年数の長い日本のコマツ社員へのそれが多数含まれている。引用された内容は、コマツの各事業、特に現場に関わる労働者、主任、管理者、そしてマネジャーたちがよく口にしてきたもので、日本人社員の大部分にとっては馴染みの深いものであった（**資料5-7**参照）。

経営陣に向けたコマツウェイ

コマツグループ全社の経営陣に対しても、遵守すべき項目が挙げられているが（**資料5-8参照**）、とりわけ以下の点に留意するよう促された。

- 現場重視
- 方針を迅速かつ徹底的に実行するという、当社の強みを向上させること。
- ディーラー、サプライヤー、下請け業者などのパートナーとの間に、社内と同様のウイン・ウインの（双方に有利な）関係を構築すること。これには、

資料5-7◉コマツウェイを構成する7項目

以下の内容は、コマツウェイの7項目を説明するために、同冊子から抜粋したものである。

1. 品質と信頼性の追求

- 「ダントツ」を目指す。競合他社が3年から5年では追いつけないレベルの、いくつかの突出した機能を有する製品を開発すること。
- 製品とサービスの品質については、その直接の担当者以外の者が判断すること。
- コマツ製品の使用方法を顧客に押しつけることなく、あらゆる可能性について考えること。品質問題の責任を顧客に負わせる限り、技術開発の進歩はない。
- 目先の任務ばかりにとらわれず、徹頭徹尾、全体のプロセスについて考えること。概して本当に意味ある改善は、他の業務に従事する担当者との協力から生まれるものである。全体のワークフローを1つの流れとして考えてみること。
- 欠陥製品の発見にくよくよせず、再発の防止に全力を注ぐこと。
- 法律および一般的な商慣習の遵守において少しでも疑わしければ、はっきり「NO」と言うこと。

2. 顧客重視

- 顧客はパートナーである。
- 顧客にベストソリューションを提供することを最優先事項とする。
- 顧客の問題から目を背けず、迅速かつ真摯に、真正面から取り組むこと。実際、そうすることで、その問題、または危機ですら転じてチャンスとし、顧客との友好的な関係を築くことが可能である。
- 顧客と交わした約束を守ること。

3. 源流管理

- 目標と現状との差の解消に最善を尽くすこと。
- 問題の解決にあたる際は、「なぜ」を5回自問すること。自問するごとに、問題の源流に近づける可能性がある。
- どんな任務であっても、あなたの成果を受け取ることになるのが顧客であることを忘れてはならない。

4. 現場主義

- 実際に業務が行われる「現場」と実際の状況である「現実」、そして実際の品物である「現物」に目を向けること。「現場」に足を運ばずして、状況は理解できない。報告だけを頼りにせず、「現場」に足を運び、「現実」を確かめ、自分の目で「現物」を確認すること。
- プロセスの各段階を完全に透明化し、リアルタイムでの確認と早期の問題発見、そして迅速な問題解決を可能にすること。
- 具体的なデータについて話し合い、総括的で抽象的な議論は避けること。
- 安全第一。必ず以下の5Sを実施すること。
  整理（必要なものを整理し、必要でないものを処分すること）
  整頓（仕事場を整頓し、必要なものは必ず指定された場所に配置すること）
  清掃（仕事場の掃除を欠かさないこと）
  清潔（仕事場を常に清潔にしておくこと）
  躾（訓練を欠かさず、規律を守ること）
- 真の洞察は努力から生まれる。
- コンピュータを使う前に考えること。
- 五感すべてで学ぶこと。
- 学習のカギは自発性にある。

- OJT（職場内訓練）とは、実際にやり方を見てもらい、実地でやってもらうことである。ただ、やり方を説明するだけでは不十分である。
- 有能な上司とは、迅速に評価し、批判することを恐れず、決断力のある上司をいう。

5. 方針展開

- 経営陣から現場の社員まで迅速かつ効率的な実施ができる能力は、コマツの核となる強みである。コマツが1960年代の危機に打ち勝つことができたのは、経営陣の明確な指示を迅速かつ効率的に実施できたからこそであった。コマツにおいての実施には、①経営陣が全体の目標と方向性を決定する、②全体の方向性をもとに各部門で具体的な年次計画を策定し、状況の変化に応じて調整を行う、③年次計画を実施する、④進行を綿密にフォローアップする、の4つの具体的な段階がある。このプロセスは、PDCA──①Plan：計画、②Do：実行、③Check：評価、④Act：改善──としてよく知られる、コマツの運営における実績ある特徴である。PDCAの好循環をフォローする力を見出すこと。
- 自分自身の言葉で伝えること。経営陣からの情報を、その意味を完全に理解することなく、そのままの形で部下に伝えてはならない。
- 現状がベストであると考えてはならない。
- 現場こそが、改善アイデアの宝庫である。
- スタッフの失敗を単に非難しないこと。失敗から学び、同じ失敗を2度と繰り返さないように促すこと。
- 過去の結果を分析し、満足するだけに終わらないこと。仮説を立てる能力を磨き、前もって問題点について考え、その予想を試みること。

6. ビジネスパートナーとの連携

- パートナーとの間に「双方に有利な」関係を構築すること。
- 開発から販売、アフターサービスに至る全事業において、社内はもとより、ディーラー、サプライヤーをはじめとする全パートナーとの間に利益共同体を形成すること。自身が他のパートナーよりも優位にあると考えてはならない。他のパートナーと協力しあうときは、自身の考えを相手に押しつけず、相手の立場に立ち、その現場と緊密な協力を行うこと。
- 部門を超えた緊密な協力関係を育むこと。ただし、やみくもに協力はせず、部門を超えた協力によって、最大限の成果が得られる問題に重点的に取り組むこと。
- 他の業務、部門、グローバル事業の目標と業務に対して、自身の目標と業務をどう一致させればよいかを自問すること。
- 必要な情報を、それを必要とするパートナーと迅速に共有すること。これが特に重要となるのは、コンプライアンス関連の問題に対処する際である。必要に応じて、重要な情報を迅速かつ正確に伝えることができるよう、コミュニケーションのための公式ルートと非公式ルートを日ごろから開拓しておくこと。

7. 人材育成

- 人材育成は、マネジャーの主な責務の一つである。
- うまくできた仕事に対しては、即座に部下を評価すること。
- 大きな困難に直面したときは、なぜできないかをくよくよ考えることをせず、それに打ち勝つためには何ができるかに目を向けること。
- 克服できないと思われる障害に直面したときは、それをチャレンジと考え、解決策を追求すること。何もしなければ、何の成果も得られない。克服できないと思われる問題にチャレンジする意欲が、コマツの最大の強みの一つであることは、当社の歴史を見ればわかる。
- 仕事に対する情熱を養うこと。
- 新しいアイデアを物怖じせず提案すること。社員が夢を追求できる環境を重視するのが、コマツの文化である。
- 今の小さな努力が、将来の大きな差となる可能性がある。

出典：『コマツウェイ』

資料5-8●コマツグループ各社の全経営陣が遵守すべき項目

以下の内容は、経営陣が遵守すべき5項目を説明するために、コマツウェイの冊子から抜粋したものである。

取締役会を活性化し、それを有効に活用することで、コーポレート・ガバナンスを強化すること。

A. 取締役会を少なくとも年4回開催すること。
B. 取締役会に先立ち、決定事項についての明確な方針を有すること。
C. 取締役会では問題に関するオープンかつ徹底的な議論を行うこと。
D. 社外役員と緊密な協力を行うこと。
E. 監査役の役割と機能を強化すること。

社員との緊密なコミュニケーションを確立・維持するための手本を示すこと。

コマツグループ全社の経営陣には、社の状況と将来計画について少なくとも6カ月ごとに自身の言葉で伝えることが求められる。その伝達手段として、取締役会を利用すること。組織内でのコミュニケーションを促進するためには、まず経営陣が手本を示さなければならない。必要な情報については、その他利害関係者とも必ず共有すること。

法律および一般的な商慣習を遵守すること。

安全性や環境への配慮など、一般的な商慣習を遵守することは、健全経営の基本である。法律や規則を遵守していることは、必ずしも保証されるものではない。法律や規則に対する違反が見つかった場合は、それを隠すことはせず、透明化を促し、迅速かつ正確な行動を取るとともに、再発防止手段を講じなければならない。コマツグループ全社の社長には、「コンプライアンス5原則と安全衛生規則」への署名が求められる。社員の手本となることである。

今あるリスクを認識し、それに対処すること。決して先送りしないこと。

事業にはリスクは付き物である。必ずリスクの本質を確認し、それを慎重に評価しなければならない。リスクの存在を認識し、それを隠すことはせず、潜在的なリスクが現実のものとなったときは、それを全関係者に対して迅速かつ正確に報告すること。その結果への対処を決して避けてはならない。事業に関わる違法行為や非倫理的な行為の大半の原因は、経営陣がその結果に対する適宜かつ徹底的な認識と対処を怠ったことにある。

後継者を育成すること。

経営陣は、後継者を育成するための最適な立場にある。社の基本的価値観は、次世代の経営陣に引き継いでいかなければならない。日常の業務を通して、後継者を育成し、その評価を行うこと。何人かの候補者に対して、業務のうえで能力を発揮するチャンスを与えることが望ましい。

出典:『コマツウェイ』

開発から販売、アフターサービスまで、全事業が含まれる。
- 社員を育成する。特に後継者を育成する。

野路の社長就任

コマツは2007年3月期の決算で最高益を更新した。売上高は1兆8930億円で、前年度比17.4％の増加だった。営業利益は50％増、純利益は44％増、営業利益率も約13％にまで向上した。ROE（株主資本利益率）は、2006年の20.8％から23.5％に増加した（資料5-1参照）。さらに同年、東京証券取引所上場1047社と各業界の非上場有力企業を対象とした「優れた会社ランキング」で、栄誉ある1位に輝いた。コマツは2001年の231位から躍進し、前例のない6年連続での上昇となった。

予想されていたとおり、2007年6月、野路は坂根の後を引き継ぎ社長兼CEOとなった。坂根同様、野路はエンジニアリングと製造でキャリアを積んだエンジニアであったため、移行に支障はなかった。同社の伝統ある経営方針と理念は、野路のもとでも継続されると推測された。野路は、長年にわたって育まれてきたコマツの価値観をコマツウェイとして明文化する、まさにその任に当たった人物である。「壮大なビジョンや野心にあふれた目標を設定するのは、私の性には合いません。私が重視するのは、我々が直面する個々の問題を解決するために、着実に、一貫して、現場能力の改善に力を注ぎ続けていくことです。この点に関しては、私はトヨタを高く評価しています。トヨタの経営陣は華々しいことや目を引くことを決して口にはしませんが、数十年にわたる絶え間ない一貫した取り組みによって、トヨタは世界をリードする自動車メーカーとなったのです」。2007年夏の長時間にわたるインタビューで、野路はこのように語った。そして続ける。

「現在の優れた業績は、簡単に言えば、半分は市場動向の、半分は我々の努力の結果だと考えています。優れた結果に満足することなく、切迫感を持ち続けなければならないというのが、当社の多数を占める意見です。しかし、ただそう語るだけでは何の役にも立たないと思います。それよりもむしろ、毎日、一

つひとつの問題や課題を解決していくことに力を注ぐべきです。経営陣としての我々の仕事は、それを確実に行っていくことにあります」
　言葉を選びながら、野路はさらに言う。
「コマツが売上げや市場シェア、利益といった数字だけを追求することにとらわれない会社となることが、私の本当の願いです。そうしたやり方に潜むリスクは、数字を達成しさえすれば、目的を果たしたと感じてしまうことにあります。そして、現状に満足してしまうからです。そうではなく、重視すべきは、取り組みが達成できなかった場合に、なぜそうなったかを徹底的に追求することです」
　また、野路はコマツウェイへの取り組み、より具体的に言えば、現場重視の取り組みを強調した。野路は毅然と述べる。
「私の使命は、現場の重要性を強調し、現場の能力を向上させ続けることにあります。私の経験では、重大な業務上の問題や約束事の不履行などの根本的原因は、ほとんどと言っていいほど、責任あるマネジャーが現場と十分な協力関係を築いていなかったことにあります」
「私はコマツウェイに深く関わってきています。コマツウェイとは、この先社員の顔ぶれが変わろうとも、コマツグループとして将来にわたって維持していきたいと願う基本的価値観です。このコマツウェイを基本方針として全社に浸透させるため、我々はたゆまぬ努力を続けていくつもりです。コマツウェイは、当社の日常業務に不可欠な部分となるべきです。例を挙げてみましょう。たとえば、我々は社内でのコミュニケーションの重要性を強調していますが、実に多くのマネジャーが、CEOが使ったのと同じスライドを使って、同じメッセージを繰り返すのです。これには驚きます。私に言わせれば、それはコミュニケーションではありません。少なくとも我々が意味するコミュニケーションではないのです。私があらゆる層のマネジャーに望むのは、CEOのメッセージを、グループや業務にとってどんな具体的な意味があるかを議論できるぐらいにまでよく消化して、それを自分の言葉でグループに伝えることなのです」

コマツウェイの普及と今後の課題

　コマツウェイの明文化という最初の試みが終了し、次に課題となったのは、それをコマツの世界各国の事業に普及させることであった。コマツウェイに対する理解を得るだけでなく、それへの取り組みを世界中の社員に促すことがより重要だった。しかし、そのためには長期にわたる絶え間ない努力が必要となる。そう確信した坂根と経営陣は、コマツウェイの普及のためのアプローチを検討することを、当面の課題として掲げた。

コマツウェイ推進室

　コマツウェイの推進という明確な使命を持った小規模ながらハイレベルのチームは、コマツウェイ推進室と名づけられた。室長の荒井秀明はCEOの直属であった。推進室の設置にあたって、坂根と野路が共に明確にしていたのは、次の2点である。①コマツウェイを具体化する責任は各事業部、各部門、各グループの長にある。②コマツウェイ推進室の役割はそのプロセスをサポートするために、グローバルな組織を通じて関連情報、経験、ベストプラクティスの交換などをコーディネートすることである。推進室はまた、新入社員のオリエンテーションから経営幹部向けプログラムまで、コマツウェイが社内のすべての管理職育成プログラムのカリキュラムに組み込まれるようにする責任を担う。コマツウェイが第1の項目にまず品質を挙げていることから、年1回の品質管理会議を主催するなど、独自のプログラムも行っている。

　第1回品質管理会議は、2006年の終盤に開催され、海外からの16のグループと8つのサプライヤーを含む、72グループが参加した。コンペティションでは、中国と英国からのグループが1位を分かち合うなど、優れた品質管理への取り組みが全社を通じて行われていることが証明され、このイベントは一躍注目に値するものとなった。

　CEO就任前、野路はコマツウェイ策定委員会の委員長として国内外の多くの事業部を訪れ、コマツウェイの紹介を行っていた。そのプレゼンテーション

では、コマツウェイという形で具体化された基本的価値観を示すような事例を提示したあと、質疑応答を行った。そうした折に野路は現場を重視し、必ずと言ってよいほど現場の訪問を予定に入れた。野路はCEOに就任してからも、こうした取り組みを続けている。

一方、常務執行役員で人事部長の日置政克は、坂根のリーダーシップのもと、日本人社員に対する管理者育成プログラムを各国の経営幹部に拡大する取り組みを主導している。日置は2度の海外赴任の経験から、コマツの海外事業部の課題がリーダーシップ育成にあることを痛感していた。そこで2006年春に、各国、各地域、各事業で主要な業務を担う社長や副社長クラスの外国人幹部を招き、4日間のフォーラムを開催した。フォーラムでは、CEOと各社の経営幹部によるプレゼンテーションに続いて、質疑応答が行われたあと、コマツのグローバル事業拡大の方法について参加者が提案した。初めて開催されたこのフォーラムは、同社のグローバル事業拡大への取り組みを広く明らかにする絶好の機会となった。大きな成功を収めた同フォーラムでは数々の提案が出されたが、その中には、幹部経営者向けの公式リーダーシップ育成プログラムや、関連会社を対象とした同様のセミナーの開催を希望する提案もあった。

さらに、グローバルマネジメントセミナーと称された2度の会議が行われ、オーストラリア、中国、ドイツ、インドネシア、イタリア、南アフリカ、英国、スウェーデン、米国などの各国と、欧州およびアジアの各地域本部から合わせて26名の上級管理職が参加した。コマツウェイは、その普及が、ここでの正式な課題としては想定されていなかったが、プログラムの中核的な要素となった。コマツウェイを自社の社員にとって意味あるものとするにはどうすればよいか、コマツウェイをどのように推進するのが最良かといった問いかけが、参加者のグループごとに行われた。野路はグローバルなリーダーシップの育成への取り組みに対して、確信を新たにした。

海外での取り組み

国外でも活動が進んでいた。米国の社員にとって意味があるプレゼンテーションにするため、コマツアメリカ社長だった大橋徹二は、コマツウェイの内容をコマツアメリカに適用した場合について具体的に説明した。また、英国で始

められた活動では、組立ラインの操業を担う製造部門がそれを主導する例が目立った。製造部門は、コマツウェイの基本内容の共有は取り組みの第一歩とはなるものの、それだけでは労働者が実際には行動を起こさないと考えていた。そこで彼らは、コマツウェイの主な価値観が具体的な形で表れるよう、それを作業プロセスに組み込む努力を進めた。その目標に向けて、数段階から成る計画が策定された。そこには、具体的に取り組む活動、段階ごとの目標が示され、全段階を通じてその進捗具合が測れるようになっていた。

同様の活動は、中国、インドネシア、南アフリカなど世界の多くの地域でも進められている。コマツウェイ推進室では、こうした活動を見守り、必要に応じてサポートする。一方で、各地での取り組みを円滑に進めるため、標準的なフォーマットやアプローチを強要しないよう注意を払っている。

しかし、こうしてコマツウェイが世界各国に普及し浸透していく現状に、経営陣は決して満足しているわけではない。むしろ、全社員がコマツウェイの利点を理解し、それを実践するに至るまでその価値観が根づくようになったとしても、まだなすべきことは数多くあると考えている。

第6章

NTT DoCoMo, Inc.: Mobile FeliCa

NTTドコモ：モバイルFeliCa

[執筆者]

ハーバード・ビジネス・スクール 教授
スティーブン・P・ブラッドリー
Stephen P. Bradley

ハーバード・ビジネス・スクール 教授
トーマス・R・アイゼンマン
Thomas R. Eisenmann

[執筆協力]

前 ハーバード・ビジネス・スクール 日本リサーチ・センター長
江川雅子
Masako Egawa

ハーバード・ビジネス・スクール 日本リサーチ・センター リサーチ・アソシエイト
神野明子
Akiko Kanno

●ハーバード・ビジネス・スクールのケースは、授業での討議に用いられる資料として作成されている。ケースには、1）当該企業を推奨する、2）一次データの出典となる、3）マネジメントの優劣について例証する、という意図はない。

●ケースは過去のある時点の事実をもとに書かれたものである。現在の当該企業の状況を反映したものではないことに注意されたい。

Case No. 9-805-124
© 2005 President and Fellows of Harvard College.

4900万人を超える加入者を擁し、日本市場の56％を握るNTTドコモ（以下、ドコモ）は、世界第2位、そして、日本最大の移動体通信会社である。しかしながら、2004年12月、ドコモはその中核事業において、いくつかの課題に直面していた。

　第1に、日本の人口の3分の2近くがすでに携帯電話を持っており、市場は飽和状態になりつつあった。第2に、最大のライバルであるKDDIが、トラフィック量に基づいた料金ではなく、定額制の導入を発表したため、ドコモの料金体系をそれに合わせるとデータサービスの成長が頭打ちになることが考えられた。さらには、規制面の変化として、1社または2社の新規参入業者への免許の交付と、「番号ポータビリティ制度」の導入が予定されており、そうなると、携帯電話業界の競争がますます激化することが予想された。

　ドコモの最初の成長の波（移動体音声通信）が落ち着き、第2の波（移動体通信）が最高潮に達したところで、経営陣は、FeliCa（フェリカ）搭載の電話機（以下、モバイルFeliCa）を導入した。felicity（至福）から命名されたこのFeliCaとはソニーが開発したシステムで、10cmほどの短い距離の間で、非接触ICと読み取り機を用いて、情報のやり取りをするものである。FeliCaを携帯電話に組み込むことにより、ドコモは通信サービスを超えた多くの新しいアプリケーションを提供できるようになる。これによって進化するドコモの第3の波、すなわち、「生活インフラ（必需品）としての携帯電話」サービスの創出が可能と考えられた。たとえば、モバイルFeliCaの電話機を読み取り機の近くにかざすだけで、店で買い物の支払いをしたり、通勤電車に乗ったり、ビルに入るためのセキュリティパスとして使ったりできるようになるのである。

　ドコモが初めてモバイルFeliCaを導入したのは2004年7月である。6月に代表取締役社長に就任した中村維夫は、その5カ月後、常務取締役でプロダクト＆サービス本部長の榎啓一と、モバイルFeliCaを今後どう進めていくべきか、話し合っていた。榎は、ドコモのiモードサービス導入の指揮をとり、大成功を収めた人物である。

　榎と中村は、モバイルFeliCaから得られる3つの価値創造の可能性について、それがどの程度重要なのか、議論を戦わせていた。1つ目は、解約率の低減と加入者獲得率の向上である。2つ目は、ソニーとドコモの合弁会社であるフェ

リカネットワークス（後述）から得られる利益である。フェリカネットワークスは、FeliCaの技術ライセンスをドコモのライバルである携帯電話会社に供与し、アプリケーション配信業者にサービスを提供する。3つ目は、ドコモが提供するFeliCaのサービス、つまり「電子マネー」やクレジット決済サービスから直接得られる収益である。このような金融サービスは特に有望と思われたが、ドコモの経営陣はどれだけ積極的にそれらを推し進めるべきか判断を迫られていた。膨大な可能性が考えられたが、ドコモにはこの分野での経験がなく、激しい競争に直面することも予想される。はたして、ドコモは独自の決済サービスを開始すべきだろうか、それとも、JCBやビザといった実績のあるクレジットカード会社との提携の道を模索すべきだろうか。

ドコモの歴史と現状

　ドコモは、1992年、日本電信電話株式会社（NTT）から分離独立して設立された。NTTは1986年に民営化されていたが、2004年には株式の46%はまだ日本政府の所有であった。また、ドコモの株式は1998年に公開されたが、その58%はNTTが所有している。

iモードの開始
　1999年にiモードを開始するにあたり、ドコモは多くの欧米の移動体通信事業者とは異なる無線インターネット活用戦略をとった。
　第1に、iモードは常時接続のパケット交換技術を用いることにより、何度もダイヤルアップしてログインしなければならない煩わしさをなくし、ユーザーが携帯でウェブを閲覧している間にもかかってくる電話を受けられるようにした。また、iモードユーザーには通信時間ではなく、送受信したデータのパケット量に応じた料金体系を適用した。加入者を増やすため、ドコモは毎月の基本料金を300円という低額にし、1パケットのデータを通信するごとに0.3円課金することにした。一方、欧州の通信事業者の多くが採用していたワイヤレス・アプリケーション・プロトコル（WAP）サービスでは、無線インターネットに

接続するにはそのつどダイヤルアップしなければならず、ログインした時間の分単位で課金され、また、電話を受けながら同時にインターネットの閲覧をすることは不可能であった。

　第2に、iモードは当初、ビジネスマンではなく、流行に敏感な若い消費者をターゲットにしていた。それに対して、海外の通信事業者の多くは、ビジネスユーザーは料金が高くてもさほど気にせず、質の高い情報通信サービスを使う可能性が高いと考えていた。

　第3に、ドコモはiモードのコンテンツのフォーマットに、コンパクトHTMLというHTML言語の一種を使った。これはパソコンのブラウザでアクセスでき、ほとんどすべてのウェブサイトで用いられていたものだ。欧米の移動体通信事業者が依存していたWAPでは、より速いデータ配信が可能だが、携帯電話ユーザー向けのコンテンツの提供には、情報の再フォーマットが必要だった。

　第4に、欧米の移動体通信事業者のほとんどが、コンテンツを独自で開発するか取得していたのとは対照的に、ドコモは外部のコンテンツ配信業者に依存していた。こうした配信業者は、ドコモの課金システムを用いて消費者から直接料金を徴収することができ、ドコモは、配信業者が加入者から徴収する料金の9％を受け取っていた。

　第5に、ドコモは、iモードに対応した多くの電話機モデルを迅速に発売することができた。日本の通信事業者は、メーカーに電話機の設計を委託する代わりに、在庫リスクを引き受けていた。そのため、メーカーに対して機種の外観や規格についての影響力を行使することができた。一方、欧米では、ノキアのような強力なブランドを持ったメーカーが、それぞれに電話機の設計やマーケティングを行っていた。

　サービス開始から6カ月のうちに、200万人以上がiモードに加入した。加入者数は、2001年の末までに3000万人を超えた。当時のiモードのメニュー画面には、公式コンテンツプロバイダー（CP）として、ドコモの厳しい品質基準をクリアした3000社以上のコンテンツ配信パートナーが載っていた。さらに、電話機のブラウザにURLを入力すれば、非公式CPが運営する5万のサイトにもアクセスできた。iモードは、ビジネスとしては大成功を収めた（**資料6-1**参照）。iモードユーザーの約半数が、追加料金（100円から300円）を払って、少なくと

資料6-1 ●ドコモの財務諸表

(単位：十億円)

	日本の会計原則に準拠				米国の会計原則に準拠		
	1999年	2000	2001	2002	2002	2003	2004
総営業収益	3,118	3,719	4,686	5,172	4,659	4,809	5,048
ワイヤレスサービスの営業収益	2,526	2,987	3,599	4,107	4,153	4,351	4,488
携帯電話(2G/ムーバ)	2,380	2,797	3,104	3,266		3,286	3,157
携帯電話(3G/FOMA)				2		14	153
パケット通信	0.30	39	353	716		886	1,021
PHS	30	80	84	88		79	70
その他	115	71	58	35		85	87
その他の事業からの営業収益	592	732	1,087	1,065	506	458	560
営業経費	2,610	3,173	3,909	4,169	3,658	3,752	3,945
営業収入	509	546	777	1,003	1,001	1,057	1,102
純利益	205	252	366	0.86	(116)	212	650

注：1. 各年3月31日付決算。
　　2. 2002年3月期決算で、海外関連会社への投資額の再評価による繰延所得税4530億円を差し引いて、6250億円という多額の減損処理を行った。
出典：2002〜2004年ドコモ年次報告書

も1つのプレミアムコンテンツサービスに加入しており、また、iモードユーザーは音声通話も多く使い、他の携帯電話会社へ乗り換える可能性も少なかった。

海外展開

日本でのiモードの成功に気をよくしたドコモは、iモードと高速第3世代(3G)

データサービスの海外展開を決めた。1999年の終盤から2001年までの間に、同社は何十億ドルをも費やして、米国のAT&Tワイヤレスサービスをはじめとする海外の移動体通信事業者の少数株式を取得している（**資料6-2**参照）。

しかしながら、ドコモの国際展開戦略はさまざまな問題に遭遇した。まず、3Gの事業免許取得には多額の投資が必要であった。また日本以外の国では、携帯電話会社には電話機の規格を決定する力がなかった。さらに、多くの消費者は、2インチの携帯画面を見るよりも、パソコンからインターネットにアクセスするのを好んだ。これらの理由により、ドコモの海外パートナー企業の多くはiモードを採用しなかった。そのうえ悪いことには、通信関連の株が世界的に急落したため、株式価値が大幅に減少してしまったのである。ドコモは、1兆9000億円（170億ドル）の海外投資のうち、1兆5000億円の評価損計上を余儀なくされた(注1)。

2004年6月、ドコモは今後、積極的な海外投資をやめて、その代わりに技術提携の道を探ると中村は公言した(注2)。2004年10月に、米国の携帯電話事業者のシンギュラーがAT&Tワイヤレスとの合併を発表したあと、ドコモは自社が所有していたAT&Tワイヤレスの16％の株式を売却し、3Gネットワーク向けの規格の統一化について、シンギュラーと調整を始めた。2004年末までにドコモは、12の携帯電話会社とiモードの技術供与契約のための交渉を行っている（**資料6-3**参照）。

2004年の状況

●市場の成熟

日本では携帯電話の個人普及率は65.7％に達し、市場は飽和状態になりつつあった（**資料6-4**参照）。携帯電話業界の音声通信サービスの1台当たり月間収入（ARPU）は、2002年12月には6320円であったが、2003年末には5803円にまで落ち込んでいた(注3)。これは、料金の値下げや、あとから加入した新規利用者が携帯電話をあまり使わないこと、また、使う場合は通話よりもEメールやテキストメッセージのやり取りが多いことが要因だった(注4)。

データサービスのARPUは依然増加しており、平均で月額約2000円であった。しかしデータ利用の分布には偏りがあった。UBS証券のシニアアナリストの乾

資料6-2●ドコモの海外投資（2002年3月31日現在）

会社名	投資額	出資比率	投資を実施した年月	営業地域
AT&T ワイヤレスサービス	98億ドル	16.01%	2001年1月	米国
KPN モバイル	34億ドル	15.00%	2000年7月	オランダ、ベルギー、ドイツ
ハチソン 3G UK ホールディングス	16億ドル	20.00%	2000年9月	英国
和信電訊	5億1600万ドル	21.42%	2000年11月および2001年7月	台湾
ハチソン電話	4億4000万ドル	25.37%	1999年12月および2001年5月	香港

出典：2003年ドコモ年次報告書、および2002年7月10日ドコモ書式20-Fより作成。

資料6-3●ドコモの海外パートナー契約

会社名	国
イープラス・モービルフンク	ドイツ
KPN モバイル	オランダ
遠伝電信	台湾
ベース	ベルギー
ブイグテレコム	フランス
テレフォニカ・モビレス・エスパーニャ	スペイン
ウィンド・テレコムニカッツィオーニ	イタリア
コスモテ・モバイルテレコミュニケーションズ	ギリシャ
テレストラ・コーポレーション・リミテッド	オーストラリア
セルコム	イスラエル
mmO2	英国、アイルランド、ドイツ
モバイル・テレシステムズOJSC	ロシア、CIS諸国

出典：「NTTドコモとロシアMTS社とのロシア及び他のCIS諸国におけるiモードに関する戦略的提携について」、ドコモ報道発表資料、2004年12月17日。

資料6-4●日本の携帯電話加入者数の伸び率

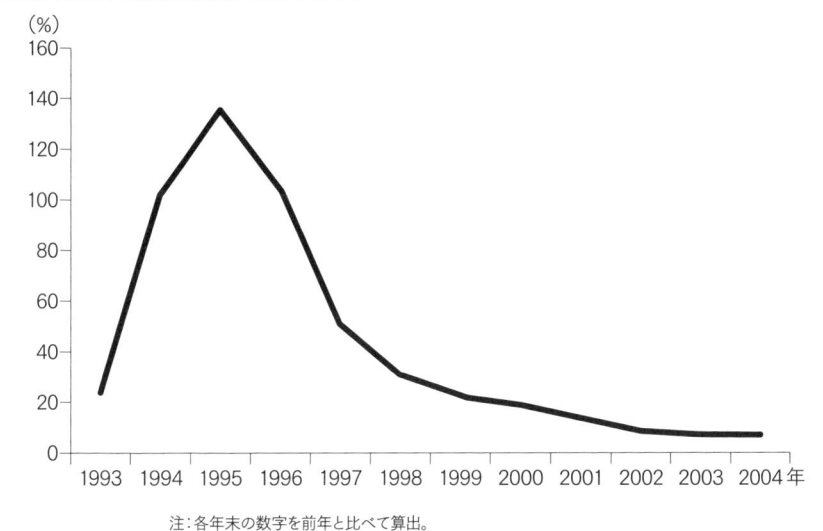

注：各年末の数字を前年と比べて算出。
出典：総務省情報通信政策局「日本における携帯電話、ポケットベル、PHSの加入者に関する情報」

牧夫は、こう説明している。「ユーザーの多くは毎月600円程度を払っていますが、支払額上位20％のユーザーが収益の80％をもたらしています。つまり、KDDIに追随して、2003年に定額制のデータ通信を導入した携帯電話会社の収益は、大幅に減少してしまうのです。それを防ぐには、新規加入者の獲得、使用頻度の少ないユーザーのデータトラフィック量の増加や、新しい収入源の開拓が必要です[注5]」。

● 3Gサービス

2002年初頭には、iモード加入者の伸びは鈍化し、その一方でドコモの国内の競合企業であるKDDIやボーダフォンが開始したデータサービスは勢いを増していた。ドコモは首位を維持するため、次世代高速データサービスを導入した。2001年10月に、ドコモはFOMA（Freedom of Mobilemultimedia Access：マルチメディアに自由につながる）のブランドで、世界で初めて3Gサービスを開始した。FOMAはiモードのビジネスモデルを踏襲し、動画や音楽ストリーミングなどのコンテンツを追加したものである。このサービスは、ドコモが3Gの2つの世

界標準の一つになると期待していた広帯域符号分割多元接続（W-CDMA）方式を採用している。FOMAのデータ伝送速度は、下り（サーバーから電話機）で最大384秒速キロバイト（Kbps）、上りで64Kbpsであった。iモードに用いられていた2Gの標準であるPDC方式では、下り速度は28.8Kbpsであった。

　2002年3月のFOMAユーザーは8万9400人で、目標の15万人を下回っている。当初は、バッテリー寿命が短いとか、地下鉄や建物の中ではつながりにくいなどの技術的な問題があったため（これらはいずれ解決できる課題であったが）、需要が伸びなかった。また、1台3万円から5万円というFOMA対応電話機の価格の高さも、若者の加入が少ない原因となった。

　2002年4月、KDDIは、クアルコム（米国の半導体・ソフトウェアメーカー）のCDMA2000-1X標準をベースとした次世代サービス（2.5G）を開始した。CDMA2000-1Xは、W-CDMAとは互換性がなく、データ伝送速度も144KbpsとFOMAの384Kbpsより遅かったが、KDDIの電話機はコンパクトで価格が安く（カメラ付きの高級機でも2万円以下）、全地球測位システム（GPS）の機能を搭載していた。さらに、KDDIは自社の既存のネットワーク設備を使うことができ、そのため、スタートからより広い地域をカバーすることができた。一方でドコモは、FOMAのために新しいネットワーク設備を設置しなければならなかった。

　KDDIはクアルコムのBREW（クアルコムが開発した携帯電話用アプリケーションのプラットフォーム）に依存していた。KDDIのようなクアルコムの顧客は、BREWを使ってアプリケーションを電話機にダウンロードしたり、認証や課金の機能を管理したりすることができる。クアルコムはその代わりに、アプリケーションから得られる収益の一部を受け取るのである。榎はこう述べている。「KDDIの将来は、クアルコムがBREW、CDMA2000、その他の3G技術をどれだけサポートできるかにかかっています。クアルコムは、携帯電話業界の『ウィンテル（ウィンドウズとインテルによるパソコン業界の支配）』を標榜しており、チップ供給や標準化だけでなく、BREWを通じて、サービスをもコントロールしようと目論んでいるのかもしれません。ドコモは、たった1社のハードウェアやソフトウェアのベンダーに、自らの運命を委ねるようなことはしません」

　KDDIの次世代サービスは急速に成長し、2003年3月までに、加入者は680

万人を数えた。他方、FOMAの加入者は33万人にすぎず、2002年12月に開始したボーダフォンの3Gサービスの加入者は2万5000人であった[注6]。2003年11月、KDDIはデータサービスに定額制を導入することで優位に立った。2003年4月から2004年3月までの間のKDDIの加入者の純増数（加入者総数から加入取り消し分を引いた数）が290万人であったのに対し、ドコモは210万人と、KDDIが初めてドコモを抜いたのである[注7]。

KDDIの伸びを警戒したドコモは、2004年6月、FOMAに定額制を導入した。ドコモの3Gサービスと2Gサービスを合わせた総合ARPUは、2004年3月に7890円であったのが、2004年9月には7340円にまで下がった[注8]。一方、加入者の純増数では、2004年4月から9月までで、ドコモの3Gサービスへの加入者数がKDDIを上回った（**資料6-5**参照）。

● **規制面の課題**

電話番号を変えずに携帯電話会社を変えることができる番号ポータビリティ制度が、日本でも2006年中に始まることが決まっていた。香港など少数の市場では、この制度の導入が携帯電話会社のシェアにかなりの影響を与えたが、多くの市場では影響はさほどない。

しかしながら、他の国に比べ、日本ではデータサービスがより重要であり、日本の携帯電話会社間では、それらの質に大きな違いがあった。さらに、携帯メールのアドレスは携帯電話会社特有のもの（xxxxxxx@docomo.ne.jpなど）であるため、電話会社を変えるとアドレスは変えなければならない[注9]。こういった問題はあったものの、番号ポータビリティの導入により、マーケティングコストが増え、価格が下がり、加入者の流動が頻繁になることが予想された。2004年末のドコモの月次解約率は、他社の2〜3％より低い約1％であった。

2004年秋、日本の総務省は、携帯電話サービスに新しい周波数の割当を行うことを発表した。かねてより興味を示していたDSL事業者のソフトバンクとイー・アクセスが、新たに免許を取得するものと見られた。ソフトバンクが携帯電話事業に参入すれば、DSL事業で業績を伸ばしたのと同じく、強引な価格戦略をとるものと思われていた。

資料6-5 ● 企業別の加入者数の伸び

6-5a 加入者数全体の伸び

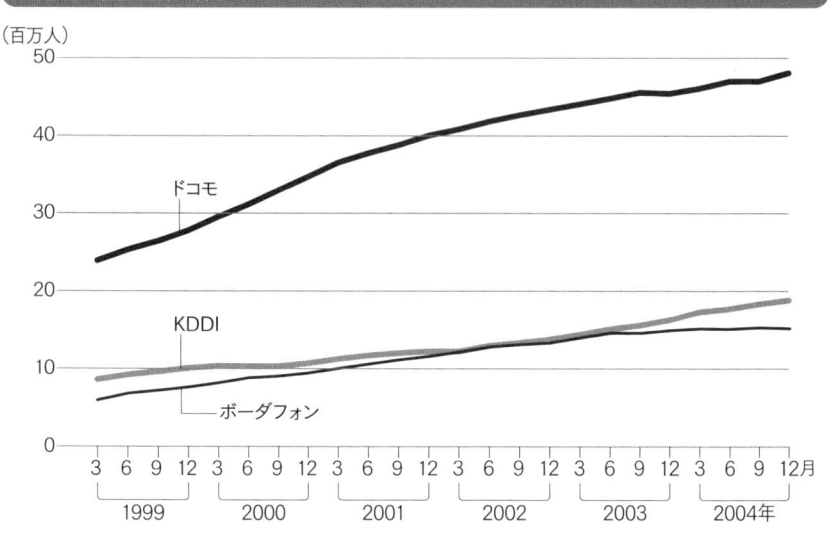

（百万人）

ドコモ
KDDI
ボーダフォン

6-5b 2Gの加入者数の伸び

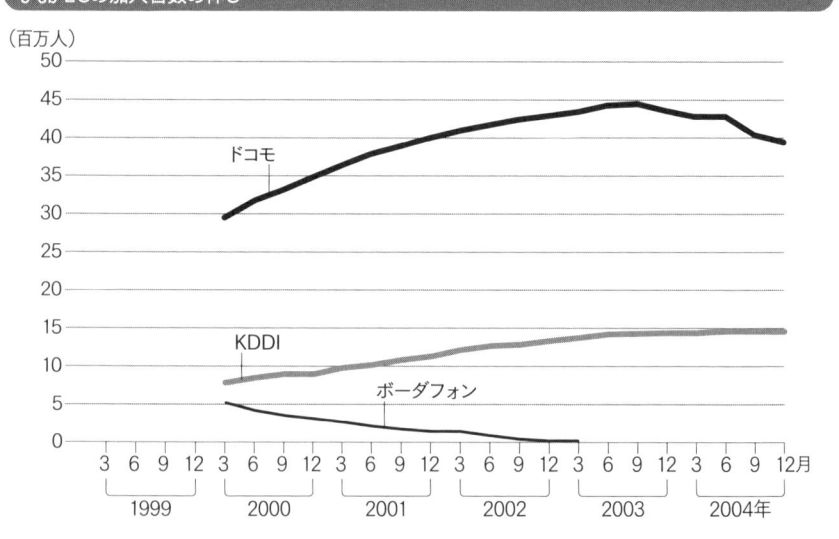

（百万人）

ドコモ
KDDI
ボーダフォン

6-5c 2.5Gおよび3Gの加入者数の伸び

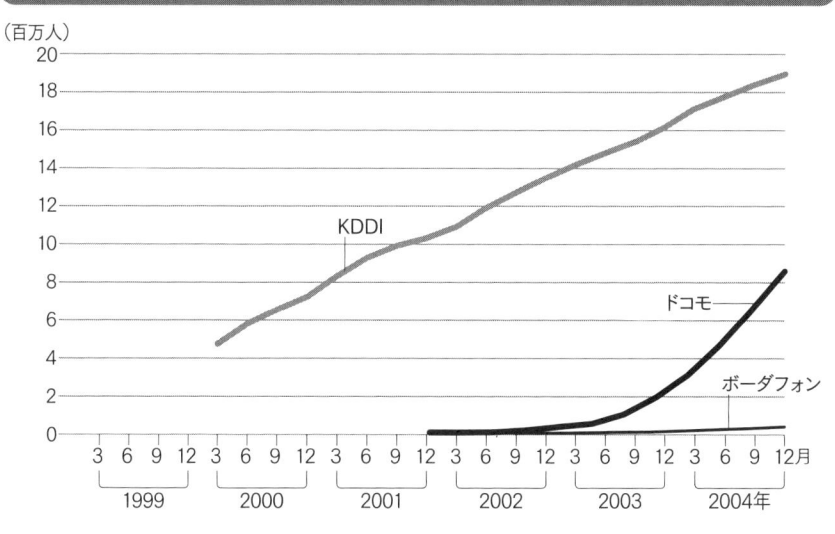

(百万人)

[グラフ: 1999年3月〜2004年12月のKDDI、ドコモ、ボーダフォンの加入者数推移]

出典:電子通信事業者協会資料

● ドコモの対応：生活インフラとしての携帯

　これらの課題に直面したドコモには、新しい収益源の開拓と加入者の囲い込みが必要であった。榎は次のように述べている。
「携帯電話とは、常に携帯しているものです。携帯電話が『生活のインフラ』になる可能性があるという人もいます。携帯電話をテレビのリモコンのように、毎日の生活のあらゆる場面で使えればいいですよね。タクシー代を払うのに使ったり、飛行機に乗るのに使ったり、会議室に入ったらパソコンから自分のファイルを取り出すのに使うといった具合に。当社は、赤外線、QRコードリーダー、FeliCa非接触などの新技術を採用することで、携帯電話を生活インフラに変えようとしているのです」

　これに関連して、ドコモとビザ・インターナショナル（以下、ビザ）は、赤外線データ通信を用いた携帯電話による決済システムを共同開発している。ダウンロード可能なアプリケーションにユーザーのクレジットカードのデータを

資料6-6●ドコモのウェブサイトのQR コード

注：保存される情報の量により、コードの大きさは異なる。
　　最も一般的に用いられているのは、外辺が2〜4 cmのものである。
出典：http://www.nttdocomo.com/

保管し、商店の受信機に赤外線でデータを送ることによって、支払いができるようにするものである。この赤外線受信機は、後述する非接触ICの読み取り機よりも価格がずっと安い。

　同様にドコモは、従来のバーコードに比べ、同じスペースで数百倍のデータを保存することができるQRコードの構想を抱いていた。QRコードリーダーを使うと、カメラ付き携帯電話の価格をほとんど上げることなく、さまざまな革新的サービスを提供することができる。たとえば、雑誌やポスターに印刷されているQRコードをスキャンすると、クーポンや電話番号や地図を入手できたり、URLを入力せずにウェブサイトにアクセスできたりするのである（**資料6-6**参照）。

FeliCa

　通信を超えたビジネスの可能性を求めて、ドコモが研究していた新技術の中では、FeliCaが最も有望と思われた。FeliCaは、もともとはクレジットカードの大きさのプラスチック製のカードに埋め込まれていた。FeliCaカードにはバッテリーが不要で、リーダー／ライター（読み取り／書き込み機。以下、R/W）から送られる電磁波によって起動する。ユーザーは、カードをR/Wの近くにかざすだけで、情報を送信することができる。R/Wの価格は、画面や入力キーなどの有無により異なり、数百ドルから1000ドルである。FeliCaチップ（**資**

資料6-7◉FeliCaチップ

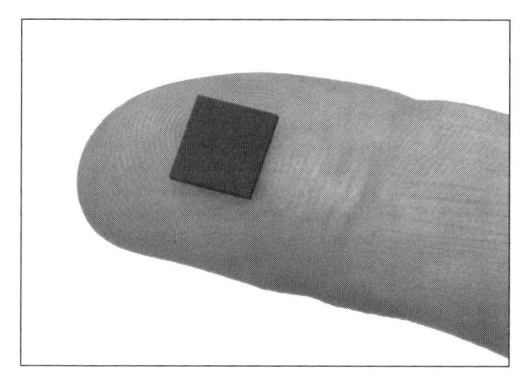

出典:ドコモ会社案内

料6-7参照)のコストは公表されていない。

　FeliCaの212Kbpsというデータ伝送速度は、他の非接触ICのほぼ2倍で、カードの検知、認証、データ伝送を0.1秒で完了することができる。ICには個別に管理されたファイルがあるため、さまざまなアプリケーションに割り当てることができる。高度な暗号化システムによって、アプリケーションごとに別々のキーを生成できることから、セキュリティは万全である。

　FeliCaは高速処理が可能なことから、電子マネーとしての利用や交通機関の改札時の利用に最適である。また、複数のアプリケーションをサポートすることができるので、1枚のカードや1台のFeliCa搭載の電話機を、オフィスに入る際のIDや電子マネー、鉄道運賃の支払いなど、複数の用途に用いることができる。

FeliCaの生い立ち

　1988年にソニーは非接触ICの研究を始める。1995年に香港政庁が、公共交通システムのオクトパスカードにFeliCaを採用、その後類似のシステムが、中国、インド、シンガポールにも販売された。1999年3月、ソニーは東京本社と商業施設で、社員ID兼「電子サイフ」として、FeliCaカードを試験的に使用しており、2001年1月には電子マネーシステムのEdy(エディ、詳しくは後述)のサー

ビスを開始した。このような動きにもかかわらず、FeliCaは国内市場で苦戦を強いられる。

　FeliCaカードの日本での利用がやっと上向いたのは、JR東日本が首都圏の鉄道網の利用客向けにこの技術を採用して以降のことである。JR東日本は、2001年11月にFeliCaシステムを導入して1年足らずで、FeliCa搭載カードのSuica（スイカ）を500万枚以上普及させた（SuicaとはSuper Urban Intelligent Card「超都会的なインテリジェントカード」の略で、スイスイと楽に乗れるカードにもかけてある）。

　Suicaの成功に勢いづいたソニー、JR東日本とドコモは、ドコモの携帯電話にFeliCaの技術を埋め込む可能性について協議した。2003年3月までに、3社は技術的には実現可能との結論に至っている。しかしながら、モバイルFeliCaのビジネスモデルについては、それぞれ意見が異なっていた。FeliCaにすでに多額の投資をしていたソニーは、短期で利益をあげたいと考えていた。一方ドコモは、技術とビジネス上のリスクを負いつつも、チップの供給を受けるために高いコストを負担しなければならない「先行者の不利益」を被りたくはなかった。このシナリオでは、モバイルFeliCaが定着すると、競合他社は先行者としてのリスクや投資をすることなく、ドコモと同じ価格でFeliCaチップを調達でき、いわゆる「ただ乗り」が可能になる。それでは、ドコモは競争不利に追い込まれてしまう。ドコモのサポートの重要性を認識したソニーは、チップの価格を低く抑えることを約束した。

　これは大きな一歩ではあったが、どうすれば、ドコモがFeliCaから利益をあげられるかはまだ定かでなかった。音声通信とデータサービスの両方で、トラフィックに基づいてユーザーに課金することにより、ドコモは収益のほとんどを得ていた。しかしながら、FeliCaを使っても通信トラフィックが大幅に増えるはずはない。ソニーとの交渉でマルチメディアサービス部長としてドコモのチームを率いた夏野剛は、ソニーとドコモの合弁会社を通じて、モバイルFeliCaから利益を得る計画を考えた。そして、2003年3月、両社はフェリカネットワークスの設立に合意する。

フェリカネットワークス

　フェリカネットワークスは、資本金58億円のうち60％をソニー、40％をド

コモが出資して設立された。新会社の社員80名のうち、20名はドコモからの出向で、ソニーは知的財産権と残りの社員を提供した。2004年6月に、同社の株式の5％をJR東日本が10億500万円で取得したため、ソニーとドコモの出資比率は、それぞれ57％と38％に下がった。

　計画では、フェリカネットワークスは3つの収益源を持つことになっていた。まず第1に、モバイルFeliCaのチップを購入した携帯電話会社から、ライセンス料を徴収する。ドコモはライセンス料を免除されるので、競合他社がFeliCa搭載の電話機を発売しても、競争優位に立つことができる。第2に、フェリカネットワークスは、実行環境の管理サービスを提供する。モバイルFeliCaチップにはアプリケーションが事前にインストールされているのではなく、ユーザーは、5個から10個のアプリケーションがダウンロードできる5KBのメモリー領域に、自分でアプリケーションをダウンロードするのである。同社は、このメモリー領域を管理し、アプリケーションの起動に必要な暗号キーを提供する代わりに、ユーザーがアプリケーションをダウンロードするごとに料金を受け取る。

　第3に、フェリカネットワークスが、アプリケーション配信業者に対して、アプリケーションのダウンロードやユーザー認証に用いるサーバーの管理などのホストサービスを提供し、そのほとんどから、手数料を徴収することが考えられた。しかし、大手の業者は、同社のサービスを利用するよりも、自社でサーバーを構築するほうが得策と考える可能性があった。

モバイルFeliCa採用の見通し

　2003年12月から2004年6月までの間、ドコモはモバイルFeliCa5000台を用いた市場トライアルを実施する。トライアル終了の翌月、ドコモは初の一般向けモバイルFeliCaを発売した。その年の12月までに、ドコモは130万台のモバイルFeliCaを売り上げている。

●利用者側のメリット

　FeliCaカードに比べ、モバイルFeliCaにはいくつかの利点があった。フェリカネットワークスの社長、河内聡一はこう語る。

「携帯電話には、画面、キーボード、ネットワーク接続など、非接触ICカードにはないいくつかの機能があります。モバイルFeliCaは、R/Wから送信された個人向けのマーケティングメッセージを表示することができるのです。たとえば、コンサートのチケットが売れ残っていた場合、会場近くのスターバックスで電子マネーで支払いをしたユーザーのモバイルFeliCaに、開演直前にその旨を知らせるメッセージをR/Wから送ることができたりするんですよ」

これらの機能のうちのいくつかは、画面やキーボード、ネットワーク接続機能をR/Wに直接組み込むことにより、カードを使っても実現させることができる。しかし、食品スーパー「アサノ」との共同マーケティングプログラムでは、モバイルFeliCaのほうがより効果的であることがわかった。ドコモの常務取締役経営企画部長の辻村清行は次のように説明している。

「アサノは、FeliCaで買い物をしたお客様に最大5％の値引きを行う会員制度を実施しています。値引き率は1カ月の購入金額に応じて決まります。より高い値引き率を得ようと、お客様は財布のヒモを緩めるようになるので、売上げが増加しました。当初、このスーパーではFeliCaカードを使っていましたが、モバイルFeliCaも使えるようにしました。携帯電話はいつも持っているわけだから、あとどれだけ買い物をすればより高い値引き率を得られるかを、店内でレジに並ぶ前に電話機の画面上で確認できれば、当然好都合なはずです」

● セキュリティに関する懸念

モバイルFeliCaが広く普及するには、セキュリティへの懸念が障害となった。モバイルFeliCaに電子マネー、ビル入館のためのIDその他のアプリケーションが搭載されているとなると、電話機の紛失は財布をなくすも同然となる。しかしドコモの常務取締役営業本部長の坂本隆司は、それ以上の懸念を示した。「現金5万円が入った財布をなくしたら、当事者はおそらくその現金は返ってこないと思うでしょう。ですが、モバイルFeliCaを紛失したら、財布をなくしたときと同じようには考えないでしょう。紛失の責任を問われることになれば、ドコモの評判は揺らぎかねません」。

ドコモは電子財布機能として、Edyを採用していた。Edyには最大5万円まで入金しておくことができる。電子マネーでは、処理スピードを速めるため、ユ

ーザー認証や支払いの認証のための暗証番号（PIN）や通信ネットワークを用いていない。そのため、電子マネーをチャージしたスマートカードが紛失もしくは盗難にあっても、そのまま使えてしまうのである。ドコモは、モバイルFeliCaにはリモートロック機能を持たせることにより、この問題を回避できた。盗難もしくは紛失した場合には、ユーザーはドコモのカスタマーサービスに電話して、電話機の機能をロックすればよいのである。

● 競合技術

　FeliCaは、「A型」と「B型」の非接触IC技術と競合していた[注10]。A型のカードは主に欧州で使われている。日本政府は、住民登録制度で用いるカードにB型の技術を使うことを決定し、同じ技術を運転免許証やパスポートにも適用する計画を進めている。FeliCaの技術に比べ、B型はセキュリティ面で優れていたが、処理スピードが遅かった（**資料6-8参照**）。

　2003年11月、ソニー、ビザ、インフィニオンの3社は、業務提携を組むことを発表した。その目的は、FeliCaの非接触ICとクレジットカード会社が広く展開している接触ICの技術を、1つのチップに統合するための開発を進めることだった。この業務提携では、グローバル・プラットフォームによる標準を活用することになった。グローバル・プラットフォームとは、50社以上のクレジットカード会社、メーカー、ベンダーから成る国際組織で、スマートカードの規格を共同開発している[注11]。

ドコモFeliCaの戦略的根拠

　ドコモにとって、モバイルFeliCaの成功のためには、最終的にどれだけの投資が必要なのかは明らかでなかった。夏野は言う。「基本技術はすでにソニーが開発していたので、今までドコモがFeliCa技術に投資した総額は大きなものではありませんでした」。しかしドコモは、小規模の商店がR/Wを設置する場合の補助金として、200億円を計上している。商店は、補助金が適用されたR/Wを受け取り、その代わりにFeliCaを用いた支払いがなされるたびに、少額の手数料をドコモへ支払う仕組みである。

　モバイルFeliCaは、ドコモの中核ビジネスを活性化させ、加入者獲得率を向

資料6-8●競合する非接触 IC技術

非接触スマートカードとは、電源を内蔵し、誘電技術を用いてワイヤレスでカード読み取り機との通信を行うICチップを埋め込んだカードのことである。2001年以来、ISO/IEC 14443（カード規格、A型とB型）が、データ伝送距離が10cm以内の非接触スマートカードの標準方式となっており、C型とも呼ばれるFeliCaは、ISOの規格認証をまだ受けていなかった。A型、B型、およびいわゆるC型の技術はすべて周波数13.56 MHzを利用していたが、暗号化と変調方法の違いから3つに分けられていた。ISO 14443に加え、データ伝送距離が70cmまでと長いものの規格として、ISO 15693が存在したが、これは主に物流の分野で用いられた。

A型は世界中で用いられていた。最もよく知られた技術は1994年にフィリップスが開発したマイフェア（MIFARE）で、電子マネー、アクセスコントロール、有料道路の料金支払い、飛行機のチケット発行、テレフォンカード、運輸などの多様な用途に用いられていた。ロンドン、オランダ、北京、ソウル、モスクワの公共交通システムには、マイフェアが採用されていた。データ伝送速度は106Kbps（FeliCaは212Kbps）である。2003年末までに、マイフェアは約4億枚のスマートカードのICと、200万台の読み取り機に使われた。

B型はモトローラにより、開発された。A型のカードとは違い、B型のカードには中央演算装置（CPU）が組み込まれており、そのために大容量のメモリーが可能であった。NTTグループで、長距離通信と国際通信事業を展開しているNTTコミュニケーションズは、日本におけるB型の技術を主導していた。NTTはパブリックキーとプライベートキーの両方の暗号化技術を用いていた。パブリックキー方式は、アルゴリズムがより複雑なため、長い処理時間を要した。しかし、A型やC型の技術よりもセキュリティが強固だった。B型の技術は、日本では住民登録カードに用いられており、政府は、運転免許証や健康保険証、パスポートなどの他の公的身分証明にも、この技術を適用する計画であった。

出典：「マイフェアについて（About MIFARE）」、マイフェアのウェブサイト、http://www.mifare.net/about/に2005年3月11日アクセス。「携帯＋非接触IC？」、ITメディア・モバイルニュース、2002年9月18日、http://www.itmedia.co.jp/mobile/0209/18/n_ic.htmlに2005年3月11日アクセス。「独走『FeliCa』に挑むNTT―非接触ICカードの最新動向」、ITメディア・モバイルニュース、2003年3月5日、http://www.itmedia.co.jp/mobile/0303/05/iccard.htmlに2005年3月11日アクセス。

上させるだけでなく、フェリカネットワークスにおけるドコモの持分や、新しい収益源からもドコモに利益をもたらすものと考えられた。夏野は新しい収益源の戦略上の意義について、こう説明している。「私たちは大幅な成長を目指すべきなのでしょうか。それとも、成熟する市場の中で、現在のシェアを維持

するために戦うべきなのか。成長したいなら、通信を超えたビジネスを展開しなければなりません。そうすると必ず、新市場への参入に必要なリソースや能力があるのか、またどんなリスクを負うつもりがあるのか、という疑問が出てきます」。

他社への切り替え抑制と加入者の獲得

●切り替えコストの増加

　モバイルFeliCaは、ドコモ加入者の他社への切り替え抑制に効果があると思われた。番号ポータビリティの導入が予定されていることを考えると、この点は最も重要である。別の電話会社に切り替えるには、まず、古い電話機に入金されている電子マネーを削除し、それから、新しい電話機にFeliCaのアプリケーションをすべて再インストールしなければならない。しかし、切り替えコストがどれだけかかるのかは明確ではなかった。フェリカネットワークスの河内は指摘する。「アプリケーション配信業者が個人情報を管理するので、再インストールを自動化して、個人情報やカスタマイズされた設定を新しい電話機に移すことができるはずです。もちろん、ユーザーはそれでもアプリケーションをダウンロードしなければなりませんが、そんなに長い時間をかけずに済むはずです」。

●競合携帯電話会社との明確な差別化

　FeliCaを他社にない独自の機能として提供すれば、ドコモは大きなシェアを握ることができるものと思われた。同時に、競合他社もこの技術を採用すれば、強いネットワーク効果が生まれ、FeliCaのアプリケーションや読み取り機がより広く普及するであろうこともドコモは認識していた。このため、ドコモは、FeliCaの独占使用権を求めないことを決定した。中村は言う。「私たちはKDDIがFeliCaに参加するのを阻止しませんでした。ソフトバンクが携帯電話事業に参入しても、私たちは邪魔をするつもりはありません」。辻村が付け加える。「ドコモからKDDIに乗り換えたお客様も、Edyのような基本アプリケーションはそのまま使えます。けれども、ポイントプログラムなど、ドコモ独自の上位サービスを使うことはできません」。

他の携帯電話会社も非接触ICのサービスを提供することが予想された。KDDIは、2005年中にモバイルFeliCaを開始する計画を発表している。ボーダフォンの思惑は定かではないが、2004年5月に同社は、非接触ICを埋め込んだフラッシュメモリーカードを用いた電話機の試作品を発表している。

フェリカネットワークスからの利益

フェリカネットワークスの株式保有は、ドコモに利益と競争優位の両方を確保する可能性をもたらした。中村は次のように述べている。

「JR東日本やその他の鉄道会社、また最終的にはすべての携帯電話会社からのサポートが得られることを考えると、たしかにFeliCaはデファクトスタンダードになりえます。日本では携帯電話の買い替えサイクルが速いので、モバイルFeliCaが8000万台を数える日も近いでしょう。それらの電話機のアプリケーションはフェリカネットワークスを通じて起動させなければならず、また、競合他社も同社から技術ライセンスを得なければならないので、私たちの合弁会社であるフェリカネットワークスはかなりの力を持つことになると思います。また、大きな収益をあげるかもしれません。そのことは歓迎しますが、ドコモの評判を守るためには、その立場を濫用するべきではないでしょう」

フェリカネットワークスの大株主であるドコモには、競合他社よりも先に、新しいモバイルFeliCaのアプリケーションについて知ることができるという利点もある。つまり、ドコモは、発売のタイミング上の利点と、他社に先駆けて独占権交渉ができる優位性を持っているわけだ。しかし、アプリケーション配信業者のほとんどは、すべての電話会社との取引を望むであろうから、ドコモが独占権を確保するという特権を得られない可能性もあった。

FeliCaをベースにした電子マネー

ドコモの収益源となりうるFeliCaのアプリケーションは数多くあったが、その中でも決済サービスが特に有望と思われた。FeliCaの技術はすでに電子マネーに用いられている。電子マネーとは、デジタル的に入金された貨幣価値デー

タで、現金と同じように使え、追加入金も可能なものをいう。電子マネーの導入によって、ユーザーは、小銭を探したり、領収書にサインをしたり、あるいはお釣りをもらったり、オンライン認証が終わるのを待ったりといった面倒から解放された。コンビニ、タクシー、スーパーマーケット、駅の売店など、取引のスピードが要求されるところでは特に、それが早く済むことが、店にとっても客にとっても魅力的であった。非接触ICチップには顧客データを保存することもでき、それを用いてポイント制度を実施することもできた。

　店側は、競合店よりも先に電子マネーを扱えば、その分大きな市場を得ることができるだろうと考えた。電子マネーでは、不正使用があっても店の責任は問われない。一方でクレジットカードの場合は、クレジット会社のシステムを使って、不正な取引を防止する責任があった。しかし、スピードが重視されず、不正使用のリスクを避けるために認証が必要となるような大口の取引には、電子マネーはあまり使われないだろうと思われた。

　FeliCaをベースとした電子マネーの普及には、電子マネーのR/Wを小売店に設置するコストの問題が潜んでいた。クレジットカードの場合、店では1つの装置で、主要なクレジットカードすべて（ビザ、マスターカード、アメリカンエクスプレス、JCBなど）の取引処理を行うことができる。しかし電子マネーでは、2004年11月現在では、その種類によって、それぞれ別のR/Wが必要である。1台の装置で複数の電子マネーを扱えるようにすることは、技術的には問題なかったが、戦略的な理由により、電子マネー会社の抵抗が予想された。

　Edyの場合、R/Wのコストに加え、電子マネーを受け取った店は、取引額の2〜3％の手数料を支払わなければならなかった[注12]。とはいえ、クレジットカード手数料だと、小規模の商店の場合平均3〜5％なので、それに比べれば低額であった[注13]。

提携先候補

　日本には、プリペイド（前払い）方式の電子マネー会社が2社あり、それぞれEdyとSuicaを扱っていた。一方、大手クレジットカード会社のJCBはポストペイ（後払い）方式の電子マネーQUICPay（クイックペイ）のサービスを提供していた。

● Edy

　2001年1月、ソニー、ドコモ、大手銀行数行と装置メーカーなどの11社が共同で、Edyの管理のための会社、ビットワレットを設立した。Edyはユーロ、ドル、円のそれぞれの頭文字をとって命名されている。2004年までに57社がEdyに投資し、ドコモの出資比率は13％となった。当初Edyの伸びは鈍く、1年目のカード発行は55万枚に留まったが、2003年になってさまざまなEdyカードやEdyと連携したサービスが導入されるようになり、成長が加速した。

　Edyカードは、コンビニエンスストア・チェーンのエーエム・ピーエム（am/pm）の店舗で、300円で買えた。入金額が少なくなったら、小売店にあるEdy入金機（レジがR/Wを兼用している場合もある）でチャージすることができる。クレジットカード、ポイントカードのほか社員IDカードにも、Edy機能付きのものができた。たとえば、全日本空輸（ANA）は、マイレージをEdyに交換できるEdy機能付きのマイレージカードを発行している。Edy機能付きのカードやモバイルFeliCaの数は、2004年10月までに650万に達し、約1万2000の加盟店でEdyが使えるようになった[注14]。

● Suica

　2001年11月、東京中心部から100km以内にある424のJR東日本の駅に、Suicaのサービスが導入された。ユーザーは、500円を支払って（カード返却時には返金される）Suica定期券もしくはSuicaイオカードを買うと、最高2万円までチャージしておくことができる。イオカードとは異なり、定期券にはユーザーの個人情報が登録され、JR東日本の駅でネットワークに接続する運賃読み取り機にアクセスするたびに、電子マネーの残額が記録される。定期券を紛失または盗まれた場合には、残額が返金される[注15]。Suicaは非常に便利と、乗客の間でも好評だった。あるアンケート結果によれば、Suicaのサービスがあるので JRに乗ると答えた人が、全体の10％を占めている[注16]。

　2004年10月までに、Suicaの利用者は1000万人となった。東京圏のJR東日本の乗客数は1日平均1400万人で、その半数をはるかに超えている。JR東日本は、首都圏の60社もの鉄道、地下鉄、バス会社の運賃カードとSuicaを統合すべく、交渉を重ねている。このプロジェクトが実現すれば、最終的には、Suicaと互

換性のある約2600万枚のカードが流通することになる。JR東日本はまた、2006年1月より、ドコモのモバイルFeliCaにSuica機能を持たせる計画も持っている。

　2003年3月、JR東日本は、電子マネー機能の付いたSuicaカード（入金限度額2万円）を導入した。その年の6月、同社はSuicaの運賃機能と電子マネーの機能を盛り込んだビザのクレジットカード（ブランド名は〈ビュー〉）を発行した。2004年12月の時点で、Suicaカードは1050万枚流通しているが、そのうちの約50％は電子マネーの機能を持っている。Edyの650万枚にはやや遅れをとったものの、電子マネー機能付きSuicaの導入から9カ月でこの結果を出している。

● **QUICPay**

　JCBは独自のシステムを持つ日本最大のクレジットカード会社で、世界でもビザ、マスターカード、アメリカンエクスプレスに続く第4位である。2004年時点で、JCBカードの利用者は5200万人、うち370万人は海外在住であり、JCBカードの取扱い店舗数は、海外188カ国の610万店を含む1170万店である。

　日本では、一般消費者が買い物で支払う額の約10％が、クレジットカードによるものである。この割合は米国の半分にすぎない。この差を縮めようと、JCBは2000年に新会社、ジェイエムエスを設立した。この会社は、100名の営業部隊を擁し、アメックス、ビザ、マスターカード、ダイナーズクラブの加盟店営業を代行することによってクレジットカードの取扱い店舗を増やそうとするものだった。

　またJCBは、即座に決済ができる機能をカードに盛り込むことにより、クレジットカードの利用を増やすことができるだろうと考えていた。2004年7月、JCBは大手小売チェーンの系列会社であるイオンクレジットカードサービスと提携し、FeliCaをベースにしたQUICPay（Quick & Useful IC Payment:「早くて役に立つICでの支払い」の意）というサービスを開発した。EdyやSuicaが前払い方式の電子マネーであるのに対し、QUICPayは後払い方式のサービスである。ユーザーは、毎月のクレジットカード支払いのうち、3万円を上限としてQUICPayでの支払いに使うことができ、QUICPay使用分は、毎月のクレジットカード請求でまとめて請求される。ユーザーはオンライン認証を待ったり、

領収書にサインをしたりする手間がなくなり、JCBパートナーのポイントも貯めることができる。QUICPayカードが紛失や盗難にあった際には、システム上でユーザーのカード利用状況に異変が検知された場合、JCBはサービスを停止できる[注17]。

　JCBは、QUICPayの読み取り機をスーパーマーケット、コンビニ、デパートの食品売り場など、決済スピードが重視され、現金取引が圧倒的に多いところに設置しようと考えており、イオンと共に、他のクレジットカード会社にも働きかけている。QUICPayはFeliCaの技術を利用しているので、モバイルFeliCaにアプリケーションをダウンロードすることができる。また、2005年春には、モバイルFeliCaが本格的に始動することになっている。そうなると、QUICPayはEdyやSuicaと直接競合することになり、おそらく小売店は、レジに3種類の異なったFeliCa読み取り機を置くのに乗り気ではないだろうと思われる。

金融サービス戦略に関するドコモの選択肢

　ドコモがモバイルFeliCaでの電子マネーの利用を促進するには、いくつかの方法が考えられた。1つ目は、Edyのサポートを継続し、Edy専用の読み取り機の設置を進めることである。今までに発売されたモバイルFeliCaにはすべて、Edyのアプリケーションがプリインストールされている。2つ目は、複数の電子マネー会社が共存できるよう、読み取り機の互換性を高めることである。3つ目は、ネットワーク効果を利用するために、JR東日本やJCBと共同で、電子マネーの利用促進に取り組むことである。

　電子マネー機能に加えて、ドコモはモバイルFeliCaにクレジットカード機能、具体的には一括払い（チャージカード）やリボ払いの機能を付加することもできた。アメリカンエキスプレスやダイナースクラブなどのようなチャージカードの場合は、毎月の残額を一括して支払わなければならない。そうしない場合は、ローンを組んで月賦で支払うリボ払いとなる。

　一括払いにせよリボ払いにせよ、携帯電話をクレジットカード代わりに使うことに、消費者や小売店が従来のカードよりも魅力を感じるのか、それだけの

利点があるのかはわからなかった。もし、それで取引量が増えると思えば、小売店は携帯電話ベースのクレジットを使えるようにするため、追加投資をするだろう。クレジットカードでの支払額は、現金のそれよりも多額の場合が多いので、不正利用の防止のために、消費者は電話機のキーボードで暗証番号を入力して、オンライン認証を行いたいと思うだろう。結果として、現金よりも早く簡単に使える電子マネーとは異なり、携帯電話をクレジットカード代わりに使っても、従来のカード決済よりも早く決済を済ませることはできない。そこで携帯電話の画面や接続されたネットワークを使って、広告メッセージやその他の情報（たとえば、「あといくらクレジットを利用できるか」など）を配信することで、何らかの利点を持たせなければならなかった。

　携帯電話をクレジットカード代わりに使えるようにするにあたって、ドコモには少なくとも3つの選択肢があった。第1は、既存のクレジットカード会社と独占権のないパートナー契約を結び、モバイルFeliCaに一括払いやリボ払いの機能を盛り込むことである。その代わりに、ドコモはクレジット手数料の一部を請求する。これを見越して2002年8月に、ドコモは、クレジットカード会社8社との提携で、従来のプラスチック製のカードの形で、ドコモクレジットカードを導入していた。以前、ドコモのポイントプログラムは毎月の携帯電話の支払額に応じてポイントが貯まるものであったが、ドコモクレジットカードでは、買い物をしてもポイントが貯められるようになっていた。

　ドコモは、ポイントプログラムをパートナー企業との共同マーケティングに活用する可能性を考えていた。たとえば、独自のポイントプログラムを実施する余裕のない小さな商店やレストランがドコモポイントを発行し、そこから売上げが増えた分の何％かをドコモが受け取るという仕組みである。

　第2の選択肢は、電話機をベースとしたクレジットサービスを提供するために、クレジットカード会社1社と独占的パートナー契約を結ぶことである。クレジットカード使用の初心者をめぐる競争は熾烈である。消費者が初めて手にしたカードが生涯を通じて最もよく使うカードになる可能性が大きいことから、クレジットカード会社は、最初のカードとして採用されるための売り込みに必死である。ドコモのブランドは若い消費者に浸透しているので、クレジットカード会社にとって貴重な戦力になりうる。

最後の選択肢は、金融サービス関連のパートナーと組まずに、電話機をベースとしたクレジットサービスを立ち上げることである。この場合、ドコモは、iモード取引のために開発した課金システムを活用し、ユーザーの毎月の通信料の請求にクレジット請求を追加するだけでよい。

　ドコモの経営陣は、これらの選択肢をめぐって議論を重ねたが、金融サービスにおける経験不足を勘案せざるをえなかった。辻村は説明している。「クレジットカード会社は、決済時の手数料ではなく、リボ払いの金利で主に利益を得ています。顧客の信用状態を判断するにはスキルが必要ですが、ドコモにはそのスキルが欠けています。貸し倒れで大きな損失を抱えるわけにはいきません」。

FeliCaの意義

　モバイルFeliCaのサービスを開始した際、ドコモは地理的に限られた市場をターゲットとするのではなく、全国一斉のサービス開始を選択した。社長の中村はこう振り返る。「全国一斉にサービスを開始するか、もっと試験的サービスを行い、地域ごとに段階を追ってサービスを導入するか、社内でも熱い議論がありました。消費者がこの技術をどう使うのかをよりよく知り、それによってサービスの運営をより完璧に近づけるべきとの意見が強かったのです」。

　坂本は次のように言う。
「盗難や紛失、故障の可能性があるため、FeliCaは複雑でリスクのあるサービスです。もし、5万円入金してある電話機を紛失したらどうなるだろう。どうすれば、不正利用を防止できるか。もし、電車の定期券機能も付いていたらどうだろう。万が一、モバイルFeliCaを紛失した場合、お客様はどのアプリケーション配信業者に連絡すればよいのか。また、ドコモはどの業者に連絡すべきなのか。数え切れないほどの非常事態が想定されますが、私たちはそのすべてに対応できるようにしておかなければなりませんでした」

　ドコモの経営陣はセキュリティの重要性を認識してはいたが、モバイルFeliCaを最初に市場に出す企業となることも重要であった。中村は説明している。
「セキュリティはきわめて重要です。しかし、私たちのパートナーとなる全日空やエーエム・ピーエムのような企業は、モバイルFeliCaのアプリケーション

を全国で提供したいと考えていました。さらに重要なことには、全国一斉にサービスを開始すれば、ドコモにもまだ機動力があることの証明になります。

　市場調査によれば、今の消費者は、ドコモよりもKDDIのほうが積極的で、革新的だと考えています。私たちはこれまでの大成功のせいで、地位を守ることばかりを考え、傲慢になってしまいました。人間の本性とはそういうものですが、当社にとっては大問題です。『大企業病』といわれるものが蔓延し始めています。意思決定のスピードが遅くなり、高いリスクはあるが成功すれば高いリターンが得られるような計画を支持する管理職は、ほとんどいなくなってしまいました。

　私たちは消費者に十分目を向けていませんでした。たとえば、3G技術の開発と実用開始に躍起になっていたときには、膨大な数の2Gのお客様のニーズを無視していました。当社のイメージと評判を変えていかなければなりません。FeliCaは、私たちが機敏に動き、リスクをうまく負いつつも、新しい価値をお客様に提供することができることを証明する機会を与えてくれたのです」

注
1) "DoCoMo Signals a Cultural Shift," *Financial Times*, September10, 2004, p.8.
2) 「ドコモ、海外戦略見直し」『日経産業新聞』、2004年6月22日、5面。
3) 総務省「ネットワークの現状と問題点についての調査」。
4) 「2004年ドコモ年次報告書」、p.56。
5) ケース執筆者によるインタビュー、2004年11月9日。
6) 電子通信事業者協会のデータ。
7) 同上。
8) ドコモ「株主・投資家情報──年度末、四半期ごとの実績　2004年度第2四半期データ」、ドコモ企業ウェブサイト、
   http://www.nttdocomo.co.jp/english/corporate/investor-relations/business/04qrt2_e.htmlに
   2005年1月11日アクセス。
9) 乾牧夫「移動体通信原論III（Japanese Wireless Uncertainty Reigns）」、UBS調査レポート、2004年6月29日、pp.69-70。
10) A型とB型のカードは、ISO14443（カード規格）の認証を取得済み。C型とも呼ばれる〈FeliCa〉の技術は、2003年12月にISO18092（通信規格）の認証を取得しているが、カード規格の認証はまだ取得していない。
11) グローバル・プラットフォームは、複数のアプリケーションを持つスマートカードや関連機器の規格の開発、管理および推進のために結成された。出典：Gerhard Fasol, "i-mode FeliCa Wallet Phones," Eurotechnology Japan Report, December 2, 2004, p.22.
12) 「動き出す電子マネービジネス──『エディ』で囲い込み」『日経産業新聞』、2004年6月29日、3面。
13) 「リテール大競争──踊り場の消費者金融」『日経産業新聞』、2002年11月15日、15面。
14) ビットウォレット株式会社報道発表資料、2004年12月8日。

15）JR東日本「スイカの特長」、JR東日本企業ウェブサイト、http://www.jreast.co.jp/suica/about/merit/index.htmlに2005年3月4日アクセス。
16）JR東日本「非接触ICカードシステムの開発と導入」、2004年11月。
17）「携帯をクレジットカードにする『QUICPay』は安心か」、ITメディア・モバイルニュース、2004年7月21日、http://www.itmedia.co.jp/mobile/articles/0407/21/news101.htmlに2005年3月4日アクセス。

第7章

Rakuten
楽天：Eコマース事業の創造

［執筆者］

ハーバード・ビジネス・スクール 教授
F・ウォーレン・マクファーラン
F. Warren McFarlan

ハーバード・ビジネス・スクール 教授
アンドリュー・P・マカフィー
Andrew P. McAfee

ハーバード・ビジネス・スクール 教授
トーマス・R・アイゼンマン
Thomas R. Eisenmann

前 ハーバード・ビジネス・スクール 日本リサーチ・センター長
江川雅子
Masako Egawa

● ハーバード・ビジネス・スクールのケースは、授業での討議に用いられる資料として作成されている。ケースには、1) 当該企業を推奨する、2) 一次データの出典となる、3) マネジメントの優劣について例証する、という意図はない。

● ケースは過去のある時点の事実をもとに書かれたものである。現在の当該企業の状況を反映したものではないことに注意されたい。

Case No. 9-303-050
© 2004 President and Fellows of Harvard College.

[注記] ケース作成後、楽天は急速に成長し、2009年12月の時点の売上高は2983億円、営業利益566億円。会員数6200万人、契約企業数は3万社を超え、グループ全体の流通総額も1兆円に達している。

1997年に三木谷浩史が設立した楽天は、日本をリードするEコマース（電子商取引）企業である。同社が自社開発のソフトウェアで立ち上げたオンラインショッピングモールでは、2004年7月の時点で契約企業1万6200社が840万点にのぼる商品を販売している（**資料7-1**参照）[注1]。楽天はネットレイティングスの調査によると、ユニークユーザー数（訳注：サイトを訪問した人の数。複数回の訪問はカウントしない純粋な人数）でヤフー・ジャパンに次いで第2位にランクされている（**資料7-2**参照）。また、日本経済新聞のEコマースに関する調査では、アマゾン ジャパンとヤフー・ショッピング・ジャパンを抜いて第1位を占めている[注2]。

楽天は本業の成長と買収や合弁事業を通じて、オンラインショッピングモール以外への多角化を推し進め、ポータル、オークション、グリーティングカード、コミュニティ、ゴルフ場予約、B2B（企業間電子商取引）サービスなどの事業を展開している。さらに同社は、オンライントラベルとオンライン証券の分野でも企業を買収し、市場をリードする存在となっている（**資料7-3**参照）。2003年に楽天の売上高は181億円に達し、48億円の営業利益を計上した（**資料7-4**参照）。楽天の株価は過去12カ月間で4倍に上昇し、時価総額は約8000億円に増大している（**資料7-5**参照）。2002年、三木谷はフォーチュン誌によって世界の40歳未満の若手富豪ランキングで第6位に選ばれた[注3]。

2004年7月、三木谷は次に打つべき手を慎重に検討していた。彼は楽天の税引前利益を1000億円に引き上げたいと考えていたが、日本でこれを達成している企業は30社ほどにすぎない。はたして楽天は、ヤフー・ジャパンとアマゾンとの熾烈な競争を前にしながら、成長を維持できるか。海外に進出すべきか。世界でナンバーワンのインターネット企業となることを目指して、引き続き経営の多角化を推進すべきか。そうであるならば、どのようなビジネスを、次のターゲットとすべきか。

資料7-1●加盟店数の増加

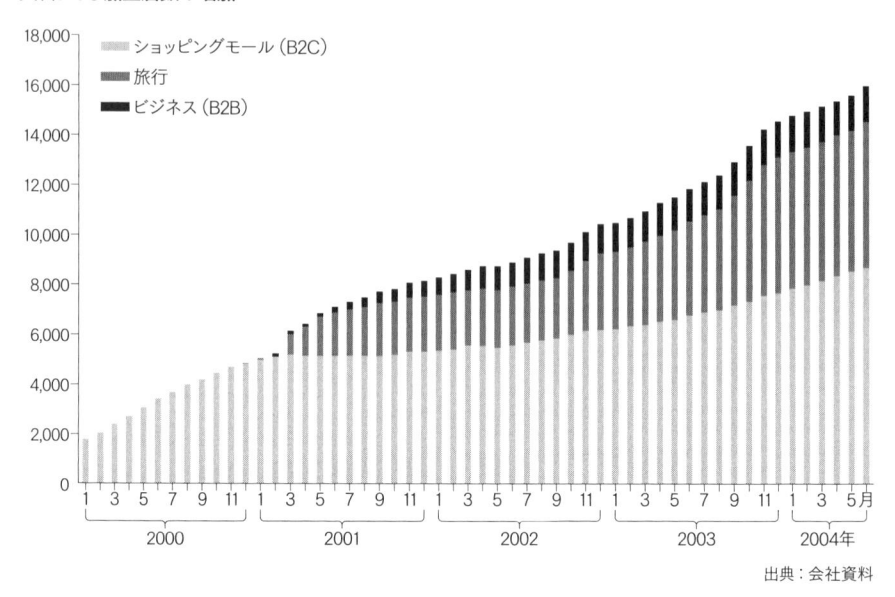

　　凡例：ショッピングモール（B2C）／旅行／ビジネス（B2B）

（2000年1月〜2004年5月の月次積み上げ棒グラフ、縦軸0〜18,000）

出典：会社資料

資料7-2●日本のインターネット事業者（2004年6月）

事業者名	ユニークユーザー数	リーチ	1人当たり利用時間
1　ヤフー	2,823　万人	83.64％	3：13：10
2　楽天	2,060.9	61.06	0：51：48
3　MSN	1,903.6	56.40	0：32：27
4　ニフティ	1,682.6	49.85	0：29：34
5　NEC	1,466.3	43.45	0：18：59
6　マイクロソフト	1,388.0	41.12	0：06：17
7　グローバルメディアオンライン	1,327.5	39.33	0：25：58
8　ソニー	1,254.8	37.18	0：16：09
9　NTTコミュニケーションズ	1,167.8	34.60	0：13：30
10　アマゾン	1,003.7	29.74	0：11：56

注：本稿で報告されているインターネット利用状況の推計は、インターネットに接続できる世帯で、Windows 95/98/NTおよびMacOS 8、またはより高位のバージョンのプラットフォームを使用している世帯のサンプルに基づいている。ニールセン／ネットレイティングスのインターネット・ユニバース（統計の母集団）は、現在インターネットに接続できる日本の世帯のメンバーの全員（2歳以上）と定義されている。
出典：ネットレイティングスwww.Netratings.co.jp/US/monthly/properties.htmlに2004年7月26日アクセス。

資料7-3●インターネットサービスにおける楽天の位置づけ

ショッピング	旅行	オンライン証券	ゴルフ場予約
1 楽天	1 楽天	1 イー・トレード証券	1 楽天
2 アマゾン	2 ISIZE（イサイズ）	2 松井証券	2 ゴルフダイジェスト・オンライン
3 ヤフー・ショッピング	3 やど上手	3 楽天	3 イー・ゴルフ
4 ビッダーズ	4 ベストリザーブ	4 カブドットコム証券	・GORA＋ゴルフポート
5 カカクコム	5 宿ぷらざ	5 マネックス証券	・ユニークユーザー
・楽天市場	・マイトリップ・ネット＋楽天トラベル	・DLJディレクトSFG証券	
・ユニークビジター	・オンライン・ホテル予約推計	・2003年12月国内株式売買高	

コミュニティ	ポータル	グリーティングカード	オークション
1 楽天	1 ヤフー	1 楽天	1 ヤフー・オークション
2 ヤフー・ジオシティーズ	2 楽天	2 ヤフー・グリーティング	2 楽天
3 2ちゃんねる	3 MSN	3 ISIZE eカード	3 ビッダーズ
4 ティーカップ	4 Goo	・Ynot＋楽天グリーティング	4 WANTEDオークション
5 tok2.com	5 エキサイト	・ユニークビジター	5 ぐるぐるオークション
・Isweb＋楽天広場	・インフォシーク		・楽天オークション
・ページビュー（ウェブサイトが一定期間内に閲覧された回数）	・ユニークビジター		・オークション品目数

書籍	B2Bサービス
1 アマゾン	1 楽天
2 楽天	2 B2Bジャパン
3 eS！ブックス	3 e-anken
4 小学館	4 さぶみっと！
5 紀伊國屋書店	5 お仕事オークション
・楽天ブックス	・楽天ビジネス
・ユニークビジター	・月間リクエスト数

注：各表下は楽天の関与する事業と順位割り出しのために依拠したデータ。
出典：会社資料

楽天の創業と事業の特徴

　三木谷は1988年に、日本の大手金融機関である日本興業銀行に入行した。同行在籍中にハーバード・ビジネス・スクールに留学してMBA（経営管理学修士号）を取得したあと、1993年に日本に帰国、日本興業銀行のM&A業務部門

資料7-4●楽天の財務概要

7-4a 損益計算書

（単位：百万円）

	12月31日終了年度			
	2000	2001	2002	2003
売上高	3,225	6,781	9,895	18,082
営業利益	1,047	1,800	2,550	4,750
税引前利益	968	1,408	2,242	4,438
純利益	(9,515)	(4,158)	(3,277)	(52,643)
営業利益率（％）	32.5	26.5	25.8	26.3
税引前利益率（％）	30.0	20.8	22.7	24.5
現金および現金等価資産	31,940	21,359	19,672	25,791
株主持分	38,340	33,746	30,220	26,364
資産合計	40,255	36,387	34,055	188,016
株主持分／資産合計（％）	95.2	92.7	88.7	14.0
発行済株式数（百万株）	98,898	98,759	1,006,727	1,120,411
1株当たり正味資産	387,676	341,703	30,093	188,016
1株当たり配当	—	125	125	250

出典：会社資料

に配属された(注4)。三木谷は興銀時代に、起業家精神にあふれる多くの日本人ビジネスマンに出会ったことから、興銀に在籍したままでは実現できない可能性を追求するようになった。そして1995年、彼は自らコンサルタント会社を設立するため、興銀を退職した。当時、慶應義塾大学の大学院生として、三木谷が構想を抱いていた新事業の立ち上げに協力した本城慎之介は、次のように語る。「私たちには人材も資金もなかったので、インターネットショッピングモールを創設することにしました。在庫を抱える余裕がなかった分、消費者を惹きつけるためにできるだけ多くの店舗が私たちのモールに参加するよう努力しまし

7-4b 部門別四半期ベースの業績

	2002年				2003				2004	
	第1四半期	第2四半期	第3四半期	第4四半期	第1四半期	第2四半期	第3四半期	第4四半期	第1四半期	2004年第一四半期内訳(%)
売上高(単位:百万円)										
Eコマース事業	1,507	1,833	2,015	2,233	2,370	2,926	3,016	3,670	4,225	43.2
ポータル事業	441	469	487	638	973	920	908	1,280	1,335	13.6
旅行・エンターテインメント事業	—	—	—	—	—	—	—	1,497	1,375	14.0
楽天証券	—	—	—	—	—	—	—	—	3,093	31.6
その他の事業	161	203	212	231	576	653	750	—	—	—
内部消去	(125)	(132)	(112)	(166)	(287)	(378)	(460)	(330)	(239)	-2.4
合計	1,984	2,372	2,602	2,936	3,631	4,120	4,214	6,117	9,790	100.0
営業利益(単位:百万円)										
Eコマース事業	369	523	577	735	634	945	896	1,377	1,405	41.5
ポータル事業	42	34	47	36	21	53	92	125	322	9.5
旅行・エンターテインメント事業	—	—	—	—	—	—	—	420	442	13.1
楽天証券	—	—	—	—	—	—	—	—	1,214	35.9
その他の事業	29	47	63	47	36	58	84	—	—	—
内部消去	—	1	(1)	1	—	(1)	2	5	(2)	-0.1
合計	440	605	687	819	691	1,056	1,075	1,929	3,382	100.0
営業利益率(単位:%)										
Eコマース事業	24.5	28.5	28.6	32.9	26.8	32.3	29.7	37.5	33.3	
ポータル事業	9.5	7.2	9.7	5.6	2.2	5.8	10.1	9.8	24.1	
旅行・エンターテインメント事業	—	—	—	—	—	—	—	28.1	32.1	
楽天証券	—	—	—	—	—	—	—	—	39.2	
その他の事業	18.0	23.2	29.7	20.5	6.3	8.9	11.2	—	—	
内部消去	NA	NA	NA	NA	NA	NA	NA	NA	NA	
合計	22.2	25.5	26.4	27.9	19.0	25.6	25.5	31.5	34.5	

出典:会社資料

資料7-5●楽天の株価の推移（2000年4月～2004年7月）

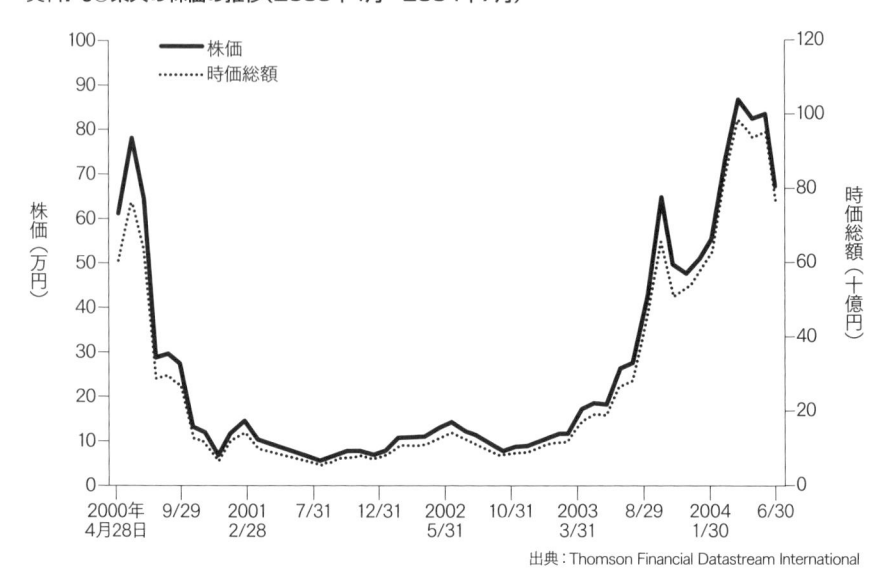

出典：Thomson Financial Datastream International

た。その結果、加盟店の数が増加するようになり、とても良い事業サイクルを創り出せたのです。

　当時は、インターネット店舗を設置できる技術力を持つ小売業者は、ほとんどいませんでした。そこで私たちは、加盟店がインターネットの壁を乗り越えられるように、技術と知識の面で支援するというニッチ市場を見出したのです」

　三木谷は当時、オンラインモール用のソフトウェアを開発した米国企業の買収を検討したが、ソフトウェアの開発には国や地域の特性をきめ細かく配慮する必要があると考え、断念した。事実、「楽天」という社名は、日本で16世紀に存在した自由市場の呼び名に由来しており、同時に日本語の「楽天主義」を意味している。これに対し、大多数の日本のインターネット事業者は、「ネット」や「サイバー」などを含む英語を社名に使用している。

　ソフトウェアを開発するため2名の技術者が本城のチームに加わった。主任技術者は当時の状況をこう振り返る。

「1997年3月に楽天の正社員になる前は、私は別の仕事に就いていて、その後、楽天に入り真夜中まで働くようになりました。私たちは夢を持ち、やる気満々

でした。三木谷はたびたび新しいアイデアを提案し、それに従って、私たちはプログラムに多くの変更を加えました。私たちは、創り上げたシステムに誇りを持っていました。おそらく『職人気質』と呼ぶべき気概だったと思います。そのうち私は、会社の椅子の上で平気で眠れるようになりました。しかし1997年5月に楽天市場を立ち上げたとき、加盟店はわずか13店でした」

加盟店との協働

　楽天マーチャントサーバー（RMS）は、コンピュータの初心者であってもバーチャル店舗を作り編集できる、ソフトウェアのプラットフォームである。RMSを使用すると、取引の処理や、ウェブサイトのトラフィック（ウェブサイト内を行き交うデータ量。すなわち、ウェブサイトにどれだけの人が訪れているか）の評価、顧客とのコミュニケーションも行うことができる。他のオンラインモールの中には、加盟店が自らの店舗で変更を行う場合は、たとえわずかでもオンラインモールのIT専門スタッフに頼まなければならないものもある。しかし楽天の加盟店は、自身の店舗のウェブページに直接アクセスできるので、楽天からの手助けなしでウェブページを更新し、カスタマイズできる。また楽天は、インターネットを通じて加盟店にRMSのプログラムを配布しているので、少ない費用で簡単にソフトウェアを改訂できる。

　さらに加盟店は、楽天の開店支援チームと電話で相談しながら、バーチャル店舗の設計をすることができる。バーチャル店舗を立ち上げたあとは、Eコマース・コンサルタント（ECC）がマーケティングと商品販売計画の策定を手伝う。別のコールセンターは、ウェブページのフォントやカラーの変更など、日常的な問題の解決をサポートする。楽天には、2004年の時点で100名を超えるECCとコールセンター・スタッフがいた。

　楽天はすべての購入情報を把握してはいたが、楽天を訪れた顧客の全員分のリストや、個々の顧客のすべての店舗での購入情報については、いずれの加盟店へも提供しなかった。よって、加盟店はライバル店からのみ購入している顧客に対して、クロスマーケティングを行うことはできなかった。その代わり、加盟店が所属しているカテゴリーの上位グループのトラフィックや購買プロフィールに関する情報を、統計処理した情報のかたちで提供した。

加盟店は、RMSを使用して最大1000点の商品を楽天市場のウェブページに掲載できる。加盟店になるためには、楽天と1年間の契約を結び、1カ月5万円の出店料を納める。出店料は6カ月分を前払いする。2004年当時の取締役は、次のように語る。

「1997年に当社が事業を開始したとき、他のオンラインモールでは毎月の出店料金が20万〜30万円でした。しかし、当社では月5万円に設定しました。この出店料は定額で、加盟店はたとえ売上げがゼロでもこれを払わなければなりません。そのため楽天はキャッシュが不足することがなかったので、三木谷は借入れをする必要もなく、ベンチャーキャピタルも探しませんでした。楽天は事業開始の第1年度以降、キャッシュが黒字でした」

● 加盟店の教育

　楽天と契約している加盟店は、技術的な支援を受けるだけでなく、楽天大学で学習することができる。当初の楽天大学のサービスは、インターネットの初心者を教育することを目的に、無料で提供されていた。2004年時点では、マーケティングや技術的なテーマを中心に、半日コースの有料カリキュラムが約20コース設定されていた。東京では毎月20〜30のクラス、大阪では15〜20のクラスが開催され、15〜30の加盟店が各クラスに出席している。楽天は、Eラーニングも数コースを提供しており、各コースの受講料は1万5000円であった。

　楽天は、加盟店によるコミュニティを構築するため、相当な経営資源を投入した。たとえば同社は、販促戦略を議論するための、加盟店専用のディスカッションボードを設置した。「合宿」も手配した。ある合宿では、「3カ月間で売上げを10倍にする」という目標に惹かれ、10を超える加盟店がマーケティング戦略を語り合うために集まった。また楽天は新年会を毎年開催して「ショップ・オブ・ザ・イヤー」を選出しており、2004年には約1500の加盟店が出席した。

● トラフィックを増やす

　加盟店は顧客にメールを送っているが、それを補完するため楽天は「楽天市場ニュース」と名づけたメールマガジンを定期的に配信している。このメールマガジンの配信申込者は、2004年に約500万人に達した。楽天市場ニュースは、

加盟店と顧客向けのEメールメッセージから始まり、楽天で開催されるイベントの情報や、魅力的な新商品の情報を伝えた。当初の担当者はこう語る。「私たちはメルマガの発行を開始したあと、短期間でこれが販売に非常に効果があることに気づきました。一つの商品の特集を掲載すると、ただちに注文が来たのです」。その後、楽天は楽天市場ニュースに広告を掲載する加盟店に対し、広告料を請求するようになった。これは同社の重要な収入源となっている。

三木谷がマスコミの注目を集めたことは、トラフィック増大に大きな役割を果たした。前述の取締役は次のように語っている。「2000年4月のIPO（新規株式公開）以前からマスコミの取材がありましたが、この宣伝効果を金額に換算したら莫大なものになるでしょう。三木谷は一流大学を卒業し、その後興銀に勤務し、さらにハーバード大学でMBAを取得しました。このような背景を持つエリートで、当時の日本でドットコム企業を経営していたのは三木谷だけでした。彼のような人物は二人といませんでした。自らの事業を設立するため興銀を辞めるなどというのは、1995年当時では考えられないことだったのです」。

消費者にとっての楽天

三木谷は次のように分析した。「楽天の成功の最大の理由は、他のオンラインモールでは真似ができない品ぞろえにあります。たとえば、楽天には8万種のワインがあります。私はカリフォルニア州ナパバレーで、非常に珍しいと言われるワインを買って日本に持ち帰りました。しかし後日わかったのですが、実はこのワインは楽天市場ですでに販売されていました」。

さらに三木谷は、「日本の消費者は、オンラインショッピングのほうが安い価格で商品を買えることに気づいたのです」と指摘して、次のように説明した。「パソコンを買うために地下鉄で秋葉原まで出かけるには、200〜400円程度の電車賃がかかります。そしてどのパソコンを買うか決めるのに、1時間ぐらいが必要です。つまりパソコン1台を買うのに、3〜4時間が必要になります。インターネットなら、商品の比較がより簡単で、より安い価格で購入することができます」。楽天では初期のころは、異なる加盟店で販売されている商品を並べて比較できるソフト、「コンフィギュレーター」を提供していなかった。同社は最近、消費者がパソコンなど一部の商品を比較できるツールを導入している。

楽天を利用する消費者は通常、オンラインモールの利点を生かし、各店舗で販売されている商品を比較して購入を決めている。各加盟店は自らの責任で個別に在庫管理、出荷、請求書発行を行っている。そのため1人の消費者が楽天市場の異なる店舗で購入したとしても、すべての商品を1つの荷物としてまとめて送ってもらうことはできない。それに対し支払いに関しては、RMS（楽天マーチャントサーバー）はクレジットカード、代金引換え、銀行や郵便局からの振込み、コンビニエンスストアからの支払いなど、さまざまな方法に対応できるので、各加盟店はそれぞれに都合の良い支払方法を選択している。また、加盟店は支払方法と商品の納入方法をそれぞれの責任で選択しているが、楽天は大手のクレジットカード会社や運送会社と交渉して有利な条件を実現し、加盟店に紹介している。

　顧客による不払いが生じた場合、または加盟店が顧客への商品の出荷を怠った場合は、顧客と加盟店が直接交渉して問題を解決する。しかし、顧客が最初に苦情を言うのは楽天に対してである場合が多く、問題を解決するため楽天は加盟店と協力しあう。

　加盟店は、たとえ余分な金を払ったとしても、楽天のホームページや商品部門別のページで有利な場所を確保することはできない。だが、ホームページの広告欄を購入することはできる。三木谷は、販売促進に多くの金をかける加盟店を優遇するのではなく、小規模な加盟店の販売力を高めるべきだと考えていた。したがって、商品部門別ページに掲載される店舗の位置は、無作為に決められる。ただし、買い物客が前回の訪問で見た商品を次の機会にも簡単に見つけられるよう、一定の期間は同じ商品が同じ順序で掲載されている。

　楽天は買い物客が第三者の検索エンジンを使用した場合も、オンラインモールの適切なページに直接来られるようにしている。たとえば、グーグルを使用してある商品を検索した場合、顧客は楽天を介して買い物をしていることを意識することなく、目当ての商品を販売している加盟店に直接やって来て購入することができる。商品の購入にあたっては、楽天に登録する必要はない。しかし、次回購入する際に住所と支払情報を再入力する手間を省くため、顧客は楽天に登録するよう勧められる。また、さまざまな特典が受けられる「スーパーポイント」（詳しくは後述）も、登録済みの顧客にしか与えられない。顧客情報

は加盟店と楽天が共有し、加盟店と楽天からオプトアウトメール（受信者がオプトアウト〈脱退〉の作業を行わない限り、送り続けられるメールマガジン）が顧客に送られる。

　楽天は、加盟店が品質と信頼性を保つことのできるようにした。すなわち楽天は、顧客が商品を購入した2週間後に、電子メールを顧客に送って買い物の感想を尋ねる。調査の結果は、加盟店と楽天が綿密に検討する。「私たちは加盟店を審査し、そのウェブサイトをチェックして、もし必要なら改善するようアドバイスします」と三木谷は言う。当時の営業本部長は次のように付け加えた。「当社の法務審査部は、加盟店が必要な条件を満たさない場合、店舗の開設を拒否できます。たとえば、食品を取り扱う加盟店は正式な認可を受ける必要があります。また、ブランド商品を販売する加盟店は、純正な商品であることを証明しなければなりません」。

競合企業

　楽天は、実店舗を構えて営業している従来の小売業者との競合はあまりないが、インターネット企業との競争は熾烈だ。たとえば、楽天の最も強力なライバルとしてはヤフー・ジャパンがある。同社の大株主は、多くのインターネット企業に投資している持株会社のソフトバンクである。ヤフー・ジャパンは、検索エンジンとポータルで市場をリードし、非常に大規模なトラフィックを実現している。2004年当時はヤフー・ジャパンの月間のユニークユーザー数は2820万人、日本のインターネットユーザー間での月間リーチ（訳注：指定期間内に1回でもそのドメインに行ったことがある人の割合）は83.6％、ユーザー1人当たりの月間利用時間は3時間13分であった。これに対し、楽天はユニークユーザー数が2060万人、リーチが61.1％、ビジター1人当たり月間利用時間が52分であった（資料7-2参照）。また、ヤフー・ジャパンの時価総額は3兆円を超えており、楽天の4倍以上であった。

　ヤフー・ジャパンでは、オークションとポータルのバナー広告からの収入が売上げの大部分を占めており、ショッピングは売上げの10％未満（**資料7-6a**参照）と、楽天のオンラインモールの約半分である。しかし、2004年の初め、ヤフー・ジャパンは加盟店数を増やすための積極的なマーケティングを開始し、

資料7-6● ヤフー・ジャパンの業績概要

7-6a 売上構成と収益の構成

	2002年				2003				2004	2004年第一四半期内訳(%)
	第1四半期	第2四半期	第3四半期	第4四半期	第1四半期	第2四半期	第3四半期	第4四半期	第1四半期	
売上高(単位:百万円)										
オークション	1,262	2,686	3,355	3,757	4,349	4,851	5,795	5,841	6,085	24.8
ヤフー・ブロードバンド(DSLサービス)	1,974	2,346	2,815	2,726	2,588	3,118	3,306	3,746	3,809	15.6
リスティング*1	1,721	1,806	2,054	2,340	2,455	3,060	3,642	4,456	5,637	23.0
ショッピング	1,060	1,178	1,377	1,418	1,463	1,537	1,683	1,904	1,994	8.2
メディア*2	684	712	906	1,289	1,350	1,426	1,576	2,058	2,053	8.4
ビジネスソリューション*3	50	66	98	236	248	268	268	309	351	1.4
共有ビジネス*4	1,722	2,102	2,315	2,625	3,108	3,284	3,809	4,262	4,564	18.6
合計	8,476	10,899	12,923	14,394	15,564	17,549	20,081	22,580	24,495	100.0
営業利益(単位:百万円)										
オークション	819	2,085	2,634	2,812	3,378	3,691	4,370	4,039	4,232	31.4
ヤフーBB	1,517	1,710	1,804	1,821	1,552	1,825	2,104	2,481	2,320	17.2
リスティング*1	982	894	1,141	1,366	1,649	2,162	2,659	3,325	4,304	32.0
ショッピング	155	145	195	178	166	185	217	301	277	2.1
メディア*2	-29	-48	115	320	356	338	382	698	602	4.5
ビジネスソリューション*3	-3	3	7	44	44	37	-10	-15	-23	-0.2
共有ビジネス*4	652	591	909	1,244	1,285	985	1,381	1,611	1,755	13.0
合計	4,094	5,382	6,807	7,788	8,433	9,227	11,106	2,443	13,470	100.0
営業利益率(単位:%)										
オークション	64.9	77.6	78.5	74.8	77.7	76.1	75.4	69.2	69.6	
ヤフーBB	76.9	72.9	64.1	66.8	60.0	58.5	63.7	66.2	60.9	
リスティング*1	57.1	49.5	55.6	58.4	67.2	70.7	73.0	74.6	76.4	
ショッピング	14.7	12.3	14.2	12.6	11.4	12.0	12.9	15.9	13.9	
メディア*2	-4.3	-6.8	12.7	24.9	26.4	23.8	24.3	33.9	29.3	
ビジネスソリューション*3	-6.0	4.8	7.6	18.9	18.0	14.1	-3.8	-5.1	-6.8	
共有ビジネス*4	37.9	28.2	39.3	47.4	41.4	30.0	36.3	37.8	38.5	
合計	48.3	49.4	52.7	54.1	54.2	52.6	55.3	55.1	55.0	

注:*1 情報リスティングサービス、地域情報サービスおよびスポンサーサイトサービスを含むディレクトリー検索サービス。
　*2 無料および有料で役に立つ情報を提供。
　*3 ヤフー・ジャパンのテクノロジーおよび経験に基づくサービスを企業に提供。
　*4 ヤフー・ジャパンの販売およびプレミアム会員料金を含む。
出典:ヤフー・ジャパン年次報告書

7-6b ヤフー・ショッピングにおける取引高および加盟店数の推移

出典：ヤフー・ジャパン年次報告書

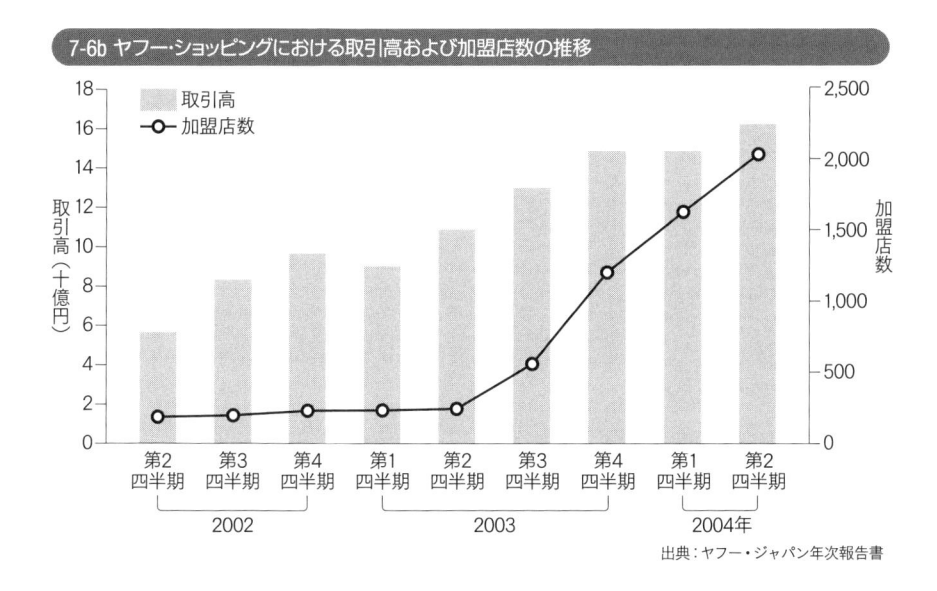

　出店料を引き下げて、楽天を20〜50％下回る水準にした。それにより、ヤフー・ジャパンの加盟店数は3カ月間で26％増加し、2004年6月時点では2039店舗に達している（**資料7-6b**参照）。楽天が小規模な加盟店との協働を重視したのとは対照的に、当初大型店の獲得を狙っていたヤフー・ジャパンは2003年以降、小規模な店舗にも出店を促すようになった。なお一部の加盟店は、楽天とヤフー・ジャパン双方のオンラインモールに店舗を開いている。

　楽天とヤフー・ジャパンではユーザーのプロファイルが、年齢、性別、教育、職業の面で共通している。しかし両社には、決定的な相違点がある。すなわち、楽天が試行錯誤の末に独自のビジネスモデルを構築したのに対し、ヤフー・ジャパンは、より長い歴史を有する米国の系列会社の専門知識に依存し、米国で成功が実証されたビジネスモデルを日本に導入しているのである。

　一方、アマゾン ジャパンはビジネスモデルが楽天とは異なっており、またいまだに規模は小さいものの、楽天にとっては潜在的な競争相手である。アマゾンは2000年に米国で、"zShop"と呼ばれるオンラインモールを成功裡に立ち上げたが、2004年末時点では、日本にはオンラインモールを開設していな

かった。とはいえアマゾン ジャパンは積極的に事業基盤を拡充しており、商品構成を拡大し急速な発展を続けている[注5]。

成長のための施策

2000年4月に株式を公開したのち、楽天の加盟店数は6カ月前に比べ倍増し、2728店に達した。さらに2001年1月には、同社の加盟店数は5000店を記録した。しかし、その後は横ばいに転じている（資料7-1参照）。加盟店の解約が続いたことが、加盟店数の伸びを鈍化させた。多くの加盟店は、当時のドットコム・ブームの熱気に乗せられ楽天に参加した。しかし、オンラインショップを開いたからといって自動的に利益が生まれるわけではないことを知った店舗が、楽天との契約を更新しなかったのだ。

買収と本業の強化
●買収と経営多角化

楽天は株式公開によって手にした資金を、オンラインモールの機能の強化と、顧客基盤の拡大のために使った。また2000年末には、インフォシーク・ジャパンを買収した。インフォシークはインターネットポータルで、多数のユーザー、特に男性ユーザーがおり、そうした人たちへのアクセスが可能になった。インフォシーク・ジャパンは買収後もブランド名を変えず、ホームページで楽天との関係を明らかにしているのはバナー広告だけだ。さらに2002年12月、楽天は別のポータルの運営会社であるライコス・ジャパンの株式の90％を取得した。続いて三木谷は、新たな顧客を獲得するため、ケーブルテレビのチャンネルを運営する企業を2社買収した。このうちの1社はオンデマンド方式により音楽、映画、その他のコンテンツを提供する企業で、他の1社はホームショッピング・チャンネルを運営している企業である。

楽天はオンラインモールを超えたところに、事業の焦点を徐々に移していった。2002年に三木谷は次のように語っている。「当社のオンラインモールはB2C（企業対消費者）ビジネスなので、オークションには積極的ではありませ

んでした。しかし当社は、すべてが手に入るワンストップショップを目指しているので、C2C（消費者対消費者）ビジネスも強化する必要があります。したがって、C2Cも本気で推し進めて行きますが、B2Cが今後も当社の主力であることに変わりはありません」。

　さらに楽天は、オンラインモールの運営においても、合弁事業や買収、社内での開発を行い、商品部門を拡大した。いくつかの新しい商品部門では、当初のビジネスモデルとは異なるやり方をとった。すなわち、多くの小規模店を擁するのではなく、単独の小売店、あるいはサービスプロバイダーとしての機能を、楽天の関連会社に持たせるようにしたのだ。たとえば、2000年12月に立ち上げた楽天ブックスは、日本最大の出版取次店である日本出版販売との合弁事業である。また2001年4月には、ゴルフ場予約サイトを運営していた企業を買収し、楽天ゴルフを設立した。さらに同じ2001年4月、社内の事業部門として、オンラインのホテル予約サービスを提供する楽天トラベルを立ち上げた。2002年3月には、自動車とスペア部品の販売のための楽天オートを設立している。

● 新しい契約と新料金体系

　2001年10月、楽天は新契約プラン「楽天ライト」を導入した。楽天ライトは、従来の「楽天スタンダード」契約と比べ、契約期間を1年から3カ月に短縮、毎月の出店料金も5万円から3万9800円に引き下げ、一方で商品登録数を1000品目ではなく100品目に限定した。2002年9月の時点で、新規出店を行った加盟店が選んだ契約は、楽天ライトと楽天スタンダードにほぼ等しく二分された。

　楽天は、もう一つの重要な改革として、トランザクション料の導入を行った。楽天ライトでは、すべての売上げに対し、1件当たり3.5～5%のトランザクション料を課した。2002年4月からは、楽天スタンダードでも、トランザクション料金が毎月5万円の基本料金に加算されることとなった。スタンダードでのトランザクション料金は、1カ月当たり100万円を超える売上げに対し2～3%である。同時に各加盟店が楽天スタンダード・プランのもとで登録できる商品の最大品目数を1000品目から1500品目に拡大した。前述の取締役はこう説明する。「初年度から利益を出すことを考えるのなら、定額料金のほうが良いでしょう。だが今では加盟店数の増加スピードは鈍っており、一方で取引高はまだ成長し

続けています。したがって当社は、売上げの基盤を店舗数から取引高に移したいと考えています。増えた売上げは、マーケティングとシステムの強化に投資します」。

加盟店は新料金体系に対して、期待どおりの反応を示した。楽天スタンダード契約を選択していた加盟店のうち152店舗が、トランザクション料金が導入されるまでの猶予期間に楽天との契約を解除した。しかし、解約の主な理由としてトランザクション料金を挙げたのは、わずか30〜40の加盟店だけであった。事実、楽天から脱退した152の加盟店の中で、1カ月の売上高がトランザクション料金適用の100万円を超えていたのは16店舗にすぎなかった。また、1カ月の売上げが1000万円を超えていたのは、3店舗だった(注6)。トランザクション料金が楽天のEコマース売上げに占める比率は、2002年末に約20％、2004年半ばには約30％となった。

● 加盟店の獲得と維持

楽天では50名近いスタッフが商品部門と担当地域別に組織され、新規加盟店の獲得に専念している。前述の営業本部長は次のように語る。「当社は新規加盟店の獲得に、最大の努力を払っています。当社に入社すると、技術部門以外は、デザイナーやHTMLコード担当者まで、全員がまず販売に携わります。これは全員が共通の認識を持ち、新規顧客が直面する課題や疑問、問題を理解するためです」。

2002年、加盟店の年間正味増加率は16.6％で、契約を解除する加盟店は毎月3〜6％であった。多くの場合、売上げ不振が契約の解除につながるため、楽天は売上げを拡大しようと奮闘している店舗を手厚くサポートしている。このような努力によって、2004年第1四半期には、加盟店の留保率が前年同期の85.5％から90.0％に改善された。

● 顧客の獲得と維持

楽天は消費者のトラフィックを増やすため、多くの戦略を用いる。特に、加盟店が既存顧客との間で頻繁かつ効果的にコミュニケーションが行えるよう、協力している。2004年には、30種類のオプトアウトメールを配信した。ファッ

ション、ワイン、IT商品など特定の商品部門のものや、売れ筋商品やオークションなどに焦点を絞ったものなどだ。

2003年5月、楽天はアフィリエイトプログラムを開始した。消費者のトラフィックを楽天に誘導したオンラインのパートナーに対し、その結果実現した売上げの一部（通常は1％）をコミッションとして支払うものである。わかりやすいインターフェースも功を奏して、楽天のアフィリエイトの数は、2004年半ばには13万となり、楽天は日本で最大のアフィリエイト・ネットワークを構築した。アフィリエイトの中には、200万円（訳注：原文では2万ドル）を超える月間売上げを記録するものもあった。このほか楽天は、OCN、ODNおよびAOLなど14のポータルから、同社のオンラインモールにアクセスできるようにした。2004年には、アフィリエイトやポータル経由で実現した売上げは、商品総売上げの20～30％になった。

検索エンジンも、トラフィックを増やす原動力となった。楽天の技術者は検索エンジン最適化（SEO）の技術を活用し、楽天のさまざまな商品部門へのリンクが検索結果の上位に示されるようにした。同時に、検索結果の上部に有料で小さな文字広告を表示する「ペイドサーチ」（検索連動型広告）も活用した。これは、いくつかの商品部門の売上げ向上を狙ったもので、個別の加盟店や特定の商品の販売促進は行っていない。楽天の一部の加盟店は、単独でペイドサーチを使用している。また、検索エンジンに入力されるキーワードにリンクされたバナー広告を購入した店舗もある。

2002年11月、楽天は航空会社のマイレージプログラムと同様に、買い物客がポイントを貯めることができる「楽天スーパーポイント」のプログラムを開始した。このプログラムへの登録後は、ポイント（通常は楽天の店舗での購入額の1％）がユーザーに付与される。ユーザーがその後12カ月の間に楽天市場で何も買い物をしなければ、ポイントは消滅する。これは、ユーザーに定期的に楽天を訪問してもらうためである。当初は、楽天がスーパーポイントの費用を負担していたが、最終的には加盟店を説得し、販促費としてこの費用を負担してもらっている。前述の取締役は「当社のユニークバイヤーは2002年第3四半期が86万人でしたが、第4四半期には100万人となり、16％も増えました。この増加率は四半期ベースでは過去最高です」と語った。

2004年第1四半期、楽天市場のユニークバイヤー数は前年同期の110万人から180万人に、取引件数は220万件から370万件に拡大した。一方、ユニークバイヤー1人当たりの取引件数は約2倍、買い物かご（買い物1回）当たりの平均金額は9800円で、ほぼ一定の水準を維持している。

● 成長の機会

　日本ではインターネットへのアクセスが増大し続け、それが引き続きEコマースの成長を牽引している。日本におけるインターネット利用人口は2003年12月に7730万人に拡大し、人口の60％を超えた。さらに、ヤフー・ジャパンとその親会社であるソフトバンクが熾烈な競争を仕掛け、ADSLの価格が大幅に低下した結果、ブロードバンドでインターネットに接続する世帯数は、インターネットに接続する全世帯数の48％に達した。日本は短期間に、世界で最も低料金の高速インターネット接続サービスを実現したのである。三木谷はこう指摘する。「2001年では、日本のブロードバンドのインターネット接続料金は世界で最も高かった。しかし1年後には、月に1900〜2000円に下がり、アメリカや韓国よりも安くなりました」。

　2004年の初めには、日本の総人口の62％、全世帯数の94％が携帯電話を使用し、84％の携帯電話がインターネット接続機能を備えている。楽天はiモードによるサービスを提供し始め、2004年3月にはiモードの公式ポータルとなった。公式ポータルとなれるのは、厳しい品質基準をクリアした少数の企業に限られている。同月、携帯電話のユーザーによる加盟店の1日の売上げは40％増加した。

　楽天では従来、広告料収入が売上げの30〜40％を占めていた。ただ、大規模な買収を実施したため、2004年第1四半期には同比率が20％未満に低下している。2003年度（2004年3月終了）、楽天の広告料収入は、前年度比58％増の65億6800万円に達した。同社の広告料収入の55％は楽天の加盟店からのもので、残りが他の企業の広告である。加盟店は楽天のさまざまなメールマガジンに表示される広告と、楽天市場のホームページや商品部門ページに表示されるバナー広告に料金を払う。その他の企業はインフォシークやグリーティングカードなど、楽天のサービスに表示される広告に料金を支払うかたちだ。

組織と企業文化

　楽天の売上げがまだ数億円だった1999年8月、三木谷は「楽天を世界一のインターネットサービス企業に成長させる」という目標を掲げた。彼は大きなビジョンを持つと同時に細部に注意を払い、確実に実行した。また、新しいアイデアを実行に移す前には、常に実験を行った。「最初は小さく始めよう。うまくいきそうなら、拡大すればいい。重要なのは『カイゼン』だ。少しずつ前進するのだ」。三木谷はこうした経営哲学を浸透させるため、改善、プロフェッショナリズム、実験の重要性を強調した「5つのコンセプト」を制定した（**資料7-7**参照）。

　2003年10月、楽天は新しいオフィスビルに移転し、それまで6カ所のビルに分散していた800人近い正社員と400人のパートタイム従業員を1カ所に統合した。楽天はまた、財務を含む広範な企業情報に、全従業員がアクセスできるようにした。楽天市場における取引高が1時間ごとに経営陣に送信され、事業に関する統計が1週間ごとに紙面で発行された。毎週月曜日の午前8時には全従業員が集合して全社会議が行われ、60名のマネジャーがそれぞれ1分間で、担当部署の前週の活動と今週の行動計画を要約して報告する。

　楽天本社の営業担当者は、全員が島ごとに分かれた座席に座り、そこからは各担当者の販売目標と現在の実績が表示されたホワイトボードが見えるようになっている。同社の取締役常務執行役員は、次のように語る。「当社は新規に採用した従業員を営業部門に配属しています。彼らは入社すると街に放り出され、名刺を300枚集めるよう指示されます。人に会うのを恥ずかしがっていたらビジネスはできない、ということを教えるためです」。

　楽天は日本企業としては珍しく、毎年の業績評価で成績が下から数％の営業担当者を特定し、減給処分にする。これらの従業員の大半は会社を辞めるよう説得され、それ以外の者も今後の厳しさを予測して自主的に辞めていく。三木谷は「自分の責任は他の従業員をリードすることにある」と考え、次のように言う。「私は時々、当社の営業スタッフに十分なやる気がないために、非常にいらだつことがありました。そこで私はある日の午前3時に、自分のデスクを営業チームの前に移動しました。重要なのは、スタッフのエネルギーを高い水

資料7-7● 成功の5つのコンセプト――世界一のインターネット・サービス企業へ――

❶ 常に改善、常に前進

人間には2つのタイプしかいない。
［GET THINGS DONE］
さまざまな手段を凝らして何が何でも物事を達成する人間。
［BEST EFFORT BASIS］
現状に満足し、ここまでやったからと自分自身に言い訳する人間。
一人ひとりが物事を達成する強い意志を持つことが重要。

❷ Professionalismの徹底

楽天はプロ意識を持ったビジネス集団である。
勝つために人の100倍考え、自己管理の下に成長していこうとする姿勢が必要。

❸ 仮説→実行→検証→仕組化

仕事を進めるうえでは具体的なアクション・プランを立てることが大切。

❹ 顧客満足の最大化

楽天はあくまでも「サービス会社」である。
傲慢にならず、常に誇りを持って「顧客満足を高める」ことを念頭に置く。

❺ スピード!!　スピード!!　スピード!!

重要なのは他社が1年かかることを1カ月でやり遂げるスピード。
勝負はこの2〜3年で分かれる。

出典：会社資料

準に維持することです。そうなれば、道は見えてきます。会社は現在も私のエネルギーを必要としています。あるプロジェクトを実施する場合、私がそのやり方を示す必要があります。私自身がコントロールシステムを構築するか、あるいは自分でいくつかの企画を選定するのです」。

　楽天はIPOの実施と前後して、社内の取締役、役員、従業員のためにストックオプション制度を設定した。さらに三木谷は2004年中ごろに、従業員のオーナー意識を育むため、自らの持株から各従業員に1株を与える決心をした。三木谷は1枚1枚の株券に従業員の氏名を書き込んで自ら署名捺印し、一人ひとりに直接手渡した。

新しい収益源の構築

●旅行サービス

　楽天は、すべてのオンラインサービスを提供するワンストップショップとなることを目指して、旅行ビジネスに大規模な投資を行った。日本の国内オンライン予約サービスでトップだったのはマイトリップ・ネットで、40～50％のシェアを獲得していた。2003年9月、マイトリップ・ネットが株式公開に向けて準備を行っていたとき、楽天は同社を323億円で買収した。マイトリップ・ネットは特に出張への対応を強みとしており、同社はいわゆるビジネスホテルの予約が売上げの大部分を占めていた。マイトリップ・ネットの買収後、旅行ビジネス部門の統括責任者は「マイトリップ・ネットの予約の8割は、出張関連でした。したがって、私たちはレジャー旅行を伸ばす大きなチャンスがあると考えました。当時、旅行のオンライン予約の比率は、アメリカでは全体の10％を超えているのに対し、日本ではわずか5％に留まっていました」と説明する。

　2004年6月、楽天は中国の宿泊予約・航空券予約サービスの大手、Cトリップ（Ctrip.com International）の株式の21.6％を取得すると発表した。Cトリップは米国のナスダック（店頭市場）に株式を公開しており、中国の2000を超えるホテルやすべての主要な航空会社と料金割引協定を結んでいた。同社はコンソリデーターであり、代理店業務だけに絞って事業を行ってきたため、在庫リスクを負わず、売上げはホテルや航空会社が支払う手数料から生じている。また、約200万人の会員を擁し、FIT（frequent independent traveler：利用回数が多い個人旅行者）と呼ばれる顧客で構成される市場で約50％のシェアを築き上げている。三木谷はCトリップ買収の理由をこう語った。「中国では物流の基盤が整備されていないので、私たちがEコマースのビジネスを直接構築することはできません。しかし、旅行サービスは商品の納入を必要とせず、また、中国経済の急成長に伴って巨大なビジネスチャンスが存在しています」。

●金融サービス

　2003年11月、楽天は日本のオンライン証券第3位のDLJディレクトSFG証券を、

300億円で買収した。同社の代表取締役社長であった国重敦史は、日本の株式市場と楽天とのシナジーついて、見通しを次のように語った。

「過去3年間、株式市場は低迷を続けており、特に活発なトレーダーと、いわゆるデイトレーダーと呼ばれる個人投資家だけが株式の売買を続けていました。しかし2003年9月に市場のムードが一変し、普通の投資家が市場に戻ってきています。私たちは普通の投資家を取り込むよう、焦点を広げていきたいと考えています。2004年2月、当社はポイント交換プログラムを開始しました。その結果、顧客は現在、DLJのポイントと楽天のポイントを交換することができるようになっています」

2004年7月初旬、DLJディレクトSFG証券は楽天証券に社名を変更し、新規の投資家を勧誘するための活動を展開した。三木谷と国重は、楽天市場で買い物をする顧客に、オンライン証券取引を始めてもらおうとした。しかし、楽天とDLJディレクトSFG証券の顧客がかなり異なっていることを指摘して、この戦略に疑問を投げかけた競合企業もあった。

さらに三木谷は消費者向けの金融ビジネスへの進出を計画した。2004年に、日本の大手カード会社、三井住友カードとの間で合意に至り、楽天ブランドのクレジットカードを発行することとなった。

この先に待ち受ける課題

2004年1月、三木谷は出身地である神戸市の要請を受けて、資金問題を抱えていたプロサッカーチーム、ヴィッセル神戸を彼の個人資産管理会社であるクリムゾングループを通じて買収した。このニュースは楽天のブランドイメージを大きく高めることになった。三木谷は言う。「楽天がマイトリップ・ネットの買収を発表したとき、記者会見の会場には金融・経済担当の記者が数十名来ただけでした。しかし、ヴィッセル神戸を買収したときは、あらゆる分野のジャーナリストが取材に殺到し、記者会見の会場が一杯になりました」。

旅行サービスと金融サービスの事業を買収した結果、楽天の売上高と利益は2004年第1四半期に大幅に拡大した。従来のEコマースのビジネスも、高水準

資料7-8●経営機構（2004年3月1日時点）

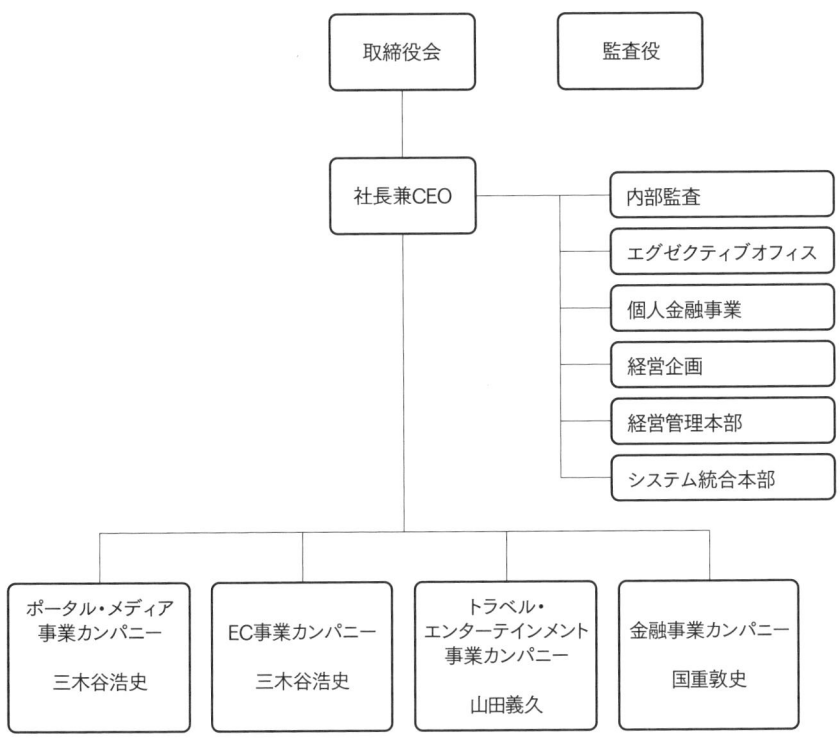

```
                    取締役会              監査役
                       │
                    社長兼CEO ─── 内部監査
                       │      ─── エグゼクティブオフィス
                       │      ─── 個人金融事業
                       │      ─── 経営企画
                       │      ─── 経営管理本部
                       │      ─── システム統合本部
       ┌───────────┬───────┴───────┬───────────┐
  ポータル・メディア   EC事業カンパニー  トラベル・      金融事業カンパニー
  事業カンパニー     三木谷浩史      エンターテインメント  国重敦史
  三木谷浩史                    事業カンパニー
                              山田義久
```

出典：会社資料

の業績を達成している。商品の総売上高は前年比で79％増加し、取引件数も84％拡大した。しかし三木谷は、このような好調な業績にもかかわらず、楽天のEコマース部門の成長率を不十分と判断した。2004年3月、三木谷はCEOとしての職務に加えて、EC（Eコマース）事業カンパニーとポータル・メディア事業カンパニーのトップに就任している（**資料7-8**参照）。

　三木谷は2003年に大規模な買収を行った理由を次のように説明する。「もし200億〜300億円の税引前利益が目標なら、買収は必要ありません。しかし1000億円を超える利益目標を達成するには、いくつか事業が必要です。私はマイト

リップ・ネットとDLJディレクトSFG証券の両社が、200億〜300億円の利益をあげると予想しています。私たちの目標は今後3〜4年、毎年全事業分野で利益を倍増することです。私は1000億円の利益は現実的な目標だと考えています(注7)」。

　三木谷は日本では今後、Eコマースがさらに大きく成長すると確信している。彼はまた、世界一のインターネットサービス企業になるという目標を達成するため、楽天の事業範囲を拡大し多様化することに熱意を燃やしている。三木谷は言う。

「私は目標に優先順位を付けようとするのですが、当社にはあまりにも多くのビジネスチャンスがあるので、非常に難しいです。だから最近は、楽天が進出すべきでないビジネスを考えるほうが簡単だと思うようになりました」

　実際、ビジネスチャンスは無限のように見える。楽天は、どのビジネスに的を絞るべきか。より多くの経営資源を、海外のビジネスに配分すべきだろうか。楽天のEコマースはヤフー・ジャパンとアマゾン　ジャパンとの熾烈な競争に直面しているが、今後も成長を続けることができるだろうか。もし現在の成長率を維持した場合、はたして三木谷は、自らがすべてに直接関与する現在の経営スタイルを続けられるだろうか。答えは未知数である。

注
1) 楽天のウェブサイトwww.rakuten.co.jp（2004年7月30日現在）より。数字はオンラインショッピングモールの楽天市場およびグループ企業の加盟店と商品の数を合わせたもの。2004年6月30日時点の楽天市場の加盟店数は8777店。
2) 『日経産業新聞』、2004年6月28日。同紙の系列調査機関によると、楽天は33.8％で最大の市場シェアを占め、続いてアマゾン（27.2％）、千趣会（25.0％）、ヤフー・ショッピング（21.2％）の順となっている。
3) "Young and Rich: 40 under 40", *Fortune*, September 9, 2002.
4) 日本興業銀行は、長年にわたって日本を代表する銀行であり、大学生に最も人気の高い就職先であったが、2002年にみずほファイナンシャルグループに統合された。
5) アマゾンは2010年には楽天に次ぐEコマース市場へと成長している。
6) 本山佳子「楽天」、モルガン・スタンレー・ジャパン、2002年9月16日、p.4。
7) 『日経ビジネス』、2003年12月22日号、pp.6-7。

第 8 章

The Continuing Transformation of Asahi Glass: Implementing EVA

旭硝子：EVAの導入

[執筆者]

ハーバード・ビジネス・スクール 教授
ミヒール・A・デザイ
Mihir A. Desai

前 ハーバード・ビジネス・スクール 日本リサーチ・センター長
江川雅子
Masako Egawa

ハーバード・ビジネス・スクール リサーチ・アソシエイト
ヤンジュン・ワン
Yanjun Wang

●ハーバード・ビジネス・スクールのケースは、授業での討議に用いられる資料として作成されている。ケースには、1）当該企業を推奨する、2）一次データの出典となる、3）マネジメントの優劣について例証する、という意図はない。
●ケースは過去のある時点の事実をもとに書かれたものである。現在の当該企業の状況を反映したものではないことに注意されたい。

Case No. 9-205-030
© 2004 President and Fellows of Harvard College.

「1907年に弊社を創設した岩崎俊弥は、幾多の失敗を経た末に日本初の板ガラスの商業生産に成功しました。彼は、『易きになじまず、難きにつく』とよく言っていました。彼は、最も困難な課題に挑戦するという企業文化を築き上げたのです」
──旭硝子代表取締役社長　石津進也

　石津進也は、自らが進めた事業計画の結果、困難な立場に立たされていた。
　彼は、ガラス製品・化学品・エレクトロニクスとディスプレイの多国籍メーカーである旭硝子（AGC）の社長兼CEO（最高経営責任者）である。旭硝子は年間売上高が1.3兆円で、そのほとんどの製品分野で最大の世界市場シェアを有していた（**資料8-1**、**資料8-2**参照）。また、世界中の25カ国に200余りの子会社と系列会社から成るネットワークを持ち、2003年度の海外営業利益は524億円で、日本の企業中6位だった[注1]。
　1998年に就任して以降、石津は真に国際的な企業を作り上げるため、社内体制と企業文化の面で数多くの抜本的改革を実施してきた。2002年には、グローバルベースで旭硝子を4つの事業ユニット（社内カンパニー）に分割し、同時に同社の中核であるガラス事業に2名の外国人幹部を登用している。総売上高の53％、営業利益の56％を占めていたガラス事業では、国内で働く多数の日本人従業員が初めて外国人上司のもとに置かれることとなり、その多くは英語の学習を余儀なくされた。
　この組織再編と同時に実施されたのが、コーポレート・ガバナンスの抜本的な改革と、経済付加価値（EVA、詳しくは後述）をベースとした資源配分や業績評価のための新マネジメントシステムの導入だ。EVAは1999年に、株主価値の最大化を目的として、旭硝子の国内での事業に導入されていた。しかし石津は、これまで実施してきた抜本的な改革が広く受け入れられてはいないと考えていた。若い世代や海外スタッフは改革を受け入れたが、上級管理職からは強い抵抗があった。彼らは旭硝子が伝統的に持つ市場での強みに安住しており、なおかつ現在の成功方程式に手を加える必要はないと感じていたのだ。石津は、100年かけて築かれた旭硝子の企業文化を変えることの難しさに気づき、保守派の反発が彼の改革と会社の将来の成長の両方を脅かすことを憂慮した。2003

資料8-1●旭硝子の財務諸表（2001〜2003年〈3月期〉）

8-1a 連結損益計算書

(単位：百万円)

	2001	2002	2003
売上高	1,312,829	1,263,196	1,295,011
売上原価	971,893	975,488	1,000,501
販売費及び一般管理費	229,283	228,720	227,034
営業利益	111,652	58,988	67,475
営業外収益			
受取利息及び配当金	5,374	4,107	4,675
有価証券売却（損）益	—	—	—
非連結子会社及び関係会社の持分利益	4,855	3,428	4,234
その他営業外収益	4,677	7,909	5,900
営業外収益合計	14,908	15,445	14,811
営業外費用			
支払い利息	24,268	22,252	16,634
その他営業外費用	4,265	7,710	8,889
営業外費用合計	28,534	29,963	25,524
経常利益	98,026	44,470	56,761
特別利益			
固定資産売却（損）益	6,425	5,884	15,332
投資有価証券売却（損）益	10,411	4,132	6,823
子会社及び関係会社株式売却益	1,762	—	—
退職給与信託設定益	75,506	—	—
その他	6,933	3,735	6,782
特別利益合計	101,039	13,751	28,937
特別損失			
固定資産除却損	9,706	11,470	12,403
為替差損（差益）	6,524	—	—
子会社株式売却損	—	4,191	63
投資有価証券評価損	3,125	2,004	44,220
構造改善費用	13,917	42,294	18,720
退職給付会計基準変更時差異一括処理額	84,256	—	—
その他	21,102	5,913	4,556
特別損合計	138,632	65,874	79,964
税引前純利益（純損）	60,433	(7,652)	5,734
税金	20,761	13,613	13,259
繰延利益税	744	(19,496)	(9,107)
連結子会社利益の少数株主持分	14,203	10,836	5,499
純利益（純損）	24,724	(12,605)	(3,918)

8-1b 連結貸借対照表

(単位:百万円)

	2001	2002	2003
資産			
流動資産			
現金及び預金	47,143	50,195	56,880
受取手形及び売掛金	263,722	241,803	241,232
棚卸資産	204,169	203,607	187,324
その他流動資産	67,424	60,284	63,817
流動資産合計	582,458	555,890	549,255
固定資産			
有形固定資産			
建物及び構築物	202,244	215,198	217,202
機械、装置、工具、備品	423,554	447,059	432,879
土地	99,813	108,044	109,462
建設仮勘定	37,171	47,695	39,322
有形固定資産合計	762,784	817,998	798,867
無形固定資産	107,956	104,506	111,758
投資等			
有価証券投資	382,024	343,876	241,002
その他投資	50,900	66,500	85,101
投資等合計	432,926	410,378	326,104
固定資産合計	1,303,667	1,332,883	1,236,730
繰延資産	689	610	527
資産合計	1,886,815	1,889,384	1,786,513
負債及び資本			
流動負債			
受取手形及び買掛金	190,068	155,247	161,495
短期銀行借入金	148,006	159,254	109,087
商業手形	80,563	95,638	58,845
社債満期部分	43,178	22,103	77,266
営業外未払い金	64,705	60,715	60,058
その他流動負債	107,104	95,708	103,119
流動負債合計	633,629	588,670	569,874

次ページに続く

前ページより続き

	2001	2002	2003
長期負債			
社債発行高	282,999	320,331	295,496
長期銀行借入金	130,101	137,987	144,987
長期繰延税金負債	60,991	43,692	33,989
退職給付引当金	42,877	46,236	57,025
その他長期負債	37,267	72,648	59,303
長期負債合計	554,237	620,895	590,803
少数株主持分	91,948	93,842	71,999
自己資本			
資本金	90,472	90,472	90,472
資本準備金	84,388	84,395	84,395
連結剰余金	441,906	419,644	404,817
資産再評価差額金	119	117	117
その他有価証券評価差額金	50,969	20,090	8,912
為替換算調整勘定	(60,851)	(28,438)	(33,752)
自己株式	(3)	(306)	(1,127)
自己資本合計	607,000	585,975	553,835
負債・少数株主持分・自己資本合計	1,886,815	1,889,384	1,786,513

出典：会社資料

資料8-2●世界におけるプレゼンス

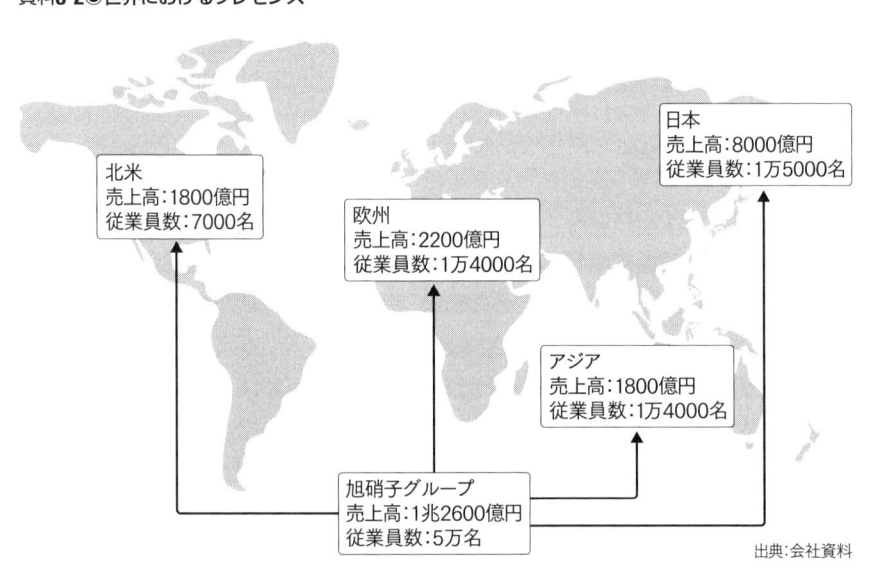

北米
売上高：1800億円
従業員数：7000名

欧州
売上高：2200億円
従業員数：1万4000名

日本
売上高：8000億円
従業員数：1万5000名

アジア
売上高：1800億円
従業員数：1万4000名

旭硝子グループ
売上高：1兆2600億円
従業員数：5万名

出典：会社資料

年11月、石津は自身の後継者について考え始め、今最も重要なのは「真の国際的な企業を目指す旭硝子の改革と転換が、管理職と従業員のすべてに受け入れられるようにすることだ」と確信した。石津は、いかにして管理職と従業員の考え方を変えるか、そして、どうすれば旭硝子のマネジメントシステムを、製品群でも地域的にもきわめて多岐にわたる同社の事業活動に適した形にできるかを考え始めた。

旭硝子の歴史と概要

20世紀初頭、岩崎俊弥（三菱グループ創始者、岩崎弥太郎の甥）は、家族の助言を無視して、板ガラスの工業生産を開始する道を選んだ[注2]。当時日本国内では、政府も含め誰一人として、板ガラスの生産に成功した者はいなかった。岩崎は1907年に旭硝子を創立し、その2年後、板ガラスの生産を開始した（**資料8-3**参照）。岩崎が個人的に板ガラスに取り組み始めてから、10年近くが経っていた。

第2次世界大戦の直後、日本経済が急成長するなかで、ガラスの需要は建設、テレビ製造、自動車産業の分野で飛躍的に伸びた。1950年代初頭まで旭硝子は、自動車用ガラス[注3]とテレビのCRT（ブラウン管）用ガラスバルブを製造している。1956年に同社初の海外拠点会社をインドに設立し、板ガラスの生産を始めた。1960年代および1970年代には、タイ、インドネシア、シンガポール、その他東南アジア諸国に生産工場を開設して、国際事業を拡大していった。

1980年代から1990年代にかけて、旭硝子は欧州と米国の市場に参入し、その事業を拡大している。1981年、ガラス事業から撤退しようとしていたフランスのコングロマリットであるBSNから、ベルギーのグラバーベルとオランダのマースグラスの2社を買収した。1992年には、米国に拠点を置くAFGインダストリーズを買収した。これにより、旭硝子は主要な世界市場すべてでプレゼンスを確立した。

2003年時点での旭硝子の売上げ構成比は、ガラス製品（売上高の53％）、エレクトロニクスとディスプレイ（23％）、化学品（19％）、その他製品（5％）であった。2001年にはほとんどの製品分野で、旭硝子は世界中の競合企業を抑

資料8-3●旭硝子の沿革

1907年	兵庫県尼崎に設立
1909	ベルギー式手吹き板ガラス製造を開始（この種の生産は日本で最初）
1914	英国向けに板ガラスを初めて出荷
1917	本社を東京へ移転
1956	インド旭硝子を設立 TVブラウン管用ガラスバルブの生産を開始
1963	タイ旭硝子を設立
1966	PPGとアサヒ・ペンケミカルを設立（米国）
1972	アサヒマス・フラットガラスをインドネシアに設立
1979	MCIS セーフティグラス Sdn. Bhd.（マレーシア）に出資
1981	ベルギーとオランダでガラス会社2社、グラバーベルおよびマースグラスを取得
1985	APテクノグラスを設立（米国） 旭テクノビジョンを設立（シンガポール）
1989	サイアム旭テクノグラスを設立（タイ）
1992	大連フロートガラスを設立（中国） AFGインダストリーズを取得（米国）
1996	ビデオ・ディスプレイ・グラス・インドネシアを設立
1999	ICIの米国および英国でのフッ素樹脂（PTFE）事業を取得 韓国電気硝子（韓国）の株式過半数持分を取得
2000	旭硝子ファインテクノ台湾を設立
2001	グラバーベル S.A.の株式公開買付けを公表
2002	旭硝子グループビジョン「Look Beyond」を作成 社内カンパニー制を導入

出典：会社資料

えて、市場トップか第2位の企業となっている。旭硝子の市場シェアは、板ガラスで21%、自動車用ガラスで30%にのぼった。エレクトロニクスとディスプレイ製品は、売上高に占める割合は23%だったが、営業利益では41%を占め、急速な成長が続いていた。CRTガラスバルブでは、世界市場の32%を占めるマーケットリーダーであり、PDP（プラズマ・ディスプレイパネル）のガラス基板市場では堂々90%のシェアを獲得している。フッ素樹脂（PTFE）、ソーダ灰、苛性ソーダ、プロピレンオキサイド（PO）、重炭酸ナトリウムといった化学品の製造は、売上高の19%を構成しているが、2002年には営業赤字となった。それ以外の売上げは、主にセラミックス製品によるものであった（**資料8-4**、**資料8-5**参照）。

ガラス業界で旭硝子が世界的に競合する会社には、フランスのサンゴバン、

資料8-4 ● セグメントの概要（2001～2003年〈3月期〉）

8-4a 事業別業績

（単位：百万円）

	2001	2002	2003
ガラス			
売上高	625,240	666,470	708,439
営業利益	35,852	40,267	37,776
資産	845,007	845,704	835,397
減価償却	47,755	56,977	53,462
設備投資額	40,391	58,282	53,261
エレクトロニクスおよびディスプレイ			
売上高	386,174	314,947	309,884
営業利益	65,587	23,838	27,559
資産	344,401	369,458	405,997
減価償却	28,959	30,545	32,761
設備投資額	34,828	45,719	26,665
化学品			
売上高	274,965	258,676	261,330
営業利益	9,011	(5,390)	1,389
資産	302,838	315,983	292,901
減価償却	18,789	20,726	21,471
設備投資額	15,569	23,342	17,647

次ページに続く

前ページより続き

	2001	2002	2003
その他	93,805	88,224	69,487
売上高	1,124	391	766
営業利益	250,254	240,796	255,605
資産	2,091	1,765	1,356
減価償却	2,533	3,703	709
設備投資額			
売上高合計	1,380,186	1,328,318	1,349,142
セグメント間内部売上高または振替高	(67,357)	(65,122)	(54,131)
連結売上高	1,312,829	1,263,196	1,295,011
営業利益合計	111,575	59,107	67,492
セグメント間内部売上高または振替高	76	(119)	(17)
連結営業利益	111,652	58,988	67,475
ガラス			
板ガラス		382	426
自動車用ガラス		219	242
その他		91	83
振替高		(26)	(42)
売上高合計		666	708
エレクトロニクスおよびディスプレイ			
ディスプレイ	242	196	200
エレクトロニクス材料	148	123	116
振替高	(4)	(4)	(5)
売上高合計	386	315	310

イギリスのピルキントン、米国のガーディアンがある。国内の競合他社、たとえば日本板硝子やセントラル硝子は、同社よりかなり規模が小さい。

財務機能

1960年代から1970年代にかけて、国内の資本市場が十分に発達していなかったため、他の多くの日本企業と同様に、旭硝子は主に銀行から資金を調達していた。日本では、借り手企業と強い関係を持っている銀行は「メインバンク」

8-4b 地域別業績

(単位:百万円)

	2001	2002	2003
日本			
売上高	841,008	765,710	775,841
営業利益	39,389	7,118	15,182
資産	950,994	909,322	800,254
アジア			
売上高	214,493	190,746	217,124
営業利益	46,627	24,728	26,637
資産	191,066	207,789	277,194
北米			
売上高	171,359	180,306	183,337
営業利益	7,781	3,226	6,280
資産	254,543	245,824	213,998
欧州			
売上高	190,365	224,201	258,491
営業利益	18,115	24,030	19,439
資産	190,382	232,451	317,290
海外合計			
売上高	576,217	595,253	658,952
営業利益	72,523	51,983	52,356
資産	635,991	686,064	808,482
売上高合計	1,417,227	1,360,965	1,434,795
セグメント間内部売上高または振替高	(104,398)	(97,768)	(139,783)
連結売上高	1,312,829	1,263,196	1,295,011
営業利益合計	111,914	59,103	67,540
セグメント間内部売上高または振替高	(261)	(115)	(64)
連結営業利益	111,652	58,988	67,475

為替レート(円／外貨)

米ドル:			
期末	114.75円	131.95円	119.90円
平均	108.42	122.21	124.83
ユーロ:			
期末	106.55	116.51	125.08
平均	99.60	109.04	118.2

出典:会社資料

資料8-5●世界における市場シェア

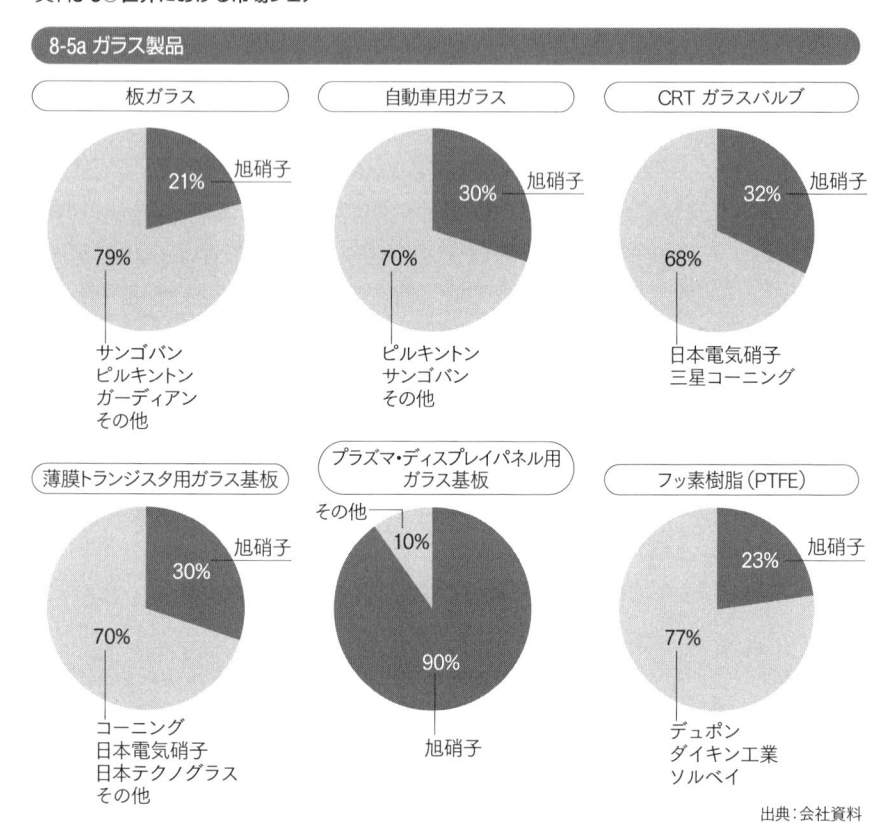

8-5a ガラス製品

板ガラス
- 旭硝子 21%
- その他 79%（サンゴバン、ピルキントン、ガーディアン、その他）

自動車用ガラス
- 旭硝子 30%
- その他 70%（ピルキントン、サンゴバン、その他）

CRT ガラスバルブ
- 旭硝子 32%
- その他 68%（日本電気硝子、三星コーニング）

薄膜トランジスタ用ガラス基板
- 旭硝子 30%
- その他 70%（コーニング、日本電気硝子、日本テクノグラス、その他）

プラズマ・ディスプレイパネル用ガラス基板
- 旭硝子 90%
- その他 10%

フッ素樹脂（PTFE）
- 旭硝子 23%
- その他 77%（デュポン、ダイキン工業、ソルベイ）

出典：会社資料

8-5b 板ガラス（2001年）

(単位：%)

	欧州	北米	南米	日本	アジア	合計
旭硝子	25	19	0	40	18	21
サンゴバン	27	2	36	0	13	16
ピルキントン	22	14	36	0	4	15
ガーディアン	11	18	28	0	13	14
PPG	0	23	0	0	0	6
日本板硝子	0	0	0	33	8	4
セントラル硝子	0	0	0	27	0	1
その他	15	24	0	0	44	23
合計	100	100	100	100	100	100

出典：UBS Warburg「旭硝子」（2003年3月19日）

と呼ばれ、借り手企業に対する貸付金残高と持株比率は常に最大であった。場合によってメインバンクは、全貸し手を代表して借り手企業の業績を監視し、企業の業績が悪化した場合には必要に応じて介入を行った。

旭硝子と銀行との関係

　このような銀行と企業とは、株式の持ち合いを行うのが常で、互いに少数の株式を保有した。暗黙の了解として、相互に株主総会で現経営陣に賛成票を投じ、相手（株式発行人）の合意を得ることなしには保有株式を売却しないこととしている。企業によっては、銀行の上級管理職を常勤あるいは非常勤取締役として招聘していた。三菱グループの一員である旭硝子のメインバンクは、東京三菱銀行（現社名、三菱東京UFJ銀行）である。東京三菱銀行は旭硝子の3.8%の株式を保有する7番目の大株主であり、同時に旭硝子は東京三菱銀行の持株会社である三菱東京フィナンシャル・グループ（現社名、三菱UFJフィナンシャル・グループ）の0.9%の株式を保有している。1990年代初頭のピーク時には、三菱銀行（東京三菱銀行の前身）は旭硝子の株式の4.9%を保有し、旭硝子は同行株式の1.5%を保有していた。取締役兼CFO（最高財務責任者）の松澤隆は「メインバンクは『安定株主』として機能し、旭硝子のビジネスを理解して我々の経営をサポートしていました」と言う。

　1990年代に日本経済を苦しめた問題、特に不良債権問題と金融危機は、メインバンクシステムに重要な影響を与えた。銀行は（含み益を実現することにより）不良債権から生じた損失を補い、また利益と資本の変動を少なくするために、株式を売却し始めた[注4]。銀行と企業の双方による保有株式の売却で、株式持ち合いは大きく減少し、1991年から2001年にかけては、日本の上場企業の時価総額に占める株式持ち合いの比率は、17.8%から8.9%へと落ち込んだ。

　1980年代に日本の資本市場の規制緩和が進み出すと、旭硝子を含む日本企業はより積極的に資本市場を活用するようになった。松澤はメインバンクとの関係の変化について、次のように述べる。「昔はメインバンクとの関係は大きな意味を持っていました。しかし、今日では株式持ち合いの意味は完全に変わっています。私は株式持ち合いを解消し、貸借対照表をスリム化したいと思っています」。株式持ち合いによる収益はおよそ1%かそれ以下であり、投資家は

資料8-6●旭硝子と銀行業の株価推移（1998年1月～2004年1月）

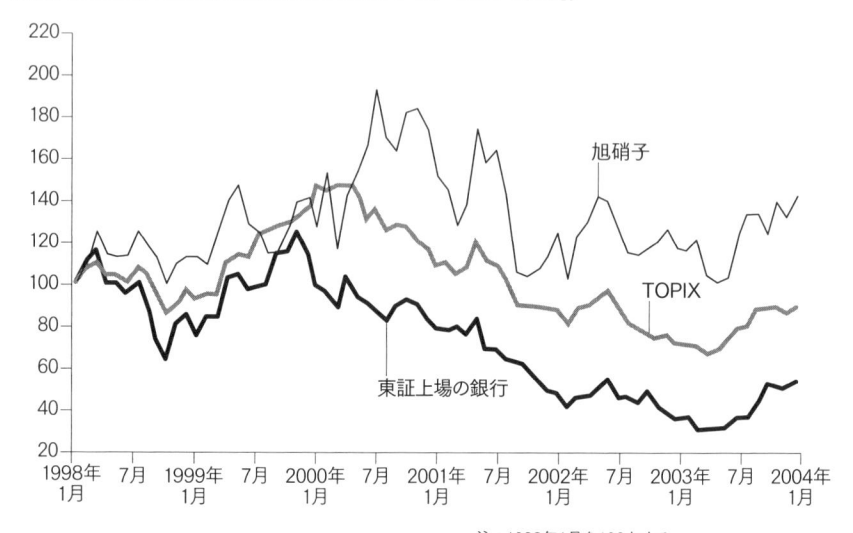

注：1998年1月を100とする。
出典：Thomson Financial Datastream International

企業の経営資源の多くがこのような低収益の資産に投下されている状況を望んではいないのだ。

2003年3月末の時点で、旭硝子の株式保有残高は1375億円と、前年の2245億円を大きく下回った。2003年3月期で、旭硝子は442億円の株式評価損を計上しており、そのほとんどが銀行株によるものであった（**資料8-6**参照）。

2003年11月、旭硝子は銀行が保有する同社株（発行済株式の6.1%）が、公開株式市場で売却される旨を発表した。それと引き換えに旭硝子も、同社が保有する銀行株（東京三菱銀行の株式を含む）を売却し、持ち合い株式を減少させることを計画した。

資本市場からの資金調達

旭硝子は、1960年代に東南アジアへの投資を開始した際には、そのための資金を日本の銀行からの融資に頼っていた。だが1970年代には、国際事業の資金をスイスや西ドイツなどの海外資本市場で調達し始める。会社の国際展開

が拡大するとともに、同社は資本市場の重要性を認識するようになり、1983年にはS&Pの格付けを取得した。財務グループリーダーの関誠は、2003年に各地域の事業資金がどのように調達されたかを次のように説明する。

「アメリカでは、主に金融会社が発行するコマーシャルペーパー（CP）とミディアムターム・ノート（MTN：中期債券）により、資金を調達しています。ヨーロッパでは資金調達の95％を金融会社経由で行っていますが、その内容は銀行借入れです。日本では親会社がCPを発行して、その資金を金融子会社へ貸し付け、それを今度は金融子会社から子会社へ貸し付けるということをしています。日本以外のアジアでは、シンガポールに金融会社を設立しましたが、まだ規模は小さいです。アジアの子会社のほとんどは銀行から借入れをしています。その中のいくつかは邦銀から借り入れており、邦銀は親会社の旭硝子と同じ与信を子会社にも与えています。そのため、メインバンクとの関係は私たちにとって依然として非常に重要なものとなっています」

資金調達の意思決定の分権化

旭硝子が1981年にグラバーベルを買収した際、同社の事業は旭硝子全体の規模と比較して大きすぎるのではないかとの懸念があった。そこで旭硝子の経営陣は財務リスクを最小化するため、グラバーベルが再建を果たしたのちに株式を公開させようと考えていた。1987年にグラバーベルの経営陣がIPO（新規株式公開）を提案した。親会社としての旭硝子の視点からすれば、株式公開により収益が希薄化するのは好ましくはなかったが、旭硝子は上記の理由から公開を支持することにした。その後、1992年のAFGインダストリーズの買収は、旭硝子にとってさらにリスクが大きかった。そのため旭硝子は全主要子会社に対して、旭硝子の与信に頼ることなく自分たちの会社を経営するよう指導している。

経営幹部は財務リスクについての懸念から、日本／アジア、欧州、北米の3極体制の枠組み内で、各地域が自立的に事業活動を行うことを決めた。さらに、日本の会計基準がもっぱら親会社に焦点を当て、子会社により運営管理される海外業務とその業績は親会社単体の財務諸表には反映されなかったこともあり、日本の経営層は国際事業にあまり注意を払っていなかった。連結財務諸表の開示は1978年から求められてはいたものの、日本の全上場企業の主要財務諸表

が単体ベースから連結ベースへと変わったのは、2000年になってからである。このため、投資家など外部の関係者のみならず、上級管理職も単独の業績がより重要であると考えていたのだ。CFOの松澤はこうコメントする。「私たちのような財務スタッフは常に、旭硝子グループ全体のキャッシュフロー状況と信用度についてかなり的確に理解していました。しかし経営幹部は、1990年代後半に規則が変わり、日本の全企業に対して連結財務諸表が義務づけられるまで、親会社中心に考えていました」。

信用格付けと債務状況

旭硝子はムーディーズからA2の格付けを、S&PからA－の格付けを与えられた。会社全体の負債総額は2002年3月末時点の7350億円から2003年3月末には6860億円へと減少したが、経営陣は高い格付けを維持するために負債をさらに1500億円減少させることを計画した。ゴールドマン・サックス証券金融戦略部クレジットリサーチ部長の後藤英樹は以下のように述べる。

「旭硝子の信用状況は、比較的低いビジネスリスクと、平均より良い財務リスクの両面で構成されています。旭硝子は日本国内の板ガラス市場の41%を握っており、この寡占状態は過去数十年間続いています。同社はまた、世界的にもナンバーワンの位置にいます。しかし、多くの資源をエレクトロニクスやディスプレイ製品へと配分するなど、その事業ポートフォリオをより高リスク・高成長の分野へと移しつつあります[注5]」

上記のようなクレジットアナリストたちが、旭硝子が高リスクなエレクトロニクスやディスプレイに集中していることを歓迎するか否かは不明である。ただアナリストたちは、旭硝子が全体的に高い信用度を保持するためには、ビジネスリスクが高くなる分を、より堅実な財務内容で相殺する必要があると考えている。

事業の再編成と価値創造経営

1990年代以前、旭硝子は子会社の業績を個別に評価していた。しかし、国

境や製品種目の枠を超えて考えること、つまり各会社の業績を「旭硝子グループの一部として」評価することこそが、各事業を効率的に運営し、その価値を最適化するための重要なステップであることが明らかになっていった。自動車ガラス事業とディスプレイ事業のそれぞれの重要顧客である自動車会社とエレクトロニクス企業は、共にグローバル化の傾向を強め、グローバルベースでの一貫したサービスを求めてきた。GMやトヨタのような世界的な巨大自動車メーカーは、自動車用ガラスを求めるにあたり、それがケンタッキーであれ、スペインであれ、タイであれ、単一の価格を要求した。この状況を受けて、旭硝子は1998年に、企業業績をグループ全体として見る戦略を実施した。旭硝子は同年、国内業績の低下と前年に生じたアジア経済危機に対応するため、「Shrink to Grow」という経営戦略を開始した。この戦略は、旭硝子の事業ポートフォリオの中から、経営資源配分の「選択」と「集中」を行うことを目指すものであった。

　1999年に、旭硝子は各事業ユニットの業績評価を目的として、経済付加価値（EVA）と類似した評価システムを日本に導入し、管理職や経営幹部のボーナスをこのシステムとリンクさせて、指標を意識させた。

　さらなる改革として、資源配分プロセスを、3カ年中期計画の中に必ず盛り込むこととした。各SBU（戦略事業単位）は投資やフリー・キャッシュフロー予測を含む中期計画を作成し、旭硝子は全社戦略への適合性や企業価値への貢献度に基づき、各事業のランク付けを行った。同社はこのランクに基づき選択的に資源を配分することにより、「バリュー・ポートフォリオ」を構築することを目指した。執行役員兼経営管理室長の寺島孝は言う。「フラットパネル・ディスプレイは『コア』、エレクトロニクスは『期待』、自動車用ガラスは『機会』にそれぞれランク付けされています」。

　2002年4月に旭硝子は、新グループビジョン「Look Beyond」を発表した。これは、共有すべき価値観（イノベーション＆オペレーショナル・エクセレンス［革新と卓越］、インテグリティ［誠実］、ダイバーシティ［多様性］、エンバイロンメント［環境］）を明確にしたもので、通常の3カ年計画のサイクルを超えた長期的な方向性を示すことを目的とし、改革実施に向けてさらなる事業の再編成を提唱するものであった。石津は30代後半から40代前半の中間管理職13名を自ら

資料8-7◉ガラス事業のグローバル経営組織

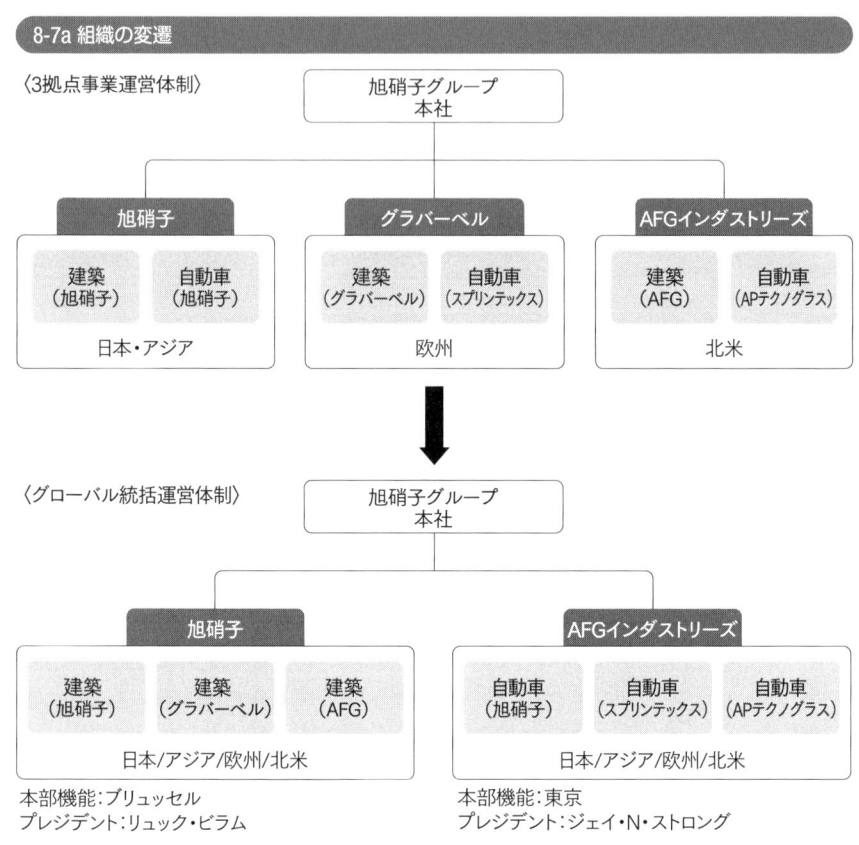

8-7a 組織の変遷

〈3拠点事業運営体制〉

```
                    旭硝子グループ
                       本社
         ┌──────────────┼──────────────┐
       旭硝子         グラバーベル      AFGインダストリーズ
     ┌────┬────┐   ┌────┬────┐     ┌────┬────┐
     建築  自動車    建築   自動車     建築     自動車
    (旭硝子)(旭硝子) (グラバーベル)(スプリンテックス) (AFG)  (APテクノグラス)
      日本・アジア          欧州                 北米
```

〈グローバル統括運営体制〉

```
                    旭硝子グループ
                       本社
              ┌───────────┴───────────┐
            旭硝子                AFGインダストリーズ
     ┌──────┬──────┬──────┐    ┌──────┬──────┬──────┐
     建築    建築    建築       自動車   自動車   自動車
   (旭硝子)(グラバーベル)(AFG)  (旭硝子)(スプリンテックス)(APテクノグラス)
      日本/アジア/欧州/北米         日本/アジア/欧州/北米
```

本部機能：ブリュッセル　　　　　　　本部機能：東京
プレジデント：リュック・ビラム　　　プレジデント：ジェイ・N・ストロング

出典：会社資料

選び、新グループビジョンの草案作成のためのプロジェクトチームを結成した。この事業再編成は、①グローバルベースでの社内カンパニーの設立、②コーポレート・ガバナンスの改革、③グループコーポレートと事業運営機能の定義づけ、という3つの明確な改革を含んでいる。

社内カンパニーの設立

　旭硝子は、長期にわたり地域別に編成・運営され、東京本社の経営幹部は米

8-7b 社内カンパニー制の構築(2002年現在)

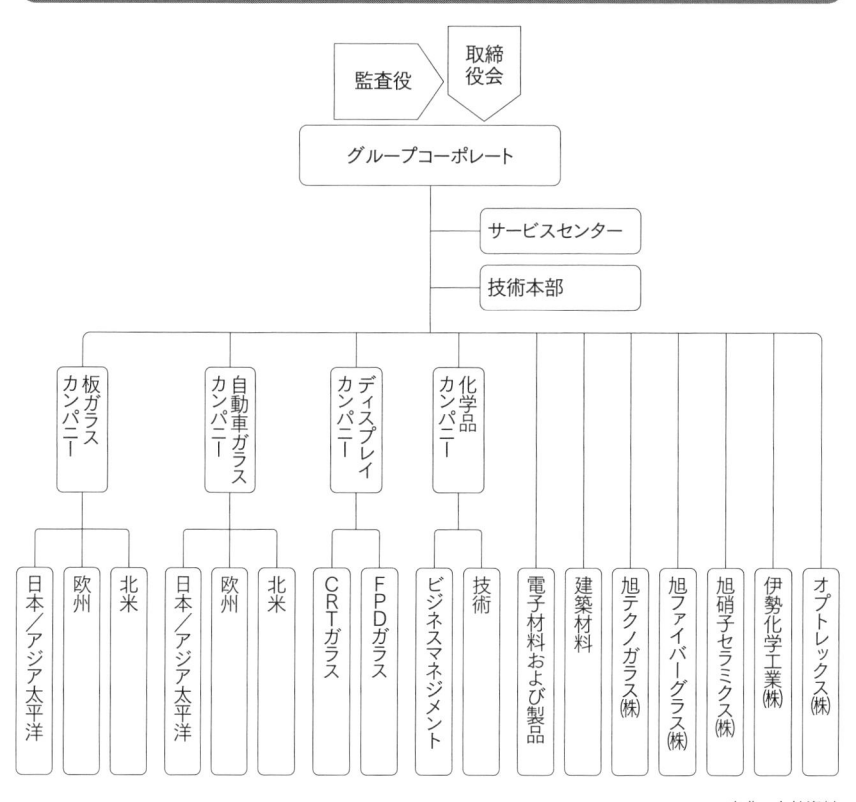

```
                        監査役    取締役会
                            \   /
                     グループコーポレート
                            |
                            ├── サービスセンター
                            ├── 技術本部
                            |
        ┌──────────┬──────────┬──────────┬──────────┐
     板ガラス   自動車ガラス  ディスプレイ  化学品
     カンパニー  カンパニー   カンパニー   カンパニー
```

板ガラスカンパニー: 日本/アジア太平洋、欧州、北米
自動車ガラスカンパニー: 日本/アジア太平洋、欧州、北米
ディスプレイカンパニー: CRTガラス、FPDガラス、ビジネスマネジメント、技術
化学品カンパニー: 電子材料および製品、建築材料、旭テクノグラス㈱、旭ファイバーグラス㈱、旭硝子セラミックス㈱、伊勢化学工業㈱、オプトレックス㈱

出典:会社資料

国と欧州の事業の自主性を尊重していた。2002年に旭硝子は国境や地域を超えた連携を促進するため、製品ラインごとに4つの社内カンパニーを設立した(**資料8-7**参照)。これは、自動車・電子産業でのグローバルプレーヤーを含む同社の主要な顧客に対して、より効果的に対応するためであった。2名の外国人幹部が、社内カンパニー・プレジデントに登用された。グラバーベルのCEOのリュック・ビラムが板ガラスカンパニー、米国のAPテクノグラス(AFGインダストリーズの子会社)を率いていたジェイ・N・ストロングが自動車ガラス

カンパニーの、それぞれプレジデントに就任したのだ。前述したように、この2つの社内カンパニーから成るガラス事業は旭硝子の売上高の53％、営業利益の56％を占めた。

　経営体制を変更した理由について、石津はこう述べる。「わが社の製品のほとんどの市場と顧客はグローバルです。そのため私たちは、自分たち自身をグローバルに適応させ、顧客に対して『一つの声』で対応しなくてはなりません。私たちは今、全世界の5万人の従業員でスクラムを組まなければならないのです。私たちは今や一心同体なのです」。石津は、異なる国の従業員が密接にコミュニケーションをとり、お互いから学ぶことを奨励し、たびたび「cross-fertilization（異種交配）」という言葉を使った。執行役員経営企画室調査役の神谷雅行は、「グローバル経営体制は、権限委譲と迅速な戦略の意思決定と実行を目的としていました」と言う。石津はグローバルな再編の結果に満足しており、次のようにコメントした。「（リュックとジェイは）2人とも、迅速な決断力を持ち、わが社の意思決定を早めています。彼らは部下に対し、明確な説明責任を求めます。彼らの登用は、悠長に考えていた日本人マネジャーたちにショックを与えました。それこそまさに私が意図したことだったのです[注6]」。

　上席執行役員自動車ガラスカンパニーのプレジデントであるストロングは、自身の体験を次のように語る。「かつての旭硝子は、地域事業の連合体でした。今はグローバルに統合された組織となりました。再編成以降、私たちは『地域間』の衝突を経験したことがありません。もちろん、戦略とマーケティングをどう調整していくかといった『地域内』の衝突はたくさんありますが」。しかしながら、旭硝子が完全に戦略を実行し、再編のメリットを飛躍的に高めていくにはまだ時間がかかるかもしれない。大和総研のシニアアナリストの安藤祐介は、市場の視点から警鐘を鳴らす。「株式アナリストたちは、グローバルな再編による一段進んだ事業改革を期待していましたが、それはまだ実現されていません[注7]」。

　こうした変革のあと、マネジャーの中には、社内カンパニーに任される意思決定の大きさに不安を抱き、そのような意思決定についてカンパニー間のコミュニケーションがあまり優先されていないと思う者もいた。たとえば、再編により各社内カンパニーは以前の5倍である50億円までの投資決定権限を与えら

れたが、ストロングはこの50億円の枠によって社内カンパニーの権限が「驚くほど」拡大したと考えている。CFOの松澤の見解はこうだ。

「私たちの狙いは、社内カンパニーをそれぞれ独立会社として扱うことです。社内カンパニーへの権限委譲により、それぞれのプレジデントは各事業部の資本構成や信用リスクについて責任を持つことが求められます。これはつまり、旭硝子グループの社長が外のマーケットに対して持つ責任と同じです。このシステムによって有能な経営者が育ってくるでしょう。それでも、旭硝子の財務状態を十分に理解していない一部のプレジデントが、会社全体の信用価値に大きく影響を及ぼすような決定を行う恐れがあります。そのため、グループコーポレートは、審判や社内投資家としての役目を担うことが期待されており、時には社内カンパニーの決定が旭硝子グループの中期計画会議で受け入れられないこともあります」

上席執行役員経営企画室長の和田隆は、旭硝子が直面する重要課題を2つ挙げる。「第1は、少数株主との衝突です。旭硝子は新規に海外市場に進出する際、多くのジョイントベンチャーを設立しました。しかしながら、事業を地域的かつグローバルに運営し始めてから、私たちは現地パートナーとの間で利害対立することが多くなったのです。たとえば、アジアでの製造事業を最適化することは容易ではありませんでした。なぜなら、現地パートナーが、各現地会社の利益を追求する傾向が強かったためです。このような衝突を解消するために、私たちはパートナーが持っていた出資部分を買い取りました。2番目の課題はコミュニケーションです。グローバルなコミュニケーションを促すには、それをより深く頻繁にし、異なる地域へもスタッフを異動させる必要があります」。

会計・税務の部門長の梅本周吉は、別の課題を指摘する。「旭硝子の会計システムは、まだ標準化されていません。日本の事業は日本の会計基準、北米の事業は米国の会計基準、欧州の事業はベルギーの会計基準によって処理されています。特定の項目についての経理処理が、3つの会計基準では大きく異なり、地域間の意思決定と業績評価で矛盾が生じています。これら3つの会計基準は統合される方向で進んでいますが、それが実現するまでは旭硝子が3つの会計基準の調和を図っていく必要があります」。

コーポレート・ガバナンスの改革

　旭硝子は、経営の執行と監視を分離する一連の改革を実施して、取締役の人数を20名から7名に減らし、2名の社外取締役を選任した[注8]。多くの元取締役が執行役員となり、22名の執行役員のうち石津を含む4名が取締役を兼任した。

　旭硝子は、日本企業の中でコーポレート・ガバナンス改革の最先端を行っている。同社を含む日本企業の役員会は、伝統的に社内出身者が中心であった。2002年末の時点で、社外取締役を登用していたのは上場企業の3分の1以下であり、その約半数の会社は社外取締役は1名だけであった[注9]。これに対して旭硝子は、前述のように取締役7名のうち、社外取締役を2名置いている。

　社内カンパニーのプレジデントへの権限委譲により、役員会はこれまでよりも少数の戦略的問題に焦点を絞ることができるようになった。経営企画室長の和田は言う。「役員会の議題項目の数が、以前は10以上だったのが数件にまで減少しました。これによって私たちは、それぞれの議題について深く議論することができるようになりました。役員会は朝9時30分に始まりますが、時には昼休みなしで審議が継続することもあります[注10]」。役員会は最低月1回開催されている。

　2003年6月、旭硝子は経営幹部の後継者選任過程を監督する、4名の指名委員会を設置した。この委員会は、必ず2名の社外取締役を含むかたちで組織された。大半の日本企業が指名委員会を持たず、社長自身が自分の後継者を選んでいるなかで、これもまた、標準的な日本のビジネス慣習とは一線を画するものであった。

グループコーポレートと事業執行機能の定義づけ

　旭硝子は、「グループコーポレート」機能と「事業執行」機能の線引きを慎重に行った。グループコーポレートは、各「事業執行」組織の監視、経営資源の配分、共通の管理プラットフォームの提供、新規事業の展開に責任を持つ。つまりは、社内カンパニーやSBUがその中で機能する枠組みとしての役目を果たした。この枠組みの中で、社内カンパニーとSBUは「事業執行」機能を担い、従来よりも大きい自主性が与えられ、各ユニットはこの自由度を生かして、そ

の事業の価値を最大化することが期待された。また、グループコーポレートは社内「投資家」としての役目を果たし、各ユニットが価値創出の可能性を立証できた場合には、戦略的に経営資源を投入する。旭硝子は多様な事業ポートフォリオを持つため、資源配分の決定は非常に重要である。

経営企画室調査役の神谷の説明によればこうなる。「グループコーポレートの機能は、グローバルな本社業務と地域ごとの共通業務で構成されています。前者には戦略的計画策定、財務管理、資金調達、投資家向け広報、コミュニケーション、グループの人的資源管理、新事業開発が含まれます。後者は事業部の業務に欠くことのできない部分であり、購買、会計、人的資源管理が含まれます。グローバルコーポレート・サービスの費用は各事業ユニットに請求されませんが、地域ごとの共通サービスの費用は事業部門が負担することになります」。

経営管理室長の寺島は次のようにも述べる。「『グループコーポレート』が最終的には持株会社になる可能性もあります。旭硝子が持株会社を設立するメリットは、賞与をそれぞれの業績に連動させることで、各社が異なった報酬制度を導入できることです。しかし組織構造をどうするかは、最終的には株主が判断することです」。

財務機能が新体制のもとで集約されたため、本社の経営陣は、資金調達、税務管理、保険等の業務の整備や効率化を進める良い機会と考えた。これらの事項は、以前には各地域内で対処されており、当然のことながら会社全体のコストを最小化することはできなかったからだ。

特に、税務管理は最も確実に費用を削減できる分野のように思われた。旭硝子は、ベルギーを拠点とする欧州税務マネジャーの一人を、グローバル税務コーディネーターに任命した。その人物がグラバーベルで、欧州全域の税務問題を管理した経験があったためだ。彼は、各地域の税務マネジャーやCFOの松澤の部下と共に、旭硝子の世界全域の税金負担の最適化に取り組み始めた。

新しい組織のもと、各社内カンパニーはそれぞれのEBIT（金利税引前利益）と事業資産、およびEVAに責任を持つこととなる。そして、これらの業績を上級管理職の報酬に連動させた。社内カンパニーのプレジデントのボーナスは、単年度の営業利益に基づいて決定されたが、投資家は短期・長期の財務業績で

経営陣を厳しく評価する。経営幹部の中には、石津の掲げる目標と社内カンパニーの各プレジデントが掲げる目標との間に不一致が生じる可能性を危惧する声もあった。それぞれの事業ユニットがEBITと事業資産および資本構成の意思決定まで責任を持つべきか否かについては、旭硝子内で激論が交わされている。一部の者は、事業ユニットのマネジャーが旭硝子の信用状態に精通していない場合、その投資決定が会社全体の資本構成や信用格付けに悪影響を及ぼす危険性があるとし、資産配分と資本構成の決定権はグループコーポレートにあるべきだと主張した。

旭硝子は、人的資源管理についても同様にグローバル化を進めた。約100名の上級管理職と200名の「有望な」中間管理職を選考し、将来の指導者候補としての訓練を始めたが、そのうち約30%が外国人であった。これは、現在会社全体の約30%を占める日本人従業員の比率を、10年後には約6%にまで低下させるというマネジメント側の公算に沿ったものであった。このような計画は、できる限り多くの日本人従業員を保持し、長期的な関係を育むことを重視してきた従来の日本の企業文化においては革命的なことであった。しかし、結果的に、この戦略は日本人マネジャーたちを意気阻喪させた。彼らは、旭硝子がこうした戦略をとり続ける限り、同社における自分たちの将来は狭められてしまうと感じたからである。

旭硝子でのEVAの使用

旭硝子は1999年に、資源配分と管理職以上の業績評価のツールとして、EVAを導入した。これは、次の式を使って計算された。

$EVA = NOPAT - CE \times WACC$
　　　NOPAT：税引後営業利益
　　　CE：投下総資本
　　　WACC：加重平均資本コスト

22名の執行役員の評価は、EVAの向上を基準として行われた。この場合、

WACCは8%（国別WACCの加重平均）として計算された。

実際はマネジャーのボーナスの基準はEVAそのものではなく、7等級評価システムを使ったEVA率だった。これは、各カンパニーのそもそもの収益性を正確に反映するものではない。

EVA率＝NOPAT／（CE×WACC）

EVA率1はEVA0に等しくなる。日本の下位管理職約1400名は、1999年の日本の資本コストをもとにしたWACC5%を使って計算した絶対EVAに基づいて評価された。同社は2004年から、下位管理職に対してもWACC8%を使用することにした。

各国ごとのWACCの計算

WACCの計算式

$$\text{WACC} = (1-t)R_d \frac{D}{D+E} + R_e \frac{E}{D+E}$$

t：税率
Rd：負債コスト
Re：株主資本コスト
D：負債総額
E：株主資本額

WACCでは、負債コストと株主資本コストの加重平均を使用して資本コストを計算する。利子支払いは課税控除対象であるため、負債コストは法人税率分だけ低くなる。

●負債と株主資本の比率

同社の中期計画を反映させるため、資本構成としては、負債に対する株主資本の比率（D／E）の目標値0.7を、簿価ベースおよび時価ベースで全体にわたって適用した。D／Eは0.7であるから、Eに1の値を、Dに0.7の値をそれぞれ割り当てることにより、D／（D＋E）およびE／（D＋E）を計算した。したが

って、すべての国に関して以下のとおりとなった。

D／(D＋E) ＝ 0.7／(0.7＋1) ＝ 0.41
E／(D＋E) ＝ 1／(0.7＋1) ＝ 0.59

● **負債コストと株主資本コストの計算**
・先進工業国

先進工業国では、現地通貨を用いて計算した。負債コストは、ファイナンシャル・タイムズ誌が提供する国別のリスクフリーレートに、クレジットスプレッドを100ベーシスポイント（1％。概算数字）として加算して計算した。すなわち、負債コストの計算式は、以下のとおりとなる。

Rd＝リスクフリーレート＋クレジットスプレッド（100ベーシスポイント）

株主資本コストは、CAPM（資本資産評価）モデルを用いて、イボットソンが提供するベータ[注11]と市場リスクプレミアムの積にリスクフリーレートを加えて計算した。したがって、株主資本コストの計算式は、以下のとおりとなる。

Re＝リスクフリーレート＋ベータ×市場リスクプレミアム

・新興成長市場

新興成長市場では、米ドルを使用して計算を行った。

負債コストは、米国10年国債の利回りに、100ベーシスポイント（ここも概算数字）のクレジットスプレッドと、カントリーリスクプレミアムを加えて計算した。

Rd＝米国10年国債利回り＋クレジットスプレッド（100ベーシスポイント）
　　＋カントリーリスクプレミアム

株主資本コストは、イボットソンとJPモルガンの情報に基づいて推定した。株価に関する過去からのデータが不足しているため、ここではCAPMはさほど有用でなかった。

国別のWACCの計算値については、**資料8-8**にまとめてある。

●国別WACCの計算例

　以下に、経営管理室主幹の山田方敏が作成した、国別WACCの計算例を2つ示す。

・先進工業国──日本

　Rd = リスクフリーレート + クレジットスプレッド
　　　= 0.84%[注12] + 1.00%
　　　= 1.84%

　Re = リスクフリーレート + ベータ×市場リスクプレミアム
　　　= 0.84%[注13] + 1×5.4%[注14]
　　　= 6.24%
　日本の税率 = 42.05%

　⇒WACC日本
　　= (1 − 42.05%)×1.84%×0.41 + 6.24%×0.59
　　= 4.1%[注15]

・新興成長市場──インドネシア

　Rd = 米国10年国債利回り + クレジットスプレッド
　　　　+ カントリーリスクプレミアム
　　　= 4.2% + 1.00% + 6.0%[注16]
　　　= 11.2%

　Re = (28.9% + 15.9%)÷2
　　　= 22.39%[注17]
　インドネシアの税率 = 30%

　⇒WACCインドネシア

資料8-8 ● 国別WACC 計算値

現地通貨	リスクフリーレート（長期）	リスクフリーレート（短期）	スプレッド（bps）	税引前負債コスト	税率	税引後負債コスト
オーストラリア	5.46%	—	100	6.46%	30.00%	4.52%
オーストリア	4.35	—	100	5.35	34.00	3.53
ベルギー	4.38	—	100	5.38	40.17	3.22
カナダ	5.13	—	100	6.13	38.62	3.76
デンマーク	4.40	—	100	5.40	30.00	3.78
フランス	4.31	—	100	5.31	34.33	3.49
ドイツ	4.29	—	100	5.29	38.90	3.23
アイルランド	4.32	—	100	5.32	16.00	4.47
イタリア	4.45	—	100	5.45	36.00	3.49
日本	0.84	—	100	1.84	42.05	1.07
オランダ	4.31	—	100	5.31	34.50	3.48
シンガポール	2.60	0.7%	100	3.60	22.00	2.81
スペイン	4.37	2.6	100	5.37	35.26	3.48
スウェーデン	4.80	3.6	100	5.80	28.00	4.18
英国	4.54	—	100	5.54	30.00	3.88
米国	4.18	—	100	5.18	39.50	3.13

米ドル	10年国債	リスクプレミアム	スプレッド	税引前負債コスト	税率	税引後負債コスト
中国	4.18%	74	100	5.92%	33.0%	3.97%
インド	4.18	280	100	7.98	36.8	5.05
インドネシア	4.18	600	100	11.18	30.0	7.83
韓国	4.18	140	100	6.58	29.7	4.63
マレーシア	4.18	182	100	7.00	28.0	5.04
パキスタン	4.18	850	100	13.68	33.0	9.17
フィリピン	4.18	541	100	10.59	32.0	7.20
台湾	4.18	115	100	6.33	25.0	4.75
タイ	4.18	158	100	6.76	30.0	4.73
ベトナム	4.18	650	100	11.68	32.0	7.94
ブラジル	4.18	1,356	100	18.74	34.0	12.37
メキシコ	4.18	305	100	8.23	35.0	5.35
チェコスロバキア	4.18	67	100	5.85	31.0	4.04
ロシア	4.18	350	100	8.68	24.0	6.60

市場変動リスクプレミアム*	株主資本コスト	D/E比	負債比率	持分比率	WACC	四捨五入値
3.50%	8.96%	0.70	1.86%	5.27%	7.13%	7%
2.50	6.85	0.70	1.45	4.03	5.48	6
7.10	11.48	0.70	1.33	6.75	8.08	8
3.20	8.33	0.70	1.55	4.90	6.45	6
9.80	14.20	0.70	1.56	8.35	9.91	10
6.90	11.21	0.70	1.44	6.59	8.03	8
4.70	8.99	0.70	1.33	5.29	6.62	7
8.40	12.72	0.70	1.84	7.48	9.32	9
3.90	8.35	0.70	1.44	4.91	6.35	6
5.40	6.24	0.70	0.44	3.67	4.11	4
7.70	12.01	0.70	1.43	7.06	8.50	8
5.40	6.10	0.70	1.16	3.59	4.74	5
5.40	7.96	0.70	1.43	4.68	6.11	6
12.20	15.84	0.70	1.72	9.32	11.04	11
7.10	11.64	0.70	1.60	6.85	8.44	8
5.30	9.48	0.70	1.29	5.58	6.87	7

注:*入手可能な場合、短期、リスクフリーレートをもとに積算。

株主資本コスト							
イボットソン	JPモルガン	平均	D/E比	負債比率	持分比率	WACC	四捨五入値
17.4%	12.0%	14.69%	0.70	1.63%	8.64%	10.27%	10%
19.9	12.6	16.24	0.70	2.08	9.55	11.63	12
28.9	15.9	22.39	0.70	3.22	13.17	16.39	16
16.2	14.7	15.43	0.70	1.90	9.07	10.98	11
18.0	11.6	14.79	0.70	2.08	8.70	10.78	11
30.5	20.7	25.59	0.70	3.77	15.05	18.83	19
21.5	15.2	18.34	0.70	2.97	10.79	13.75	14
13.8	14.9	14.37	0.70	1.95	8.45	10.40	10
19.8	14.1	16.94	0.70	1.95	9.97	11.91	12
25.7	18.7	22.20	0.70	3.27	13.06	16.33	16
22.1	23.4	22.74	0.70	5.09	13.38	18.47	18
17.5	12.9	15.17	0.70	2.20	8.92	11.13	11
16.5	10.7	13.58	0.70	1.66	7.99	9.65	10
24.7	13.7	19.19	0.70	2.72	11.29	14.00	14

出典:会社資料

= (1 − 30%) × 11.2% × 0.41 + 22.39% × 0.59
= 16.4%^(注18)

事業ユニットごとにWACCを計算する

● ガラス事業

　旭硝子は、各事業ユニットが事業を展開する国のWACCの加重平均を算出することで、同社ガラス事業のそれぞれの事業ユニットのWACCを計算した。たとえば、アジアにおける板ガラス事業のWACCは10.0%となった。これは日本、中国、インドネシア、フィリピン、タイのWACCの加重平均である（**資料8-9a**参照）。

　この計算に使用された各国の資本コストは、資料8-8に記載された資本コストを調整したものである。経営管理室担当者は、日本の格付け機関である格付投資情報センターが開発したカントリーリスク分類ごとに、資料8-8の国々の資本コストの平均値を出した。たとえば、インドネシアやベトナムなどの国は分類Dに属し、分類Dの平均資本コストは約15%であった。したがって、分類Dに該当するすべての国に対して15%を使用した。同様に、中国やメキシコなど分類Cの国には13%を使用し、韓国や台湾など分類Bの国には10%を使用している。ほとんどの先進工業国つまりA分類国の場合、資本コストは約7%であった。そのため、日本の資本コストには4%（資料8-8に記載された数値）ではなく、7%を使用した。これは、現行のリスクフリーレートである0.8%は異常に低く、過去のリスクフリーレートは約4%だったという一般的な見方と一致するものである。

　一方で、旭硝子のフラットパネル・ディスプレイ事業のWACCは7.4%だった（**資料8-9b**参照）。この差は、板ガラス事業がアジアで投下した資本の46%がタイ、インドネシア、フィリピンなどWACCが高い新興成長市場に向けられたものであり、一方で、フラットパネル・ディスプレイ事業が投じた資本の88%はWACCが低い日本へのものである、という違いによるものであった（**資料8-9c**参照）。

資料8-9◉事業ユニット別WACC 計算値

8-9a アジアの板ガラス事業

国名	資本コスト（CoC）	投下資本額（CE）	CE × CoC	WACCへの貢献
日本	7.0%	626.2（十億円）	43.8（十億円）	3.8%
米国	7.0	—	—	—
英国	7.0	—	—	—
欧州	7.0	—	—	—
オーストラリア	7.0	—	—	—
シンガポール	7.0	—	—	—
中国	13.0	59.9	7.8	0.7
インド	13.0	—	—	—
インドネシア	15.0	120.2	18.0	1.5
韓国	10.0	—	—	—
マレーシア	13.0	—	—	—
パキスタン	21.0	—	—	—
フィリピン	13.0	101.7	13.2	1.1
台湾	10.0	—	—	—
タイ	13.0	258.2	33.6	2.9
ベトナム	15.0	—	—	—
合計		1,166.2	116.4	10.0

8-9b フラットパネル・ディスプレイ事業

国名	資本コスト（CoC）	投下資本額（CE）	CE × CoC	WACCへの貢献
日本	7.0%	776.0（十億円）	54.3（十億円）	6.2%
米国	7.0	—	—	—
英国	7.0	—	—	—
欧州	7.0	—	—	—
オーストラリア	7.0	—	—	—
シンガポール	7.0	—	—	—
中国	13.0	—	—	—
インド	13.0	—	—	—
インドネシア	15.0	—	—	—
韓国	10.0	—	—	—
マレーシア	13.0	—	—	—
パキスタン	21.0	—	—	—
フィリピン	13.0	—	—	—
台湾	10.0	105.7	10.6	1.2
タイ	13.0	—	—	—
ベトナム	15.0	—	—	—
合計		881.7	64.9	7.4

出典：会社資料

8-9c 部門別WACC

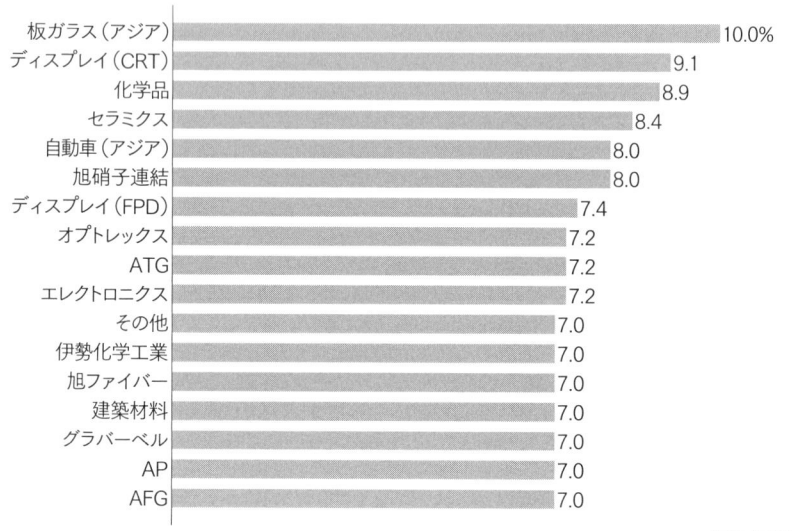

部門	WACC
板ガラス（アジア）	10.0%
ディスプレイ（CRT）	9.1
化学品	8.9
セラミックス	8.4
自動車（アジア）	8.0
旭硝子連結	8.0
ディスプレイ（FPD）	7.4
オプトレックス	7.2
ATG	7.2
エレクトロニクス	7.2
その他	7.0
伊勢化学工業	7.0
旭ファイバー	7.0
建築材料	7.0
グラバーベル	7.0
AP	7.0
AFG	7.0

出典：会社資料

●ガラス以外の事業

その他（ガラス以外）の事業については、その事業拠点は主に日本にあり、EVAの計算には日本のWACCが使用された。たとえば、エレクトロニクスや建築材料には、日本のWACC値である7%を適用した。当初旭硝子は、各事業のリスクを反映させるベータを用いて資本コストを計算したが、事業に多様性がある割にはあまり差が出なかったため、現在の方法を使うに至った。

旭硝子が実質的に事業を展開する主要18カ国では、WACCは7～15%、税率は22～42%の範囲であった。社内カンパニー／SBUレベルでは、WACCは7～10%、税率は35～42%の範囲であった（**資料8-10**参照）。

ベータ

会社全体としてのベータの計算に際して、旭硝子はサンゴバン、ピルキントン、PPGなど外国のガラス企業の平均ベータを使用し、さらにブリヂストン、信越化学、デュポンなど世界的な材料企業も参考にした（**資料8-11**参照）。一方

資料8-10 ● WACCおよび税率

8-10a 国別(評価用)

国名	WACC	税率
日本	7.0%	42.0%
米国	7.0	40.0
英国	7.0	30.0
欧州	7.0	35.0
オーストラリア	7.0	30.0
シンガポール	7.0	22.0
中国	13.0	33.0
インド	13.0	36.8
インドネシア	15.0	30.0
韓国	10.0	29.7
マレーシア	13.0	28.0
フィリピン	13.0	32.0
台湾	10.0	25.0
タイ	13.0	30.0
ブラジル	13.0	34.0
メキシコ	13.0	35.0
チェコスロバキア	10.0	31.0
ロシア	15.0	24.0

出典:会社資料

で、日本板硝子やセントラル硝子（日本の板ガラス市場の33%と27%をそれぞれ占める）のような国内ガラス企業は、旭硝子ほどグローバル化も多様化もしていないため、ベータ算出の参考にならないと判断した。世界的な材料企業6社の平均値から、負債のない場合のベータを0.7と推定、旭硝子のD／E比を0.7として負債を加味し、ベータを1.0と推定した。この値を全社のWACCの計算で用いた。

EVAの利点と欠点

EVAの導入は、すぐさま利点をもたらした。たとえば、すべてのマネジャーが資本効率に対する意識を高め、資源配分について深く知るようになった。また、EVAによって各国間の投資結果の比較が容易になった。以前は、驚くほど低いハードルレートを用いて投資計画が評価されていたため、新興成長市場国

8-10b 部門別（業績評価用）

部門名	WACC	税率
旭硝子グループ	8.0%	38.0%
板ガラスカンパニー	8.0	37.0
板ガラス（アジア）	10.0	37.0
板ガラス（米国）	7.0	40.0
板ガラス（欧州）	7.0	35.0
自動車カンパニー	8.0	39.0
自動車（アジア）	8.0	40.0
自動車（米国）	7.0	40.0
自動車（欧州）	7.0	35.0
ディスプレイカンパニー	8.0	36.0
ディスプレイ（CRT）	9.0	34.0
ディスプレイ（FPD）	7.0	40.0
化学品	9.0	39.0
エレクトロニクス	7.0	41.0
建築材料	7.0	42.0
セラミクス	8.0	40.0
旭ファイバー	7.0	42.0
ATG	7.0	42.0
伊勢化学工業	7.0	42.0

出典：会社資料

に過剰投資する傾向があったからだ。

　しかしながら、EVAは決して特効薬ではない。マネジャーの多くは、EVAの価値に納得せず、したがって意思決定を行うときにもEVAを参照することはなかった。あらゆる階層の人々（EVA導入を決定した上級管理職でさえも）が、社内カンパニーの業績評価や中期計画の作成に際して、依然として営業利益に依存していた。さらに、EVAを業績評価の尺度として使用するのは、親会社の執行役員や従業員に限られており、数としては全人員の約2.5%にすぎなかった。EVAを使う場合も、それが唯一の業績評価手段とはなりえず、結局はキャッシュフローなど従来からの手段と競合することになった。

　一部のマネジャーは、資源配分と業績評価にはキャッシュフローのほうが適切であるとの考えに固執し続けた。会社はD／E比と格付けの向上に躍起にな

資料8-11●競合他社の分析

(単位:十億円)

	信越①	ブリヂストン②	ピルキントン③	サンゴバン④	デュポン⑤	PPG⑥	平均①〜⑥	平均③④⑥
利子付負債	178	766	242	1,093	894	314		
短期	114	331	123	483	192	91		
長期	64	435	119	610	702	223		
株主資本	812	835	134	1,385	1,895	404		
市場価値	2,284	1,195	255	1,655	6,071	1,179		
支払い利子	6	27	12	70	77	22		
税引前利子率(%)	3.4	3.5	5.0	6.4	8.6	7.0		
税率(%)	42	42	30	36	41	41	39	36
税引後利子率(%)	2.0	2.0	3.5	4.1	5.1	4.1		
非危険利子率(%)	1.4	1.4	4.9	5.0	5.0	5.0		
ベータ	1.07	0.91	0.83	0.84	0.86	0.83		
市場リスクプレミアム(%)	6.2	6.2	7.9	7.8	6.0	6.0		
求められる株主資本利益率(%)	8.0	7.0	11.5	11.6	10.2	10.0		
ベータ(非レバレッジ)	1.02	0.66	0.50	0.59	0.79	0.72	0.71	0.60
ベータ(WD/E 0.7でレバレッジ)	1.44	0.93	0.74	0.85	1.12	1.01	1.02	0.87
D/E(簿価ベース)	0.22	0.92	1.81	0.79	0.47	0.78	0.83	1.12
D/E(市場価値ベース)	0.08	0.64	0.95	0.66	0.15	0.27	0.46	0.62
WACC(簿価ベース)(%)	6.9	4.7	6.3	8.3	8.5	7.4		
WACC(市場価値ベース)(%)	7.6	5.1	7.6	8.6	9.5	8.8		
資産合計	1,289	2,444	535	3,734	5,287	1,108		
企業価値	2,462	1,961	497	2,748	6,965	1,493		

出典:会社資料

っており、一部から当面はキャッシュフローを重視すべきであるとの声もあがった。このように、キャッシュフローやROEなど従来の尺度と比べると、EVAは投資家とのコミュニケーションに用いるのに適切な業績目標とはまだなっていない。

変化に適応できる組織になるには

　石津は、旭硝子グループの改革と変容を実行する過程で直面した試練について、次のように語る。
「弊社の社訓は、『易きになじまず、難きにつく』。壁にブチ当たったら逃げるな、突き抜けろという、骨っぽい創業者の精神の表れです。しかし、今は骨なしになっている。『易きになじんで難きにつかない』になってしまった。これは成功の復讐です(注19)」
　1980年代半ばまで、旭硝子は何十年もの間急速な成長を経験し、国内・海外の両市場で寡占的な利益を享受した。石津はこれまでの取り組みを振り返り、1世紀に及ぶ歴史を持つ、成功を収めた大企業の文化を改革することがいかに困難であるかを、彼自身が過小評価していたことを認めた。現在、予定されている6年任期の5年目となり（旭硝子では社長は伝統的に6年で退任している）、石津は自らの立場についてこう述べている。「私の最大の関心事は、いかにしてこの改革を全従業員に浸透させるかです。私たちはルビコン川を渡ってしまったのですから、元に引き返す道はありません。したがって改革を確かなものにするための文化を育てていかなければなりません」。
　石津の主な目標は、旭硝子が今後も、絶えず変化するグローバルなビジネス環境に適応し続けていけるような仕組みを確立することにある。石津は、どうすればその目標を達成できるかと繰り返し自らに問うている。

注
1) 「前3月期、日本企業、海外利益46％増」『日本経済新聞』、2003年6月19日。2003年11月30日時点での為替レートは1ドル＝109.50円。2003年3月期とは、2002年4月1日～2003年3月31日を指す。
2) 板ガラスは主に建築用、自動車用のガラス資材として使用される。フロートガラス、シートガラス、プレートガラスが含まれる。
3) 自動車用ガラスは、板ガラスを切断・加工・焼戻し・積層して製造される。

4) 日本の銀行は、銀行資本の計算に際して、保有株式からの含み益の45%を入れることが国際決済銀行（BIS）により認められていた。
5) 2003年7月3日、インタビューへのコメント。
6) 「復活の道標　私の意見：旭硝子社長石津進也氏——真の強さ、世界に学ぶ（産業力）」『日本経済新聞』、2002年12月17日、13面。
7) 2003年7月3日、インタビューへのコメント。
8) 島田晴雄（慶應義塾大学教授）と北城恪太郎（日本アイ・ビー・エム社長）が、社外取締役に選任された。旭硝子元社長の瀬谷博道は、執行役員ではない取締役会議長となった。
9) 東京証券取引所の「コーポレートガバナンスに関する調査結果」（2003年1月27日。調査対象数2103社。回収率65%）によると、回答企業の29%が社外取締役を選任していた。社外取締役を持つ企業のうち、52%が社外取締役の数は1名、25%が2名であった。
10) 「経営分析：旭硝子」『週刊ダイヤモンド』、2003年4月12日号、p.57。
11) ベータとは、市場全体の動きに対するある株式の変動率の尺度である。
12) ファイナンシャル・タイムズ誌が提供する数字を使用。（長期）リスクフリーレートは、資料8-8の日本の項を参照。
13) 注12に同じ。
14) イボットソンが提供する数字を使用。市場リスクプレミアムは、資料8-8の日本の項を参照。
15) 4%に四捨五入。
16) JPモルガンのディスカウントレートに基づき、カントリーリスクプレミアムを計算。
17) JPモルガンとイボットソンが提供する情報を使用して計算。株主資本コスト（イボットソンとJPモルガンの値、および両者の平均値）については、資料8-8のインドネシアの項を参照。
18) 16%に四捨五入。
19) 「編集長インタビュー：石津進也（旭硝子社長兼CEO）」『週刊ダイヤモンド』、2003年10月25日号、p.128。

第9章

Production I.G.: Challenging the Status Quo

プロダクション・アイジー：アニメというビジネス

[執筆者]

ハーバード・ビジネス・スクール 助教授
アンドレイ・ハジウ
Andrei Hagiu

ハーバード・ビジネス・スクール 教授
タルン・カナ
Tarun Khanna

ハーバード・ビジネス・スクール 教授
フェリックス・オバーホルツァー＝ジー
Felix Oberholzer-Gee

前 ハーバード・ビジネス・スクール 日本リサーチ・センター長
江川雅子
Masako Egawa

前 ハーバード・ビジネス・スクール 日本リサーチ・センター リサーチ・アソシエイト
遠山知里
Chisato Toyama

●ハーバード・ビジネス・スクールのケースは、授業での討議に用いられる資料として作成されている。ケースには、1) 当該企業を推奨する、2) 一次データの出典となる、3) マネジメントの優劣について例証する、という意図はない。

●ケースは過去のある時点の事実をもとに書かれたものである。現在の当該企業の状況を反映したものではないことに注意されたい。

Case No. 9-707-454
© 2006 President and Fellows of Harvard College.

「プロダクション・アイジーのことを、よく花園にたとえて考えます。花を将来たくさん咲かせて、お客様が訪ねてくる魅力的な花園を創り上げるため、種を蒔き続けるのが私の仕事なのです。苗を植えれば楽に育てられ、美しい花束を作ることができます。けれども、その花束はたった1週間しかもちません」
――プロダクション・アイジー代表取締役社長　石川光久

　2006年7月、社長の石川光久は東京郊外に設立したアニメーション・スタジオの仕事場で、どうしたら事業を成功させ、プロダクション・アイジーの知名度をさらに高めることができるか、と考えていた。プロダクション・アイジーが制作したアニメーション映画「イノセンス」は、2004年のカンヌ映画祭コンペティション部門に出品され、同社は2005年12月に株式を上場していた。2006年5月に終了する年度に、同社は184名の社員を抱え、売上高54億3900万円、営業利益4億400万円を計上している。
　日本のアニメーション制作会社にとって、これは決して小さな成果ではなかった。日本のアニメーションはグローバル市場では成功を収めていたが、その業界は約430社のアニメーション制作会社に細分化され[注1]、コンテンツの著作権のほとんどを所有するテレビ局、映画配給会社、DVD販売会社、広告代理店などの配給会社が業界を支配している。すなわち、配給会社が資金を提供し、アニメーション制作会社に作品の制作を下請けさせているのである。一方、制作会社の大多数は小規模企業であり、裏方的な作業を強いられている。そのため日本には、ウォルト・ディズニー・カンパニー（以下、ディズニー）ほどの経営規模を有するアニメーション制作会社が存在しない。2005年、ディズニーの売上高は320億ドルに達したが、日本最大のアニメーション制作会社である東映アニメーションの売上高は、わずか210億円（1億7500万ドル）[注2]に留まった。
　石川が決断を迫られていたのは、自分のアニメーション制作会社が築き上げる「コンテンツの花園」をどのように構成するか、という点だった。アニメーション作品には、オリジナル作品、すなわちプロダクション・アイジーがすべてを創作するものと、漫画[注3]を原作とするものとがあるが、はたしてオリジナル作品の比率を拡大すべきなのか。漫画を原作にしたアニメーション作品は移植される苗のようなもので、育てるのはやさしいが、短期間しかもたない。

一方、オリジナル作品は種を蒔いて育てる植物のように育てるのは難しいが、より長い期間にわたって花を咲かせるのである。

日本のアニメ：その歴史と概観

近年、日本のアニメーションは、海外でも「アニメ」（anime）と呼ばれるようになった。アニメは多くの欧米諸国の人々が考えていたような、子供向けの漫画映画の枠を超えたもので、大人と子供の双方の観客を対象としている。「アニメを単なる漫画映画と定義することは、この媒体を構成する深さと多様性を正確に表現していない。アニメ作品には、ロマンス、喜劇、悲劇、冒険など、欧米諸国の観客が実写映画作品で見慣れているすべての要素が含まれている。最近の欧米諸国ではめったに取り上げられない、ある種の心理的なテーマも取り上げられる[注4]」——日本のアニメ研究を行ったスーザン・J・ネイピアはこう指摘している。

日本のアニメは海外で人気を獲得しており、世界中のテレビで放送されているアニメ番組の60％を日本のアニメが占めていると言われる。最も成功した日本のアニメの一つである「ポケモン」のテレビシリーズは、68カ国で25の言語によって放送された。ライセンス契約を結んで製造された製品の販売を含めて、ポケモンに関連した総体的な市場の規模は約2000億ドルにのぼると推定される。東京大学教授の浜野保樹は、日本のアニメが多くの海外作品に影響を及ぼしていると指摘する。たとえば実写映画作品「ターミネーター2」の設定は、大友克洋が監督したアニメ作品「アキラ」の影響を受けている。ジェームズ・キャメロン[注5]と大友克洋は親しい友人だ。また、ディズニーが2002年に公開したアニメ作品「リロ＆スティッチ」の監督は、宮崎駿の「となりのトトロ」に触発されたことを認めている[注6]。

日本では1917年に10分間のアニメ映画が初めて制作され、実写映画と併せて上映された。さらにその後、教育と広告を目的とする多くの短編アニメ映画が制作された[注7]。第2次世界大戦後の1950年代初期には、ディズニーのアニメ映画とそこに描かれた夢の世界が多くの観客の人気を集めた。1956年、「東洋

のディズニー」となることを目標に、大手映画配給会社である東映の子会社として、東映動画（現社名、東映アニメーション）が設立された。

1963年、最初のテレビアニメシリーズである「鉄腕アトム」が週に1度放映されるようになった。この作品は漫画家として大きな成功を収めた手塚治虫によって、彼が描いた漫画を原作として制作されたものである。テレビアニメの制作に熱意をもって取り組んだ手塚は、テレビ局が提示した低額の制作費を受け入れた。手塚は制作費を節減するため、1秒間の動画のコマ数を、ディズニーのアニメ作品の標準である24コマに対し、3分の1の8コマに落とした（そのためディズニーには、「リミテッド（限られた）・アニメーション」と呼ばれた。1秒24コマのものを「フル（完全な）・アニメーション」と考えての呼び方である）。手塚はストーリーが複雑で面白ければ、リミテッド・アニメーションでも視聴者を獲得できると確信していた。彼は、ディズニーのアニメ作品は単純で深さが足りないと感じていたのである。鉄腕アトムは大ヒットし、日本の家庭の40%がこの番組を見た。その結果、東映動画や他のプロダクションが、テレビアニメシリーズを制作するようになる。

大学で医学を学んだ手塚は、人生や死など、深刻なテーマを扱った漫画やアニメを創作した。彼の比類なき創造力は多くの若い漫画家を刺激し、それが活力に満ちた漫画とアニメの産業を日本で発展させる原動力となった。1994年にディズニーが公開したアニメ映画「ライオンキング」は、1964年に手塚が制作したテレビアニメシリーズ「ジャングル大帝」を模倣した作品だ、と広く信じられている[注8]。手塚が設立した虫プロダクションは、一時期400名のスタッフを雇用していたが、1970年代に競争が激化したため財政難に陥った。手塚は漫画家として得た印税収入を損失の穴埋めに投じたが、虫プロダクションは1973年に倒産する。

日本のアニメ市場は長期間にわたり着実な成長を続け、2005年に約2340億円の規模に成長した。映画のヒット作の有無により年ごとのバラツキはあるが、過去5年間では47%の成長を遂げている。なお、テレビアニメシリーズの市場規模は制作コストに基づいて推計されるが、その他のアニメ作品の市場規模は、映画館の興行収入など、最終製品の消費者に対する販売額に基づいている（**資料9-1**参照）。2004年に日本では220本のアニメ映画が劇場で上映されたが、そ

資料9-1●日本のアニメ市場

(単位:十億円)

	テレビ		映画(劇場公開)		ビデオ／DVD		インターネットからのダウンロード	合計
	民放	衛星／ケーブル	邦画	洋画	販売	レンタル		
2000年	*36*		25		98		0	159
					70	29		
2001	*27*		53		106		0	186
					75	31		
2002	24		38		152		0	214
	19	6	23	15	108	44		
2003	31		25		134		1	190
	22	9	19	6	95	39		
2004	34		62		130		1	226
	22	11	44	17	93	37		
2005	35		29		167		3	234
	22	13	17	12	110	57		

注:斜体の数字は、他の年の傾向と市場全体の規模に基づいて推定したもの。
出典:メディア開発綜研および『情報メディア白書2005』のデータからケース執筆者が作成。

の72％が日本で制作され、28％がディズニーやピクサーなどにより海外で制作された作品であった。また同じ年に、90本を超えるテレビアニメシリーズが日本で放映された。アニメ作品には「かわいい」キャラクターが登場する場合が多い。

　アニメのコンテンツの多くが、漫画から派生したものだ。2005年にはその約60％が漫画を原作にしており、残りが小説を原作にした作品、または制作会社が創作したオリジナルストーリーの作品となっている[注9]。ちなみに日本では、2004年にコミック単行本と雑誌の売上高が5050億円となり、出版物全体の22％に達した。すなわち、米国のコミック出版の市場規模が約4億ドルであるのに対し、日本のコミック出版はその10倍以上の市場規模に達している[注10]。たとえば日本で最も売れているコミック週刊誌である『少年ジャンプ』は、300万冊近くを売り上げている。これらのコミック出版物を通じて、才能ある漫画家と興味をそそるコンテンツが最初に選別され、アニメ産業に豊かな実り

資料9-2●アニメのライセンス供与と最終製品の市場

(単位:十億円)

	ライセンス供与	最終製品
2000年	68	1,680
2001	66	1,630
2002	65	1,600
2003	69	1,700
2004	67	1,642

出典:電通総研『情報メディア白書2006』

をもたらす土壌となっているのである。漫画産業は、推定4500人を超える漫画家がひしめく競争の厳しい世界だ。小説家と同様、人気の高い漫画家は高額の収入を得ているが、底辺の漫画家は生活するのがやっとという状況である。

人気が高いアニメのキャラクターは、玩具、ゲーム、その他の消費者向け製品のメーカーにライセンス供与されている。2004年、日本のアニメキャラクター製品の市場規模は約1兆6400億円で、アニメ市場の数倍の大きさに達している。玩具はこれらの製品の中で40％と最大の比率を占め、続いて家庭用品が15.8％、衣料品が13.9％となっている[注11]。アニメのライセンスによる売上げは比較的安定しているが、2000年から5年間はわずかに下降している（**資料9-2参照**）。

アニメ作品の制作プロセス

アニメ作品の制作は、緊密なコーディネートが必要な、非常に多岐にわたるプロセスで構成されている。その核となる3つの段階は以下のとおりである。①プリプロダクション（計画の段階。脚本の執筆と絵コンテの作成など）、②制作（画像の作成、色付け、特殊効果）、③ポストプロダクション（完成した映像の編集、声優によるセリフの録音、デジタル媒体またはフィルムへの転換）（**資料9-3参照**）。

資料9-3◉制作のプロセス

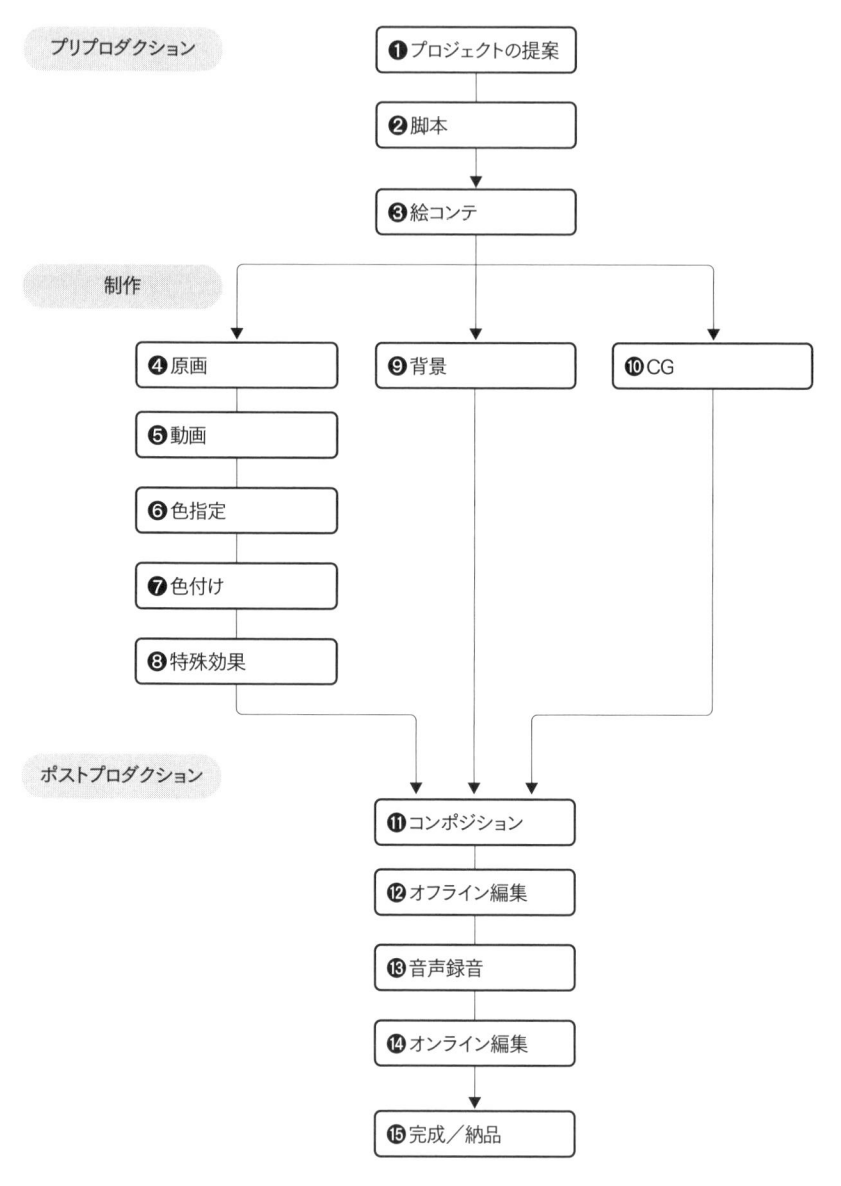

プリプロダクション
- ❶プロジェクトの提案
- ❷脚本
- ❸絵コンテ

制作
- ❹原画
- ❺動画
- ❻色指定
- ❼色付け
- ❽特殊効果
- ❾背景
- ❿CG

ポストプロダクション
- ⓫コンポジション
- ⓬オフライン編集
- ⓭音声録音
- ⓮オンライン編集
- ⓯完成／納品

出典：東映アニメーション会社案内

プリプロダクションの最後に作成される絵コンテは、全体的な制作プロセスの指針となるので非常に重要である。絵コンテが完成したあと、物語に登場するキャラクター、背景、コンピュータ・グラフィックス（CG）がそれぞれ別のチームによって作成され、ポストプロダクション段階でこれら3つのプロセスが統合される。

　30分のテレビアニメ番組1本を制作するには、通常、4～5カ月かかる。絵コンテに基づいて各カットのレイアウトが決定され、キャラクターが演じるドラマと動きのポイントとなる絵（key animationまたは原画）が作成される[注12]。その後に原画の間に使用される絵（animationまたは動画）が用意される。30分のテレビアニメ番組1本を制作するには、300～350枚の原画と3500～4000枚の動画が必要となる[注13]。アニメーションの動きをスムーズに見せるには、動画が1秒間に24コマ（または30コマ）なくてはならない。しかし多くのアニメ作品は、時間と予算の制約によって、1秒間の動画数が3～10コマに削減されている。動画の作成と色付けは、アニメ制作のプロセスの中で最も労働集約的で、他のプロセスが3～10名の担当者で行われるのに対し、30～40名が必要となる。劇場用アニメ映画の制作はさらに労働集約的で、多くの時間を費やす。たとえば60分のアニメ映画の制作には、5万枚を超える動画が使用され、制作期間は通常1年半以上となる。

　テレビアニメやアニメ映画の制作では、多くの場合、動画の作成と色付けのプロセスが、中国、韓国、台湾、フィリピン、タイ、ベトナム、インドなど、アジアの近隣諸国に発注されている。アニメ制作の海外発注は1970年代に開始され、日本動画協会専務理事の山口康男によると、2006年には原画作成の約10～20％、動画作成の80％が日本国外で行われた。アニメーターは、一般に動画の作成からキャリアを開始して、技術が向上し経験が深まると原画の作成を担当するようになる。したがって業界の多くの関係者が、海外発注によって日本のアニメ制作のノウハウが失われる可能性を懸念している。一方で、アニメ制作技術の徒弟制度に代わるものとして、アニメ専門学校が設立され、正式な教育を行っている。

制作プロセスに関わる人々

　30分のテレビアニメシリーズの制作には平均して約150〜250人が関わり、劇場で公開されるアニメ映画の制作には約250〜350人が携わっている。その中で代表的な役割を担うのが、以下の3者である。

● プロデューサー

　プロデューサーは、アニメ作品制作の全体に責任を負い、資金集め、予算の管理、テレビ局や広告代理店など制作プロセスに関わる企業との交渉やコーディネートなどを行う。

　アニメ制作のプロセスを現場でコーディネートする人も、「プロデューサー」または「ラインプロデューサー」と呼ばれており、その多くは、アニメーターから昇進している。ラインプロデューサーの最も重要な仕事は、時間を管理して異なる制作チーム間の調整を行うことにある。アニメ制作の各プロジェクトでは、ラインプロデューサーが監督と共同で、各エピソードを担当する助監督、シナリオライター、アートディレクター、キャラクターデザイナー、イラストディレクター、音響効果ディレクター、アニメーターなど他のスタッフを選定する。

　テレビアニメシリーズの場合、通常4〜6つのエピソードが同時進行で制作され、時間とプロセス管理の面でかなり厳しい制約を受けている。制作部長の三本隆二は次のように語る。「我々にとって最も困難な仕事は、制作の締切と予算を守りながらも、クリエイティブな能力を維持していくことです。多くのプロデューサーはクリエイターであり、管理よりもクリエイティブな部分に興味を持っているため、しばらくするとプロデューサーの仕事から離れていきます。そのため経験を積んだプロデューサーが不足しています」。

● 監督

　監督は、芸術的側面など、アニメ映画の創作に責任を負っている。彼らは通常、独立して仕事をしているが、アニメ制作会社と数年間の専属契約を結ぶ。三本は「監督とプロデューサーは車の両輪のようなもの。優れたアニメを創り

出すために、両者は緊密に協力しなければなりません」と指摘する。プロダクション・アイジーでアニメ作品を制作して成功を収めている若手監督の神山健治は、こう述べている。

「アニメ映画の監督として最も重要なのは、脚本を絵コンテに変換してイメージを視覚化することです。1980年代にはアニメーター出身の監督が多くいました。そのころの監督は、ストーリーではなくアニメの作画にこだわる傾向がありました。しかし、1990年代になってアニメーターからの転身ではない監督が増え、ストーリーをより重視するようになりました。私はキャラクターの性格と行動に矛盾が生じないよう、ストーリーとキャラクターの一貫性を保つことに最大の時間を使っています」

CGの出現によって、非常に複雑で洗練された映像が創作できるようになった。神山は言う。「時間とコンピュータの容量は限られているので、制作活動をどこで止めるかをスタッフに指示することが、監督の重要な仕事になっています」。

●アニメーター

　アニメーターは、監督から指示を受けた原画スーパーバイザーの管理のもとで動画と原画を作成する。アニメ制作会社では数千人にのぼるアニメーターが雇用されている。さらに数千人のフリーランスのアニメーターが存在し、彼らは強い絆で結ばれたコミュニティを形成して相互に支え合っている。アニメーターはそれぞれに仕事のスピードが大きく異なるので、たいていは出来高によって報酬が支払われるが、制作予算が限られているため、多くの場合、低額である。制作会社は通常、原画1枚当たり3000～4000円、動画1枚当たり160～220円をアニメーターに支払う。原画を専門とするアニメーターは、1カ月に約30～100枚の原画を作成できるが、未経験者は動画の作成から始めて、1カ月に最大500枚の動画しか作成できないため、月収は10万円ほどにすぎない。たとえベテランでも、1カ月に作成できる動画の数は1000枚程度である。また、フリーランスのアニメーターがアニメ制作会社と正式な契約を交わしている例は少ない。

CGの影響

　CGは1995年前後にアニメの世界に導入され、制作プロセスに劇的な変化をもたらした。従来アニメーターはセル（セルロイドの透明シート）に絵を描いていたが、それが使用されなくなったのだ。

　また画像はカメラで撮影する代わりに、コンピュータで処理されるようになった。手作業で行っていたトレーシングと色付けが、コンピュータのスキャンとデジタルペインティング（描画）で行われるようになり、さらにCGによって、以前は数人で行っていたアニメ制作の複数のプロセスが1人で担当できるようになった。

　このように現在では画像がコンピュータを使ってデジタルで作られているにもかかわらず、業界ではまだ「撮影」など旧技術の用語が使われているので、新しく入った人はとまどいを感じるだろう。そこで2002年に、デジタルアニメの制作技術を初心者に教育するマニュアルを編纂するため、デジタルアニメ制作技術研究会が設立された。プロダクション・アイジーは、この動きを主導している。

　日本の多くのアニメ製作会社は、CGを一部のプロセスに限って選択的に使用している。三本は「手で描いたアニメは整合性や正確性に欠けるかもしれませんが、観客に対してより強力なインパクトを与えることができます」と指摘する。また、一部のアニメーターはコンピュータと標準ソフトを所有していないため、制作会社がフリーランスのアニメーターのためにコンピュータを購入して使用させるより、手作業でイラストを描かせたほうがコストが安くなる場合も多い。

　同時に、CGによって、新しい制作会社がアニメ市場に容易に進出できるようになった。日本のアニメ制作会社は、韓国や中国のアニメ制作会社だけでなく、ソニーやコナミなどビデオゲームの制作会社との競争にも直面するようになっている。

アニメ産業の構造

　日本のアニメ市場（2005年の市場規模は2340億円）は、①テレビアニメシリーズ、②アニメ映画、③ビデオ／DVDの販売とレンタル、④インターネットからのダウンロード、の4つのセグメントで構成されている（資料9-2参照）。

市場セグメント別の状況

●テレビアニメシリーズ

　テレビアニメの市場規模は2005年に350億円であった。この年、アニメ番組はテレビ番組全体の6％を占めている。毎週、90本のアニメ番組がテレビで放映され、その多くは30分番組だ。最近は深夜の時間帯に、以前より多くのアニメ番組が放映されるようになった。日本の典型的な家庭の日常生活を描いた「サザエさん」は、1969年に放送が開始された長寿番組で、日本の全世帯の約25％がこの番組を見ている。

●アニメ映画

　劇場で公開されるアニメ映画の市場規模は、2005年に290億円であった。しかしその前年は、アニメ映画の市場規模は620億円に達し、映画館の興行収入総額の約30％を占めていた。この市場では、少数の大ヒット作が売上総額の大きな部分を占めるのである。ちなみに2004年は、スタジオジブリが制作した「ハウルの動く城」、ディズニー／ピクサーによる「ファインディング・ニモ」の2作品が、アニメ映画の興行収入総額の約50％を稼ぎ出している（**資料9-4**参照）。また、アニメ映画は、テレビで成功を収めたアニメシリーズの続編であることが多い。

●ビデオ／DVDの販売とレンタル

　2005年、アニメのビデオとDVDの市場規模は1670億円で、このうち約70％が販売、残りがレンタルによる収入であった。ビデオやDVDの新作では、お

資料9-4 ● 2004年の映画興行収入トップ10

(単位：十億円)

題名	興行収入	アニメーション	制作会社または制作国
邦画			
❶ **ハウルの動く城**	20.0	○	スタジオジブリ
❷ 世界の中心で、愛をさけぶ	8.5	×	−
❸ いま、会いにゆきます	4.8	×	−
❹ **劇場版ポケットモンスター アドバンスジェネレーション 裂空の訪問者 デオキス**	4.4	○	OLM
❺ **ドラえもん のび太のワンニャン時空伝**	3.1	○	シンエイ動画
❻ **名探偵コナン 銀翼の奇術師**	2.8	○	トムス・エンタテインメント
❼ クイール	2.2	×	−
❽ スウィングガールズ	2.2	×	−
❾ NIN×NIN 忍者ハットリくん THE MOVIE	1.9	×	−
❿ 半落ち	1.9	×	−
⓮ **イノセンス**	1.0	○	プロダクション・アイジー
洋画			
❶ ラストサムライ	13.7	×	米国
❷ ハリー・ポッターとアズカバンの囚人	13.5	×	米国
❸ **ファインディング・ニモ**	11.0	○	米国／ディズニー／ピクサー
❹ ロード・オブ・ザ・リング 王の帰還	10.3	×	米国
❺ スパイダーマン2	6.7	×	米国
❻ デイ・アフター・トゥモロー	5.2	×	米国
❼ トロイ	4.2	×	米国
❽ アイ、ロボット	3.7	×	米国
❾ ホーンテッド・マンション	3.4	×	米国
❿ ヴァン・ヘルシング	2.8	×	米国

注：太字はアニメ映画。
出典：社団法人日本映画製作者連盟のウェブサイトhttp://www.eiren.org/toukei/2004.htmoに2006年6月23日アクセス。

おむね3本のうち1本がアニメだ。また、よく売れたアニメビデオ／DVD作品のうち、35％がアニメ映画、47％がテレビシリーズ、14％がOVA[注14]およびその他となっている[注15]。

● インターネットからのダウンロード

インターネットによるアニメの配信はまだ小規模で、2005年の年間売上高は30億円だったが、前年比では3倍となった。視聴者は通常、30分のテレビアニメシリーズでは、1エピソード当たり100円、アニメ映画では1本当たり315円を払う。

アニメ制作会社の役割

アニメ制作はアーティストによる家内工業として出発して以来、今日まであまり進化していない。利益を出しているアニメ作品は、100本のうち10本にすぎない[注16]。アニメ産業は約430社の制作会社に細分され、その大多数が小規模企業である。主契約会社となる能力を備えているのは30〜40社にすぎず、他の制作会社は主契約会社の下請けとして仕事をしている。主契約会社は最終的な作品をテレビ局または映画配給会社に納入する責任を負い、制作プロセスの大半を実行する力を持っている。これに対し、下請け制作会社は、1つまたは2つのプロセスを実行できるにすぎない。制作会社の多くは、大手のアニメ制作プロダクションから分離独立して設立されたため、作業の流れが標準化されており、容易に協働できる。

米国と日本のアニメ産業では、制作コストが大きく異なっている。ディズニーやピクサーなど米国の制作会社は、1本のアニメ映画の制作に100億円を超える資金を投入するが、日本のアニメ映画1本当たりの制作費はわずか2億〜3億円にすぎない。スタジオジブリが制作する、日本で最も制作費をかけたアニメ映画でさえも、1本当たりのコストは10億〜30億円である。

製作委員会

日本ではアニメの制作プロジェクトの大多数は、日本市場に特有の制度であ

る「製作委員会」によって実施されている。製作委員会は資金を調達し、また完成したコンテンツをさまざまなチャネルを通じて配給するためのコーディネートを行う。

　日本の銀行は長年、「ソフト」ビジネスへの投資を躊躇していた。アニメ制作会社は小規模で資金が乏しかったため、テレビアニメシリーズの制作資金はテレビ局が提供することが多く、同様に、アニメ映画の制作費は映画配給会社が調達した。しかし、制作費が増加するようになり（週1回30分放送されるテレビアニメの制作費は、1エピソード当たり1000万～1500万円、年間総額では7億円。アニメ映画の1本当たりの制作費は通常1億～5億円。一部には10億～30億円が投じられるものもある）、また新しい配給チャネルが出現すると、1987年ごろから製作委員会が設置されるようになり、テレビシリーズと映画制作の資金を調達するための標準的な手段となった。さらに製作委員会は、アニメの創作とマーケティングも主導するようになる。

　製作委員会には、テレビ局、広告代理店、映画配給会社、ビデオ／DVDメーカー、（漫画が原作になっている場合は）原作の出版社、キャラクター商品メーカーなどのスポンサー企業といった、異なる業種の企業が参加している。製作委員会はアニメ制作プロジェクトに必要な資金を提供し、その投資による収入と利益を配分する。またアニメ制作プロジェクトの著作権も製作委員会のメンバーが共有し、ライセンス供与による収入が投資比率に基づいて配分される。製作委員会では全メンバーがプロジェクトのバリュー・チェーンで役割を果たしているが、制作したコンテンツが主にテレビで配給されるため、テレビ局が製作委員会をリードする場合が多い。

　製作委員会は、アニメ制作会社との間で、作品制作の契約を結ぶ。アニメ制作会社はたいてい定額の報酬を受け取るが、その金額では制作費をまかなえないことが多い。そこで制作会社は、資金不足を補うため製作委員会に資金を求め、その見返りとして、自らが制作した作品の著作権を同委員会に譲渡せざるをえなくなる。通常、制作会社は製作委員会のメンバーには加わらず、ライセンス供与による収入も配分されない。しかし、アニメ作品が制作会社のオリジナル企画である場合、制作会社は製作委員会のメンバーに加わり、非常に小さな比率だが持分を得る。したがって、制作会社はオリジナル企画のほうが高い

利益が得られるが、それは同時により高いリスクを伴い、製作委員会に対し、このようなプロジェクトを引き受けるよう説得するのは容易ではない。

　アニメ産業はビレッジ（村）産業と呼ばれることが多い。執行役員企画室IR担当の郡司幹雄は、次のように話す。「この業界ではすべてが個人的な関係に基づいて行われ、外部の新たな人材が参加を認められることは非常に少ないです。たとえ資金を持っていても、内部の人物に強いコネがない限り、製作委員会のメンバーになることはできません」。さらに企画室室長の森下勝司は「重要なのは企業ではなく、そこに働いている個人です」と言い切る。アニメ制作ではプロジェクトごとに製作委員会が設置されるが、同じ数社の企業と同じ人々がいくつものプロジェクトの製作委員会に関与している。その結果、これらの企業や個人は長年の間に緊密な関係を築き上げ、正式な契約を交わすのではなく、口約束だけで決めてしまう傾向が見られる。「たとえ正式な契約が締結された場合でも、日本では訴訟を起こすことが少ないので、契約が文字どおりに遵守されることはほとんどありません」。メディア開発綜研の菊池実はこう指摘している。しかも、長期的な関係が重視されるため、アニメ制作会社は次回のプロジェクトで発注が受けられなくなるのを恐れ、著作権を強く主張しにくいのだ。

製作委員会のメンバー

●民放テレビ局

　日本には、受信料が無料の民放テレビ局と、有料の衛星テレビおよびケーブルテレビ局がある。民放の主要5局の一つであるテレビ東京は、アニメ番組の数が最も多く、番組全体の30〜40％を占めている。1960年代にテレビアニメシリーズの放送が開始されたとき、テレビ局がアニメの制作資金を提供することが多かった。その結果、テレビ局は制作された全アニメ番組の放送権の80％とライセンス権の70％を所有している[注17]。

●衛星テレビ局

　衛星テレビ局には6つのアニメ専門チャンネルがある。2005年3月時点では、その加入視聴者は2000万世帯で、前年同期に対し19％の増加であった。また、

同じ番組がケーブルテレビでも放送されているが、衛星テレビ局とケーブルテレビ局がアニメを放送するのは、そこに大きなポテンシャルがあると考えるからだ。というのも、すでに有料でコンテンツを購入している、多数のアニメビデオのファンが存在するからだ（アニメはビデオ／DVDの中で最も人気の高いジャンルである）。

● 広告代理店
　広告代理店は、テレビ局からCM時間枠を買い取ってスポンサー企業に販売し、その企業のためにCMを制作している。日本の広告代理店は仲介業者として強い影響力を持っているが、欧米諸国には同様の役割を果たす業界は存在しない。電通と博報堂DYホールディングスは、日本で最大手の広告代理店である。2006年のデータでは、電通は世界の大手広告代理店ランキングで第5位を占め、その売上げは1兆9630億円に達している。また、博報堂DYホールディングスは同ランキングでは第8位で、売上げは1兆1110億円である[注18]。
　広告代理店は、アニメ制作プロジェクトの企画において主導権を握り、アニメ制作会社を選定する。時にはクライアントから、その企業の製品を販売するためのアニメ番組を企画するよう要請されることもある。たとえば、ゲーム会社が広告代理店に対し、ゲームのキャラクターを主人公にしたテレビアニメシリーズの制作を企画するよう依頼する場合などである。

● 映画配給会社
　日本の映画配給会社のビッグスリーである東宝、松竹、東映は、2004年に映画310本のうち18％を配給し、興行収入総額では約90％を占めた[注19]。映画配給会社にとってアニメは戦略的な重要性がある。というのも、日本映画の興行収入トップテンの作品の半数がアニメ映画で、興行収入総額の約30％を占めているからである。

● ビデオ／DVDメーカー、販売会社
　アニメ作品の最大の市場はビデオ／DVDであるため、それらのメーカーも重要な役割を果たしている。大手玩具メーカーであるバンダイの子会社のバン

ダイビジュアルが最大手で、2006年2月期の売上高は284億円である。

● 出版社

　アニメのコンテンツの多くは漫画を原作としており、漫画のコンテンツは漫画家と漫画の出版社が所有している。そのため、アニメ産業の興隆に伴い漫画の出版社が急成長を遂げた。漫画出版の大手は小学館、講談社、集英社で、3社とも人気の高い漫画週刊誌を発行している。2006年の小学館の売上げは1480億円で、2004年には漫画単行本8800タイトル、書籍6800タイトル、雑誌69種類を発行している。

● スポンサー企業

　テレビアニメシリーズのスポンサー企業の多くは、玩具や食品など、アニメ作品のキャラクターをあしらった製品を製造している。アニメ番組のテレビCMでは、アニメ作品の主人公が使う武器を模した玩具や、アニメキャラクターのカード（子供たちが集めたり交換したりする）が付いたチューインガムなどが宣伝されている。アニメのキャラクターを使用した商品は、1972年に販売が開始されて[注20]人気が急速に高まった。さらに、製品と番組とは直接関係がなくても、製品の販売促進にアニメのキャラクターを使用するため、アニメ番組のスポンサーになっている企業もある。

製作委員会メンバー間の利益の配分

　アニメ制作のプロジェクトごとに、製作委員会が設置される。委員会の各メンバーはプロジェクトに投資し、その見返りとして以下のものを取得する。①投資額に基づくアニメ作品の著作権持分。②テレビ局の放映権、ビデオ／DVDメーカーのビデオ／DVD販売権など、特定のメンバーのチャネルを通じてコンテンツを流通させる権利（**資料9-5**参照）。

　視聴率の高いプライムタイム（通常午後7時〜10時）に放送されるテレビアニメシリーズの製作委員会には、テレビ局、ビデオ／DVDメーカー、消費者向け製品メーカー（スポンサー）、広告代理店などが参加する。製作委員会は番組制作に関して制作会社と契約し、制作会社に約1000万〜1500万円の固定額で

資料9-5●製作委員会の役割

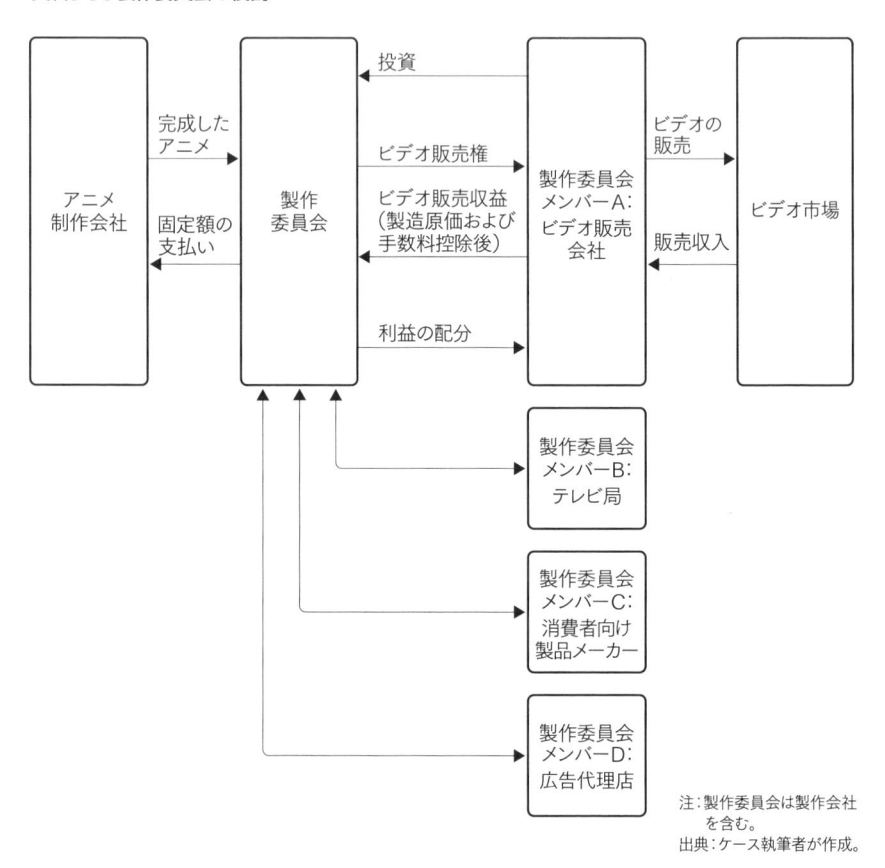

```
アニメ制作会社 ──完成したアニメ──→ 製作委員会 ←──投資── 製作委員会メンバーA：ビデオ販売会社 ──ビデオの販売──→ ビデオ市場
         ←──固定額の支払い──          ──ビデオ販売権──→                              ←──販売収入──
                                   ←──ビデオ販売収益（製造原価および手数料控除後）──
                                   ←──利益の配分──

                    製作委員会メンバーB：テレビ局
                    製作委員会メンバーC：消費者向け製品メーカー
                    製作委員会メンバーD：広告代理店
```

注：製作委員会は製作会社を含む。
出典：ケース執筆者が作成。

前払金を支払い、時には作品の著作権の持分もわずかながら提供する。製作委員会の利益配分と各メンバーの投資額は、プロジェクトにより大きく異なる。

近年はビデオ／DVDの販売が、アニメ制作プロジェクトの収入の最大部分の約50％を占めるようになった。ビデオ／DVDメーカーは、投資の見返りとして、ビデオ／DVDを製作し販売する権利を取得し、それらの生産費を負担する。そしてビデオ／DVDメーカーは、それらの販売による売上げから、さまざまな関係者に報酬（通常、売上げの2〜5％）を支払う。支払いの対象となるのは、原作の漫画の著作権を持つ漫画家、アニメ作品を制作したアニメ制作

会社、ビデオ／DVDの生産と販売を管理する自社などである。残った利益が製作委員会に渡される。したがって、生産コストと報酬を差し引いたあとの利益、すなわちビデオ／DVD販売の約30％が、投資比率に基づいて製作委員会のメンバーに配分されるのである。

　製作委員会は、消費者向け製品のメーカーに商品化権を認める代わりに、通常4％のライセンス料を受け取る。子供向けアニメ映画の場合、このようなライセンス料収入が、製作委員会の収入総額の20～30％を占めている。

　製作委員会は、アニメ映画の制作でも同じような役割を果たしている。アニメ映画の製作委員会には、映画配給会社が加わる。アニメ映画の興行収入の50％が映画館の経営者に、10％が映画配給会社に支払われる。映画フィルムのプリント費用、宣伝広告費、さまざまな関係者への報酬（通常、収益の2～5％）などの固定費を差し引いた残額が製作委員会に渡され、メンバーに配分される。

プロダクション・アイジーの歩み

　プロダクション・アイジーの創業者である石川光久は、1958年に東京郊外で農業を営む家庭に生まれた。彼は少年時代からリーダーの素質を備えていた。大学時代には日本の伝統的な人形劇である文楽に魅せられ、卒業後は文楽の世界に身を投じて修業を積む決心をしていた。しかし1980年、石川は大手アニメ制作会社、竜の子プロダクションでアルバイトとして働くようになった。彼は、円滑な人間関係を築く資質に恵まれて誰からも好感を持たれ、翌年には正社員に採用された。

　数年後、竜の子プロダクションは制作部門のスタッフを削減し、才能あるスタッフが会社を去っていった。石川も同社の経営が保守的になりすぎたと感じ、独立を決心した。彼は竜の子プロダクションと交渉して、新しいテレビアニメシリーズ「赤い光弾ジリオン」の制作を引き受けることに成功した。このシリーズは1987年に放映され、大ヒットとなった。

　1987年末、石川は同僚のアニメーターの後藤隆幸と共にアイジー・タツノコを設立した。その後1993年に、もはや「タツノコ」のブランドは必要ない

と考え、社名をプロダクション・アイジーに変更している。しかし設立当初のプロダクション・アイジーが携わった仕事の大部分は大手アニメ制作会社の下請けで、経営は困難を極めた。

伝統的な産業構造を打ち破る

　プロダクション・アイジーは、アニメ映画界の大物監督、押井守による「機動警察パトレイバー」（1989年公開）を制作したことをきっかけに、大きな転機を迎える。この作品の主契約会社は他のアニメ制作会社だったが、プロダクション・アイジーの仕事の質を高く評価していた押井は、制作を同社に発注するよう主張したのだ。「機動警察パトレイバー」は大ヒットにはならなかったが、この作品を機にプロダクション・アイジーの仕事の質の高さが業界中に知られるようになった。しかし石川は、アニメ映画が成功しても、利益配分を要求できない下請け制作会社はうまみが非常に少ないことを実感する。

　「機動警察パトレイバー2」（1993年公開）の企画が提案されたとき、押井はプロダクション・アイジーを主契約会社にするよう求めた。プロダクション・アイジーがこの作品に5000万円を投資したことが、重要な節目となったのだ。石川はこう語る。「押井監督は映画の制作には4億円が必要だと考えていました。しかし、プロジェクトを企画したバンダイは、予算が3億円を超えないよう主張しました。私は差額の半分を、プロダクション・アイジーが出資すると申し出たのです」。これは小規模なアニメ制作会社にとって、非常に革新的な発想だった。同時に、アニメ作品の著作権の取得に向けた、石川の最初の決断でもあった。プロダクション・アイジーは、投資家として製作委員会に参加する最初のアニメ制作会社の一つとなったのである。

　法務責任者であった高須健一は、「当時のアニメ産業の構造に真正面から挑むのではなく、プロダクション・アイジーのプレゼンスを段階的に強めていくことが石川の戦略でした」とコメントする。アニメ映画の制作における著作権の重要性を認識した石川は、時には「新世紀エヴァンゲリオン」など、プロダクション・アイジーが直接関与しない作品にも投資するようになった。この作品は150〜170％の投資収益を生み出し、同社はこの資金を他のアニメ作品の制作に充てることができた。

プロダクション・アイジーを米国で一躍有名にしたのが、士郎正宗の人気漫画を原作にしたアニメ映画「GHOST IN THE SHELL／攻殻機動隊」（1995年公開）であった。「GHOST IN THE SHELL／攻殻機動隊」は観客動員数12万人を記録。この作品にヒントを得て映画「マトリックス」を制作して大成功を収めたアンディ＆ラリー・ウィシャウスキー兄弟をはじめとする、熱心なファンも生まれた。日本では「GHOST IN THE SHELL／攻殻機動隊」のビデオ販売はわずか約8万本に留まったが、米国では100万本を超え、1996年にビルボード誌のビデオ販売チャートで第1位に輝いている。この成功のあと、プロダクション・アイジーは2002年に「GHOST IN THE SHELL／攻殻機動隊」のテレビシリーズを作成し、さらに2004年には「GHOST IN THE SHELL／攻殻機動隊」の続編として、アニメ映画の「イノセンス」を制作した（**資料9-6**参照）。

　同時に石川はアニメ産業の構造を打ち破るため、海外のパートナーに目を向けた。1997年、彼は米国の熱心なアニメファンに情報を伝えるため、ロサンゼルスにオフィスを設置する。日本のアニメ制作会社の関心が国内市場ばかりに向けられていたなかで、プロダクション・アイジーは海外に進出した最初のアニメ制作会社となった。

　2000年、「イノセンス」の企画を進めていた石川は、ハリウッドの映画会社と交渉できるよう、作品の著作権を持つ企業に対し、海外での配給権をプロダクション・アイジーに譲渡するよう説得し成功した。2002年2月、石川は押井と共に訪米し、タイム・ワーナー、フォックス、ドリームワークスを訪問した。米国では日本で想像していたよりも「GHOST IN THE SHELL／攻殻機動隊」の評価が高かったため、2人はハリウッドの映画会社の経営陣に会うことができ、予期した以上の反応に驚いた。

　この訪問の結果、ドリームワークスが米国で「イノセンス」を配給することに合意し、作品は2004年3月に公開された。制作には20億円を超える費用がかかったが、石川は作品の質に非常に満足していた。しかし、日本ではこの作品の興行収入は目標の50億円を大幅に下回って、わずか10億円に留まっている（2004年に公開された邦画の中では興行収入第14位。資料9-4参照）。なお、米国では100万ドルを稼いだ。さらに「イノセンス」は、2004年にカンヌ映画祭のコ

資料9-6●プロダクション・アイジーの作品一覧（抜粋）

	制作	投資を伴う制作	ゲーム
1988年	赤い光弾ジリオン 歌姫夜曲（OVA）		
1993		機動警察パトレイバー2 the Movie（劇場作品） ぼくの地球を守って Please Save My Earth（OVA）	
1995	GHOST IN THE SHELL/攻殻機動隊（劇場作品）		
1997		新世紀エヴァンゲリオン Air／まごころを君に（劇場作品） 新世紀エヴァンゲリオン シト新生（劇場作品）	攻殻機動隊〜GHOST IN THE SHELL〜
1998			やるドラシリーズ サクラ大戦2〜君、死にたもうことなかれ〜 鉄拳3─TEKKEN3─
2000		人狼 JIN-ROH（劇場作品） BLOOD THE LAST VAMPIRE（劇場作品） フリクリ（OVA）	機動警察パトレイバー GAME EDITION BLOOD THE LAST VAMPIRE（上下巻） テイルズ オブ エターニア ポポロクロイス物語 II
2001			サクラ大戦3〜巴里は燃えているか〜
2002		攻殻機動隊 STAND ALONE COMPLEX（テレビ） ミニパト（劇場作品）	サクラ大戦4〜恋せよ乙女〜
2003	キル・ビル Vol.1 アニメパート（劇場作品）	魁!!クロマティ高校（テレビ）	テイルズ オブ シンフォニア ゲームアニメパート
2004	風人物語（テレビ）	イノセンス（劇場作品） DEAD LEAVES（OVA） 攻殻機動隊 S.A.C. 2nd GIG（テレビ）	

注：一部の作品についてはゲーム内のムービーの制作のみをプロダクション・アイジーが担当。
出典：会社資料

ンペティション部門に出品された。最高賞パルムドールは、マイケル・ムーア監督の「華氏911」に贈られたため惜しくも逃したが、カンヌ映画祭の歴史でアニメ映画がノミネートされたのはこれまでわずか4作品であり、「イノセンス」はこの映画祭でノミネートされた日本初のアニメ映画となった。

「イノセンス」の成功は、160カ国でアニメ専門のチャンネルを運営しているカートゥーンネットワークなど、他の企業とのパートナーシップをもたらした。カートゥーンネットワークはプロダクション・アイジーに対し、新テレビアニメシリーズ「IGPX」の制作を依頼した。高須は言う。「アメリカのパートナーと仕事をすることは、当社に大きな優位性をもたらします。たとえば、日米の音響効果技術スタッフが協力しあうことで、より質の高いアニメシリーズの制作が可能になりました」。

2006年のプロダクション・アイジー

2005年12月、プロダクション・アイジーはジャスダックに株式公開を果たし、日本のアニメ制作会社の中で数少ない上場企業となった（**資料9-7**参照）。同社には、次のような特徴がある。

第1に、石川はアニメ産業において制作のための教育をシステム化する必要があると強く考えている。アニメ産業では一般に「師匠」から「弟子」にさまざまな方法で技術を伝授するため、教育に長期間を要し、イノベーションも起こりにくかった。プロダクション・アイジーが、デジタルによるアニメ制作に関するマニュアルを作ろうと動いたのはそのためだ。石川は次のように説明する。「このマニュアルによって、それまで10年かかっていたアニメ制作の教育を、数年に短縮できます。私は改革を急ぐ必要があると考えています。というのも、日本ではアニメーターが、制作のシステム化や技能の共有を嫌うからです。韓国、中国、インドなどの新規参入企業ではアニメーターがCGを直接使い始めており、日本の制作会社はそうした企業に追い抜かれる恐れがあります」。石川は、アニメ産業全体の利益のために、同社の専門知識を提供することを厭わなかった。たとえ、プロダクション・アイジーの競争優位性を、短期的にはある程度失う可能性があったとしても、である。

第2に、同社はアニメ業界で最初に、仕事の質と生産性に基づいてアニメー

資料9-7●プロダクション・アイジーの財務概要

5月31日終了年度

	2004	2005	2006
損益計算書（単位：百万円）			
売上高	6,137	5,676	5,440
粗利益	814	764	786
販売費および一般管理費	270	318	381
営業利益	544	445	405
純利益	207	282	230
貸借対照表（単位：百万円）			
資産			
流動資産	2,671	2,716	3,241
不動産および設備	729	690	1,053
投資およびその他の資産	427	347	383
資産合計	3,827	3,753	4,677
負債および株主持分			
流動負債	1,780	1,493	1,566
長期負債	122	77	38
負債合計	1,902	1,570	1,604
株主持分	1,924	2,183	3,073
負債および株主持分合計	3,827	3,753	4,677
セグメント情報（単位：百万円）			
売上高			
制作	5,416	3,867	4,414
著作権	640	1,759	924
その他	81	50	102
内部消去	—	—	—
売上高合計	6,137	5,676	5,440
営業利益			
制作	468	249	296
著作権	232	422	386
その他	21	(3)	(16)
内部消去	(177)	(223)	(262)
営業利益合計	544	445	405
従業員数	151	169	184

出典：会社資料

ターを評価し、報酬を支払う制度を導入した。プロダクション・アイジーには、年収が1000万円を超えるアニメーターが多数いる。アニメーターとプロデューサーには、彼らが制作に関わったアニメ映画の成功に応じて賞与が支払われている。さらに石川は、アニメーターが芸術家であることを理解し、優れたアニメーターに対しては、それぞれが希望するプロジェクトに優先的に配属して仕事をさせ、意欲を高めている。プロダクション・アイジーでは社員として勤務する5名のアニメーターのほかに、200名以上のフリーランスのアニメーターが働いており、会社は彼らと個別に契約を結んでいる。これは、長年すべてが口約束だけで行われてきたアニメ産業では、画期的なことである。石川はまた、アニメーター一人ひとりの仕事が認められるよう配慮している。たとえば、米国の映画監督クエンティン・タランティーノが「キル・ビル」のアニメ部分の制作をプロダクション・アイジーに要請したとき、石川は制作のプロセスに携わったアニメーター全員の名前が映画の最後にクレジットされることを条件として、これを引き受けた。

　第3に、石川はオリジナル作品の制作を重視する。アニメ産業全体では漫画を原作とするコンテンツが60％を占めているが、プロダクション・アイジーでは40％に留まっている。石川はその方針を次のように説明する。
「私の両親は農業を営んでいました。だから私はよく、ビジネスを農業にたとえて考えます。移植して咲かせたバラはみごとで美しい。その花束が1週間もてば、誰もが満足します。漫画を原作にしたアニメは、他から借りた材料を使っているので、この花束のようなものです。大変みごとだが、誰もそれが長持ちすることは期待していません。私は自分で種を蒔いています。種から育てるには時間がかかるかもしれませんが、長い期間にわたって花を咲かせ続けます。もし、みごとな花が咲き続ける『輝かしい』花園を作るのに成功したら、それに惹かれて多くの人々が訪れるでしょう。私が断固としてコンテンツの質に妥協しないでいれば、私の花園はみごとな花を咲かせ続けるでしょう」

　最後の特徴は、石川の個人的な人間関係がプロダクション・アイジーの大きな財産となっていることだ。そのため、買収の対象として狙われる可能性は少ない。実際、石川がオリジナル・コンテンツを重視しているにもかかわらず、プロダクション・アイジーのロイヤルティ（著作権使用料）収入は売上総額の

わずか10％に留まっている。しかし、もし今後、同社のコンテンツと著作権が増大すれば、買収の対象としての魅力が高まる可能性はあろう。

競合企業

●東映アニメーション

「東洋のディズニー」となることを目指して、当初は東映動画の名で1956年に設立された東映アニメーションは、日本で最も歴史の長い、最大手のアニメ制作会社で、2006年3月期の売上高は215億円である。2000年12月、同社はアニメ制作会社としては日本で最初に上場を果たした。東映アニメーションは漫画のコンテンツに大きく依存しており、作品の90％を占める。同社は特に「ドラゴンボール」「美少女戦士セーラームーン」「ワンピース」など、子供向けアニメに力を入れている。同社はアニメ映画でも最大手で、映画配給会社の子会社でもあるため、制作プロジェクトに通常25～35％の資金を投資して、製作委員会の中で最大比率の著作権持分を獲得している。その結果、ライセンス料収入が売上総額の約30％を占めている。

東映アニメーションはフィリピンに100％所有の子会社を設立し、この子会社が東映アニメーションの制作作業の70％を担っている。さらに、フィリピンの子会社はCGの使用を推進し、アニメーターとディレクターを教育するためアニメーション学校を運営している。「当社はプライムタイムに放送される子供向けアニメ番組の供給においては、最も強力なアニメ制作会社です。しかし、アニメ映画ではそれほど成功を収めていません。スタッフの創造性を育てることが、最も困難な課題です」。東映アニメーション常務取締役の大山秀徳はそう語る。

●スタジオジブリ

スタジオジブリは東映アニメーションで仕事をしていた高畑勲と宮崎駿が、徳間書店の支援を受けて1985年に設立した。高畑と宮崎は、コストと時間の面で大きな制約があるなかでテレビアニメを制作することに不満を感じ、複雑で心理的なテーマを取り上げ、細かな表現を用いた質の高いアニメ映画を制作したいと望んでいたのだ。

スタジオジブリは、オリジナルのアニメ作品を1本当たり10億〜30億円の制作費をかけて制作するが、これは業界の平均である2億〜3億円を大きく上回っている。宮崎駿が監督した「千と千尋の神隠し」(2001年公開、興行収入2億8400万ドル)、「ハウルの動く城」(2004年公開、興行収入1億8700万ドル)、「もののけ姫」(1997年公開、興行収入1億8100万ドル)の3本のアニメ映画は、日本の映画史における興行収入トップ5に名を連ねている[注21]。さらに「千と千尋の神隠し」は、2003年にアカデミー賞長編アニメ部門賞に輝いた。アニメ産業の多くの関係者は、宮崎らの創造性に加え、これらの作品を制作するために電通、博報堂、日本テレビ、三菱商事など多くの有力企業の出資をまとめ上げたプロデューサーの鈴木敏夫の手腕が、スタジオジブリの成功に大きく貢献したと評価している。

● GDH

　GDHは、アニメ制作会社ゴンゾと、デジタル技術によるアニメ制作を専門とするデジメーションの2社を統合する持株会社として2000年に設立された[注22]。ボストン・コンサルティング・グループに7年勤務した経験を持つ石川真一郎が、「コンテンツが王者となるこれからの世界」にビジネスチャンスを見出して、プライベートエクイティ投資会社から資金を調達、財政難に陥っていたゴンゾを救出した。同社の経営は2003年に黒字に転じ、2004年に株式を公開している。
　以後、GDHは伝統的なアニメ産業の構造から脱却するため、ユニークな戦略を展開した。第1に、大人の男性のファンで構成される「ホビー」市場に焦点を絞り込んだ。なぜなら、この市場ではビデオとDVDにより、最初に人気に火がつくにもかかわらず、ビデオ／DVDメーカーがテレビ局ほどは力を持っていないからだ。第2に、GDHは当初からロサンゼルスに海外事業部を設置した。同社は国際販売権と、大きな利益を生み出すDVDの著作権を少しずつ蓄積することで、大規模なコンテンツ・ライブラリーを構築し、その後、DVDの発行を垂直統合した。第3に、GDHは製作委員会に依存しないよう、自社コンテンツの開発に必要な50億円の資金を調達した。
　さらにGDHは、デジタル化のリーダーを目指して努力を続け、最先端技術を積極的に導入している。2006年7月、同社はスタジオジブリへの挑戦として、

最初の子供向けアニメ映画「ブレーブ ストーリー」を公開した。GDHはこのプロジェクトの製作委員会において、フジテレビと同率の40％の持分を取得している。このほかGDHは、アニメ制作において自社と異なるチャネルとツールを持つ企業を、積極的に買収した。2006年7月、同社はニューメディア向けコンテンツを制作するためGクリエイターズを、アニメ用音楽を創作するためフューチャービジョンミュージックを、さらにオンラインゲームを開発するためゴンゾロッソオンラインの3社を相次いで買収した。GDHのCEOである石川真一郎は言う。「我々はアニメがスケールメリットを生かせるビジネスだと確信しています。当社は強力なコンテンツ・ライブラリーを築き上げ、日本のデジタルアニメのリーダーとなることを目指しています。日本のブロードバンド基盤の発展により、わが社のコンテンツの強みを新たな方法で活用する、ユニークなビジネスチャンスが生まれるはずです」。

さらなる前進

　近年、日本のアニメ産業では、アニメ制作会社の諸権利を強化し、アニメ制作プロジェクトに新たな資金調達手段を設けるため、いくつかの構想が実施されている。

　第1に、「日本動画協会」が経済産業省の主導のもと、2002年5月に設立された。アメリカでは連邦通信委員会（FCC）によって「経済的利益とシンジケーションに関する規則」、いわゆるフィンシン・ルール（Fin-Syn Rules）が1970年に制定され、そこでは制作会社が著作権を持つことが明確にされている[注23]。経済産業省は、アニメ制作会社が自社制作物についての権利をより強く主張できるよう、アニメ制作会社間の協力関係を構築しようと動いた。

　第2に、2004年12月から信託契約によって知的財産権を法的に保護することが可能になった。たとえば、みずほ銀行はアニメ作品の著作権から派生した利益の証券化を開始した[注24]。これによって同行は、担保に適した有形資産を持たないプロダクション・アイジーなど、アニメ制作会社への資金供与ができる。一方、アニメ制作会社は、アニメ作品が製作委員会にもたらした収益を投資に

回すことが可能になった。みずほ銀行はこの手法によって、100を超えるアニメ制作プロジェクトに資金を注入している。

　第3に、アニメ制作会社の資金源は多様化している。たとえばみずほ銀行は、アニメを含む新作映画に投資するため200億円の資金を調達した。もう一つの例では、GDHが制作する新しいテレビシリーズに資金を供給するため、個人の小口投資家向けファンドが設立されている(注25)。

　石川光久は、「漫画を原作とするアニメ作品と、オリジナル・アニメ作品の間のバランスをどう決めるか」を考え続けている。彼は一部の関係者が「プロダクション・アイジーはオリジナル作品の制作にこだわりすぎている」と考えていることを知っていた。なかでも、長年の友人であるみずほ銀行の逸見圭朗は次のように述べている。「私は投資家として、プロダクション・アイジーにもっと保守的になってもらいたいと考えます。不平等や人種差別などの社会問題への挑戦といった彼らのテーマは、土曜のプライムタイムのテレビ放送には重すぎます」。プロダクション・アイジーはより安全な漫画を原作にしたコンテンツに移行すべきなのか、石川は考えている。

　同時に石川は、配給会社優位の状況を打破するという、同社の基本となる目標に照らして、オリジナル・コンテンツの著作権でプロダクション・アイジーの持分比率をいかにして高めるか、という問題を考えた。プロダクション・アイジーは新分野の事業を開発できるか。あるいはテレビ局と製作委員会の影響力を弱められるような、新たな資金調達源を発掘できるか。

　プロダクション・アイジーは、同社の中心となる顧客として「20歳代後半から30歳代の男性で、トレンディ、グレー、メタリック」というイメージを設定していた。石川はこれを、かわいいキャラクターにこだわる20歳代の女性にも拡大したいと真剣に考えている。プロダクション・アイジーのスタッフは、同社がターゲットとする顧客層を拡大するため、いくつかの新しいプロジェクトを立ち上げている。

　最後に重要な点として、アニメ産業で競争が激化していることを石川は十分に認識している。最近の数カ月だけでも、多くの新しいプレーヤーが市場に参入した。2006年4月、ソニー・グループのアニメ制作部門であるアニプレックスは、CGを中心とするアニメ制作スタジオの建設に15億円を投資する計画を

発表した。これによって日本最大のアニメ制作施設が実現し、アニプレックスはここでオリジナル・アニメ作品を制作する計画である[注26]。さらに2006年5月、大手映画配給会社ギャガコミュニケーションズがアニメ制作を開始し、スポンサーの広告料収入で運営されている無料インターネットチャンネル「ギャオ」を通じて配信する構想を明らかにしている[注27]。続いて同年6月、大手ゲームメーカーのコナミが、高い人気を獲得しているゲームを中心に、アニメ制作に進出すると発表した[注28]。

　石川光久はこれら新規参入企業に対してプロダクション・アイジーの競争上の優位性がいったいどこにあり、プロダクション・アイジーがこれらの利点を維持するため何をすべきかを考えている。はたしてプロダクション・アイジーは正しい方向に進み、石川は自らの花園に咲く花を絶やさぬよう、適切な種を蒔き続けられるだろうか。

注

1) 経済産業省『2005年デジタルコンテンツ白書』、p.48。
2) 2006年7月31日の為替レートは1ドル＝115円。
3) 漫画はコミックおよび漫画映画を意味する日本語。日本の漫画はアニメと同様に、多様で奥深いテーマと高度なストーリーを展開して、大人と子供の双方を惹きつけている。人気の高い漫画の多くは、のちにアニメ化されている。
4) Susan J. Napier, *Anime From Akira to Howl's Moving Castle*, Palgrave Macmillan, 2005, p.6.
5) ジェームズ・キャメロン（James Cameron）は、「ターミネーター」（1984年）および「ターミネーター2」（1991年）の監督。
6) 浜野保樹『模倣される日本』祥伝社、2005年、p.45。
7) 半澤誠司「東京におけるアニメーション産業集積の構造と変容」『経済地理学年報』Vol. 47、No. 4、2001年。
8) *Washington Times*, July 15, 1994. *San Francisco Chronicle*, July 18, 1994. *The Guardian*, April 14, 1997. *Time*, Vol.155, No.17, May 1, 2000. *Daily Telegraph*, November 25, 2005.
9) 『2005年デジタルコンテンツ白書』、p.20。
10) 経済産業省「コミック作家のキャリアパスに関するアンケート調査結果」、2004年3月。
11) 電通総研『情報メディア白書2006』、p.99。
12) 原画の質はアニメのイラストの質を決定する。
13) 日経BP技術調査部編『変貌するアニメ・ビジネス』日経BP社、1999年、p.173。
14) OVAはオリジナル・ビデオ・アニメーションの略語で、ビデオとして販売することを目的に制作された作品を意味している。
15) 『情報メディア白書2006』、p.97。
16) "The Anime Biz, It's Transforming Japan's $100 Billion Entertainment Industry: Can Anime Be the Next Big Export?", *Business Week*, June 27, 2005, p.22.
17) 経済産業省「コンテンツ産業政策」、p.27。
http://www.meti.go.jp/policy/media_contentsに2006年6月14日アクセス。
18) 広告代理店グローバル・ランキングの情報は米国の広告専門誌 *Ad Age*（2006年4月30日）に

19)『2005年デジタルコンテンツ白書』、p.96。
20)『変貌するアニメ・ビジネス』、p.59。
21)"The Anime Biz, It's Transforming Japan's $100 Billion Entertainment Industry: Can Anime Be the Next Big Export?", p.22.
22) GDHはその後経営不振が続き、2009年4月にアニメ制作の子会社ゴンゾを吸収合併し、ゴンゾに社名変更した。経営陣も新体制となる。
23)「コンテンツ産業政策」、p.27。
24)「メガバンクが知的財産に対する資金供与を拡大」『日本経済新聞』、2004年4月17日。
25)「楽天証券、JDCらがアニメ制作のため個人投資家から資金を調達」『日本経済新聞』、2004年7月28日。
26)「アニプレックス、今年秋に日本最大のCGアニメ制作施設建設を計画」『日本経済新聞』、2006年4月3日。
27)「ギャガ、アニメ制作に進出　ギャオを通じて配信を開始」『日本経済新聞』、2006年5月9日。
28)「コナミ、アニメ制作に参入　自社コンテンツの活用を拡大」『日本経済新聞』、2006年6月21日。

第10章

Kazuo Inamori, A Japanese Entrepreneur

日本の起業家
稲盛和夫

［執筆者］

ハーバード・ビジネス・スクール 講師
アンソニー・J・メイヨー
Anthony J. Mayo

前 ハーバード・ビジネス・スクール 日本リサーチ・センター長
江川雅子
Masako Egawa

ハーバード・ビジネス・スクール シニア・リサーチ・アソシエイト
山崎繭加
Mayuka Yamazaki

● ハーバード・ビジネス・スクールのケースは、授業での討議に用いられる資料として作成されている。ケースには、1) 当該企業を推奨する、2) 一次データの出典となる、3) マネジメントの優劣について例証する、という意図はない。
● ケースは過去のある時点の事実をもとに書かれたものである。現在の当該企業の状況を反映したものではないことに注意されたい。

Case No. 9-408-039
© 2008, 2009 President and Fellows of Harvard College.

「自分自身の人生を振り返っても、運命の道を歩ませていただいたように今は感じている。私は、倦まず弛まず眼前の道を歩み続け、たとえ苦難に遭遇しても真正面から自分なりに真摯に取り組んできた。ところが、ふと気がついてみると、思いもかけないような人生が開けていたのである[注1]」
——稲盛和夫『敬天愛人』より

　日本が世界的な経済大国として台頭した20世紀後半（**資料10-1**参照）、稲盛和夫は2つの大企業を創業した。この2社はどちらも成功を収めたが、業種はまったく異なる。1社はファインセラミックスという新産業で、もう1社はNTT（日本電信電話）に対抗できる唯一の競合企業となった。

　1959年、稲盛は京都セラミック（のち、京セラ）を社員28人、資本金300万円で立ち上げた。京都セラミックは、戦後日本の高度経済成長の真っただ中に設立されたが、日本の大手企業からはなかなか仕事をもらえなかった。

　しかし稲盛は、革新的な製品と効率的な製造、異色の経営哲学により、京セラを大きく成長させた。京セラの創業から25年後、日本の電気通信市場が規制緩和されるなかで、稲盛はDDI（第二電電株式会社。のち、KDDI）を誕生させた。もともとDDIは、日本の電気通信事業を独占していたNTTに挑んだ3社の中で最も小さな会社であった。しかし、創業後10年を経ずして、NTTに対抗できる唯一の長距離通信事業者となったのである。1959年から2007年の間に、京セラは社員6万3000人超、売上高1兆3000億円（108億ドル）の会社に成長を遂げた。またKDDIも、1984年から2007年の間に、社員1万4000人超、売上高3兆3000億円（275億ドル）の会社になった（**資料10-2**参照）。

　1983年稲盛は、志のある起業家を指導し助言を与える場として、自らの姓名から1字ずつとった名の盛和塾（企業の隆「盛」と、人々の「和」合を意味する）を創設した。2007年時点で、盛和塾は国内外に57支部、4400人の塾生を擁するまでになった。起業家に対する取り組みのほかに、稲盛はこの二十数年間、学術・文化の支援活動に力を注いでいる。1984年には200億円を投じて「京都賞」を創設、先端技術、基礎科学、思想・芸術の3つの分野で進歩に貢献した個人を毎年顕彰している[注2]（2007年3月末の正味財産は894億円）。

　50年近く京セラのトップを務め、2007年で75歳になった稲盛は、なお活力

資料10-1●日本史上の主な出来事

年	出来事
1933	国際連盟を一方的に脱退
1937	日中戦争
1941〜45	第2次世界大戦
1945	8月15日、無条件降伏を受諾
1945〜51	米国による占領
1947	「民主的な」新憲法（1946年公布）施行
1950〜53	朝鮮戦争
1951	サンフランシスコ講和条約と日米安全保障条約に調印
1955	自民党の一党支配が始まり、その後38年間続く
1956	国際連合に加入
1959	皇太子明仁親王と正田美智子さんがご成婚。テレビ需要が急増
1960	池田勇人首相が「所得倍増計画」を発表
1964	OECD（経済協力開発機構）に加盟
1964	東京オリンピック。東京―大阪間に新幹線が開通
1966	日本の人口が1億人を超える
1968〜70	学生運動活発化
1970	大阪万博開催。約6400万人が来場
1972	日中国交回復
1973	為替レートの変動相場制への移行に伴い、円高が起きる 石油危機の影響で、15年続いた2桁台の経済成長が終わる
1978	第2次石油危機
1985	金融サービス、電気通信などの主要産業の規制緩和 G5のプラザ合意で円高がさらに進行
1986	日米半導体協定締結
1989	日経平均株価、1985年の3倍近い3万8195円をつける
1990	東京株式市場が大暴落
1993	自民党、38年ぶりに下野
1995	阪神・淡路大震災で6434人が死亡 カルト教団「オウム真理教」が地下鉄サリン事件を起こす
1996	橋本龍太郎首相のもとで「金融ビッグバン」を実施
1997	アジア金融危機により景気回復が遅れる

出典：各種資料をもとにケース執筆者が作成。

資料10-2● 京セラとKDDIの主な事業分野(2006年時点)

京セラの概要
● 国外に子会社138社と関連会社5社
● 国内に子会社32社と関連会社7社

京セラの主な事業分野と売上げに占める割合
①ファインセラミックス・グループ（5.9％）
②半導体部品グループ（11.4％）
③セラミック応用品グループ（9.9％）
④電子デバイス・グループ（22.0％）
⑤通信機器グループ（主にKDDI向けの製品を生産）（19.4％）
⑥情報機器グループ（21.1％）
⑦光学機器グループ（1.3％）
⑧その他（9.0％）

KDDIの概要
● 子会社46社と関連会社26社
● 大株主：京セラ（12.93％）、トヨタ自動車（11.23％）、日本マスタートラスト信託銀行（信託口）（4.96％）、東京電力（4.81％）、ステートストリートバンク・アンド・トラストカンパニー（2.89％）、ザ・チェースマンハッタンバンク・エヌエイ・ロンドン（2.51％）

KDDIの主な事業分野
①固定通信
②移動通信（auとTU-KAというブランド名）
③コンテンツ提供その他

出典：京セラおよびKDDIの会社資料

にあふれ、同社を指導する存在であるが、日常の経営活動からは徐々に身を引き始めている。創業50周年を控え、京セラは社内の次世代リーダーたちに目を向けている。はたして、新しいリーダーたちは稲盛のユニークな哲学を受け継いでいくのか。また、革新を主導してきた稲盛なくして、京セラは繁栄を続けられるのか。

若き日の稲盛和夫

　稲盛和夫は1932年1月21日(注3)、稲盛畩市・キミ夫妻の7人の子供の次男として、鹿児島市に生まれた。父の畩市は「稲盛調進堂」という印刷・製袋工場を経営しており、律儀で控え目な、手堅く商売をする人物として知られていた。

少年時代

　稲盛少年は当初、小学校になかなか馴染めなかった。西田小学校の入学式の日、和夫があまりに泣くので、母親は授業中、ずっと教室の後ろで待っていなければならなかった。しかし、和夫もだんだんと学校に慣れ、やがてガキ大将として本領を発揮することになる。稲盛は当時を振り返って次のように語る。
「人を差配するのは快感がある。ガキ大将の目覚めだ。私はいつもみんなを敵味方に分け、斥候や伝令とかに割り振った。腕力だけでもだめで、気迫、気力も大事。草で勲章をつくったり、おやつを配ったり気遣いもいる。せいぜい中派閥のボス程度だったが、グループをどう掌握していくかが最大の関心事だった(注4)」
　ガキ大将のころは勉強もせず、学業成績はそれほど良くなく、鹿児島第一中等学校の受験に失敗する。やむなく尋常高等小学校に入り、再度挑戦するチャンスを待たなければならなかった。しかし間もなく、結核の初期症状である肺浸潤にかかる。この病は稲盛の人生観に大きな影響を与えることになった。病床の稲盛に、近所の人が谷口雅春の『生命の実相』という本を読みなさいと持ってきてくれたのである。
「何げなくページをめくっているうち、こんなくだりに出会った。『われわれ

の心の内にそれを引き寄せる磁石があって、周囲から剣でもピストルでも災難でも病気でも失業でも引き寄せるのであります』。子どもながらに思い当たることがあった。結核の叔父がいる離れの前を通る時、私は感染するのが怖くていつも鼻をつまんで走り抜けた。兄はそんな簡単にうつるものかと無頓着だった。父ときたらずっとそばで面倒をみていた。それが一番注意していた私だけがかかった。結核を気にする心が災いを呼び込んでしまったのではないか。この本は心のありようを考えるきっかけを与えてくれた[注5]」

　1945年、結核から回復した稲盛は、あらためて鹿児島第一中等学校を受験するが不合格となる。私立鹿児島中等学校にようやく合格したが、喜びもつかの間、その年、第2次世界大戦の戦況が厳しくなり、米国による空襲で、実家も父親の工場も消失してしまう。一家は生き延びるのに必死であった。家族で塩の行商を始め、母親は着物をヤミ市で売って米に換えた[注6]。中学を出ると、稲盛は父の反対を押し切って高校に進学する。

「家族は多いし、家計のひっ迫もわかっている。『お前も働け』という父に、『実家のあの土地を売ったらいい』と抵抗した。郊外の父の実家にわずかでも土地があるのを知っていた。卒業したら必ず就職するからと押し切った[注7]」

　歴史家のアンドリュー・ゴードンは著書 *A Modern History of Japan* で、戦後日本における教育の役割を次のように説明している。
「1950年代には卒業校による3段階の序列があり、各段階は非常に異なっていて世間もそれを認めていた。すなわち中学卒業、高校卒業、大学卒業である。1940年代後半から50年代にかけて、高校へ進む若者が増えたが、1955年においても若者の約半数は中卒で教育を終えた。3分の1が高校を卒業し、大学に進学するものは全体のおよそ15%であった。（中略）中卒者は男女共に、将来の展望の限られがちなブルーカラー労働者になった。高卒男子は、生産現場の技能職や事務職に就くことができ、主任や、場合によってはそれ以上の地位までの昇進が期待できた。大卒男子は民間企業や官庁のエリート管理職となった[注8]」

　稲盛は、高校卒業後は就職すると父に約束したが、鹿児島中等学校で校長を務めて高校でも担任だった辛島政雄の勧めで大学に進むことにした。「その先生に頭を下げられて父も困った。奨学金とアルバイトで家に一切負担をかけないという条件で折れてくれた[注9]」と稲盛は語っている。

鹿児島大学時代

　自身が大病をし、また、親戚も結核で相次いで亡くなったのを目の当たりにして、稲盛は医者になる決意をするが、またも挫折する。1951年、大阪大学医学部の受験に失敗し、その代わりに、1949年に新設された鹿児島大学に入学し、有機化学を専攻するのである。

　1954年、鹿児島大学卒業を控えた稲盛を待っていたのは、厳しい就職難であった。日本は第2次世界大戦で中国と8年間、連合軍と4年間戦ったあと、1940年代の後半をかろうじて生き延びた。大都市のほとんどは空襲で破壊され、国の人口は激減し、かつては栄えていた日本の工業も壊滅的な状況となっていた[注10]。激しいインフレを抑えるため、緊縮財政と均衡予算中心の経済政策（ドッジライン）がとられ、さらなる経済的混乱を招いた[注11]。

　こうした苦境にもかかわらず、1950年代初頭には日本経済は追い風を受けた。朝鮮戦争で、日本が米軍への供給を行ったからである[注12]。戦争特需は合計20億ドルを超え、1951〜53年における日本の輸出の60%を占めた[注13]。朝鮮戦争は日本経済を活性化させただけではなく、米国による日本の占領体制を終了させる動きも加速した。米政府官僚の多くは占領が数十年続くと見ていたが、1951年9月、「サンフランシスコ講和条約」により、48カ国の代表との間に正式な条約が調印され、米国の占領は終結した[注14]。しかし、この条約と同じ日に、大論争を引き起こした新条約「日米安全保障条約」が調印され、米軍の基地と部隊の日本駐留が認められることとなった[注15]。

　これらの条約を締結することで、吉田茂首相は、国防よりも経済に重点を置くという戦後日本の基本方針（吉田ドクトリン）を定めた。この過程で、「日本はいくつかの産業政策を採用し、振興すべき産業を定めた。そうした産業に融資することで、海外の競合相手と対抗できる競争力をつけた[注16]」。政治的な安定も経済発展を進める力となった。1955年、自由党と日本民主党が合体して自由民主党（自民党）を結成した。自民党は、その後38年間政権の座にあり、実質上の一党体制を敷いた。この一党体制により、「政治家と経済界の指導者、有力な国家官僚との結びつきが強まった。（中略）緊密な絆で結ばれた政・財・官のエリート集団は、日本の『鉄の三角形』と呼ばれた[注17]」。

ところが、稲盛が鹿児島大学を卒業した1955年、日本は朝鮮戦争後の景気後退に見舞われており、「日本の奇跡(注18)」と呼ばれる目覚ましい高度成長の時代はまだ始まっていなかった。新設大学の出身であることも、稲盛の就職を難しくした。大手企業に応募をしてもことごとく断られ、ヤケになったこともあった。やっとのことで、鹿児島大学の恩師の紹介により、松風工業という京都の小さな碍子（電線を絶縁する装置）メーカーに就職することができた。

松風工業

　名前も聞いたことのない会社であったが、稲盛は大学進学を認めてくれた両親を喜ばせるために、渋々その会社への就職を決めた。そのために、大学生活が残り半年となったところで、稲盛は専攻を有機化学から無機化学に切り替えた。鹿児島の入来地方特産の粘土に関する研究を行い、「入来粘土の基礎的研究」というテーマで卒論をまとめた。

　1999年のインタビューで、稲盛は、日本の伝統文化の中心である古都・京都の印象についてこう語っている。

「大学を出ていなくても、日本で何事かをなした人には共通点があります。彼らは『素直』です。穏やかというか、無邪気と言ってもいいぐらいの素直さを持っている。大学を出ると、自分には特別な何かがあるような気持ちになるものです。知識や成績にお墨付きがあるという気持ちです。それで素直さがなくなり、うぬぼれやエゴが出てくる。（中略）私の場合、田舎育ちなのが幸いしました。今でも田舎者だと思いますが、京都に出てきたときはまさに田舎者丸出しで、なんて大きな美しい街だろうと思いました。そんなふうに素直に感動していると、色々ものが見えてくる。そのおかげで、素直でいられたし、新しい考えやチャンスにも恵まれたのだと思います(注19)」

　1955年に松風工業に入社すると、会社が財務的に大きな困難を抱えていることがわかった。社員寮は狭く古ぼけた建物で、赤字経営が続き、給料は遅配が常であった。同期入社した4人は、半年も経たないうちに辞めてしまった。稲盛も辞めるつもりで、自衛隊から合格通知を受け取っていた。しかし家族のために会社勤めをしなければとの思いから、会社に留まることを決意する。この決意を機に、稲盛は自分の仕事に全身全霊を傾けるようになった。まったく

新しい分野のセラミックスである、特殊磁器の研究である。こうした努力の結果、フォルステライト磁器のテレビのブラウン管用電子部品への応用など、新製品や新しいプロセスを次々に開発できた。

　松風に入社して2年目に、新設された特磁課でリーダーを務めるよう命じられた。当時を振り返って稲盛は言う。

「量産に対応するため、特殊磁器焼成用の電気トンネル炉も自分で新たに考案した。やがて特磁課が活況を呈して人手不足になると、会社は不振の碍子部門の余った人員を回すと言ってきた。確かに人手は足りないが、日ごろから私は、碍子の連中の士気の低さを見ていた。足を引っ張られてはたまらないと断った。自分の部門に合った人物を自分で採用させてほしいと談判し、探しに行った[注20]」

　研究と新製品開発では成功したものの、入った会社は倒産寸前であった。「松風を立て直すには、社員に進むべき方向を明確に示すべきだ」と稲盛は考えた[注21]。この時期に、稲盛の経営哲学が芽生え始めた。松風時代の部下で、1989〜99年に京セラの社長を務めた伊藤謙介（**資料10-3**参照）は、稲盛のリーダーシップについて次のように述べている。

「24歳の若きリーダーが、20歳にもならない部下たちを前に一生懸命語りかけている姿を想像してください。非常に若い部下に対して、稲盛は『この事業をどうして大きくしていくのか』『これを成功させると会社はどうなるのか』、また『働くことにはどういう意義があるのか』といったことを熱っぽく語りかけました。ことあるごとに皆を集め、仕事の意義を説き、夢を与え続けました。これは、普通の若者では絶対にできないことだと思います。そのような強力なリーダーシップに感化され、我々は仕事の面白さや喜びを覚えていったのです。当時から稲盛は、ビジネスは人の心をベースにしなければならない、と一貫して主張してきました。そういう基本的な心構えがないと、会社経営を成功させることはできないというのです」

　松風に入って3年目、主任に昇進して3カ月後、大手電機メーカーから注文を受けた特殊磁器の開発方針をめぐり、稲盛は新任の技術部長と激しく対立することになった。稲盛は、この新製品に合った製造方法を考案できると考えていたが、技術部長は懐疑的であり、別の人間にこの仕事を任せようとした。深い屈辱感から、稲盛は松風を辞める決意を固めた。

資料10-3◉京セラ・KDDIの役員の略歴（2007年時点）

京セラ

伊藤謙介（69）	相談役。松風工業での稲盛の部下で、京セラに創業メンバーとして加わる。京セラで1989～99年に社長、1999～2005年に会長を務める。
川村　誠（58）	社長。1973年、京セラ入社。大半を機械工具事業部に勤務。2005年社長に就任。
森田直行（64）	副会長。1967年、京セラ入社。京セラコミュニケーションシステムを設立し、1995年、社長に就任。2006年、同社の社長・会長と兼任で、京セラ副会長に就任。
中村　昇（63）	会長。1967年、京セラ入社。2005年、京セラケミカル、日本メディカルマテリアルの社長に就任。2006年、京セラ、京セラケミカルの会長に就任。
山村雄三（64）	副会長。1965年、京セラ入社。1992年、京セラエルコ社長に就任。2006年、京セラエルコ社長と兼任で、京セラ副会長と通信機器関連事業本部長に就任。

KDDI

日沖　昭（65）	監査役。1965年、京セラ入社。京セラの子会社であるサイバネット工業専務取締役に就任。1986年、DDI入社。1998年には同社社長を務める。
奥山雄材（75）	顧問。郵政省およびその関連機関で35年以上勤務したのち、顧問としてDDIに入社。7カ月後、社長に就任（1993～98年、1999～2001年）。
小野寺正（59）	社長兼会長。NTTに14年勤務したのち、1984年、DDI入社。2001年、KDDI社長就任。
山本正博（65）	副社長。旭化成に勤務したのち、1977年、京セラに技術者として中途採用される。2000年、専務としてDDIに転社。2001年、KDDI副社長に就任。

1960～1970年代：京セラの誕生と成長

　稲盛が松風を辞めて、自分で事業を始めようとしていることを知った特磁課の仲間たちは、「自分も辞めてついていく」と口々に言った。その中の一人で

あり、稲盛の元上司であった青山政次は、「よし、何とか金を集めて会社をつくろう。稲盛君の上に人を置いたらいかんのや(注22)」と言い、大学時代の同級生で、当時、宮木電機製作所の役員をしていた西枝一江と交川有に稲盛を紹介し、出資を頼んだ。

　西枝と交川は、最初は「稲盛君がどれほど優秀かしらんが、26、7歳の若造に何ができる(注23)」と言って、追い返した。しかし何度か訪問を重ねて、稲盛が特殊磁器の未来について熱く語ると、その情熱に2人は感銘を受け、宮木電機社長の宮木男也から出資の約束を取りつけた。西枝は自宅まで担保に入れ、最初の運転資金1000万円を都合してくれた。西枝は稲盛に「あなたには見どころがありそうな気がする。また、フィロソフィを持っているようなので、それを見込んで出資する(注24)」という言葉をかけた。

　1958年12月、稲盛は松風工業を辞め、その翌日、同じ課にいた須永朝子と結婚した。その経緯を稲盛はこう述べている。

「会社に寝泊まりして研究を続けていたころ、机の上に弁当が置いてあった。ふだんの梅干しだけの昼飯と違って、おかずたっぷりの豪勢な中身に感動した。一粒残さず片づけると、次の日もある。だれと詮索することもなく毎日ちょうだいしているうち、彼女の差し入れとわかった。好意でも何でもなく、あまりに悲惨な生活ぶりにただ同情しただけというが、その気遣いはありがたい。つい調子に乗って家でもごちそうになり、そのまま一緒になってしまった(注25)」

京セラ設立

　4カ月後の1959年4月、京都セラミック株式会社（以下、京セラ(注26)）は創業した。稲盛は27歳、松風から付いてきた7人の仲間は、青山以外はまだ20代前半の若者たちであった。

「会社を辞め、生活の基盤を失ったも同然のわれわれにとり、新しい会社をつくることは決まっていたものの、それからの人生がどうなるかは想像することさえできなかった。荒れる大海原に羅針盤もない小舟で漕ぎだしたようなものだ。その中で私が頼れるものは、同志の心の絆だけだった。これだけはどうしても守らなければならない。そのような悲壮な思いで、われわれ8名は誓詞血判をした。単に自分たちのエゴだけで結束するのなら、血判してもすぐに崩れ

てしまうだろう。しかし、自分たちはそうではない。もっと高い理想を実現するために結束するのだ。そう誓い合い、内容は次のようにした。『私利私欲で血盟するのではない。われわれは能力はないけれども、みな一致団結して世のため人のためになることを成し遂げたいと、ここに同志が集まり血盟する』[注27]」

設立当初、筆頭株主の宮木が京セラの社長を務め、青山は専務取締役、稲盛は取締役技術部長になった。技術部長とはいえ、実質的な経営責任者は京セラ創業時から稲盛であった。

京セラの最初の製品は、松下電器産業製テレビに使われるフォルステライト磁器のU字ケルシマである。京セラ設立当時、テレビは消費者が最もあこがれる商品になりつつあった。1959年、皇太子明仁親王と初の民間出身の皇太子妃となる正田美智子さんのご成婚をテレビ放送するとの発表があり、テレビ需要は大きく伸びた[注28]。ご成婚パレードを見るために多くの人がテレビを購入し、テレビのある世帯数は1957年の100万以下から1960年には680万世帯に急増した[注29]。

少なくとも最初の数年は利益を出せないだろうという出資者の予想に反して、京セラは創業1年目から売上高2627万円、経常利益324万円と、黒字決算となった。稲盛は次のように語る。

「限られた機械と人員、それも不慣れな社員が多く、U字ケルシマの量産体勢が軌道に乗るまでは苦労の連続だった。いきなり連日の徹夜作業に、初めからこんなむちゃをしたら長続きしないと忠告された。経営はマラソンと同様、ペース配分を考えろと忠告する者も現れた。私は反論した。非力な新参者にいささかの余裕もない。行けるところまで100メートルダッシュで突っ走ろうではないか。1年間、わき目もふらず走り続けた[注30]」

会社は業績面では順調に滑り出していたが、1961年、稲盛はその前年に新規採用した11人の社員たちとの深刻な問題に直面した。この11人は、将来の昇給とボーナスを保証してくれなければ会社を辞めるという。他の社員と同様に、11人は何カ月も休みを取らず、毎晩深夜まで働いていた。3日間熱心に話し合った末、この社員らは稲盛の説得に応じて、会社に残ることを了承した。稲盛は11人に対してこう言った。

「将来について何かを約束することはできないが、みなさんの将来がよくなる

よう、私は全力を尽くす。私の言葉を信じて、一緒に働いてくれないか。会社を辞める勇気があるなら、私を信じる勇気を持ってくれないか。もし後に、私にだまされたと思ったなら、私のことを殴り殺してもいい[注31]」

これを聞いた11人は、ついに会社に留まる決心をしたのである。この経験をきっかけとして、稲盛は自らのファインセラミックス技術を世に問うだけにとどまらず、もっと次元の高い経営理念や経営哲学が必要だと痛感した。
「そもそも私は、技術者としての夢を実現するために会社を起こしたのだが、いざ会社を創業してみると、社員は自分の一生を託して入社してくる。会社の目的は、従業員とその家族を守り、彼らを幸せにすることだ。私がなすべきことは、先頭に立って社員を幸せにすることだ[注32]」

日本で創業して間もない京セラが直面したもう一つの課題は、古くからある大企業が作る「系列」に属していないということだった。当時の日本では、同系列の会社間で調達できるものは系列内で調達するのが普通であり、新規企業がこの壁を破るのはきわめて困難であった。初期の京セラは、ライバルたちが不可能だと考えたセラミックスの新製品をあえて受注し、必死の努力で開発、生産に成功することで、頭角を現した。
「大企業には人材もそろっており、資金も十分あり大量生産も簡単にできるわけだから、同じフィールドで模倣した製品をつくっていたら、とても太刀打ちできない。私たちは大企業がやらないことをやらなければならなかった。京セラはその創業時から『開拓者であらねばならぬ』と考えた。だから、会社創業のその時から京セラの経営は『新しいものを出すか、つぶれるか』という考えでやってきた[注33]」

日本で商売を成功させるもう一つの方法は、国際市場で確固たる評判を打ち立てることであった。稲盛は英語が話せなかったが、米国企業との取引を始めるために、1962年に米国へ向かった。最初の米国行きでは受注には至らなかったが、後年京セラが海外展開するための土台を作ることになった。

1960～1970年代の日本

1960年、当時の首相であった池田勇人が、10年間で国民所得を2倍に増やすことを謳った「所得倍増計画」を発表した。日本における完全雇用の達成と生

活水準の向上に向けて、「この計画は、優先する産業への投資について具体的な目標を掲げ、企業間の合併や協力を要請し、政府が民間セクターの指導で積極的な役割を果たすようにした(注34)」。当初は懐疑的な見方もあったが、この計画の目標は達成された。1965年10月から、日本経済は57カ月連続でプラス成長し、日本のGDPは、1966年にフランス、1967年に英国、1968年に西ドイツ、というように次々にヨーロッパ諸国を追い越した。1960〜70年の年間経済成長率は約17％であった(注35)(**資料10-4参照**)。

　1960年代を経て、日本は重工業中心の経済になっていった。東京から福岡の間の諸都市に石油化学コンビナートが建設され（通商産業省はこれを「太平洋ベルト地帯」と呼んだ）、日本は世界第2位の自動車生産国となり、1960年代半ばには機械類の輸出が繊維輸出を超えた(注36)。所得が増えると、高価な耐久消費財の需要が伸びた。1950年代に「三種の神器」と言われた「白黒テレビ」「冷蔵庫」「洗濯機」が、「車（カー）」「カラーテレビ」「クーラー」の「3C」に変わった(注37)。

　しかし、この経済の奇跡を享受するために、日本はそれなりの代償も払わねばならなかった。歴史家のゴードンは次のように記している。
「仕事は長時間に及び、厳しい規律のもとで、つらい労働が多かった。経済成長の成果の配分は、都市と農村の間、男女の間、大企業従業員と中小企業従業員との間で大きな格差があった。環境破壊も著しかった(注38)」

　1970年代に起きた2つの世界的な出来事が日本に打撃を与え、15年続いた「日本の奇跡」に終止符が打たれた。ドルショックと石油危機である。日本は1971年に変動為替相場制度に移行し、その結果、1973年までに円が1ドル360円から264円に上がった。1970年代初頭には、「日本製品が洪水のように米国市場に流入して、米国の対日輸出を上回り始めていた」が、急激な円高は日本の輸出品価格を押し上げ、国際競争は厳しくなった(注39)。

　1973年に起きた石油危機はすべての先進国に打撃を与えたが、天然資源が少なく、全エネルギー供給の約60％を中東の石油に依存していた日本は、とりわけ大きな影響を受けた。石油価格の高騰は、それまで加工貿易で大きな利益を得ていた日本の主要産業にも影響を与えた。石油危機の後、日本の年間経済成長率は3.6％まで下がった（1973〜78年）。ゴードンは次のように書いている。

資料10-4●日本のGDPと人口の伸び

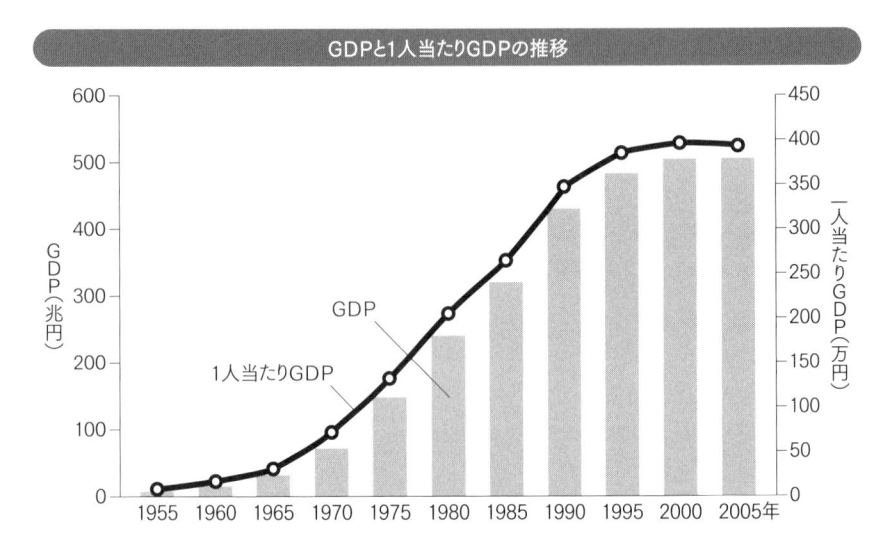

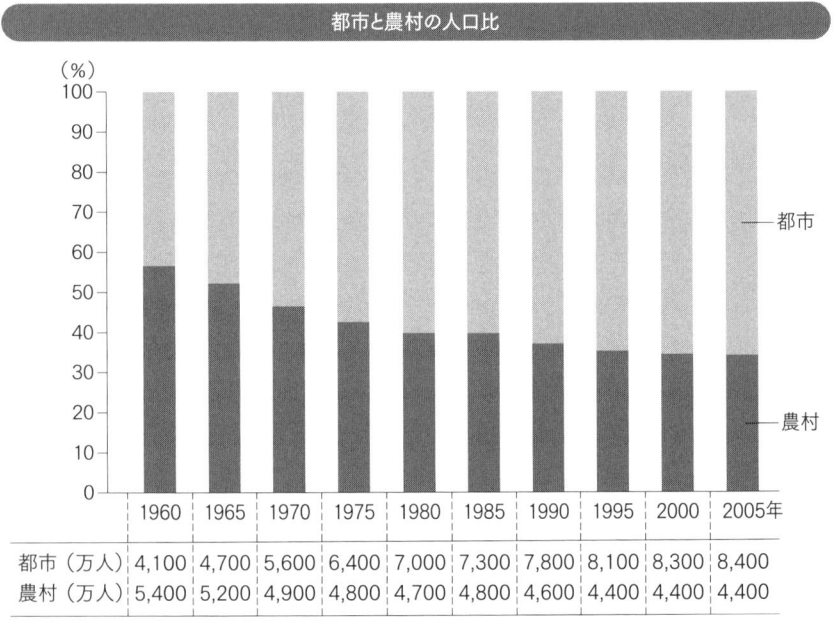

GDPと1人当たりGDPの推移

都市と農村の人口比

	1960	1965	1970	1975	1980	1985	1990	1995	2000	2005年
都市（万人）	4,100	4,700	5,600	6,400	7,000	7,300	7,800	8,100	8,300	8,400
農村（万人）	5,400	5,200	4,900	4,800	4,700	4,800	4,600	4,400	4,400	4,400

出典：日本のGDP：内閣府 経済社会総合研究所 国民経済計算
日本の人口：世界銀行

「(エネルギー)危機をきっかけに、日本政府は、日本の全体的な石油依存度、なかでも中東産原油への依存度を引き下げるための長期計画の策定に取り組んだ。官僚たちは、原子力発電所の建設計画や、水力発電所の増設計画を前倒しで実施し、オイル・シェール、太陽光発電、波力発電などの代替エネルギー源の開発プロジェクトへ資金を投入した。戦時中に使われた倹約奨励の言葉を思い出させる『省エネルギー』の呼びかけも行った[注40]」

京セラの経営哲学

1960年代初頭の京セラは、まだきわめて小規模な、日本の一地方企業にすぎなかったが、稲盛はこの会社に大きな夢を抱いていた。京セラをまずは京都一、次に日本一、最終的には世界一の会社に育てたいと夢見ていた。稲盛は夢の実現に向けて、全社員が経営に参加し、起業家精神を高め、生産性を向上させる「アメーバ経営」という仕組みと、会社の経営哲学をまとめた京セラフィロソフィを策定した。

● アメーバ経営

会社が大きくなるにつれて、京セラから起業家精神が失われることを稲盛は恐れた。京セラは起業家精神があったからこそ、難しいプロジェクトに挑み、新製品と新技術を開発し、新市場を開拓することができたのである。
「私は個人の能力を最大限に発揮させ、生きがいを持たせるにはどうしたらいいか考えた。思案の末、創業時に戻ればいいと思い当たった。全員が経営者になるのだ。全体を工程別、製品群別にいくつかの小さな組織に分け、それぞれが1つの中小企業のように独立採算で自主的に運営する。固定したものではなく、あたかもアメーバのように自己増殖していく。

ただし、いくら好業績を上げてもそれがすぐに給与に直接、反映されるわけではない。与えられるのは名誉と誇りだ。みんなのために貢献したという満足感と、仲間からの感謝こそ最高の報酬である。(中略) 会社全体がガラス張りで、相互に信頼関係が築かれていなければ正常に機能しない。考え方のベースをそろえることが何より大事だ[注41]」

稲盛は「また、会社を小さなユニットオペレーションの集合体にすれば、経

営者はそれぞれのユニットからあがってくる採算状況を見ながら、どこが儲かっているのか、損をしているのか、という会社の実態をより正確に把握することができる[注42]」と言う。稲盛は会社を部門や工程、製品群などにより、5～50人の社員から成るグループに分けた。それぞれのグループは「アメーバ」と呼ばれた。1つのアメーバは独立の会計システムのもとで運営を行い、1つの業務プロセスと、利益のある1要素に責任を持った。

「社内売買を行うことは、品質管理の面でも、大きな効果を発揮する。『売買』であるからには、買い手のアメーバは、必要な品質を満たしていない限り、社内買いをしようとはしない。したがって、各工程間で取り決められた品質を満たしていない仕掛品は、後工程へ流出していかない。つまり、社内売買ごとに『品質の関所』が設けられ、品質がチェックされることになる。これにより、各工程のアメーバでしっかりとした品質がつくり込まれていくことになる[注43]」

2005年に京セラ社長に就任した川村誠は、入社して間もなくアメーバ経営を実践した経験をこう語る。

「私がアメーバのリーダーになったのは、わずか23歳の時でした。18歳から50代初めまでの10人の部下がいるチームでした。アメーバ制度は、共通の目標に多様な人々を向けさせ、まとめるのに大いに役立ちました。この経験を通して、経営というものを頭だけでなく、心で理解できるようになったのです」

● 京セラフィロソフィ

1961年に体験した、不満を抱いた社員グループとの交渉がきっかけとなり、稲盛は京セラの経営理念を「全従業員の物心両面の幸福を追求すると同時に、人類、社会の進歩発展に貢献すること」と定めた。また、この経営理念をもとに、社員の働き方や生き方の指針となる京セラフィロソフィをまとめていった。稲盛は次のように語っている。

「順調に素晴らしい人生を送る人がいる一方で、つまずく人もいます。その理由は何だろうかとよく考えました。運命と決めつけるのであれば答えは簡単です。だが運命のせいばかりとは思われなかった。いったい何がこのような違いを生み出すのか、考え続けました。その結果、人間として幸せになり、幸せな人生を送るには、それにふさわしい哲学または考え方を持たねばならないと思

うようになったのです。
　京セラを創業したとき、こういうことを考えていました。私は27歳で、たまたま新しい会社を経営することになりました。小さな会社だったので、社員が心を1つにしないと生き残れない。社員には、尊敬の気持ちをもって、喜んで私についてきてもらう必要がありました。私が彼らに対して唯一できることは、『人間として正しいことをする』でした。そのことを話し、自分についてきてほしいと伝えると、『人間として正しいこととは何か』と聞かれました。私は、人間として正しいこととは、両親や先生に教わった誰から見ても正しいことだ、と答えました。最初はいかにもプリミティブな考え方でしたが、それをもとにして私は自らの哲学を48年間高め続けてきたのです。それが私の哲学です」
　こうした素朴な基準や教訓が人生を良いほうへ導くとすれば、会社にも同様の効果があるのではないか。このように考えることで、京セラフィロソフィの土台が固まってきた。
　社内報や講話で、稲盛は自らの価値観と信念を語った。

――「人生という名のドラマ」
　運命は生まれたときから決まっていると言う人もいますが、私はそういう考えに賛成できません。自分の心や考え方を高めていくことによって、運命を変えることができると私は信じています。

――「年長者から学ぶ」
　私たちが年を重ねていくにつれ、年長者から教わったことを思い起こし、自らの人生を導く羅針盤とすべきです。

――「人生の目的を求める」
　「安易な」生き方は、はじめは気楽で楽しいかもしれませんが、結局はそれでは満足できず、みんなもっと高いレベルの目的を求めるようになるはずです。

――「ありのままの自分を見つめる」

人間として成長するためには、自分自身を客観的に見る謙虚さと誠実さを持ち、過去の失敗から学ぼうとする謙虚な心を持って一生懸命努力することが必要なのです。

―「成功のための方程式」
　人生の結果＝能力×熱意×考え方。「能力」とは、健全な肉体や、才能、持って生まれた適性などのことですが、多分に先天的なものです。しかし「熱意」というのは、どうしてもこうありたいという強い思いであり、自分自身で決めることができます。「能力」と「熱意」を、私はそれぞれ、最低の0点から最高100点の間で評価します。仕事をする時、この2つの要素は掛け合わされるのです。（中略）3番目の要素である「考え方」は、どういう心構えで人生を送り、仕事をするかということです。「考え方」はこの3つの要素の中でもっとも重要なものであり、マイナス100点からプラス100点の幅で点数をつけることができます。嫉妬、恨み、憎しみという否定的な感情にとらわれている人は、その心構えがマイナスになり、その結果人生もまたマイナスになるのです。逆に、前向きで素直な考え方を持っている人は、素晴らしい人生を送ることができ、成功することでしょう[注44]。

　京セラの通信機器関連事業本部長である山村雄三は、次のように語る。
「『成功のための方程式』は、とりたてて優れた能力のない私のような人間にとって、大変励みになっています。一生懸命努力すれば何かを成し遂げられる。人生は運命によって決まるのではない。運命は考え方や対処の仕方によって変えられる。こうしたことがわかると、勇気がわいてきます」
　1966年、34歳で正式に社長に就任したとき、稲盛は自らの座右の銘「敬天愛人」を京セラの社是にした（**資料10-5**参照）。「敬天愛人」は、稲盛の故郷である鹿児島出身の西郷隆盛（1827～77）の座右の銘である[注45]。「敬天愛人」の書は、額に入れて京セラの稲盛の部屋や応接室に今でも掲げられている。社内報のタイトルも「敬天愛人」と改められた。
　稲盛は自ら著したもの、語ったこと、考えていることを「京セラフィロソフィ」という小冊子にまとめ、全社員に配布した。それを朝礼、勤務時間後のコ

資料10-5◉京セラのフィロソフィと経営手法の概要

社是

敬天愛人

経営理念

全従業員の物心両面の幸福を追求すると同時に、人類、社会の進歩発展に貢献すること。

経営7か条：成功への情熱（PASSION）

Profit/Purpose（利益／目的）	売上げを最大限に伸ばし、経費は最小限に抑える。利益を追うのではない。利益は後からついてくる。
Ambition（願望）	潜在意識に透徹するほどの強く、持続した願望を持つ。
Sincerity（誠実さ）	商いの相手の身になって行動する。
Strength（真の強さ）	強さとは勇気である。決して卑怯な振る舞いがあってはならない。
Innovation（創意工夫）	昨日より今日、今日より明日、と自己の創造性を発揮して、常に改良改善を続ける。
Optimism（積極思考）	常に明るく前向きに、夢と希望を抱いて素直な心で。
Never give up（決してあきらめない）	誰にも負けない努力をする。地味な仕事でも一歩一歩堅実に、努力を怠らずにやり遂げる。

出典：会社資料、稲盛和夫『成功への情熱』PHP研究所、1996年、稲盛和夫『アメーバ経営』日本経済新聞社、2006年

ンパ、研修などで読み上げ、意見を述べ合った。

「全従業員に、京セラフィロソフィを理解しその価値を共有してもらいたいと思っています。会社は人々が集まってできています。すなわち、互いに意見の異なる人たちの集まりです。そういう人たちがたまたま同じ一つの会社にいるのです。会社の中で皆の意見や考え方が異なると、おのずと従業員の力が分散

されてしまいます。非常に恐ろしいことです。そうなると何をやってもうまくいかない。技術もない、資本力もない零細企業が発展するには、全員が共通の考え方を持ち、ベクトルをそろえるしかないのです。

　いろんな考え方があろうと思いますが、素晴らしい人生を送るにはこういう哲学を持つべきだと私は考えているので、なるべく私の考えに全員が共感できるよう、私は一生懸命に努力します。私の哲学は、人間が正しいことを正しく実行していこうということです。人間として間違った行動を取ろうとする者は、当然のことながら、私の哲学をまったく受け入れないでしょう。そういう人は会社にいなくていいのです」

　稲盛は、役員たちが京セラフィロソフィを自分のものにし、部下に伝えていくことを期待した。京セラ会長の中村昇はフィロソフィについてこう指摘する。「京セラフィロソフィは理解するだけでは十分ではありません。身をもってそれを体験し、体感しないと部下を動かせないからです。

　京セラの経営理念は、全従業員の物心両面の幸福を追求することです。このような経営理念は、従業員に働くことの誇りと満足感を与えます。その結果、一生懸命働くようになり、それが、株主にとって魅力的な業績につながっていくのです。

　もちろん、このやり方を続けていけるのは実際に業績が上がっているからです。もし業績が悪ければ、何を言っても、株主は受け入れてくれないでしょう。どちらが先かと言えば、まずフィロソフィがあり、それがもとになって頑張り、会社の好業績につながるのです」

　京セラの社員は、フィロソフィを完全に信念として受け入れよと要求されているわけではない。しかし、長い目で見ると、フィロソフィをまったく受け入れないで成功を収めた者はほとんどいない。京セラ副会長の森田直行は「フィロソフィを受け入れないで優れた才能だけを頼みにする人は、短期的には成功するかもしれませんが、長期的には必ずしも成功しません。だから、フィロソフィを理解したうえで、才能を発揮してもらうことを期待しています」と語っている。

　1977年に中途採用で京セラに入社した山本正博は、次のように言う。
「入社して間もなく、40人の同期新入社員と共に稲盛のコンパに呼ばれ、そ

の席で何でも質問してよいと言われました。同僚の一人が、フィロソフィはおかしいと言いました。人間は自由なのだから、こうしたフィロソフィに縛られるべきでないと言ったのです。自分も同じように感じていましたが、はっきりと口に出しては言いませんでした。

　稲盛は次のように答えました。『あなたは社会と企業を混同しています。社会では、すべての人間は自由です。だから、共産主義者にでも何にでもなることができます。一方、会社には独自の個性、社風があるのです。その個性をあなたが好きでないなら、あなたには会社を辞める権利があります。会社にもあなたを拘束する権利はないからです』」

多角化の推進

　1960年代の末、ある米国企業のエンジニアが、IC（集積回路）を保護するセラミックパッケージの手作りの試作品を見せて、「この製品を京セラで生産できるか」と尋ねてきた。稲盛は、急成長する半導体産業にとって、将来この製品が非常に重要なものになること、そして、京セラとファインセラミックス業界全体を変えるだろうということを直感した。間もなく、京セラはフェアチャイルド・セミコンダクター社から、セラミック多層パッケージの試作品を依頼され、3カ月かけて完成させた。京セラがIC用のセラミック多層パッケージの製作に成功したというニュースは業界を駆けめぐり、インテル、テキサス・インスツルメンツ、モトローラ、アメリカン・マイクロシステムズなどの大手半導体メーカーが、続々と京セラに発注するようになった。ほどなくして、京セラはIC用のセラミック多層パッケージで世界一のメーカーとなり、それをきっかけに日本の大手企業とのビジネスも拡大していった。

　IC用セラミックパッケージ事業は成功していたが、京セラが半導体産業に過度に依存していることを稲盛は懸念していた。そこで、ファインセラミックスで培った京セラの技術を応用できる、新製品や新用途を模索し始めた。その結果、再結晶宝石事業が生まれた。京セラが培ってきた結晶技術を応用し、天然石と同じ組成と特性を持つ再結晶宝石を製造したのである。高品質の再結晶宝石の製造工程開発には、5年以上かかった。こうした困難にもかかわらず、稲盛は京セラのさらなる革新を推し進めた。稲盛はファインセラミックスの高

強度、耐摩耗性などの特性を生かして、人工歯根、人工関節、人工骨、および切削工具を製造した。

「たとえ実現不可能に見えるような仕事でも、やり遂げるため、粘り強く、真面目に努力を続けなければなりません。自分の中にある既成概念を壊さなければならないのです。『ここまでしかできない』といった頑固な固定観念を持っていると、壁を破り、一線を越えて成功に至ることができなくなります。その壁をついに突破したという自負と自信により、より粘り強い性格が形成され、その粘り強さがさらに大きな成功へと導いてくれるのです[注46]」

さらに1970年代初頭の石油危機から稲盛は、世界が環境にやさしい代替エネルギーを必要としていることを確信した。そこで1975年に、モービル石油、タイコ研究所、シャープ、松下電器の4社と合弁で、ジャパン・ソーラー・エナジー（JSEC）を設立し、太陽光発電の研究開発を開始した。しかし、通常の電気料金に対抗できる製品を開発するのは大変困難で、莫大な時間と投資を必要とした。結局、合弁会社からは出資企業が次々と手を引き、京セラが単独で事業を引き継ぐことになった。それでも、稲盛は太陽光発電がいずれ社会的に重要な意義を持つようになると確信し、この事業をあきらめようとはしなかった。

「世界的なエネルギー危機に際して、世界中の技術者が代替エネルギーの必要性を叫んでいましたが、原油価格が安定すると多くの企業はこの事業を道半ばで放棄しました。京セラの太陽光発電事業は、ようやくここ5年（2002年以降）ぐらいで実を結ぶことになりましたが、私は30年以上にわたって太陽光発電が将来必要になると固く信じていました」

また、多角化を行う際、新しいビジネスチャンスについては、それを任せる人材がいる場合にその事業に乗り出す、と稲盛は述べている。

「新しい事業分野に参入することを決めるのは、その成功に必要な人材が京セラの中に存在すると確信した場合です。新規事業分野に進出するのは、具体的なビジネスチャンスがあるからではなく、その事業に適した優れた人材に恵まれているからです。この点は米国式のビジネスのやり方とはまったく異なります。米国では、新規事業へ参入するかどうかは、人材の有無よりもビジネスチャンスがあるかどうかで決めます。チャンスに対応できる人材がいない場合は、そういう人材を雇い入れればいいと考えるのです。日本の場合は、それほどの

人材の流動性がないので、新しいビジネスへの進出は、手持ちの人材がいるかどうかで決まるわけです」

グローバル化

　輸出が増えたことで、米国に京セラの拠点を設立することを決めた稲盛は、のちのシリコンバレーの中心地となるカリフォルニア州サニーベールに、上西阿沙と梅村正廣の2人を派遣した。1968年に駐在員事務所を開設し、当時成長しつつあった米国の半導体業界に密着して営業活動を行った。翌年、この事務所を現地法人、京セラインターナショナル（KII）に改組。数年後、KIIはフェアチャイルド社からサンディエゴの工場を買い取って、部品の現地生産を始めた。稲盛は、KIIの当時の様子を次のように振り返る。
「言葉が不自由なうえに、日米の労働慣習が違いすぎた。いつまででも働く日本人に対し、米国人は定時きっかりに終わって帰ってしまう。
　日本側メンバーは、自分が会社を背負っているという気概でいる。（中略）本国の担当者と直接、連絡を取ることもしばしばで、それが米国人工場長にしてみれば上司を無視したと気に入らない。社員のマネジメントが円滑にいかないと操業も安定しない。品質にまで影響を及ぼして赤字が続く。そんな悪循環に陥り、嫌気がさした工場長はあっさり退職する始末だ。
　半年で赤字は買収額を上回ってしまった。失敗だったかと工場閉鎖が頭をよぎる。（中略）赤字は若い社員の授業料ととらえ、いつか実を結ぶとなおしばらくの続行を許した。瀬戸際に立った彼らは、従業員との同志的結びつきに意を用い、血の通う工場の実現を目指した。我が身を省みないその苦闘ぶりを見るうち、従業員も進んで残業を申し出るまでになっていった[註47]」
　1973年、工場は初めて黒字を計上し、その後も順調に伸びていった。1970年代の京セラは、世界へ積極的な事業展開を図り、西ドイツではフェルドミューレ社と合弁でFM／KCを設立、アジアでは京セラホンコンを設立した。

株式公開

　事業の拡大には積極的な稲盛であったが、当時の日本人経営者には珍しく、多額の負債を抱えるのではなく、自己資金での事業拡大を行った。ゴードンに

よればこうである。

「総じて、日本の民間企業は素早く、積極果敢に事業を拡大した。企業は銀行から多額の融資を受け、膨大な借金を抱えた。民間の銀行や日本興業銀行などの公的金融機関は、個人の貯蓄を原資として大小の企業に資金を供給した。高度成長期、一般的な日本企業では負債と株主資本の比率が75対25だった[注48]」

　1971年、京セラはまず大阪証券取引所二部に株式を上場した。翌年には東京証券取引所に上場。1974年、大阪・東京両証券取引所とも一部に指定替えとなり、1975年には株価が2990円をつけ、ソニーを抜いて日本一になった。

　1976年に、京セラは米国預託証券（ADR）を発行した。日本企業のADR発行は、1963年の東京海上火災保険の上場以来のことであった。祝賀パーティの席上、稲盛は次のように挨拶した。

「会社の経営は芸術作品を生み出すのと似ている。白紙に想像力を駆使して豊かな芸術を表現していく作業と同じだ。京セラという私の芸術作品を世界の中心地であるニューヨークに出品し、果たしてどのような評価を受けるか、期待と不安でいっぱいだった。幸い即日売り切れという結果にうれしく思う[注49]」

稲盛の経営スタイル

　創業当初から、京セラには規律のある企業風土があったが、さらに強化されたのが、厳格な行動指針や規則、とりわけアメーバ経営の構造である。伊藤は稲盛の経営スタイルを評して言う。

「稲盛は、部下に対して、ある時は非常に厳しく、ある時は非常に優しく接しており、バランスをとっていました。うまく経営できていない会社の多くは、従業員に対して優しいだけとか、何も言わないとか、そういう接し方をしています。従業員が仕事をうまくやってもやらなくても、褒めも怒りもしない。こういうやり方が組織を崩壊させていくのです。

　私が社長のころですが、こういうことがありました。一生懸命がんばっているのに、業績が若干落ちてしまったことがあり、思いあまって稲盛に相談に行きました。少し悩みを聞いてほしいという気持ちがあったのかもしれません。

　すると稲盛は『業績というのは、おまえの器量以上でも以下でもない。おまえの人間以上でも以下でもない。イコールなんだ』と言いました。少しなぐさ

めてもらえるかと期待していたのですが、そう言われて最初は意味がよくわかりませんでした。しかし、部屋から出てもう一度よく考えてみて、私はショックを受けました。『おまえの人間としての大きさ、器量によって、業績は決まる。それ以上でも以下でもない』。つまり、私の人間としての器量を伸ばせば、業績は自然とついてくるということだったのです。今では、まったく同じことを従業員に一生懸命説いています」

中村も同じような経験をした。

「若いころ、稲盛に問題を報告しに行くとき、『目標が達成できないのは、こういう理由です』という調子で、自分を正当化するためにいろいろな言い訳をすることがありました。しかし、稲盛には、そのような言い訳は通用しませんでした。

やがて、私はこれではダメだと気づき、問題の原因を正確に見極め、『自分はここが悪かった』というところを正確につかんで、それを『こう直します』と説明しました。すると、稲盛はにっこり笑って、『そこまでわかったら、必ずできるはずだ。頼むぞ』と答えてくれました」

稲盛は従業員の評価についてこう説明をしている。

「私は部下の働きを4段階で評価すると言っていました。1番目は、積極的にチャレンジして、成功させた人です。2番目は、積極的にチャレンジしたが、失敗した人。3番目は、特段、積極的に取り組まなかったが、幸運で成功した人。4番目は、前向きに努力もせず、失敗した人です。

我々は、成果主義のように結果だけを見るのではありません。プロセスが大事だと考えています。米国ではどうしても成果を重視します。しかし、日本ではプロセスやチャレンジする姿勢を重視するのです」

規律は厳しかったが、京セラには個人による意見表明や経営参加を促す社風があった。1990年、フォーチュン誌は稲盛を「ワンマンなところがあるが、草の根での進取な試みや独立心を社内では奨励している」と評した[注50]。森田もそのとおりだと言う。

「京セラには上下関係にこだわらない風通しのいい社風があります。組織の末端にいる者でも、誰でも自由に意見を言える。だから社内は自由闊達な雰囲気に満ちています。特にアメーバ経営は全員参加の経営を標榜しており、この制

資料10-6●京セラの財務実績の抜粋(1960〜2007年)

(単位:百万円、人)

	1960	1965	1970	1975	1980	1985	1990	1995	2000	2005	2007
京セラ単体											
売上高	26	247	4,419	20,805	81,904	283,285	303,760	353,653	507,802	493,271	531,557
経常利益	3	28	1,588	5,462	24,395	72,399	53,762	54,693	69,741	66,434	73,729
従業員数	36	185	855	2,316	4,554	13,180	12,943	13,236	13,746	12,682	12,613
京セラ連結											
売上高					114,165	325,719	421,032	498,566	812,626	1,180,655	1,283,897
税引前利益					29,109	82,278	71,573	81,221	97,468	107,530	156,540
従業員数					7,726	17,083	26,709	29,925	42,309	58,559	63,477

出典:京セラ40周年社史編纂委員会編纂『果てしない未来への挑戦—京セラ心の経営40年』(2000年)、京セラ年次報告書(2007年度)

度では、第一線の現場にかなりの意思決定を任せています」

　透明性と従業員たちの社業についての意識を高めるため、稲盛は会社に関する情報をできるだけ全従業員に開示している。

「全従業員に経営者マインドを持ってもらい、経営者と同じ意識レベルで働いてもらいたい。そのためには、会社の実態に関する情報をできるだけ開示して、私がいま悩んでいること、困っていることを包み隠さずみなに知ってもらうことが一番大切だと考えたのである[注51]」

　大きな難局が訪れたのは、1970年代の石油危機による不況時である。このときは、ほとんどすべての日本企業が打撃を受けた。京セラが失ったビジネスは膨大な額にのぼり、受注額は6カ月間で90%近く減少した。しかし稲盛はこの不景気のもとでも、レイオフには頼るまいと心に決めた。生産性と作業効率を維持するために、工場で働く人数を限定し、余剰人員には事務所の営繕や京セラフィロソフィ研修といった他の仕事をさせた。幹部の給与カットや組合従業員の賃金凍結によって、京セラは不況を乗り切った。1976年、感謝の気持ちとして、稲盛は全従業員の賃金を21.7%アップし、臨時賞与も支給した。70

年代には業績の短期的な下降はあったものの、京セラの売上高と利益は1960〜1970年代を通じて大きく伸びていった（**資料10-6参照**）。

1980～1990年代：企業買収と新事業

1980年代、日本の1人当たりGDPと生産性は世界最高の水準にあった[注52]。日米間の貿易赤字は、日本の自動車生産高が米国のそれを上回ってからは、特に大幅に拡大した。ゴードンの説明は以下のとおりだ。
「1980年代半ばには、日本の対米輸出は金額にして米国の対日輸出の2倍を超え、米国の年間対日貿易赤字は、約500億ドルにのぼった。基本的な流れは変わらなかった。日本は、大量の原油、原料、食糧を輸入する一方で加工製品を輸出、それらは金額的には高額なものになり、品質も向上していった[注53]」

1980～1990年代の日本

1970年代後半から80年代前半を通じて日本の購買力が上がると、多くの企業が欧米メーカーの買収や、生産拠点の建設に多額の投資をするようになった[注54]。また日本人投資家は、ロックフェラーセンターなどの世界各地の重要な不動産を購入した。個人も企業も、株式、不動産、金、美術品を投機の対象にした。海外旅行者の数は1980年には400万人であったが、1990年には1000万人を超えた[注55]。新車購入台数は1985年の300万台から1989年には500万台まで増加した。

1985年のG5（資本主義経済主要5カ国。マクロ経済政策調整のため毎年会議を開いていた）によるプラザ合意は、日本の輸入を拡大し、内需を刺激することを狙ったものである[注56]。プラザ合意の実施は米国の貿易赤字削減のためでもあったが、それでも日本の対米黒字は増え続けた。このため二国間の緊張が高まり、両国で関税引き上げや保護主義について話が持ち上がるようになった。1985年の日本の貿易黒字は395億ドルであったが、1986年には514億ドルまで跳ね上がった[注57]。好景気と低金利により、日経平均株価は1986年から1989年の間に3倍になった。ゴードンは「東京証券取引所上場企業は、全世界の株式市場の株式時価総額の40％以上を占めるまでになった」と記している[注58]。

1980年代、世界では「新保守主義」が支配的な傾向となった。これは、小さな政府を実現し、減税と規制緩和によって市場を刺激することを目指したものである。米国のロナルド・レーガンや、英国のマーガレット・サッチャーがこの流れを先導した。1982年から1987年まで首相を務めた中曽根康弘も、この流れに従った。1984年に日本政府は、金利制限の撤廃を含む、金融サービス市場の規制緩和を発表した。金融機関は、先物取引やデリバティブなどの新しい金融商品やサービスの取り扱いができるようになった。また政府は、日本国有鉄道（6社の旅客鉄道株式会社と1社の貨物鉄道会社に分割）、日本専売公社（日本たばこ産業株式会社に改組）、日本電信電話公社（日本電信電話株式会社に改組）などの国営企業を民営化した。

　日本経済の戦後未曾有の成長はとどまることを知らないかのようであった。しかし1990年代前半に入ると、景気停滞や生産性の低下などの事態が生じてきた。このような時代の変化の最初の兆候は、株価の急落であった。

「1980年代末の時点で、大蔵官僚たちは、景気刺激策がもたらした地価と株価の高騰が危険なレベルに達したと判断した。そこで彼らは、投機的な投資の抑制とバブルの緩やかな収束を願いつつ、徐々に金融の引き締めを行った。1989年秋から90年夏までの間に、何度か公定歩合が引き上げられた結果、借入金利は2.5%から6%へと2倍以上上昇した。投資家たちはこの変化に注目した。東京証券取引所の日経平均株価は、1989年12月に4万円近くの最高値をつけてから、90年10月には2万円へと50%下落した[注59]」

　日本経済が抱える諸問題から、政治も不安定な状況になった。1955年から89年までの間に、与党であった自民党は12人の首相を出し、その平均在任期間は3.7年だった。しかしその後、20世紀の終わりまでの期間、日本の首相の平均在任期間はわずか1.2年だった[注60]。スキャンダルや実効性のない経済政策、社会不安により、次々と首相が代わることとなったのだ。市場開放と内需拡大を求める外国からの激しい圧力のなか、政府は規制緩和をさらに進めて市場を活性化しようとした。航空業界は規制緩和で新しい航空会社の参入を認めるようになった。小売店の新規出店を規制する法律も緩和された。また、国内外の圧力を受けて、政府は産業界への介入を減らし、透明性を向上するための施策を実施した。

政治、社会、経済の情勢が変化するなかで、長期的視野に立った市場への対応、社員の忠誠心、経営のために必要な資金の借入れなど、それまで企業の繁栄を可能にしていた長年にわたる経営手法にも疑問が生じ始めた。1990年代になると、大規模なレイオフ、早期退職制度、工場閉鎖といったリストラ策はもはや珍しくなくなっていた。失業率は1990年には2.1％だったが、1999年には4.7％まで上がった[注61]。

企業買収

1970年代後半から80年代前半にかけて、京セラはシステック（電卓とキャッシュレジスターのメーカー）、サイバネット工業（車載用トランシーバーのメーカー）、ヤシカ（カメラメーカー）など、いくつもの会社を買収した。買収した企業をいかにして京セラファミリーのメンバーに育てていったかについて、森田は語っている。

「新しい会社を吸収合併すると、直ちにアメーバ経営方式に従って作成した経営・事業データを出してもらいます。この方式に従って調整したデータがないと、適切な経営判断ができないからです。また、時間をかけながら京セラフィロソフィを説いていきます。買収した会社の多くには何十年にもわたって築かれた独自の社風があり、新しい考え方を浸透させるには時間がかかるからです。なかには新しいやり方や考え方に馴染めなくて辞める人も出てきます。でも、多くの従業員は会社に残ってくれて、アメーバ経営やフィロソフィの正しさを信じるようになります。

買収後には、京セラのやり方を採用することで、多くの会社の業績がはるかによくなります。成功することで従業員は私たちのやり方に好感を持つようになり、彼らの中に、喜びと安心感が生まれてくるのです」

1980年代後半には、円高が続くなかで、京セラは外国企業を新たに何社か買収した。たとえば、1989年には米国のコネクターメーカーのエルコ・グループを、1990年には、ニューヨーク証券取引所に上場していた世界的な電子部品メーカー、AVXを買収した。稲盛は当時について次のように語る。

「以前から知り合いだったAVX社幹部との交渉に臨んだ。私は企業合併や買収とは企業同士の結婚のようなもので、お互いが信頼し、友好的でなければう

まくいかないと思っていたので、そのことに十分、意を用いて交渉を進めていた。そのために、両者の株式交換による合併という方法を選んだ。外国企業との株式交換による合併は国内商法との関係でできないとされ、前例はなかった。しかし、京セラもニューヨーク証取に上場していたし、私はAVXの株主にぜひ京セラの株主になってもらいたい、との信念で大蔵省と粘り強く話し合い、ついに実現にこぎつけた[注62]」

1997年、AVXは11億ドルの売上げを計上し、ニューヨーク証券取引所に再上場した[注63]。買収後、売上げは4倍、利益は12倍になった[注64]。

電気通信事業規制緩和の波に乗る

1980年代までの日本では、国内電気通信事業は日本電信電話（NTT）が、国際電話サービスは国際電信電話（KDD）が独占していた。国有の巨大独占会社であったNTTは、1985年の民営化の時点で、33万人の従業員を擁し、年間5兆円を売り上げていた。KDDはもともとNTTの一部であったが、1953年に分離・民営化され、NTTが少数株主となった。KDDは政府の許可を当初から受けて、一般国民に国際電話サービスを提供した唯一の会社であった。

1983年、政府がNTTの分割を含む通信事業の規制緩和を認めると、稲盛は大企業が集まって共同事業体を作り、NTTに挑戦するだろうと期待した。しかし、すぐに名乗りを上げる会社はなかった。NTT出身の千本倖生をはじめとする若手技術者たちと話し合いを重ねるうち、稲盛は京セラが何らかのかたちで挑戦すべきだと確信した。半年にわたる熟考と自問自答の末、NTTに挑戦する決意を固めた。稲盛は当時の心境をこう語っている。

「世のため人のため未知の分野に踏み出す気持ちの高ぶり、その一方で、自分は風車にほんろうされるドン・キホーテになるのではないかと思った。だんだん眠れなくなってきた。『稲盛和夫の名を残したいという私心から出ていないか』『国民の利益のためにという使命感に一点の曇りもないか』。夜ごと、もう一人の私が『動機善なりや、私心なかりしか』と厳しく問いつめる。半年ほど迷いに迷った末、純粋な動機に基づく社会的な事業であれば、必ず広範な支持

を得て成功するとの確信を持つことができた[注65]」

ウシオ電機の牛尾治朗、ソニーの盛田昭夫、セコムの飯田亮をはじめとした著名な経済人たちも、稲盛の通信市場参入に賛同し、出資を申し出た。1984年、手持ち資金1500億円のうち、1000億円までをDDI設立に使うことが京セラ役員会により承認された。DDIの社長には、鹿児島出身で元資源エネルギー庁長官の森山信吾が就任し、稲盛は会長になった。通信事業は稲盛にとって未知の分野だったので、新会社の経営基盤づくりのため、NTT出身の技術者を何人か雇い入れた。

DDI

DDI設立を発表するとほどなく、国鉄系の日本テレコムと、日本道路公団・トヨタ自動車系の日本高速通信が、通信事業への参入を決めた。そのため、経営資源が限られ、通信回線を敷設するインフラも持たないDDIは、NTTに対抗するいわゆる「新電電」の中で最も勝算が薄い会社と思われていた(**資料10-7参照**)。DDIは、新幹線や高速道路に光ファイバーを敷設させてほしいと要請したが、国鉄も日本道路公団もその要請を断った。日本テレコムは新幹線の線路沿いに、日本高速通信は高速道路沿いに、光ファイバーケーブルを敷設することができた。DDIはしかたなく、マイクロウェーブ中継技術を利用するほかなかった。2001年にKDDI社長(2005年に会長を兼任)に就任した小野寺正は、1984年にNTTを辞めてDDIに入る決意をした当時についてこう語る。
「DDI創業の話を聞いたとき、基幹ネットワークに使える技術はマイクロウェーブしかないと確信しました。マイクロウェーブルートを新設するには、おびただしい調整作業と長い時間が必要になります。だからDDIに入れば、何もないところから基幹ネットワークの建設を始められると思ったのです。これは私のような技術者にはとても魅力的な仕事でした。NTTでマイクロウェーブ技術の効率を試算した経験から、この方法で採算がとれることもわかっていたからです」

長距離電話をかかりやすくするためには、NTT網との相互接続を構築しな

資料10-7●日本の電気通信産業の構造

固定通信業界の概略

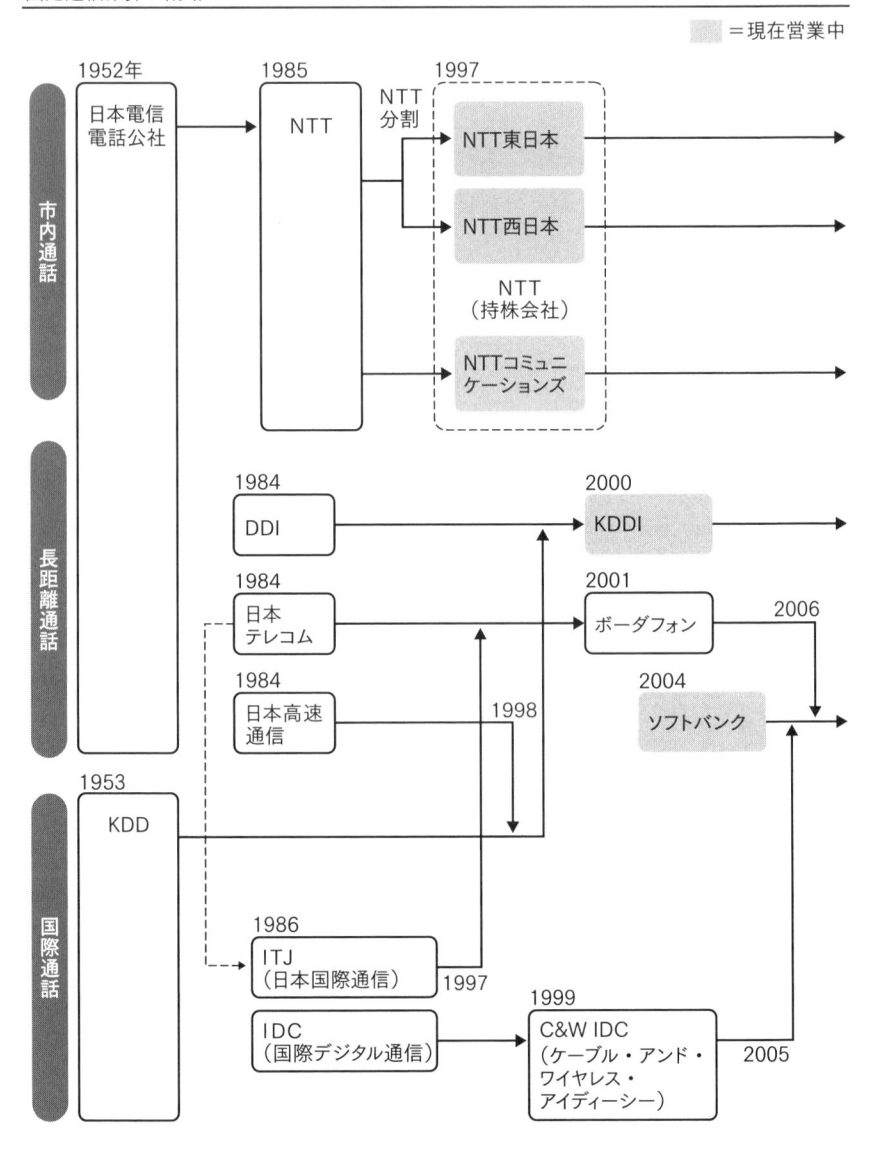

　　　　　　　　　　　　　　　　　　　　　　　　　　　　■=現在営業中

市内通話
- 1952年 日本電信電話公社 → 1985 NTT → 1997 NTT分割
  - NTT東日本
  - NTT西日本
  - NTTコミュニケーションズ
  - NTT（持株会社）

長距離通話
- 1984 DDI → 2000 KDDI
- 1984 日本テレコム → 2001 ボーダフォン → 2006
- 1984 日本高速通信 → 1998
- 2004 ソフトバンク

国際通話
- 1953 KDD
- 1986 ITJ（日本国際通信） → 1997
- IDC（国際デジタル通信） → 1999 C&W IDC（ケーブル・アンド・ワイヤレス・アイディーシー） → 2005

移動通信業界の概略

■ =現在営業中

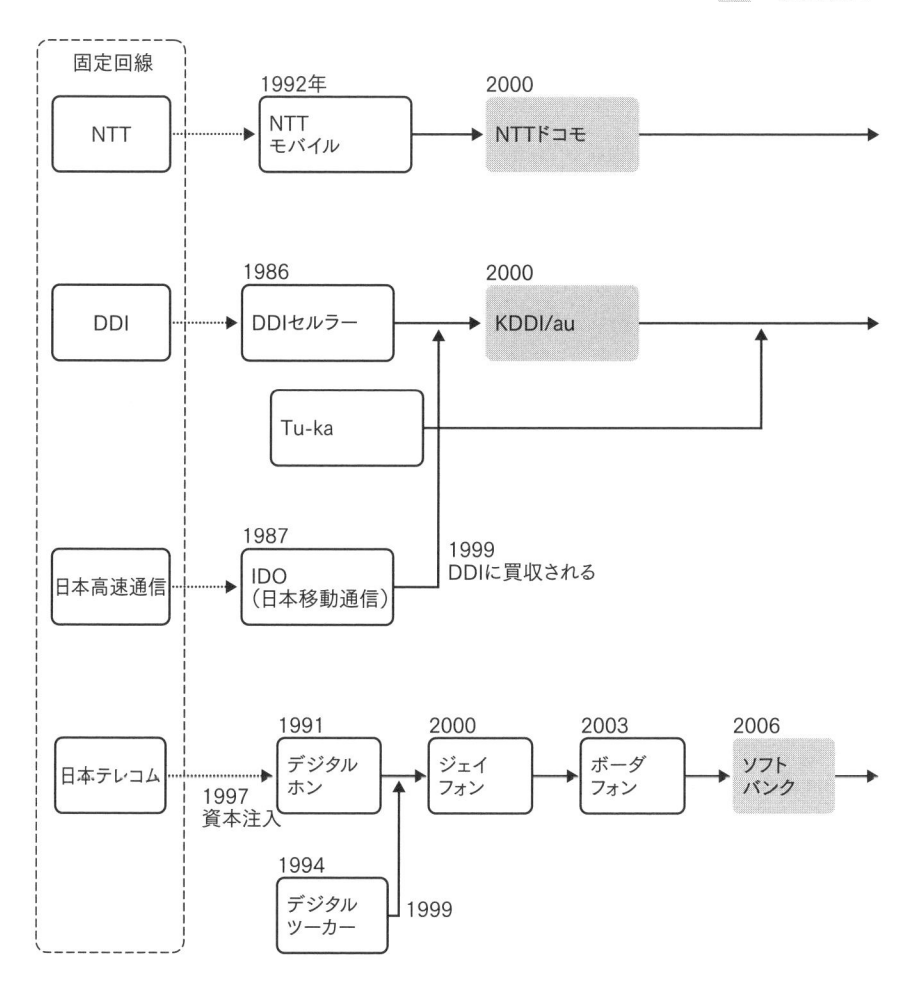

- 固定回線
  - NTT → 1992年 NTTモバイル → 2000 NTTドコモ →
  - DDI → 1986 DDIセルラー → 2000 KDDI/au →
  - Tu-ka → (KDDI/au)
  - 日本高速通信 → 1987 IDO（日本移動通信） → 1999 DDIに買収される
  - 日本テレコム → 1991 デジタルホン → 2000 ジェイフォン → 2003 ボーダフォン → 2006 ソフトバンク →
    - 1997 資本注入
    - 1994 デジタルツーカー → 1999

出典：各種資料をもとにケース執筆者が作成。

ければならなかった。しかし、NTTの交換機は、加入者がDDI経由で長距離電話をかけられる仕組みにはなっていなかった。そのためDDIの利用者は、最初のうちは「0077」をダイヤルしてから長距離電話をかけなければならなかった。DDIはこれを競争を阻害する慣行であるとして異議を申し立てたが、NTT側の対応を待つことなく独自の解決策を講じることにした。京セラの技術者が、利用者の電話回線に取り付ける小さな箱形アダプターを開発したのである。このアダプターは、利用者が電話をかけると、最も安く通話できる回線を探し、DDIが一番安い場合は、自動的に「0077」にダイヤルする仕組みになっていた(注66)。

　DDIは新規顧客数で新電電トップとなり、開業から2年後には黒字を計上した。稲盛は、DDIの初期の成功要因を次のように考えている。まず、NTT元職員を含む、稲盛が編成したチームの活躍である。もう一つは、最安値の回線を選択するアダプターの開発で、DDIのサービスが利用しやすくなったことである(注67)。DDIは日本全国に販売・サービス拠点を積極的に展開し、低料金化と通話網の拡充を継続していった。稲盛は、電気通信事業はコスト削減が重要課題になることを確信していた。創業から3年後に、森山社長が61歳で脳溢血のため死去すると、稲盛は一時的に社長を兼任した。

経営哲学を導入

　創業直後の数年間は、事業を拡大することがDDIの急務であったため、稲盛は経営哲学の導入には慎重であった。1986年にDDIに入り、1998年に社長を務めた日沖昭は、当時の様子をこう振り返る。

「DDIはさまざまな会社の出身者が集まった新会社でした。ですから、社員の精神的結束や歴史の共有はありませんでした。会社の伝統もありません。やらなければならなかったのは、通信ネットワークの構築と加入者の獲得に最善を尽くすことでしたが、その過程で一体感や連帯感は芽生えつつありました。京セラの場合には、独自の社風や経営哲学があって、それが成長の原動力となっていましたが、DDIにはまだそうした社風や経営哲学はなかったのです」

　小野寺も同意する。

「DDIには多様な人々が集まっており、京セラ出身者は非常に少なかった。だ

から、京セラと同じような手法で経営哲学を普及するのは難しいと、稲盛は考えたのでしょう。そのころは、とにかく新事業で忙しかったので、経営哲学をそれほど重要だと思っていませんでした。しかし1993年に就任した奥山雄材社長は、稲盛と話をして、彼のフィロソフィをDDIにも取り入れるべきだと確信しました」

35年以上にわたって郵政省で官僚を務めた奥山を、DDIに招いたのは稲盛である。奥山は言う。

「稲盛は『日本でこの事業を始めて10年近くが経ち、DDIは重要な転機を迎えている』と語りました。DDIを日本一の会社にするのに協力してくれないか、という話でした。自分には民間で仕事をした経験がないので、どの程度お役に立てるかわからないと答えました。すると稲盛は、『力を合わせて最善を尽くせば、どんな困難も克服していけます』と言ったのです。この言葉で決心がつきました。民間で仕事をするのは初めてでしたので、稲盛はずいぶんと時間をかけて指導してくれました。経営についても、損益などの細かいことから、リーダーとして会社をどのように経営すべきかということまで、あらゆることを教えてもらいました。

過去10年間、DDIはあまりにも急速に成長したので、全般的な経営哲学というものには真剣に目を向けてきませんでした。稲盛は、これから先の10年でDDIが成功を収めるには、何らかの考え方や哲学が必要だと考えていて、私も同意見でした。そこで、京セラフィロソフィを簡潔にしたものを、DDIに取り入れたのです。このフィロソフィを導入したとき、稲盛が強く感じていたのは、会社で一定以上の地位にある人の中に、このフィロソフィに少しでも不安や抵抗を覚える人がたとえ1人でもいるなら、無理強いをしてはいけないということでした。なぜなら、そのような場合、DDIにはフィロソフィは根づかないということだからです。しかし彼は、皆を説得する決意を持っており、全従業員がフィロソフィを受け入れるよう、いくらでも時間をかける決心でした」

奥山が入社した年、DDIは株式公開し、当初の時価総額は1兆2500億円に達した。DDIは「新規参入3社の中で完勝し、これにより、NTTは料金引下げと営業方法の変更を余儀なくされた。NTTはDDIの成功を受けて、長距離電話料金を20%引き下げた。これに対して、DDIはさらなる値下げに踏み切った。

資料10-8●DDI／KDDIの財務実績の抜粋(1989～2007年)

(単位：百万円、人)

	1989	1991	1993	1995	1997	1999	2001	2003	2005	2007
DDI／KDDI連結										
売上高	36,644	155,631	290,688	510,391	1,016,398	1,246,582	2,268,646	2,785,343	2,920,039	3,335,260
税引前利益	2,155	21,479	39,464	68,357	25,608	49,715	45,901	110,725	293,530	309,074
従業員数	NA	NA	NA	NA	NA	NA	6,812	13,341	12,373	14,358

注：百万円未満切り捨て。
　　1999年3月期以前は従業員数を連結ベースで公表する義務はなかったので集計資料はない。
出典：有価証券報告書、会社資料

　競争の激化によってNTTが受けた最大の打撃は、DDIの創業時と比べ利益が75％減ったことであった[注68]」。1987年から2001年の間で、電気通信業界における新たな競争の結果、東京－大阪間の通話料金は3分間400円から80円まで引き下げられた[注69]（**資料10-8**参照）。

移動体通信事業

　1986年、移動体通信の規制緩和が発表されると、稲盛はDDIもこの市場に参入すべきだと言明した。政府は同一地区では2社にのみ移動体通信事業の営業許可を出すことを決定しており、そのうちの1社はNTTに決まっていた。新電電のうちDDIと日本高速通信の2社が市場参入を表明した（日本高速通信の移動体通信事業は、同社を筆頭株主として1987年に設立された携帯電話会社の日本移動通信〈IDO[注70]〉に引き継がれた）。

　2社は日本で最も利益が大きいと思われていた地区で、営業許可の取得をめぐって争った。国内で最も人口密度の高い都市を擁する首都圏と中部圏が、ビジネスチャンスのある地区と考えられていたのである。早く決着をつけたいとの思いから、稲盛はこれらの地区以外での開業を決め、日本高速通信との戦いを終わらせた。

　「このまま角突き合わせていたら、迷惑を被るのは国民だ。ここは私が引けば万事収まる。(中略) 役員会に報告すると、予想通りソニーの盛田さんやウシ

オ電機の牛尾さんから『まんじゅうのおいしいアンコは人にあげ、皮だけもらってきたのか』とあきれられた。私は『皮でも食べていれば死ぬことはない』と弁明したが、もとより内心は穏やかではなかった(注71)」

DDIは人口の少ない地方で事業展開したにもかかわらず、加入者数はむしろ多かった。電気通信業界のある刊行物によれば、「IDOは動きが緩慢で、一時期東京23区内でのみ携帯電話サービスを提供していた。一方でDDIは、京阪神地区を皮切りに、より大規模に初期のサービスを提供することを決めた。開業から18カ月でDDIは、電力会社などの地元企業と協力し、各地に携帯電話事業7社を立ち上げた(注72)」。1995年、DDIの加入者数は195万人、一方IDOは、113万人であった。

DDIでは、限られた周波数帯域でより多くの利用者にサービスを提供するために、アナログからデジタルに転換する必要が生じた。当初は、競合他社と同様に、NTTが主体となって開発したPDC（パーソナル・デジタル通信方式）を導入した。しかし、稲盛はNTTの技術に頼っていては、DDIはいつまでもNTTに牛耳られることになると考えた。また、3Gへのスムーズな移行を見据え、IDOと共にCDMA（符号分割多重接続）を導入することを決めた。

DDIからKDDIへ

規制緩和により、電気通信事業では公平でフェアな競争の場が整えられていくと思われてはいたが、その歩みは遅々としていた。NTTの分割は1999年まで実現せず、持株会社NTTが全事業を傘下に収め、分割は形だけのものとなった。1998年3月時点での売上げは、NTTの6兆3000億円に対し、DDIは5350億円、日本テレコムは3920億円、KDDは3160億円であった(注73)。1998年に日本高速通信がKDDと合併した。

変化の遅さに業を煮やした稲盛は、日本の電気通信事業の発展を促すには、残りの新電電が団結すべきだと考えた。1999年、KDDとIDOのトップに会い、KDD、DDI、IDOの合併の必要性を訴えた。奥山は、3社合併の経緯について次のように語る。

「3社合併のときに、最後の最後まで障害になったのは、稲盛の経営手法に対する抵抗感でした。合併比率とか、役員の問題とか、そういう問題は時間をか

ければ解決しました。しかし最後に、DDIと合併すると稲盛覇権主義になってしまうのではないか、という誤解があったのです。

KDDは1980年代まで独占企業であり、それによる利益を享受してきました。経営陣は学歴の高い人ばかりで、誇り高い貴族集団といわれたほどです。合併が実現した場合、稲盛スタイルが適用されるのではないかと、彼らは懸念していました。

稲盛は、IDOの大株主であるトヨタ首脳、KDD首脳に何回も会い、自身の経験やDDIの運営の仕方について話しました。DDIにおけるフィロソフィの導入のときと同じように、何度でも対話を重ね、相手の意見を聞き、それを消化して、『その点についてはこうです』という回答を繰り返しました。

その際、『企業文化の違いもあるし、人事上の問題も生じるでしょう。もちろん、過去に合併で失敗した例はありますが、今回の合併ではそうした失敗は繰り返さないという自信があります』と言いました。相手の提案にも『この点は譲ります。この点はこうしてはいかがですか』と対案を示して、絶対にあきらめず、最後まで交渉を続けました。

そのときに、妥協できるものと、妥協できないものとを峻別したのです。相手の話を聞いて、取り入れようというものは、十分に咀嚼したうえで相手に譲る。しかし、妥協できないものについては、熱意をもって相手を説得しました。『DDIを興した存在理由に関わってくる問題については、どんな妥協もできません。それを失うということは、DDIを失うに等しいのです。そういう決意を持って、この会社をやってきました』。

トヨタのトップである奥田碩会長[注74]は、『NTTの独占に対抗して、日本の電気通信事業の自由化を実現するには、今が千載一遇のチャンスであり、そのためには3社の合併が必要だ』という稲盛案に同意しました。

KDDの西本正社長は、何度もの議論を経たあと、次のように言いました。『フィロソフィの必要性もよくわかりました。新会社でそういう精神を堅持することが必要なこともわかりましたが、ただ1つお願いがあります。KDDの社員には、DDIよりもNTTに対してシンパシーを持つ者のほうが、はるかに多いのです。したがって、フィロソフィの導入にあたっては、漸進的にある程度の猶予を置いて、KDDの社員に受け入れられるように配慮してほしい。それが、

私の最後の願いです』。稲盛はこれに同意しました」

　2000年10月、合併が成立し、DDI、KDD、IDO間で調整したうえで経営哲学が導入された。この哲学は、合併した各社の若手幹部でつくる作業部会から生まれた。作業部会は、DDIのフィロソフィを基盤にしながら、KDDI独自のフィロソフィを練り上げた（**資料10-9**参照）。小野寺は語っている。

「『フィロソフィをなかなか理解できないのは、インテリの人たちです』と稲盛は言っていました。この会社の新入社員のほとんどが一流校の出身です。彼らは、そういう学校で一生懸命勉強すれば、社会に出てからあまり必死で働かなくても出世するだろうと思い込んでいます。だから、会社に入ってフィロソフィを教え込まれると、『あれだけ苦労して大学を出たのに、どうしてこんなことを聞かされるのか』と反発するのです」

　奥山もこう述べる。

「KDDの幹部は、フィロソフィは単に当たり前の、きわめて簡単明白なことを述べているにすぎないと感じていました。こんなことは誰にでもわかることだ、と彼らは言いました。たしかに字面だけを見れば、簡単だと思うかも知れません。誰が見ても反対できないようなことが書いてあるので、このようなものは不要だと思う人もいました。そんなわかりきったことなら、どうしてフィロソフィがなければならないのか、と。しかし、内容を吟味しながら読めば、ここに書いてあることに従って実際に行動することは困難だ、ということがわかってきます。フィロソフィへの理解が深まれば深まるほど、その目的を完璧に達成するのは難しくなるからです」

　合併後、KDDIの携帯電話ブランドである〈au〉は、低料金設定と、GPS、音楽、テレビのチャンネルなど、斬新なサービスを導入したことで、多くの利用者を獲得した。KDDIが新しいサービスを携帯端末で展開することができた理由の一つは、新規の無線中継局を設置しなくても、大容量（2G～3G）のネットワークにアップグレードできるCDMA方式を使っていたことである。これに対し、NTTのドコモは、3G（FOMA）ネットワークに移行する際に、あらためて無線中継局網を建設しなければならなかった。

資料10-9 ● KDDIフィロソフィからの抜粋

社是

心を高める

基本理念

KDDIは、以下の4つの基本理念を希求して、企業活動を進めています。

お客さまの満足	お客さまの期待に応える価値あるサービスを提供します。
従業員の幸せ	すべての従業員が働きがいを持てる活力ある企業であり続けます。
株主の信頼	株主さま、お取引先さまなど、関係するすべての方々の信頼に応えます。
社会の発展	豊かなコミュニケーションによる国際社会の発展に貢献します。

行動規範

企業人として以下の役割を果たします

1. お客さま第一に考える。
2. 事業の目的を共有する。
3. 目標を明確にする。
4. 強烈な願望を心に抱く。
5. 地味な仕事を一歩一歩堅実にたゆまぬ努力を続ける。
6. 常に創造的な仕事をする。
7. 常に明るく前向きに取り組む。
8. フェアプレーで仕事をする。
9. 公平、公正、正義、勇気、博愛、謙虚、誠実、感謝の心を持つ。
10. 自ら燃える。
11. 成果をあげるための方程式は「能力×熱意×考え方」。

出典：KDDIフィロソフィ（2001年）

京セラとKDDIのこれから

　21世紀の初頭には、稲盛は京セラとKDDIの経営の第一線から、身を引き始めていた。京セラでは1997年に名誉会長に就任し、KDDIでは2001年に最高顧問に就任した。京セラ会長を辞任した際、仏門に入った稲盛は、当時を振り返ってこう述べている。

「私は以前会ったヨガの聖者の言葉から、自分の人生は80年くらいと勝手に思ってきた。生まれてからの20年は社会に出る準備期間。次の40年は社会のため、自己研鑽のために働く期間。最後の20年は死（魂の旅立ち）への準備期間ととらえている。還暦を迎えてその準備を始める予定だったが、多忙で思うようにはならなかった。65歳となり、これ以上延ばすわけにはいかないと思い、老師に相談すると、『それは結構なことです。剃髪し、得度されたらいい。しかし、その後は実社会に戻り、社会に貢献するのが貴方にとっての仏の道でしょう』といわれた[注75]」

　稲盛は僧侶としての修行を経験したのち、京セラに復帰した。しかし、2001年にKDDI取締役を、2005年に京セラ取締役を退任し、それぞれ最高顧問、名誉会長となった。稲盛は、自らの経営思想を伝える場として設立した盛和塾で、世界中の若手起業家と一緒に活動することに、以前にも増して時間を費やすようになった。2007年には、盛和塾に参加する企業の総売上げは21兆円を超えた。稲盛は次のように語る。

「私は勉強会の最初に、『経営ノウハウを伝授するつもりはない』と断った。なぜなら経営は、トップが持つ哲学、理念によって大きく左右されるからだ。若手経営者にはトップとして持つべき『経営哲学』を伝えたい。トップの器が大きくなれば、会社も自然と発展すると確信している[注76]」

　2005年に京セラ社長に就任した川村誠は、経営の「原点回帰」を推進している。「創業以来、京セラの事業方式に不可欠であったアメーバ経営に戻るよう、社員に繰り返し言っている。なぜなら、創業者である稲盛が取締役を退任したことで、京セラがいわゆる大企業病に陥ることを恐れたからだ[注77]」。

伊藤の考えはこうだ。

「京セラフィロソフィが希薄化したとき、会社の命運は尽きます。従業員は価値観や倫理観を失って、昨今不祥事を起こしている他社と同じような状況になるでしょう。だから、京セラフィロソフィを教育する必要があるのです。人間としてどのように生きるか、何が正しいかということを常に考えながら経営しなければ、会社はダメになります。そういう企業哲学を従業員に教えること、それが企業組織にとって最も大きな課題だと思います。企業哲学に基づく強固な基礎があってこそ、素晴らしい情熱が生まれ、優れた研究開発も生まれてくるのです。もし、企業哲学を失い、集団が意欲や情熱を失ってしまったら、それは企業の終焉につながるでしょう。

今の世代の従業員は、昔よりもドライな人が多い。そういう新入社員をフィロソフィに引きつける磁場を、会社の中に作り出すべきです。新入社員はフィロソフィを学び、自分たちに何が期待されているのかを知るべきなのです。

だから、宣教師が何人、この京セラに存在するのか、ということが大事になってきます。社内にフィロソフィを説く『語り部』、つまり『スモール稲盛』をいかにつくっていけるかです。それができれば、会社は発展を続けることができるのです」

会長の中村も同意見である。

「稲盛は100年に1人出るか出ないかという人物であると思います。そういう意味では、明治維新の西郷隆盛にたとえることができます。事業全般に通じており、彼に比肩できる者は京セラにはいません。

京セラでは、現在、全事業部の10カ年ロードマップを作成しています。このロードマップは、各事業部に関する客観的な事実に基づいて作成するものです。京セラは、素材からデバイス、機器、KDDIを含めた通信、情報、ネットワークと、多岐にわたる事業を垂直統合しています。この計画の狙いは、各事業部が向こう10年間についてのさまざまなロードマップを持ち寄り、会社の将来について活発に議論することです。

そうすることで、各事業部が取り組んでいる新規プロジェクトの事業化のために夢を持ち、やる気にあふれる人材を育成していきたいと考えています。我々リーダーが常に自問すべきことは、プロジェクトの遂行にあたって、私心がな

いか、自分よりも集団のために働こうとしているかということです。我々は、そうしたリーダーを鍛え上げ、未来のリーダーにすべきだと考えているのです」

注

1) Kazuo Inamori, *Respect the Divine and Love People* (Joan Kroc Center for Peace and Justice, University of San Diego, 1999), p. 8.（稲盛和夫『敬天愛人』PHP研究所、1997年、p.6）
2) 京都賞は毎年3人を選抜し、賞金各5000万円を授与する。
3) 稲盛の出生日は、1932年1月30日と記されることもある。これは、地元の習わしに従って両親が役場へ出生届を出した日である。Dr.Kazuo Inamori, *My Personal History*, Kyocera International, Inc., 2001, p. 5.（稲盛和夫『ガキの自叙伝』日本経済新聞社、2002年、p.16）
4) *My Personal History*, p. 8.（『ガキの自叙伝』、p.22）
5) 同上、p. 10。（同上、p.28）
6) 同上、p. 11。（同上、p.31）
7) 同上、p. 12。（同上、p.34）
8) Andrew Gordon, *A Modern History of Japan; From Tokugawa Times to the Present,* Oxford University Press, 2003, pp. 251-252.
9) *My Personal History*, p. 14.（『ガキの自叙伝』、p.41）
10) 戦時中、日本の人口7000万人のうち250万人以上が命を落とした。*A Modern History of Japan*, p. 226.
11) デトロイトの銀行家であったジョセフ・ドッジは、「政府による経済支援や規制を嫌う、オーソドックスな経済学者であった。連合軍最高司令官は彼のアドバイスに従い、3つの厳しい政策を決めた。すなわち、均衡予算、政府による産業界への貸出の停止、政府による補助金の全面廃止である。さらに連合軍最高司令官はアドバイスを受け、日本の輸出を促進するために、1ドル360円という有利な為替レートを決めた。『ドッジライン』はインフレを抑制したが、産業界では資金が大幅に不足することとなった」。*A Modern History of Japan*, p. 241.
12) 戦争特需の例として次のようなものが挙げられる。兵器類（1億4800万ドル）、石炭（1億4000万ドル）、自動車部品（3100万ドル）、建設業（1億8000万ドル）、電信・電気通信（7100万ドル）。橋本寿朗『現代日本経済史』岩波書店、2000年、p.178。
13) ゴードンは次のように指摘している。「1949年から1951年にかけて、日本の輸出はほぼ3倍に増え、生産も約70％増えた。企業は敗戦以来初めて黒字に転じ、それに伴って設備投資も急速に増え始めた」。*A Modern History of Japan*, p. 241.
14) 米国の日本占領が正式に終了したのは1952年4月である。
15) 20世紀中は、米軍基地は沖縄に集中して存在し続けた。しかし1972年には、沖縄の施政権が日本に返還された。
16) Louis T. Wells, "Japan: The Miracle Years," HBS Case No. 702-014, Harvard Business School Publishing, 2006, p. 2.
17) *A Modern History of Japan*, p. 271.
18) 「1950年から1973年までの23年間、日本の国民総生産（GNP：1年間に生産された財・サービスの金額の合計）は、毎年平均10％以上の拡大を続けた。（中略）同様に目覚ましかったのは、新しい技術や生産設備への膨大な投資が継続的に行われたことである。（中略）工業生産に占める重工業の比率は、1955年に45％だったものが、1970年には62％へと高まった。一方、繊維産業をはじめとする軽工業の比率は急速に低下した」。*A Modern History of Japan*, pp. 245-246.
19) The Nancho ConsultationsのW. David Kubiakによる稲盛への1999年のインタビュー。2007年5月10日、Nancho.Net

http://www.nancho.net/advisors/inamori.htmにアクセスして参照。
20) *My Personal History*, p. 18. (『ガキの自叙伝』、p.57)
21) 同上、p. 18。(同上、p.57)
22) 同上、p. 20。(同上、p.64)
23) 同上、p. 20。(同上、p.65)
24) *Respect the Divine and Love People*, p. 25. (『敬天愛人』、p.35)
25) *My Personal History*, p. 21. (『ガキの自叙伝』、p.67)
26) 京都セラミック株式会社は、グループ企業4社と合併した1982年、「京セラ」に社名変更したが、本ケースでは呼称を「京セラ」に統一する。
27) Kazuo Inamori (translated by T.R. Reid), *For People and For Profit*, Kodansha International, 1997, p.104. (稲盛和夫『新しい日本　新しい経営』TBSブリタニカ、1994年、p.113)
28) *A Modern History of Japan*, p. 265.
29) これらの数字はNHKの受信者数である。
30) *My Personal History*, p. 22. (『ガキの自叙伝』、p.72)
31) 稲盛和夫『人生と経営』致知出版、1998年、p.56。
32) Kazuo Inamori, *Kyocera Amoeba Management*、2004年、p. 4。
33) *For People and For Profit*, p. 43. (『新しい日本　新しい経営』、pp.41-42)
34) *A Modern History of Japan*, p. 279. ゴードンは続いて次のように記している。「池田内閣は、さらに景気を刺激するために、減税と公定歩合の引き下げを行った」
35) 総務省統計局のウェブサイト
http://www.stat.go.jp/data/chouki/26.htmに掲載されているデータをもとに試算。
36) 猪木武徳『日本の近代7　経済成長の果実‐1955-1972』中央公論新社、2000年。p. 251。
37) *A Modern History of Japan*, p. 267.
38) 同上、p. 245。
39) 同上、p. 292。
40) 同上、p. 288。
41) *My Personal History*, p. 28.
42) *Kyocera Amoeba Management*, p. 11.
43) *Kyocera Amoeba Management*, p. 13.
44) Kazuo Inamori, *A Passion for Success*, McGraw-Hill, 1995. これらの抜粋は同書pp.3-10の"A Formula for Success"(「成功のための方程式」)の章から引用したものである。
45) 西郷隆盛は、1868年の明治維新につながった討幕の指導者である。のちに、自らがつくった明治政府に対し西南戦争を起こすが、政府軍に鎮圧され自刃した。この反乱が鎮圧されたことにより、日本の士族階級は急速に衰退した。"Saigo Takamori," Encyclopedia Britannica Online, 2007, http://www.britannica.com/eb/article-9064770にアクセスして参照。
46) *A Passion for Success*, p. 25.
47) *My Personal History*, p. 32. (『ガキの自叙伝』、p.103-105)
48) *A Modern History of Japan*, p. 248.
49) *My Personal History*, p. 39. (『ガキの自叙伝』、p.149)
50) Gene Bylinsky and Alicia Hills Moore, "The Hottest High-Tech Company in Japan," *Fortune*, January 1, 1990.
51) *Kyocera Amoeba Management*, p. 20.
52) *A Modern History of Japan*, p. 298.
53) 同上、pp. 292-293。
54) ゴードンは次のように記している。「1975年には日本の海外直接投資は150億ドルを上回り、80年代末には約500億ドルに達した。北米にはこの約40％が投資された」。*A Modern History of Japan*, p. 294.

55）日本旅行業協会のウェブサイト
http://www.jata-net.or.jp/tokei/004/2005/04.htmによる。
56）*A Modern History of Japan*, p. 295.
57）大蔵省貿易統計、1991年。
58）*A Modern History of Japan*, p. 308.
59）同上、p. 314。
60）同上、p. 321。
61）総務省統計局のウェブサイト
http://www.stat.go.jp/data/chouki/19.htmによる。
62）*My Personal History*, p. 49.（『ガキの自叙伝』p.185）
63）AVX Corporation, 1997 Annual Report, http://media.corporate/ir.net/media_files/NYS/AVX/97annual/97index.htm.
64）『ガキの自叙伝』、p. 203.
65）*My Personal History*, pp. 45-46.（『ガキの自叙伝』、p.172）
66）"DDI History 1984-1991,"
http://www.fundinguniverse.com/company-histories/DDI-Corporation-Company-History.html.
67）Michael Galbraith, "No one is laughing at Japan's DDI now," *Telephony*, September 2, 1991.
68）Howard H. Stevenson and Michael Moldoveanu, "DDI Corporation: 1994," HBS Case No. 394-187, Harvard Business School Publishing, 1994, p. 1.
69）*My Personal History*, p. 60.
70）トヨタは日本高速通信の大口株主として、1987年、IDOの設立に参加した。
71）*My Personal History*, p. 48.
72）"No one is laughing at Japan's DDI now," *Telephony*.
73）河本久広『全図解　一目でわかる放送・通信業界』日本実業出版社、1999年、p.17。
74）奥田碩は1999年に日経連の会長となった。2002年に、日経連は経団連に統合され、奥田はこの新しい経団連の最初の会長となった。経団連は日本で最も影響力の強い経済団体の一つで、その会長は、産業界だけでなく政界においても大きな影響力を持つ。
75）*My Personal History*, p. 62.（『ガキの自叙伝』、p.233）
76）同上、p. 58。（同上、pp.215-216）
77）Hideyuki Ioka, "Business Front Line: Kyocera Looking to the Future," *The Daily Yomiuri*, January 8, 2007.

ハーバード・ビジネス・スクールの日本語のケース・スタディは下記でお求めいただけます。
●日本ケースセンター
www.casecenter.jp
問い合わせ先：info@casecenter.jp／03-3503-6621

●コンテンツワークス
www.bookpark.ne.jp/harvard
問い合わせ先：support@bookpark.ne.jp／0120-298-956

ケース・スタディ 日本企業事例集
世界のビジネス・スクールで採用されている

2010年6月3日　第1刷発行
2025年3月26日　第14刷発行

著　者──ハーバード・ビジネス・スクール
編　者──ハーバード・ビジネス・スクール 日本リサーチ・センター
発行所──ダイヤモンド社
　　　　　〒150-8409　東京都渋谷区神宮前6-12-17
　　　　　https://www.diamond.co.jp/
　　　　　電話／03・5778・7228（編集）　03・5778・7240（販売）
装　丁───遠藤陽一・国友幸子(デザイン ワークショップ ジン)
製作進行──ダイヤモンド・グラフィック社
印　刷───堀内印刷所(本文)・新藤慶昌堂(カバー)
製　本───ブックアート
編集担当──小暮晶子

©2010 President and Fellows of Harvard College.
ISBN 978-4-478-00674-0
落丁・乱丁本はお手数ですが小社営業局宛にお送りください。送料小社負担にてお取替えいたします。但し、古書店で購入されたものについてはお取替えできません。
無断転載・複製を禁ず
Printed in Japan